金星闪名师工作室研究成果

深圳市成果培育课题「「养育」初中生语文学习力的实践研究」

（项目号：cgpy21025）研究成果

养育语文新实践

金星闪等◎著

本书撰稿人

金星闪　张　明　黄林建　王雪兰　徐　静　李燕妮

杨天宇　郭紫宁　付艳平　吴雯玉　王　璐　姜真真

张伟东　肖友琴　党晓霞　杨可盈

安徽师范大学出版社

ANHUI NORMAL UNIVERSITY PRESS

·芜湖·

图书在版编目(CIP)数据

养育语文新实践 / 金星闪等著. — 芜湖 : 安徽师范大学出版社, 2023.10
ISBN 978-7-5676-6391-6

Ⅰ. ①养… Ⅱ. ①金… Ⅲ. ①语文课 - 教学研究 - 中小学 Ⅳ. ①G633.302

中国国家版本馆 CIP 数据核字(2023)第 194635 号

养育语文新实践   金星闪等◎著

责任编辑:潘　安   责任校对:吴山丹　徐思嘉
装帧设计:王晴晴   责任印制:桑国磊
出版发行:安徽师范大学出版社
　　　　　芜湖市北京中路 2 号安徽师范大学赭山校区
网　　址:http://www.ahnupress.com/
发 行 部:0553-3883578　5910327　5910310(传真)
印　　刷:江苏凤凰数码印务有限公司
版　　次:2023 年 10 月第 1 版
印　　次:2023 年 10 月第 1 次印刷
规　　格:787 mm × 1092 mm　　1/16
印　　张:26.5
字　　数:590 千字
书　　号:ISBN 978-7-5676-6391-6
定　　价:98.00 元

金星闪主讲"养育作文实践成果"

金星闪名师工作室成员张明上展示课

金星闪名师工作室成员王雪兰上展示课

金星闪名师工作室与胡立根教授合影

金星闪名师工作室成员与陈继英名师合影

金星闪名师工作室成员与何泗忠教授合影

金星闪主讲继续教育课程"养育作文的教学实践"

金星闪名师工作室与课题组成员合影

养育语文　携手追梦

——金星闪名师工作室简介

工作室主持人　金星闪

深圳市宝安区金星闪名师工作室成立于2022年4月，共有成员7人，4人为中年教师，3人为走上工作岗位不久的青年教师。主持人金星闪老师，是安徽省首批正高级教师、省学术和技术带头人。现为深圳市宝安区海旺学校初中语文教师，深圳市中小学继续教育课程主讲教师。倡导并践行"养育语文"的教学主张，认为语文学科"教学"绝不能让"教育"缺位，教育是学科教学的灵魂。长期从事初中语文教学和研究，尤其注重学法研究，建构了"博—通—立—化"的"养育作文"实践模型。出版专著《作文教学的起点——养育作文的教学思考与实践》等3部，发表与课题研究相关的论文百余篇。策划、主编与课题研究相关的图书23部，参编144部。获市级以上教育行政部门奖共38项，其中省级以上13项。指导学生在省级以上刊物发表作文500多篇，在教育行政部门举办的作文大赛中获国家、省级奖项的达22人次，获市级以上奖项达100人次。

金星闪名师工作室自成立以来，将工作重心放在以下方面：围绕培养初中生语文学习力进行课例研讨，提升教学效果，精进教学艺术；以课题研究为载体，培育工作室成员独立开展教学反思、积极规范撰写论文等教科研能力；以教育示范和青年教师指导为抓手，发挥工作室成员在教学及研究上的引领和辐射作用。工作室已形成七个"一"的教研规范：一周一交流；一书一心

得；一月一专题；一人一优课；一人一突破；一人一专长；一年一成果。

工作室全体成员和深圳市5区11所学校15名课题组成员一道，围绕金老师主持的深圳市成果培育课题"'养育'初中生语文学习力的实践研究"（立项编号：cgpy21025），开展课例研讨、成员磨课、评课辩课、专家指导、读书分享、一周一交流等活动。面向全国部分初中语文骨干教师开展"一周一交流"活动计33次，利用工作室公众号分享"养育语文"的课题研究成果。目前，"养育语文"课题的课例研讨，着力探索如何培养初中生语文阐释力、品鉴力、思辨力、建构力，养育学生的"人心、人性、人格"。同时，探讨如何在单篇阅读和作文教学中承载大单元教学的内容和育人功能。

2022年4月以来，工作室开展课题研讨活动22次，成员面向全区贡献展示课4节、点评和讲座4次、"开学第一课"示范课1节，均获好评。主持人每学期主讲深圳市中小学教师继续教育课程"养育作文的教学实践"。主持人在中文核心期刊发表课题研究论文2篇，其他期刊4篇。成员发表论文5篇。1人获评区优秀教师，2人获评区初中教学先进个人，1人获广东省教师征文三等奖，1人获区作业设计三等奖，1人获省级优秀指导教师奖，6人获区优秀指导教师奖。

参会老师和指导专家胡立根合影

课题组成员所在的5区11校照片

工作室成员张明上展示课《背影》

工作室成员王雪兰执教项目式教学展示课《醒狮觉醒，舞动传承》

金星闪主讲继续教育课程《养育作文的教学实践》

工作室成员黄林建上展示课《观点要明确》

领衔人 金星闪

深圳市宝安区海旺学校初中语文教师，正高三级、深圳市中小学继续教育课程主讲教师。曾荣获安徽省学术和技术带头人，享受安徽省政府特殊津贴。长期从事初中语文教学研究，注重学法研究，倡导并践行"养育语文"的教学理念，建构了"博养—贯通—立言—内化"的"养育作文"实践模型。主持省级课题4项（均已结题），其中有3项获奖；主持深圳市成果培养课题"'养育'初中生语文学习力的实践研究"。出版《作文教学的起点》等专著3部，主编与课题研究相关的图书23部、参编147部；发表教学文章344篇。指导学生在报刊上发表作文500多篇、在教育行政部门举办的作文大赛中获市级以上奖100多人次。

行走在养育语文的大道上
——深圳市宝安区初中语文金星闪工作室

深圳市宝安区金星闪名师工作室成立于2022年4月，共有成员7人，其中中年教师4人，青年教师3人。在金星闪老师带领下，工作室成员和课题组8名成员（15位教师来自深圳市5区11所学校），围绕深圳市成果培育课题"'养育'初中生语文学习力的实践研究"，着力探索如何"育"初中生语文阐释力、品鉴力、思辨力、建构力，如何"养"初中生的"人心、人性、人格"，开展了评课辩课、读书分享、一周一交流等一系列教研活动，促进了教师专业素养的提升。

一年来，全体成员团结协作，积极进取，取得了丰硕成果。金星闪老师面向深圳市中小学教师主讲继续教育课程"养育作文的教学实践"获得好评，在专业期刊发表课题研究论文6篇。工作室成员1人获区优秀教师，2人获区初中教学先进个人；开展课题研讨活动22次，区级展示课5节，开办讲座8次，发表论文5篇；1人获广东省教师征文三等奖，1人获区作业设计三等奖；1人获广东省优秀指导教师奖，6人获区优秀指导教师奖。

黄林建老师上展示课

张明老师上展示课

王雪兰老师执教区级项目式教学展示课

工作室与课题组成员合影

未来教育呼唤学习力的养育

当今教育要为学生的未来发展而进行教育教学，已成为有识之士的共识。

深圳市金星闪名师工作室的教育教学课题研究正是这样的实践研究，他们的新著《养育语文新实践》一书即将出版，看到书稿后，我非常欣慰。金老师和他的工作室成员思考研究语文教育教学的现实问题，孜孜以求，不懈探索研究养育语文教育教学的途径与方法，并研究出了这样的优秀成果，可喜可贺。

我多次应邀参加金老师名师工作室的教研活动，看到他们的活动每次都精心安排与设计，不仅研究氛围热烈，而且探讨研究从不回避难题，直面语文教育教学存在的难题，探究问题的根源，形成最佳的解决方案。金老师的"养育语文"研究与实践，贯彻2022年版义务教育语文课程标准教学思想，倡导语文教学对学生学习力的养成教育，培育学生的核心素养，抓住了学生语文学习与成长的关键。他带领工作室成员，对学生语文学习力进行"养成教育"，通过语言文字培养学生自我教育的本领，让学生在读书与写作实践中，实现个体生命的"人心、人性、人格"的养育，培养正确世界观、必备品格，培育语文学习的阐释力、品鉴力、批判力、建构力，以此实现学生语文核心素养的全面提升。

据我了解，金老师在安徽省工作时，就一直践行"养育语文"的教学主张，研究成果显著，多项研究获得省级优秀成果奖，出版《养育语文的实践探索》等专著，发表多篇有影响的研究论文。他调入深圳后，根据学生语文学习实际，继续探索"养育语文"要解决的核心问题，探索"养育"初中生语文学习力的有效途径和方法，实现让学生成为有道德、有思想、有修养、有家国情怀的文化人的教育目标。经过数年的探索，不仅工作室老师们的教育教学能力得以快速提升，屡屡获得各级教学教研竞赛奖，他们所教的学生也在演讲、写作、读书等竞赛活动中获得众多奖项。

　　这本著作共设计了7个部分,内容丰富,涉及初中语文教学的多个方面。第一编养育语文教学研究,既有理念探讨,又有教学内容与实践的突破性技能操作;第二编养育语文教学设计,选取初中语文中13篇重难点篇目及其教学问题,进行研究设计,可参考性强;第三编收入养育语文8个富有创意的课堂教学实录,这种直观可见的教学实录,更具借鉴意义;第四编养育语文的个案研究,收入14个教学研究个案,包括阅读、写作、古典诗词、学困与偏科学生的问题解决等多个有意义教学案例,读者可从中找到具有个性特征的解决方法。第五编、第六编、第七编包括养育语文"一周一交流"实录精选、养育语文活动报道精选、养育语文成果展示等,这些工作室的活动安排与成果,展示了金星闪名师工作室丰富多彩的活动,对当今各地名师工作室活动的设计与安排,都具有很好的借鉴意义。

　　教育部2022年版义务教育语文课程标准提出:语文课程是一门学习语言文字运用的综合性、实践性课程。人文性与工具性的统一,是语文课程的基本特点。语文课程应引导学生热爱国家通用语言文字,在真实的语言运用情境中,通过积极的语言实践,积累语言经验,体会语言文字的特点与运用规律,培养语言文字运用能力;同时,发展思维能力,提升思维品质,形成自觉的审美意识,培养高雅的审美情趣,积淀丰厚的文化底蕴,继承和弘扬中华优秀传统文化、革命文化、社会主义先进文化……全面提升核心素养。

　　金老师与工作室成员,是语文新课标教学理念的践行者,阅读他们工作室成员合著的《养育语文新实践》一书后,我认为,这种人生语文之"养育语文"的实践探索,注重语文实践运用的情境创设,打通了语文教学、学生学习力的养育与生活关联的通道,正是提升学生语文核心素养的有效途径。

　　现在基础教育注重讲授和操练所谓答题技巧,这可以理解。但是,不少老师却忘记了语文学习最重要的一条路径是"打通语文学习与生活关联的通道",通过语文实践、自主读写与探究活动,来培养学生的核心素养。只有这样,再与所谓"答题技巧指导"有效结合,语文考试才可能考出高分,才会有语文核心素养的全面提升。

　　核心素养养成理念下的教育教学,意味着基础教育教学走向素养大观念课程与教学阶段:让课程由传递学科"事实"、掌握"知识点",走向理解学科"事实"与"知识点",并由此产生大概念,形成观念性、规律性的理解,从而帮助学生产生可广泛迁移的类化理解或概念性理解与读写技能。因为,只有当学生理解了学科素养的大概念,形成了学科的"高阶思维能力"和"实践应用能力"时,才能真正有利于他们成为未来时代的优秀建设者与创造者。

　　更为难能可贵的是,金老师解决了"单篇教学"与"大单元教学"有效融通的问题。自2022年版义务教育语文课程标准颁布实施后,关于"单篇教学"与"大单元教学"的争论火热,影响了语文教学的认知与实践。金老师认为,"单篇教学"具体而微,便于操作,但信息量小,零乱破碎,不利于形成思维系统;而"大单元教学"主张"大任务""系统性""群组化",可以弥补"单篇教学"的短处,但教学中也容易出现空疏浮泛的问题,容易造成对具体篇目研读粗疏,缺少对语言文字的仔细推敲琢磨、涵泳品味,缺少对作家作品的个性化、独特性探究。于是,金老师和他们工作室成员探讨"单篇+群篇"的教学模式,"单篇教学"与"大单元教学"兼具,有效矫正了"单篇教学"与"大单元教学"的偏差。他们立足于语文核心素养的培育,发挥学习力养育的大观念教学思想的统摄作用,丰富并完善了语文教学理论与实践的教学模式,这对一线语文教师有效落实新课标教学思想,是一个很好的理论与实践示范。

据我了解,金老师与他工作室的成员,不仅在提升学生语文核心素养方面做出了可贵成就,还教出了一届届优秀学生。而今,这本书的出版,让教师的教学有了具体的、系统的、可以借鉴的方法,这正是广大语文教师贯彻2022年版义务教育阶段语文课程标准教学思想的期待,也是新教育教学走向"核心素养"教育时代的一大探索成果。

是为序。

陈继英

2023 年 8 月 26 日

(作者简介:陈继英,深圳市首届教育名家,语文特级教师,正高级教师,深圳大学硕士研究生导师,教育部"国培计划"主讲专家,中国语文报刊协会语文课堂教学研究会学术委员。)

目　录

第一编

养育语文教学研究

"养育"初中生语文学习力

针对初中生语文学习现状,在安徽省课题"'养育'中小学生语文核心素养的实践研究"结项成果的基础上,在充分调查深圳市5区11所学校31个班级学生语文学习力的基础上,我们申报后成功立项的深圳市成果培育课题"'养育'初中生语文学习力的实践研究",通过教学实践,让学生在语言文字的熏陶浸润中,"养"正确的世界观、必备的品格,具体养成良好的"人心、人性、人格","育"语文关键能力,具体为培育语文学习力,即语文学习的阐释力、品鉴力、批判力、建构力,从而作为养育初中生语文核心素养的具体实践。本项目研究拟解决的核心内容是"养育"初中生语文学习力的途径和方法。

一、国内外研究述评

通过中国知网,以"主题"为搜索路径,以"'养育'初中生语文学习力"为搜索词语,检索中国知网数据库,截至2023年8月,共找到0条结果。指向"养育"初中生语文学习力的研究,有待于积极开发。

(一)初中生语文学习力

1.国内研究综述

通过中国知网,以"主题"为搜索路径,输入"初中生语文学习力",截至2023年8月,共找到263条结果。这些文献从不同的角度探索了培养初中生语文学习兴趣、习惯、方法的一些途径,其中有8篇探索提升初中生语文学习力,但文献集中在一线语文教师课堂教学中如何提升学生语文学习力的方法。语文学习力的提升路径,大致分类如下:

(1)基于核心素养的初中生"语文学习力"培养。

如吴元元的《基于核心素养的初中生"语文学习力"培养》(《语文天地》,2017年第29期)一文,从打造"问学课堂"、引导自主探究的角度探索了如何激发初中生的"语文学习力"。又如龙学萍在《初中生语文学习质疑能力的培养》(《语文教学与研究(下半月)》,

2020年第10期)一文中,探索了在初中语文教学活动中如何培养学生的质疑能力,通过质疑让学生在自我思辨和讨论中获得语文水平整体提升的策略。

(2)探索信息技术对提升初中生语文学习力的作用。

如王文钧在《基于Pad的一对一数字化环境下初中生学习力提升策略研究——以初中语文作文课为例》(《文理导航(上旬)》,2018年第10期)一文中,探索了一对一数字化环境下初中生学习力提升的策略。

(3)探索语文学习兴趣对提升初中生语文学习力的作用。

如张二莎在《初中生语文学习兴趣影响因素及机制研究——基于扎根理论的视角》(《新课程研究》,2020年第27期)一文中,运用扎根理论构建初中生语文学习积极性模型,探索初中生语文学习兴趣中的关键影响因素及作用机制,从而提升初中生的语文学习力。

(4)探索学习习惯对提升初中生语文学习力的作用。

如陈淑娥在《初中生语文学习能力与学习习惯的培养》(《科幻画报》,2022年第5期)一文中,主要探讨在初中语文教学中,结合初中语文教学实际,在基础知识掌握和语言能力提升的同时,如何培养学生的学习能力和良好的学习习惯。

2.国外研究综述

在相关中文网站上,以"主题"为搜索路径,输入"初中生语文学习力"关键词,截至2023年8月,共找到0条结果。

(二)语文学习力

1.国内研究综述

在中国知网,以"主题"为搜索路径,输入"语文学习力"关键词,截至2023年8月,共找到406条结果。

目前学界对何谓"语文学习力"的界定比较模糊,没有统一明确的定义。学界对何谓"语文学习力"的认识,归纳分类,大致如下:

(1)语文学习力是一个人学习语文过程中所表现出来的学习语文和运用语文的综合能力。(夏王悦《在单元教学中培养学生的语文学习力》,《语文教学之友》2022年第3期)

(2)语文学习力为学生在语言生活中的生命活力。这里的"语言生活",主要是指学生在学校中的听说读写以及文化活动,这里的"生命活力"可理解为不断扩展自己的学习爱好,从而培养新的学习兴趣,增强自己的学习能力(王国均《"语文学习力"指导下高中语文学科课程体系构想》,《教育研究与评论》2017年第10期)。

(3)语文学习力等同于语文核心素养。

(4)语文学习力等同于听说读写的能力。

2.国外研究综述

在相关中文网站上,以"主题"为搜索路径,输入"语文学习力"关键词,截至2023年8月,共找到0条结果。

依据检索结果,我们可以得出这样的结论:在义务教育阶段,很多语文教师没有"学

习力"的概念,以致学生的"学习力"往往呈现为下面两种情形:

（1）非情景性"学习力",即没有真实情境运用的"学习力"。非情景性"学习力"导致的结果常常是:学生掌握了僵化的知识,缺乏适应个人终身发展与社会发展的人格品质与关键能力。

（2）非存在式"学习力"。这样的学习是演绎占有式学习,就是抓住自己所学到的一切,或者牢牢记在心里,或者仔细保存在自己的笔记本中。他们不需要产生或创造新的东西,不会形成知识概念的诠释,没有建构自己的阅读思想,也无法领悟自己的阅读方法,无法实现读一文或一书而能读一类文或一类书的迁移,无法实现得法养习的目的。与之相反的是"存在式阅读",他们领悟这一思想并主动地、创造性地做出反应,学到的知识促进了自己的思考。

石修银在《基于能力观的语文学习力:释解与发展策略》（《语文教学通讯》,2021年第1期）一文中,对当下的语文学习力现状做了概述,提出在语文学习活动中,学习力包含四种学习能力:阐释力、品鉴力、批判力、建构力。遗憾的是,他的研究还停留在理论阶段,并没有给出提升初中生这4种学习能力的支架和策略。

二、研究框架设计

实验对象:主要以宝安区、福田区、南山区、罗湖区、盐田区10所学校以及1所市直学校（共11所学校）31个实验班的初中生为例,探究初中生语文学习的特点和学校、家庭、个人对语文学习力的影响。

研究目标:

目标一:聚焦初中生语文学习力的培育,探索课内外初中生语文学习力的"养育"途径和方法。

目标二:突破"应试语文"教学盲点,通过对初中生语文学习力的"养育",提供涵养初中生的母语情怀、健全人格的实践案例。

三、核心概念界定

什么叫养育?《现代汉语词典》（第7版,商务印书馆2016年）对"养育"一词的解释是:"抚养和教育"。这里的"抚养"又是什么意思呢? 即"爱护并教养"。那么,什么是"教养"呢? 作为动词,即"教育培养";作为名词,即"一般文化和品德的修养"。由此可见,这里的"养育",我们取为动词,"养育"就是"爱护并教育培养"的意思;取为名词,就是"爱护并教育培养成具有一般的文化和品德修养"。

关于语文养成教育,中学语文特级教师赵克明老师是这样界定的:语文养成教育就是把握语文学习不同层面的目标,遵循熏陶浸染、积淀涵养、感悟体验、运用提升等语文学习规律,培养学生热爱母语的情感、关注语文的敏感与领悟语言的语感,从而协同渐进地提升学生的听、说、读、写等素养与能力,并养成学生终身学习的良好行为习惯。因而,我们的语文教育更应关注学生的核心素养之一——人文素养的培养。

那么,什么是初中生学习力的"养"和"育"呢?"养"就是爱护初中生的言语表达的心理和想法,满足初中生的语文教育的需求,顺应初中生的语文教育的成长规律,帮助初中生逐步养成良好的语文学习习惯,让语文成为个体生命的内在需要,养成终身的兴趣和习惯,侧重培育学生语文学习的本领。"育"就是通过合适的方法和途径,在教育培养或培育初中生的语文学习力的同时,重在教化,让他们会学习语文,能学习语文,爱学习语文,提升他们的语文学业水平,培育他们健全的言语人格,从而奠定他们的言语表达基础,涵养终身的语文情趣和情怀。

初中生语文学习力的"养育",就是通过语言文字的浸润培养学生自我教育的本领,从而实现对个体生命的"人心、人性、人格"的养育,引领学生成为有道德、有思想、有修养的文化人。"养"和"育"相互依存、融为一体。"养育",简单来说,就是"养成"和"培育":"养成",实际上侧重于培养学生学习语文的兴趣、学习语文的习惯,侧重于学生自我培养、自我教育;"培育",侧重于教师的引导、教化、讲解、训练,最终达到学生自我成长的目标,为学生终身发展服务。"养"是让他成长,而"育"是让他"健康"成长。养成是基础、是放养,培育是提升、是升华。"养"和"育"是把学生的语文学习能力和人格情操熏陶结合在一起,既培育学生的语文关键能力,又培育他们适应未来社会发展的必备品格,而这种品格的培育是通过学生语文学习力的提升,通过国家通用语言文字的浸润、熏陶、悟化和语文实践活动来完成的。这和应试教育的枯燥训练、空洞说教有着本质区别。

课题名称中的"初中生"是研究对象,指我国目前基础教育阶段的初中学段的学生。

课题名称中的"语文学习力"即语文学习生长力,是语文关键能力,是学习和运用语言文字的能力,包括听、说、读、写的能力,自学能力是学习力的重要体现。根据南京晓庄学院教师教育学院陈维维等老师的综述,学习力存在能量观、品行观、素质观和能力观4种内涵的定位。在这4种学习力的内涵表述中,能力观认为,学习力是通过获得与运用知识最终改变工作和生活状态的能力或者是动态能力系统。从操作性角度来看,学习力是在有目的的学习过程中,以听、说、读、写、交流等渠道获得知识和技能的学习基础,通过实践、体验、反思、环境影响等途径进行的学习力提升,以产生新思维、新行为的学习效果为目的的动态能力系统。我们的研究就选取语文教学活动中最具操作性的能力观进行研究。

课题名称中的"实践研究",指的是行动研究。

四、研究的内容

据语文新课标相关内容和石修银老师《基于能力观的语文学习力:阐释与发展策略》文章中提出的语文学习活动中的4种学习能力,为培育初中生语文学习力和母语情怀,进行如下探究:

(1)初中生语文学习力的特点,家庭、学校、个人方面对语文学习力的影响探究.

(2)"养育"学生阐释力探究。着重从以下3个方面"养育":一是对文章或作者目的的阐释;二是对文章主要思想或情节的概括阐释;三是对文章隐晦句子的阐释。

(3)"养育"学生品鉴力探究。着重从以下5个方面"养育":一是感受语言之美;二是感受艺术之美;三是感受形象之美;四是感受情感之美;五是感受思想、文化之美。

（4）"养育"学生批判力探究。着重从以下3级进行"养育":初级,对作品语言表达、内容、情感质疑;中级,对构思、逻辑演绎质疑;高级,对文章思想、文化质疑。

（5）"养育"学生建构力探究。着重从以下3个方面"养育":一是体现迁移的灵活力,构建自己的话语形式;二是形成自己的知识体系,形成属于自己的思想或概念;三是形成阅读思想力。

研究重点:"养育"初中生语文阐释力、品鉴力、批判力、建构力的途径和方法。

研究难点:如何通过语言文字熏陶和语文实践活动,"养育"初中生的母语情怀和健全人格。

五、创新之处

理念创新:以"立德树人"为根本任务,以初中生为研究对象,真正把"人的教育"放在首位,在语言文字的学习与熏陶中养育学生的四大学习力和健全的人格,彰显"文化育人、自能教育、学力综合、教有实效、学而得法"的"养育语文"五大特征,注重语文的学法研究,借助清单,引导、推动学生自学,将方法融入清单项目之中,让学生"学而有据,学而有法,学而有得"。其"养育"理念即终身学习奠基,直指学生的价值观、人格品性和语文关键能力,这与课标的理念和"立德树人"的教育目标相吻合。

实践创新:作为安徽省已结项的省级课题"'养育'中小学生语文核心素养的实践研究",合肥市15所中小学30多名一线教师进行了跨区域、跨学段的实践,且取得一定成效。该课题侧重于从培育语文核心素养的实践层面解决问题。现作为深圳市成果培育新课题,结合深圳市教育特色,在深圳市5区、1所市直学校(共11所学校)参与实验的16名初中语文一线教师的教学实践中,不断探索初中生语文学习力的成因和"养育"途径,探究影响初中生语文学习力的因素,有针对性地探究初中生的阐释力、品鉴力、批判力、建构力,紧扣语文核心素养,接地气,有新意,合时代。

路径创新:安徽省参与研究的一线语文教师,分布于农村、县城、省辖市区;现在课题组成员分布于深圳市宝安、福田、南山、罗湖、盐田5个区以及1所市直学校(共11所学校)对初中生的语文学习力进行"养育"研究,直指语文核心素养的语文关键能力和学生的必备品格,让研究深入、具体。研究实践区域广,人员多,这种城乡接合的实践研究,本身就有新意。

实用性强:本课题涵盖的语文教学内容广,以清单引领,直抵学生语文自学能力和学习品行的培养,形成系统,操作性强,有实效;侧重于初中生语文学习的特点和对策探究,探究初中生四大学习力的"养育"方法和途径,解决众多师生面临的困惑,具有现实意义。

六、研究思路和方法

基本思路:成果文献研读—问卷调查—定量定性分析—实验研究—对比借鉴—专题研讨—实践检验—总结归纳。

研究方法:

调查分析法:我们全体课题组16名成员(含主持人)对11所学校31个班的学生进行问卷调查,主要从语文学习力的"四力"和学生学习语文的兴趣、习惯、方法调查学生语文学习现状。问卷从智力因素(学习动力、学习态度、学习方法、学习效率、创新思维和创造力)和非智力因素(学习兴趣、好奇心和创造性等方面)设计问题,问卷题目为《初中生语文学习力问卷调查》,问卷调查的问题不超过25个。参与调查的老师都撰写了问卷调查分析,再对所有的问卷进行分析归纳。我们从初中生语文学习力的特点和家庭、学校、个人三个方面分析原因,最后进行整体情况分析,课题组全体成员各自进行"教"与"学"的反思,调整自己的教学方案,同时调整课题研究方案。

定量研究法:对31个班级全体初中学生的语文学习力进行定量分析,拟定实验对策和方案,进行实验。

定性研究法:在定量分析的基础上进行定性分析,进行个案研究。如具体学生语文学习力的提升研究,或记日记,或访谈。

行动研究法:课题组成员在研究过程中及时将自己的心得体会形成课题研究文字性材料,对研究过程中撰写的论文做好汇编,同时对过程性资料做好积累和整理工作;定期开展课题研究活动,完成预期成果,相互学习经验,共同进步。

经验总结法:对初中生语文学习力实验数据进行前后对比,不断改进,最后对全体学生和个案研究情况进行总结。"四力"研究课例,根据反馈情况做好改进,以期提高养育的水平,拓宽养育的途径,并督促教师积极参加论文投稿。教师根据自己的行动研究和日常教学行为,进行有效提炼,形成总结性的论文或专著,对课题研究成果进行推广。

七、课题组织及分工、进度

课题的专家指导组:省、市、区专家。

课题领导小组:

组长:金星闪(深圳市宝安区海旺学校)。

组员:张明(深圳市宝安区海旺学校)、徐静(深圳市宝安区海旺学校)、黄林建(深圳市宝安区海旺学校)、杨天宇[深圳市福田区外国语学校(香蜜校区)]、王雪兰(深圳市福永中学)、王璐(深圳市宝安区为明双语实验学校)、郭紫宁(深圳市福永中学)、吴雯玉(深圳市福永中学)、张伟东(深圳市翠园实验学校)、付艳平(深圳市南山区南山外国语学校集团桃源中学)、李燕妮(深圳市南山区第二实验学校)、姜真真(深圳市第三高级中学)、党晓霞(深圳市罗湖外语初中学校)、肖友琴(深圳市富源学校)、杨可盈(深圳市盐田实验学校)。

课题分工:

根据课题的研究内容,探究初中生语文学习力的特点和成因,培育初中生语文学习力的"四力"和母语情怀。

金星闪:负责课题成果推广转化和研究的总体设计,对研究过程实施全面管理以及过程指导,探索并总结相关理论,与课题主管部门联系;负责撰写初中学段教学方案,主持研究工作,分配研究人员的研究任务,承担课题研究中部分教案、电子教材设计与制作,参与课题研究工作。

张明、郭紫宁、姜真真(小组长:张明、姜真真):负责"养育"初中生语文阐释力的探究。负责成果推广和研究,分配研究人员的研究任务,参与课题研究整体设计和研究报告撰写,各阶段资料收集,承担课题研究中部分教案、电子教材的设计与制作,承担课题的研讨课教学,收集学生作品。探究学困生的特点以及学校、家庭、个人对语文学习力的影响。

王雪兰、王璐、李燕妮、肖友琴(小组长:王雪兰、李燕妮):负责"养育"初中生语文品鉴力探究。负责教学成果推广和研究,参与课题研究工作,收集学生习作,展示科研成果;承担公开课或者研讨课的教学,研究分析调查报告,收集各阶段资料。探究初中生语文学习力的特点以及学校、家庭、个人对语文学习力的影响。

黄林建、吴雯玉、张伟东、杨可盈(小组长:黄林建、张伟东):负责"养育"初中生语文批判力探究。负责成果推广和研究,策划、布置课题研究进程,课题研究方案的撰写与实施,检查研究工作任务的落实情况,承担课题研究中各阶段资料收集,成果收集与保管;承担公开课和研讨课的教学。探究初中生语文学习力的特点以及学校、家庭、个人对语文学习力的影响。

徐静、杨天宇、付艳平、党晓霞(小组长:徐静、付艳平):负责"养育"初中生语文建构力探究。负责教学成果推广和研究,参与课题研究工作,收集学生习作,展示科研成果;承担公开课或者研讨课的教学,研究分析调查报告,收集各阶段资料。探究初中生语文学习力的特点以及学校、家庭、个人对语文学习力的影响。

课题研究的进度:

(1)2021年9月—2022年1月:学习相关理论,调查实验前学情,研究具体步骤,做好研究分工,在5区和1所市直学校共11所学校31个班实践;努力将成果作为继续教育课程而面向全市推广。

(2)2022年2月—2023年7月:搞好应用推广实验研究,收集实验教例,撰写实验论文,总结阶段性成果。

(3)2023年8月—2024年5月:针对存在的问题,调整方案,同时收集、应用、推广实验教案、实验总结、实验论文、师生实验专著;区级以上展示成果,力争将成果作为继续教育课程面向全市推广。

(4)2024年6月—2024年8月:准备结题材料,实验验收结题。

附:本课题人员分工、研究进度和研究内容安排一览表

时　　间	研究内容	负责人	参加人员	备注
2021.3—5	课题立项申请	金星闪	课题组全体成员	
2021.10	课题研究分工	金星闪	课题组全体成员	

时　间	研究内容	负责人	参加人员	备注
2021.11	开题报告、研究方案调整	金星闪　黄林建 张伟东	课题组全体成员	
2021.12	课题开题预备会	金星闪	课题组全体成员	
2022.1—2	理论学习,问卷调查与分析	金星闪　徐　静 付艳平	课题组全体成员	
2022.3	开题报告、研究方案再次修订	金星闪　张　明 姜真真	课题组全体成员	
2022.4	开题论证	金星闪	市区专家、课题组成员等	
2022.4	七年级语文学习力课例研讨、辩课	金星闪　张　明 付艳平	课题组成员、部分初中语文骨干教师	
2022.5	八年级语文学习力课例研讨(同课异构),专家讲座	金星闪　黄林建 张　明　张伟东	课题组成员、部分初中语文骨干教师	
2022.6	"养育语文"课例展示与论坛	金星闪　黄林建 杨天宇　李燕妮	课题组成员、部分初中语文骨干教师	
2022.7	理论学习,读书反思	金星闪　张　明 付艳平	全体课题组成员	
2022.8	整理研究资料,分析、调整方案,撰写研究论文	金星闪　张　明 徐　静　杨天宇	全体课题组成员	
2022.9	九年级语文学习力课例研讨、辩课,专家讲座	金星闪　黄林建 付艳平　张伟东 李燕妮	全体课题组成员、部分初中语文骨干教师	
2022.10	作文教学课例研讨、辩课,课题成员汇报前期实验研究情况,初中生语文学习力问卷调查分析	金星闪　黄林建 郭紫宁　付艳平	全体课题组成员、部分初中语文骨干教师	
2022.11	阅读和作文成果展示	金星闪　张　明 黄林建	课题专家组、课题组成员	
2022.12	中期验收,课例等成果展示,再次调整实验方案	金星闪　张　明 徐　静　王雪兰	全体课题组成员、部分语文骨干教师	

时 间	研究内容	负责人	参加人员	备注
2023.1—2	分析总结、撰写报告	金星闪 张 明 徐 静 张伟东	全体课题组成员	
2023.3	初中语文学习力课例研讨（同课异构）、辩课，专家讲座	金星闪 黄林建 付艳平 姜真真	海旺学校语文组、课题组成员、部分初中语文骨干教师	
2023.4	中考复习研讨	金星闪 黄林建 王 璐	全体课题组成员、部分初中语文骨干教师	
2023.6	"养育语文"说课比赛	金星闪 黄林建 吴雯玉 李燕妮	全体课题组成员	
2023.7	撰写实验论文，成果推广	金星闪 张 明 徐 静 杨天宇	全体课题组成员	
2023.8	验收材料收集整理，成果汇编	金星闪 张 明 黄林建 王雪兰 张 明 付艳平	全体课题组成员	
2023.9	"养育语文"课堂教学观摩课，初中生语文学习力问卷调查	金星闪 黄林建 徐 静 王 璐 李燕妮	全体课题组成员、部分初中语文骨干教师	
2023.10	名师论坛与语文学习力课例展示，结题材料定稿	金星闪 张 明 黄林建 杨天宇 付艳平 张伟东 李燕妮	全体课题组成员、部分初中语文骨干教师	
2023.11—2024.5	成果作为继续教育课程面向全市推广	金星闪 张 明	全体课题组成员、部分初中语文骨干教师	
2024.6-8	结题验收，专家结题鉴定	金星闪 张 明	市区课题专家组 全体课题组成员	

"'养育'初中生语文学习力"的调查分析

一、调查的背景和目的

我国的基础教育迈入了核心素养的时代,指向核心素养的育人方式的变革也带来教学方式的转变。核心素养是目标追求,这一目标的实现必须经过实践转化及老师创造性的传递才能落地。

《义务教育语文课程标准(2022年版)》指出:核心素养是学生通过课程学习逐步形成的正确价值观、必备品格和关键能力,是课程育人价值的集中体现。义务教育语文课程培养的核心素养是学生在积极的语文实践活动中积累、建构并在真实的语言运用情境中表现出来的,是文化自信和语言运用、思维能力、审美创造的综合体现。

语文学科的关键能力就是学习和运用语言文字的能力,而学习和运用语言文字能力的关键就是语文学习力,其本质上是自学力。"养育"语文学习力,就是通过语言文字的浸润,培育学生运用语言文字的能力,同时以文化人,陶冶学生情操,培育学生健全的人格和品格,逐步形成正确的价值观。

语文核心素养分为四个方面,即"文化自信""语言运用""思维能力""审美创造",要实现"核心素养"的培育目标,应选择何种与之相匹配的学习途径呢?

福建教育学院的石修银教授认为,要培育学生的阐释力、品鉴力、批判力、建构力,通过这4种能力的培养,学生能获得适应个人终身发展与社会发展的人格品质与核心素养。我们的课题是基于石教授的理论而开展的实践研究,开展了"养育"初中生语文学习力问卷调查。调查的目的是了解影响学生语文学习力的因素,探索"养育"学生语文学习力的途径,为课题进一步研究提供事实依据。

二、调查的方法和对象

此次调查主要采用的是问卷法。

  问卷对象为宝安区海旺学校、福永中学、为明双语实验学校、富源学校,福田区外国语学校(香蜜校区),罗湖区翠园实验学校、罗湖外语学校,南山区南山外国语学校(集团)桃源中学、南山第二实验学校,深圳市第三高级中学,盐田区实验学校,共计11所学校31个班1344学生,应收集调查问卷1344份,实收有效问卷1164份,有效问卷率为86.6%。

  组织问卷调查的是课题组全体成员:金星闪、张明、徐静、黄林建、杨天宇、王雪兰、王璐、郭紫宁、吴雯玉、张伟东、付艳平、李燕妮、姜真真、党晓霞、肖友琴、杨可盈。

  问卷方式:问卷星问卷收集。

  研究方法:问卷调查分析法。

三、调查内容

  本次调查的内容分为以下四个方面:

  第一,学生的学习兴趣;

  第二,学生学习的薄弱模块;

  第三,初中生语文学习力,包括阐释力、品鉴力、批判力、建构力;

  第四,影响学习力的外在因素。

四、调查结果汇总统计

初中生语文学习力调查问卷及其统计一览表

问卷内容	人数	比值
1.你是男生还是女生?		
A.男生	633	54.38%
B.女生	531	45.62%
2.你对语文学习感兴趣吗?		
A.感兴趣	721	61.94%
B.谈不上感兴趣或者不感兴趣,为了考试而学	393	33.76%
C.不感兴趣	50	4.30%
3.在语文学习中,你认为自己哪个模块比较薄弱?		
A.语文基础知识	164	14.09%
B.现代文阅读	259	22.25%
C.文言文阅读	354	30.41%
D.诗歌鉴赏	80	6.87%
E.写作	307	26.37%

问卷内容	人数	比值
4.你认为下面哪个因素最能提升你语文学习的兴趣？		
A.教师的博学多识	72	6.19%
B.和谐的师生关系	171	14.69%
C.学习过程中成功的体验	191	16.41%
D.老师在授课过程中把课文内容与学生的实际生活紧密联系起来	206	17.70%
E.老师给予学习方法的指导,如课前预习的习惯,运用工具书的习惯,课上质疑的习惯,课后复习的习惯,独立思考创新求异的习惯	403	34.62%
F.其他	121	10.40%
5.学习了语文新知识后,下面哪项描述最符合你目前的学习状态？		
A.对新的知识不能很好理解、掌握	342	29.38%
B.能将新的语文知识牢牢记在心里,仔细保存在自己的笔记中,但不会产生更多新的思考和疑问	535	45.96%
C.能理解、掌握新知识,并且新的知识常能促进自己的思考,引发新问题、新思想和新观点	287	24.66%
6.你能将记忆、理解到的语文知识,迁移到具体真实的情境中去运用吗？		
A.能	315	27.06%
B.不能	76	6.53%
C.有时能,有时不能	773	66.41%
7.读完一本名著或一篇文章你能有自己的独特的体悟,并能将自己的认识与文章中的观点进行比较、找出异同点吗？		
A.能有自己的体悟,但不能与文章中的观点进行比较、找出异同点	380	32.65%
B.知道阅读的内容,偶有自己独特的体悟	507	43.56%

问卷内容	人数	比值
C.能形成自己独特的体悟,并能将自己的认识与文章中的观点进行比较、找出异同点	277	23.80%
8.读完一本书或一篇文章后,你能领悟出一些阅读方法,并能将这一方法迁移运用,从而能读懂这一类书或这一类文章吗?		
A.没有自己的阅读方法	158	13.57%
B.能领悟一些方法,但无法迁移到相类似的书或文章中进行阅读	587	50.43%
C.能领悟自己的阅读方法,并能将这一方法迁移运用,从而读懂这一类书或这一类文章	419	36.00%
9.读完一篇文章后,你能阐释文章主题并知晓作者的创作目的吗?		
A.能	353	30.33%
B.不能	85	7.30%
C.有时能,有时不能	726	62.37%
10.读完一篇文章后,你能结合生活中的事例来说出你对文章观点的理解吗?		
A.能	922	79.21%
B.不能	242	20.79%
11.对文章中隐晦的句子(潜隐着作者深意的句子),你能结合语境理解这个句子的深层含义吗?		
A.能	747	64.18%
B.不能	417	35.82%
12.在阅读文学作品时,你能感受到作品的语言之美吗?		
A.经常能感受到作品的语言之美,并能结合具体语境赏读作品的语言之美	550	47.25%
B.没有特别感受,对语言文字不敏感	157	13.49%

问卷内容	人数	比值
C.能感受到作品的语言之美,但不能结合具体语境来赏读作品的语言之美	457	39.26%
13.在阅读文学作品时,你能批判性赏读文章的篇章构思吗?		
A.能	713	61.25%
B.不能	451	38.75%
14.读了经典名著之后,你能有自己独特的情感体验,并从中获得对自然、社会、人生的有益启示吗?		
A.经常会	261	22.42%
B.有时会	618	53.09%
C.偶尔会	249	21.39%
D.从不会	36	3.09%
15.你会经常对所学知识进行梳理,并形成自己的知识体系吗?		
A.经常会	215	18.47%
B.有时会	548	47.08%
C.偶尔会	332	28.52%
D.从不会	69	5.93%
16.你能举一反三,运用汉语言文学的规律丰富积累,并运用到自己的文章中吗?		
A.经常会	210	18.04%
B.有时会	547	46.99%

问卷内容	人数	比值
C.偶尔会	345	29.64%
D.从不会	62	5.33%
17.关于勤思考、爱质疑的学习习惯的描述,下列哪项更符合你的现状?		
A.在日常语文学习中很难发现问题并质疑,总是将老师表达出的观点当成权威来看待	283	24.31%
B.语文学习上有想法但缺少勇气和自己的老师探讨,面对老师充满了畏惧心理,无法与自己的老师敞开心扉	463	39.78%
C.能运用科学的方法提出自己在初中语文学习中的疑问	418	35.91%
18.在阅读文学作品时,你能对作品的语言表达提出自己的质疑吗?		
A.没有这样的习惯,认为作品的语言表达都是好的	215	18.47%
B.能对作品的语言进行赏读,但不能提出自己的质疑	568	48.80%
C.能欣赏作品的语言特色,能对作品的语言表达恰当与否表达自己的观点	381	32.73%
19.在阅读文学作品时,你能对作品的构思提出自己的质疑吗?		
A.能	710	61.00%
B.不能	454	39.00%
20.在阅读文学作品时,你能对文章思想提出自己的质疑吗?		
A.能	781	67.10%
B.不能	383	32.90%
21.你是如何进行阅读的?		
A.用彩笔做标记,在关键句下面画线,然后经常去重温、去梳理知识点,去理解、竭尽所能地记住这些材料,并不太对这些内容去做任何评判	693	59.54%
B.无时无刻不在和自己的阅读材料互动,目的是批判性地评价所读的材料,在客观评价的基础上得出自己的结论	471	40.46%
22.下列各项因素中,你认为哪个因素对语文学科能力有重要影响?		

问卷内容	人数	比值
A.家庭社会环境	145	12.46%
B.学校的资源	180	15.46%
C.学校的班风校风	177	15.21%
D.同伴的关系	104	8.93%
E.良好的师生关系	558	47.94%

五、调查结果分析

1.学生的语文学习兴趣。

2.你对语文学习感兴趣吗?		
A.感兴趣	721	61.94%
B.谈不上感兴趣或者不感兴趣,为了考试而学	393	33.76%
C.不感兴趣	50	4.30%

4.你认为下面哪个因素最能提升你语文学习的兴趣?		
A.教师的博学多识	72	6.19%
B.和谐的师生关系	171	14.69%
C.学习过程中成功的体验	191	16.41%
D.老师在授课过程中把课文内容与学生的实际生活紧密联系起来	206	17.70%
E.老师给予学习方法的指导,如课前预习的习惯,运用工具书的习惯,课上质疑的习惯,课后复习的习惯,独立思考创新求异的习惯	403	34.62%
F.其他	121	10.40%

上面引用的数据显示,6成多的学生对学习语文感兴趣,仍有近四成的学生对学习语文不感兴趣;34.62%的学生认为教师给予学习方法的指导能提高自己的学习兴趣;分别有17.70%和16.41%的学生认为教师在授课过程中把课文内容与学生的实际生活紧密联系起来,学习过程中成功的体验对提高语文学习兴趣有帮助。数据为我们提供了研究的方向,对于学习语文兴趣不高的孩子,要想提高他们的语文学习兴趣,必须下大功夫从"养育"二字入手,我们要"养育"孩子们学习语文的兴趣。通过对问卷中第4题的分析,我们得出这样的结论:教而有法,学而得法;引导孩子们在真实的情境中运用语文知识,在运用语文知识解决问题的同时获得成功体验,能激发起学生的语文学习兴趣。

2.学生学习语文的薄弱模块。

3.在语文学习中,你认为自己哪个模块比较薄弱?		
A.语文基础知识	164	14.09%
B.现代文阅读	259	22.25%
C.文言文阅读	354	30.41%
D.诗歌鉴赏	80	6.87%
E.写作	307	26.37%

上面引用的数据显示,学生学习语文的薄弱模块,第一是文言文阅读,第二是现代文阅读,第三是写作。在今后的教学中,要着重"养育"学生在文言文阅读、现代文阅读和写作方面的学习力。

3.学生语文学习力。

5.学习了语文新知识后,下面哪项描述最符合你目前的学习状态?		
A.对新的知识不能很好理解、掌握	342	29.38%
B.能将新的语文知识牢牢记在心里,仔细保存在自己的笔记中,但不会产生更多新的思考和疑问	535	45.96%
C.能理解、掌握新知识,并且新的知识常能促进自己的思考,引发新问题、新思想和新观点	287	24.66%
6.你能将记忆、理解到的语文知识,迁移到具体真实的情境中去运用吗?		
A.能	315	27.06%
B.不能	76	6.53%
C.有时能,有时不能	773	66.41%

上面引用的数据显示,29.38%的学生对新的知识不能很好地理解、掌握;45.96%的学生能将新的语文知识牢牢记在心里,仔细保存在自己的笔记中,但不会产生更多新的思考和疑问;只有27.06%的学生能将记忆、理解到的语文知识,迁移到具体真实的情境中去运用。依据调查,我们可以得出这样的结论:学生习得了知识,却没有习得能力,表现在只能死记硬背知识,而获得知识后不会产生新的思考和疑问,更不懂得在真实情境中,或者说不懂得在生活中迁移运用。课题研究应围绕如何养成、培育学生在真实情境中的学习力进行深入的实践研究。

4.阐释力、品鉴力、批判力、建构力。

(1)阐释力。

9.读完一篇文章后,你能阐释文章主题并知晓作者的创作目的吗?		
A.能	353	30.33%
B.不能	85	7.30%
C.有时能,有时不能	726	62.37%
11.对文章中隐晦的句子(潜隐着作者深意的句子)你能结合语境理解这个句子的深层含义吗?		
A.能	747	64.18%
B.不能	417	35.82%

上面引用的数据显示,只有30.33%的学生读完一篇文章后,能阐释文章主题并知晓作者的创作目的,仍有35.82%的学生不能结合语境理解句子的深层含义。依据数据,我们得出这样的结论,学生阅读的障碍主要体现在以下两个方面:读不懂文章主题与目的;不能体悟隐晦句的深意。要提高学生的学习力,先要培养学生的阐释力。

(2)品鉴力。

12.在阅读文学作品时,你能感受到作品的语言之美吗?		
A.经常能感受到作品的语言之美,并能结合具体语境赏读作品的语言之美	550	47.25%
B.没有特别感受,对语言文字不敏感	157	13.49%
C.能感受到作品的语言之美,但不能结合具体语境来赏读作品的语言之美	457	39.26%

上面引用的数据显示,39.26%的学生能感受到作品的语言之美,但不能结合具体语境来赏读作品的语言之美,构思之美,思维层之美。

(3)批判力。

17.关于勤思考、爱质疑的学习习惯的描述,下列哪项更符合你的现状?		
A.在日常语文学习中很难发现问题并质疑,总是将老师表达出的观点当成权威来看待	283	24.31%
B.语文学习上有想法但缺少勇气和自己的老师探讨,面对老师充满了畏惧心理,无法与自己的老师敞开心扉	463	39.78%
C.能运用科学的方法提出自己在初中语文学习中的疑问	418	35.91%
18.在阅读文学作品时,你能对作品的语言表达提出自己的质疑吗?		
A.没有这样的习惯,认为作品的语言表达都是好的	215	18.47%
B.能对作品的语言进行赏读,但不能提出自己的质疑	568	48.80%

C.能欣赏作品的语言特色,能对作品的语言表达恰当与否表达自己的观点	381	32.73%
19.在阅读文学作品时,你能对作品的构思提出自己的质疑吗?		
A.能	710	61.00%
B.不能	454	39.00%
20.在阅读文学作品时,你能对文章思想提出自己的质疑吗?		
A.能	781	67.10%
B.不能	383	32.90%
21.你是如何进行阅读的?		
A.用彩笔做标记,在关键句下面画线,然后经常去重温、去梳理知识点,去理解、竭尽所能地记住这些材料,并不太对这些内容去做任何评判	693	59.54%
B.无时无刻不在和自己的阅读材料互动,目的是批判性地评价所读的材料,在客观评价的基础上得出自己的结论	471	40.46%

前面引用的数据显示,48.80%的学生,在阅读时能对作品的语言进行赏读,但不能提出自己的质疑;39.00%的学生在阅读文学作品时,不能对作品的构思提出自己的质疑;67.10%的学生在阅读文学作品时,能对文章思想提出自己的质疑,而32.90%的学生在阅读文学作品时,不能对作品的构思提出自己的质疑。依据数据,我们可以得出这样的结论:近六成的学生没有养成良好的批判性思维。依据布鲁姆的教育目标分类,记忆、理解、应用属于初级认知,分析、评价、创造属于高级认知,批判思维应属于分析、评价,属于高级认知。本课题的研究,应探讨如何引导学生在阅读文本时能对文本质疑。

(4)建构力。

7.读完一本名著或一篇文章你能有自己的独特的体悟,并能将自己的认识与文章中的观点进行比较、找出异同点吗?		
A.能有自己的体悟,但不能与文章中的观点进行比较、找出异同点	380	32.65%
B.知道阅读的内容,偶有自己独特的体悟	507	43.56%
C.能形成自己独特的体悟,并能将自己的认识与文章中的观点进行比较、找出异同点	277	23.80%
8.读完一本书或一篇文章后,你能领悟出一些阅读方法,并能将这一方法迁移运用,从而能读懂这一类书或这一类文章吗?		

A.没有自己的阅读方法	158	13.57%
B.能领悟一些方法,但无法迁移到相类似的书籍或文章中进行阅读	587	50.43%
C.能领悟自己的阅读方法,并能将这一方法迁移运用,从而读懂这一类书或这一类文章	419	36.00%
14.读了经典名著之后,你能有自己独特的情感体验,并从中获得对自然、社会、人生的有益启示吗?		
A.经常会	261	22.42%
B.有时会	618	53.09%
C.偶尔会	249	21.39%
D.从不会	36	3.09%
15.你会经常对所学知识进行梳理,并形成自己的知识体系吗?		
A.经常会	215	18.47%
B.有时会	548	47.08%
C.偶尔会	332	28.52%
D.从不会	69	5.93%
16.你能举一反三,运用汉语言文学的规律丰富积累,并运用到自己的文章中吗?		
A.经常会	210	18.04%
B.有时会	547	46.99%
C.偶尔会	345	29.64%
D.从不会	62	5.33%

　　前面引用的数据显示,只有23.80%的学生在读完一本名著或一篇文章时能有自己的独特的体悟,并能将自己的认识与文章中的观点进行比较、找出异同点;13.57%的学生在读完一本书或一篇文章后,不能领悟出阅读方法,更不具备通过学习一篇文章的后能读懂这一类书或这一类文章的能力;只有18.47%的学生,会经常对所学知识进行梳理,并形成自己的知识体系;只有18.04%的学生能举一反三,运用汉语言文学的规律丰富积累,并运用到自己的文章中。依据数据,我们可以得出这样的结论,学生的建构能力较弱。学习的建构力,诠释了关键能力的内涵,"不仅包括学生已经获得的能力,还包括在未来获取新知识、构建新的知识体系的学习能力",是学习中最主要、最能体现学习力的一环。如何"养育"学生的建构力,应是本课题组致力攻坚的方向。

　　5.影响学习力的外在因素。

22.下列各项因素中,你认为哪个因素对语文学科能力有重要影响?		
A.家庭社会环境	145	12.46%
B.学校的资源	180	15.46%
C.学校的班风校风	177	15.21%
D.同伴的关系	104	8.93%
E.良好的师生关系	558	47.94%

上面引用的数据显示,家庭社会环境、学校资源、班风校风、同伴关系、良好的师生关系均有影响,但学生们普遍认为,良好的师生关系是影响学习力最重要的因素。

六、学生学习力现状与思考

影响学生语文学习力的外在因素:家庭社会环境、学校资源、班风校风、同伴关系、良好的师生关系都对学生的学习力产生影响,而影响最大的是良好的师生关系。因此,教师在"养育"学生语文学习力的过程中,要注意家校协同,营造良好的班风学风,注意学生同伴关系的正负面影响,特别要与学生多沟通,关注学生的思想和心理动态,做学生的良师益友,培育健康的人格和学习品行。"亲其师,信其道",和谐的师生关系无疑为提高学生学习力起到积极的推动作用。

学习兴趣:问卷显示,仍有一部分的学生对语文学习不感兴趣。主要原因是学习过程中成功的体验不够,教师在学习过程中给予的学习方法指导不够,教师在授课过程中把课文内容与学生的实际生活未能紧密联系起来。兴趣是最好的老师。学生在学习过程中是否体验过成功的喜悦,直接影响孩子语文学习的动力。在平时的语文学习中,应该让学生在实践体验、合作交流、反馈评价等各个环节中体验到语文学习的乐趣。与生活相连,创设真实的学习情境,设计驱动性的问题,引导学生在真实的情境中运用语文知识,提升能力;与实践相连,在主题活动、语文专题活动、综合性学习活动中运用语文知识解决问题的同时获得成功体验,激发学生的语文学习兴趣。

语文学习的薄弱模块:问卷显示,老师给予学习方法的指导,如课前预习的习惯、运用工具书的习惯、课上质疑的习惯、课后复习的习惯、独立思考创新求异的习惯,能激发起学生的语文学习兴趣。要"养育"学生的语文学习力,就要基于学习者视角设计学习内容,要在学生比较薄弱的文言文阅读、现代文阅读和写作方面教而有法,学而得法。这里的法,就是学科中最本质、最有价值的知识,是学科知识中的概念与命题、本质与规律、思维与方法、关系与结构、价值与精神。因此在学科教学中,要引导学生不断关注学科知识背后的各种现象、现象背后的学科思想、学科思想背后的学科思维和方法、学习方法背后应形成的学习习惯、学习后获得的价值体验。学生在知识、现象、思维、思想、方法、习惯、价值的前进节点中抵达学科深处,从而形成必备品格和关键能力。这里的法,也是学科的核心概念,即大概念。大概念是针对事实性知识的"小概念"而言的,这种持久地超越事实性知识的思考与探究,是指向深度学习的,有助于学生在跨情境中的迁移和运用。

学会运用清单引领,让学生养成自学习惯。如利用已有的"养育语文"课题实践成果《文言文预习清单》《现代文预习清单》《名著阅读清单》《作文自评互评表》《作文提纲》,指导学生学会运用清单,引导学生掌握自学的方法。

学生的语文学习力:过半的学生未能拥有语文学习力,具体表现为:学生对新的知识不能很好理解、掌握;学生能将新的语文知识牢牢记在心里,仔细保存在自己的笔记中,但不会产生更多新的思考和疑问;学生不能将记忆、理解到的语文知识,迁移到具体真实的情境中去运用。学生习得了知识,却没有习得能力,表现在只能死记硬背知识,而获得知识后不会产生新的思考和疑问,更不懂得在真实情境中,或者说不懂得在生活中迁移运用。

学生在阐释力、品鉴力、批判力、建构力方面的不足,具体表现为:

学生在阐释力方面的不足,主要体现在不能阐释文章主题并知晓作者的创作目的、不能结合语境理解句子的深层含义。

学生在品鉴力方面的不足,主要体现在不能结合文本语境赏读出作品的语言之美。

学生在批判力方面的不足,主要体现在:学生在阅读文学作品时,不能对作品的语言表达提出自己的质疑;学生在阅读文学作品时,不能对作品的构思提出自己的质疑;学生在阅读文学作品时,不能对文章思想提出自己的质疑。

学生在建构力方面的不足,主要体现在:学生在读完一本书或一篇文章后,不能领悟出阅读方法,更不具备通过学习一篇文章后能读懂这一类书或这一类文章的能力;学生不会对所学知识进行梳理,并形成自己的知识体系;学生不能举一反三,运用汉语言文学的规律丰富积累,并运用到自己的文章中。

受到传统知识观的制约,语文教学停留在碎片化单一的知识点上,以灌输、训练的方式开展教与学。与此同时,语文与生活脱节,导致学科思维没有统整,思维没有得到训练,能力没有形成,故而不能迁移运用。传统的语文学习内容更强调事实性知识,即以教师的讲解传授和学生的记忆再现作为主要获取方式,这种"记中学"的方式不利于学生培养高阶思维,更不利于学生核心素养的养成。

要"养育"学生的语文学习力,就要基于学生立场设计学习内容。通过任务群的设计,在主题阅读教学中或在作文教学中,承载大单元教学的任务和育人功能。在课堂教学中教师应凸显学生立场,教学过程中应多思考:

(1)确定核心任务,明确学习目标。扣住单元目标,扣住教材内容和主题,扣住新课标任务群的"情景性、实践性和综合性"。必须搞清学生学习的认知起点在哪里? 学生在课堂上到底要学什么? 让孩子们怎么朝着一个目标进发?

(2)围绕核心任务,梯度设计教学。到底从哪些方面满足学生需求,达成核心任务? 如何联系生活,让学生的学习行为真实发生? 孩子需要什么样的由浅入深的学习支架? 如何把课堂还给学生,让学生在课上有事干,在做中学,做中悟,并有效分享自己的学习成果?

(3)围绕目标,有效整合。一是教师如何围绕核心任务,整合聚焦学习内容,形成一定系统,获得整体认知,在课堂上引导学生思维发展;二是教师如何引导学生感悟、归纳、总结学习内容,训练思维。

(4)量表评价,诊断效果。如何设计标准,实现自我评价、生生评价,诊断学习效果?学习力是建立在深度学习的基础上的。学习能力的核心不是理解能力,而是思维能力。学习是复杂的动态思维过程,要唤起储存的知识信息,更要运用分析性思维与逻辑思维,对语言信息筛选、提取、分析、整理,继而形成概念或中心意识。发展学生的学习力,就当引导学生掌握思维深度。

(5)学生的阐释力"养育",不能止于读懂文章或作者目的,更重要的是在与作者、作品对话过程中滋养学生的精神,丰富学生的精神生活

(6)学生的品鉴力"养育",要培养学生感受语言之美,艺术之美,形象之美,情感之美,思想、文化之美的能力,在美的熏陶中,守护人性之美。

(7)学生批判力的"养育",要培养学生的批判质疑精神,以培育学生健全的人格。

(8)学生建构力的"养育",要培养学生构建自己的话语形式,形成阅读思想力。

总之,"养育"学生的语文学习力的研究不能仅仅停留在"养育"初中生语文阐释力、品鉴力、批判力、建构力的途径和方法的"技能"层面,而应最终指向对"人性、人心、人格"的养育。

当然,以上仅仅是部分学校部分班级的抽样调查和分析思考,不能够充分反映所有学生的语文学习力现状,但从"一隅"可以窥见"全局"。针对此次调查的数据和分析思考,我们将依据学生的需求,在"养育"学生语文学习力的大道上不断实践,不断探索。

附:

初中生语文学习力调查问卷

制卷时间:2022年11月

亲爱的同学们:

你们好! 感谢你阅读这份调查问卷。我们调查的目的是了解你在语文学习力方面的有关情况,便于老师正确指导你,提升你的语文素养。每个人的实际情况不一样,因此,所有题目既没有标准答案,也没有正确与错误之分。希望同学们认真填写。

1.你是男生还是女生?(　　　)

A.男生　B.女生

2.你对语文学习感兴趣吗?(　　　)

A.感兴趣　B.谈不上感兴趣或者不感兴趣,为了考试而学　C.不感兴趣

3.在语文学习中,你认为自己哪个模块比较薄弱?(　　　)

A.语文基础知识　B.现代文阅读　C.文言文阅读　D.诗歌鉴赏　E.写作

4.你认为下面哪个因素最能提升你语文学习的兴趣?(　　　)

A.教师的博学多识　B.和谐的师生关系　C.学习过程中成功的体验

D.老师在授课过程中把课文内容与学生的实际生活紧密联系起来

E.老师给予学习方法的指导,如课前预习的习惯,运用工具书的习惯,课上质疑的习惯,课后复习的习惯,独立思考创新求异的习惯

5.学习了语文新知识后,下面哪项描述最符合你目前的学习状态?(　　)

A.对新的知识不能很好理解、掌握

B.能将新的语文知识牢牢记在心里,仔细保存在自己的笔记中,但不会产生更多新的思考和疑问

C.能对新的知识理解、掌握,新的知识常能促进自己的思考,并能引发新问题、新思想和新观点。

6.你能将记忆、理解到的语文知识,迁移到具体真实的情境中去运用吗?

A.能　B.不能　C.有时能,有时不能

7.读完一本名著或一篇文章你能有自己的独特的体悟,并能将自己的认识与文章中的观点进行比较、找出异同点吗?(　　)

A.能有自己的体悟,但不能与文章中的观点进行比较、找出异同点

B.知道阅读的内容,偶有自己独特的体悟

C.能形成自己独特的体悟,并能将自己的认识与文章中的观点进行比较、找出异同点

8.读完一本书或一篇文章后,你能领悟出一些阅读方法,并能将这一方法迁移运用,从而能读懂这一类书或这一类文章吗?(　　)

A.没有自己的阅读方法

B.能领悟一些方法,但无法迁移到相类似的书或文章中进行阅读

C.能领悟自己的阅读方法,并能将这一方法迁移运用,从而读懂这一类书或这一类文章

9.读完一篇文章后,你能阐释文章主题并知晓作者的创作目的吗?(　　)

A.能　B.不能　C.有时能,有时不能

10.读完一篇文章后,你能结合生活中的事例来说出你对文章观点的理解吗?(　　)

A.能　B.不能

11.对文章中隐晦的句子(潜隐着作者深意的句子)你能结合语境理解这个句子的深层含义吗?(　　)

A.能　B.不能

12.在阅读文学作品时,你能感受到作品的语言之美吗?(　　)

A.经常能感受到作品的语言之美,并能结合具体语境赏读作品的语言之美

B.没有特别感受,对语言文字不敏感

C.能感受到作品的语言之美,但不能结合具体语境来赏读作品的语言之美

13.在阅读文学作品时,你能批判性赏读文章的篇章构思吗?(　　)

A.能　B.不能

14.读了经典名著之后,你能有独特自己的情感体验,并从中获得对自然、社会、人生的有益启示吗?(　　)

A.经常会　B.有时会　C.偶尔会　D.从不会

15.你会经常对所学知识进行梳理,并形成自己的知识体系吗?

A.经常会　B.有时会　C.偶尔会　D.从不会

16.你能举一反三,运用汉语言文学的规律丰富积累,并运用到自己的文章中吗?

A.经常会　B.有时会　C.偶尔会　D.从不会

17.关于勤思考、爱质疑的学习习惯的描述,下列哪项描述更符合你的现状?(　　)

A.在日常语文学习中很难发现问题并质疑,总是将老师表达出的观点当成权威来看待

B.语文学习上有想法但缺少勇气和自己的老师探讨,面对老师充满了畏惧心理,无法与自己的老师敞开心扉

C.能运用科学的方法提出自己在初中语文学习中的疑问

18.在阅读文学作品时,你能对作品的语言表达提出自己的质疑吗?(　　)

A.没有这样的习惯,认为作品的语言表达都是好的

B.能对作品的语言进行赏读,但不能提出自己的质疑

C.能欣赏作品的语言特色,能对作品的语言表达恰当与否表达自己的观点

19.在阅读文学作品时,你能对作品的构思提出自己的质疑吗?(　　)

A.能　B.不能

20.在阅读文学作品时,你能对文章思想提出自己的质疑吗?

A.能　B.不能

21.你是如何进行阅读的?(　　)

A.用彩笔做标记,在关键句下面画线,然后经常去重温、去梳理知识点,去理解、竭尽所能地记住这些材料,并不太对这些内容去做任何评判

B.无时无刻不在和自己的阅读材料互动,目的是批判性地评价所读的材料,在客观评价的基础上得出自己的结论

22.下列各项因素中,你认为哪个因素对语文学科能力有重要影响?(　　)

A.家庭社会环境　B.学校的资源　C.学校的班风校风

D.同伴的关系　E.良好的师生关系

"养育语文"课堂精读训练的原则和要求

精读作为一种基本的阅读方法,在我国已有悠久的历史。宋代学者朱熹在谈到读书时就极为重视精读,他认为"泛观而博取,不若熟读而精思"。精读是与泛读相对而言的概念,指深入细致地研读。阅读者对重要的文本,认真反复地读,逐字逐句地深入钻研,对重要的语句和章节所表达的思想内容做到透彻理解,这就是精读。精读既是一种文本阅读方法,也是重要的语文学习方法。

一、课堂精读训练的地位及现状

在新课程改革理念下,语文学科的核心素养要求培养学生熟练的语言技能。《义务教育语文课程标准(2022年版)》在"总目标"中提出"学会运用多种阅读方法,具有独立阅读能力",在"拓展型学习任务群"中提出"引导学生了解阅读的多种策略,运用浏览、略读、精读等不同阅读方法",可见,课程标准将"精读"作为重要的阅读训练内容。

统编初中语文教材对精读也有明确的阐述和指导。在七年级上册"名著导读"的"读书方法指导"中写道"根据兴趣或读书目的的不同,可以分别采取精读或跳读的方法。精读指向细腻的感受、透彻的理解和广泛的联想","精读就是细读","精读就是精思","精读就是鉴赏"。作为整本书的读书方法,统编教材并没有对"精读"给出严谨而科学的定义,而是从策略的角度让学生理解"精读"必须以阅读目的为导向,并与其他阅读方法融合使用。

新课程标准和语文教材明确了精读的重要地位。精读训练是提升学生语文素养的重要途径之一。精读训练历来为语文学者和教师们所重视。韩雪屏教授在总结阅读的策略和方法中指出:基本的阅读方法有朗读、默读、精读、略读、快速阅读等。特级教师余映潮对课堂精读训练是这样定义的:粗略地讲,阅读中的文义把握、思路分析、层次划分、要点概括、词句品味、手法理解、表达艺术赏析、思想情感体味等内容的品读就是精读。

在初中语文课堂阅读教学中,教师需采取有效的形式和教学方法来提升语文课堂阅读教学的效率。精读训练是加深学生对课文内容和感情的理解,是形成语文能力的有效途径之一。在实际的教学过程中,语文课堂精读训练现状却不容乐观。部分语文教师的精读训练只是笼统地要求学生仔细读、认真读、反复读,缺少具体的指导。或者为了赶教学进度而让学生用默读或速读的方式代替精读。还有部分精读训练集中在篇章阅读,缺少真实环境下的精读训练,使学生难以形成能够迁移的精读能力。这类课堂精读教学已失去语文学习的本真!因此,我们如何充分整合教材资源,让精读训练融入学生的实际阅读过程,在教学中充分发挥精读的功能价值,来有效提升语文课堂教学成效,是每个语文老师亟待研究和认真解决的重大问题。

二、"养育语文"与精读训练的关系

在长期的语文教学探究中,我们发现学生语文素养的提升要靠"养"和"育"。"养育语文"提倡"扎实"的课堂教学,强调课堂抓住语言这个根本,循循善诱,品出语言的精彩,赏出语言的味道。做到这一点的前提就是要认真反复地读,就是精读。没有精读就没有语言的体味和积累,这是根基。没有语言的体味和积累就更谈不上语言的运用了。因此,精读是品出语文味的基础和精髓之所在。

我们同时强调:引导学生对文本分析、综合、评价和创造,进而培养学生的高阶思维能力。在语言的赏析玩味中……感受中华语言文字的魅力。语言的赏析玩味需要学生逐字逐句地深入文本中去钻研。这里"养育语文"扎实的课堂教学追求指明了精读训练的根本之所在,就是引导学生对文本中重要的语句和章节所表达的思想内容通过精读训练去理解透彻。学生语文素养的"养"成是需要精读训练来实现的。

在学习实践中,我们希望,通过教师的引领,学生掌握多种学习方法,针对不同的学习内容,总结出有自己特点的不同的高效学习方法。精读训练就是一种高效的语文学习方法。教师应发挥自身的主观能动性和创造力,针对不同的学习内容开拓出精读训练不同的实践方法,如研读法、读写法、积累法、批注法……

三、"养育语文"精读训练的基本要求

精读训练应是语文课堂教学的主线。教师用课堂的精读训练来增加学生的语文知识,提升学生的语文素养。在语文课堂中,要让学生掌握精读方法,在精读中整体感知,在精读中有所感悟,在精读中积累语言,在精读中体悟情感,真正让学生在精读训练中有所收获。"养育语文"的精读训练有一些基本要求。

(一)精读训练需变"泛读"为"研读"

在科学技术发展的今天,阅读的目的变得多元化,主要目的是迅速获取自己所需的各种信息,以便解决生活中和工作中的实际问题。语文是一门语言类的学科,有其独特的学科特点,是工具性和人文性的统一。教师在现实教学中不能只看到工具性而忽视其重要的人文性。而学生体会文学作品中作者要表达的情感,并与其产生共鸣,需要通过对文章的研读。

　　在我们的语文课堂上,研读不应简单地被处置为课堂上的记背。其形式应该多样化,内容要丰富、设计要精巧,等等,让学生在课堂上真正感受到研读的趣味性。如七年级下册第二单元《土地的誓言》是一篇抒情散文,句句饱含作者深情,感人至深。教学时可采用自由读、范读、齐读、配乐诵读等多种方式反复研读课文,体味作者饱满、深沉、炽烈的家国情怀。我们可运用"选点"的教学设计技巧,对课文中的第一段进行研读:自由地诵读,感受东北大地的丰饶美丽;教师范读,感受这一段的结构层次;齐声诵读,感受在这一段中作者对东北大地炽热的眷恋之情。接着让学生从老师提供的话题中自选内容研读第一段。这样通过研读既拉近了学生与文本的距离,让学生自然而然地进入文本,又能让学生在读中感受文章内容和深厚情感。这样的精读训练的设置,才能有效地培养学生终身受用的阅读与欣赏文本的能力。

　　(二)精读训练需变"只读"为"读写"

　　听、说、读、写是语文学习的四个重要的能力训练要素。这四个方面是一个有机的整体,相辅相成。严格来说,听和读是语文学习中的输入和积累的过程,而说和写就是语文学习中的输出和表达。语言的学习如果没有输入和积累就谈不上输出和表达了。在实际的语文课堂教学中,我们也必须遵循这一规律——读写结合。在语文课堂教学中,往往会出现读和写相割裂的情形,即阅读课和写作课的分离。养育语文体现在语文能力上,就是听、说、读、写、思、结六个方面的能力,其核心是说和写两大语言文字运用能力。精读训练不仅要重视语言的感悟和体验,还应在此基础上指导学生去表达创作。如在教《说和做——记闻一多先生言行片段》时,在品读课文的基础上,指导学生关注对闻一多先生做出高度评价的语句,这些点睛式的议论句在前文具体材料的基础上,提炼了人物的精神品质。精读训练中利用课文指导学生创作片段作文《我的好朋友》,要求利用素材与议论句结合法写出朋友的精神品质。这样的课堂写作活动,在精读训练中学习写作,及时有效,有利于学生写作能力的提升。精读训练与写作教学是密切相连的,精读训练很大程度上也是为写作教学服务的。因此,在精读训练时要加强与写作的结合,让学生真正做到学以致用。

　　(三)精读训练需变"读问"为"积累"

　　在当前有些语文课堂上,阅读训练的形式单调乏味,语文课堂上的阅读训练大多采取齐读或默读。一些语文教师对阅读训练缺乏认识,认为读只是为了便于后面的讲解和提问,课堂呈现的是碎问碎答。这样的阅读训练,没有发挥它应有的作用,更不用谈学生阅读能力的提升。真正好的语文课堂中,我们可以利用课文本身的资源设计出由全体学生参与的朗读积累活动。教师要重视语言的学习和积累,指导学生将课文中精华的词、句、段、篇摘抄集聚、背诵积累,并指导运用。如《安塞腰鼓》一文,作者用自己独特和极具美感的语言表达形式来抒发内心的情感,这一语言形式很值得我们体味、欣赏。教学时我们可以这样设计:

　　活动一:阅读课文,语言积累。

　　方式:学生进行生字词的认读和短语、美句的摘抄,教师点拨强调。

活动二:美读,感受课文情感。

(1)学生自由朗读课文。

(2)讨论话题:我所感受到的课文的语言表达之美。

活动三:个性化地演读课文。

体味式朗读:在以上学习的基础上,学生选择自己喜欢的课文片段,进行演读。

在语文课堂上,少一些无意义的问答,多一点背诵积累,把时间还给学生,让学生在读背积累过程中,坚持下去,学生的语言素养也就"育"出来了。

(四)精读训练需变"浏览"为"批注"

浏览是指略观大意,粗略地看一遍。浏览是一种扫描式和跳读式的阅读方法。"浏览"一说最早出自清代纳兰性德《渌水亭杂识》卷一:逾三四年遂成卷,曰《渌水亭杂识》,以备说家之浏览云尔。批注式阅读和浏览一样,在我国有悠久的传统,我国古代学者中有不少人的著作就是在对他人文章的批注中形成的。比如清代金圣叹评点《水浒传》。"浏览"和"批注"这两种不同的阅读方法最大的区别在于:"批注"是在"浏览"的基础之上进行更深层次的思考和加工提炼。浏览式阅读是浅层次的"粗放"阅读,批注式阅读是深层次的"精细"阅读。精读作为阅读方法,是学生根据自身的生活和阅读经验从而获得独到的阅读感悟和体验,而批注能把这些感悟和体验外化成显性知识。教师可以根据不同的文本和阅读目的,通过批注呈现学生精读的内容,并外化为精读行为。我们可以根据批注的不同内容将批注分为感想式批注、质疑式批注、联想式批注、评析式批注、补充式批注……

如《老王》一课:活动一,学生批注分享。课前布置学生运用批注阅读法预习课文。课上学生代表上台展示自己的批注成果,台下学生进行点评补充。通过这一环节了解学生学习本课的学情。学生通过自学,可以明了文章哪些内容点已经了解掌握,文章哪些地方还不太明白。

当然,笔者并不是要彻底摒弃"泛读""只读""读问""浏览"等方法。相反,以上每一种阅读方法学生都需要熟练掌握。通常在实际的课堂教学中,阅读方法的选择需要根据文本的特质和教学目的而定。语文课上进行的是多种阅读方法的综合训练,最终目的是让学生的综合语文素养得到提升。

四、"养育语文"精读训练的原则

我们明确了精读训练的重要性和要求,但要在课堂中进行有效实施并非易事。养育语文的精读训练是在传统的阅读教学模式的基础之上作了一些改进性的探索,给新时代的语文阅读教学提供一个参照。实施的过程中如果没有对一些基本原则的把握,我们一定会有许多磕磕绊绊。因此,我们对精读训练理念的实践运用,还需要明确一些基本原则和方法。为了使课堂精读训练落到实处,我们需遵循以下教学原则。

首先是要研读教材,根据文本文体特点来设计精读训练。文体主要是指文章的体裁或样式。王荣生教授提出,要根据文本体式确定语文课堂的教学内容,朗读教学的运用只有基于一定的文体方能大放异彩。语文教材每一单元的单元说明是我们设计精读训练的重要依据。在此基础上,我们认真研读教材文本,提炼出精读训练的内容点,进而在课堂上对学生进行有针对性的精读训练。如统编教材将精读的训练安排在七年级下册的三个单元,在每单元的单元说明中有明确的阐述,旨在培养学生养成精读的阅读习惯。

初中语文统编教材七年级下册三个单元精读训练安排一览表

单元任务	第一单元 学习精读	第二单元 继续学习精读	第三单元 注重熟读精思
具体要求	要在通览全篇、了解大意的基础上,把握关键语句或段落,字斟句酌,揣摩品味其含义和表达的妙处。还要注意结合人物生平及其所处时代,透过细节描写,把握人物特征,理解人物的思想感情	应注重涵泳品味,尽量把自己"浸泡"在作品的氛围之中,调动起体验与想象。要把握课文的抒情方式,体会作品的情境,感受作者的情怀。还要学习做批注,记下自己的点滴体会	注意从标题、详略安排、角度选择等方面把握文章重点。还要从开头、结尾、文中的反复及特别之处发现关键语句,感受文章的意蕴

通过研读整合,为七年级下册语文课堂大单元教学指明具体的目标方向。

其次是要善于提炼总结。精读训练强调细细品味和感受。在这一点上,对老师的要求是比较高的,既要有较强的文本解读能力,又要有较高的阅读方法指导能力。因此,课前充分备课是重要的。我们在备课时应挖掘文章精读的价值所在,精读的训练点应设置在哪里……在教学实践过程中,我们应总结出一系列的精读的策略和方法,包括借助工具书阅读、圈画、摘录、记笔记、批注、诵读等。授学生以"渔",教会学生阅读的方法,带领学生实践操作,进而内化为语文学习技能,最终提升学生语文素养。如深圳宝安区实验学校通过多年语文课堂教学实践的摸索,依据精读训练的要求探索出了批注式语文课堂教学模式。他们把教材单元课文整合为定点批注和自由批注。定点批注需要精读细批,侧重于精读训练,教学上重感悟、重品味,引导学生透彻、明了地掌握。自由批注属于引导学生自己批注。

最后是要创新实践运用。阅读方法的习得对学生的语文学习是非常重要的。正确的方法能让学生能力的培养事半功倍。当然,学生阅读能力的提升并非一朝一夕之功,而是一个潜移默化的长期过程,需要长期反复地训练强化。精读训练的实践运用应根据学生的学情、教学内容来确定精读的具体实施策略。可见,精读训练的要求不是一成不变,精读训练的形式也要不断创新。同时,精读训练要从语文课堂上延伸到课外阅读。我们需要制定一个长期的学生阅读训练规划,让阅读训练系统化。训练从易到难、循序渐进。每一个学年、每一个学期、每一个单元、每一节语文课,阅读训练点要清晰明白。

如七年级训练精读和批注,八年级训练泛读和复述,九年级训练速读和归纳总结。我们应在研究的基础上举一反三,创新运用。

　　无论是学生阅读方法的习得,还是学生语文学习能力的提升,精读训练在整个阅读教学中起着重要作用。在今后的语文课堂教学中,应加强精读训练的研究。

构建平等对话课堂，养育初中生语文学习力

——以语文九年级下册第五单元教学为例

如何培养学生的语文学习能力这是每个语文老师都在用教学实践回答的问题，什么样的课堂就培养什么样的学生。

一、以批判性探究的学习主题任务驱动学生平等对话的学习兴趣

在《教育部关于全面深化课程改革落实立德树人根本任务的意见》指导下的《义务教育语文课程标准(2022年版)》要求语文学习体现语文课程的综合性、实践性，引领教学方式变革。语文学习不是知识点、能力点的简单线性排列，不是学科知识的逐点解析和学科技能的逐项训练。新课标强调了语文课堂应是课程内容、学生生活、语文实践相互协调、融通的课堂，因此创设批判性探究的学习主题任务才能实现高层次、高融通的需要。

批判性探究的学习主题任务设置是在教师的引领下，学生围绕具有挑战性的学习主题，全身心积极参与、体验成功、获得发展的有意义的学习过程。

在实践过程中，笔者发现能驱动学生平等对话的任务多是教师创设的具有批判性探究目的的学习主题任务。保罗·弗莱雷曾指出：当人对现实缺乏一种批判性理解，片面去理解现实，不把局部看作构成整体的相互作用的要素时，就不能真正认识现实。要真正认识现实，他们不得不把出发点倒过来：他们需要先对背景有一个整体的观照，随后将其构成要素分割并独立出来，并且通过这种分析，获得对整体更清晰的认知。以批判性探究为目的的任务将使得学生不能仅仅去迁移知识，复制想法，而是需要参与者必须将任务背景整体观照，并分割出任务的子任务，在实现任务的过程中形成彼此关联、前后连贯

的整体思考,在完成整体任务后实现核心素养的能力提升,实现语文学习力的培育过程。

以语文九年级下册第五单元的戏剧学习为例,可以创设一个怎样具有批判性的研究任务呢?

《义务教育语文课程标准(2022年版)》第四学段(7—9年级)在"阅读与鉴赏"中要求:引导学生"欣赏文学作品,有自己的情感体验,初步领悟作品的内涵,从中获得对自然、社会、人生的有益启示。能对作品中感人的情境和形象说出自己的体会,品味作品中富有表现力的语言"。

在课程内容中,本单元课文契合"发展型学习任务群"中"文学阅读与创意表达"的要求,其第四学段(7—9年级)旨在引导学生"阅读表现人与社会、人与他人的古今优秀诗歌、散文、小说、戏剧等文学作品,学习欣赏、品味作品的语言、形象等,交流审美感受,体会作品的情感和思想内涵"。

在第四学段(7—9年级)的"学业质量描述"中要求学生能够通过朗读方式,表达对作品的理解,"能从多角度揣摩、品味经典作品中的重要词句和富有表现力的语言",并"通过对阅读过程的梳理、反思,总结不同类型文学作品的阅读经验和方法;能与他人分享自己获得的对自然、社会、人生的有益的启示"。

这些要求提示我们,要让学生在这个任务中能通过欣赏文学作品形成自己的情感体验,且可获得对自然、社会、人生的有益启示,需要我们设置任务时不能仅限于对作品的鉴赏和理解,还应该达到有自身的体验和交流。结合九年级下册第五单元活动探究的单元特点,我尝试设计一个极有挑战性的任务,实现教材第96页已明确的单元目标。这个挑战性的任务要激发学生对文学作品的批判性理解和交流的热情,且在学习中能与他人分享自己获得的对自然、社会、人生的有益的启示。最终任务设置为以"青春不散场"为主题的话剧比赛,并以写出赛后的一篇评论或者话题交流展示作为终极任务。为实现终极任务,需要设置研读话剧剧本、理解话剧的内涵、表演话剧的子任务。

为了创设学习的真实情境,我设定"青春不散场"主题任务背景,一是学生所处的学习生活阶段为九年级下学期,面临毕业分别,在这样的人生重要节点既有告别又含珍惜的复杂情感,且"青春"一词具有多义性,既可指蓬勃朝气又可指积极向上,既可指学生本体的特征又可指所探究的经典作品的内涵,同时可以指学生在参与活动过程中的得与失、经验与收获对未来学习道路的价值特性。"不散场"既指学生主体探究活动一直存在,又指学生在未来学习中探究精神仍继续激发学习。以"比赛"为活动形式,使得学生一直在评价与鉴赏的活动中保持批判思维,不仅需要参与者不断保持对于自己的批判,还需要保持批判思维来思考作品,思考同伴之间的合作过程、思考对文学作品的演绎过程、思考对自己学习过程的评价。也正是因为这样的任务设置才使得每一个学生都有发现问题、自我认识的发言权,不是一种权威式的"填鸭"过程。

每位学生以自己的兴趣来选择本单元的三篇剧作形成的剧组,选择分工,并将在剧组中共同参与、共同探讨,最终在自己的责任分工下实现学习的过程。如何选择剧组中的剧务,对剧务的基本要求以及对剧组的价值及对自身的评价方式都是在这个学习任务下的子任务,配合导演实现本剧组的表演最佳效果是剧务在学习过程中的重要内容。这个过程中既有跟随全班共同学习的过程,也有全组共同探讨的过程,还有自己独立研究的过程,以此实现在学习中的平等对话。

在批判性研究的学习主题任务下,每个学生的起始点都带着许多未知和疑惑。这种任务是以"提出问题"为方向和主要任务,以"解决问题"为产生问题的目的,只要具备了"解决问题"的能力,产生的问题越多,越能激发学生的探索精神以及解决问题的主观能动性,才能实现语文教学中对学生的心性培育中的探索精神的培养。

综上所述,创设具有批判性探究的学习主题任务是实现平等对话的前提基础。如果离开了批判性思维的对话,也就不会出现真正的平等对话。只有这样的对话才可形成学生对现实的不断改造的愿望,实现"培育全面发展的人"终极目标。

二、尊重学生主体意愿的小组合作探究是实现课堂平等对话的重要方式

在创设具有批判性探究的学习主题任务之后,以什么形式组织学生进行探究呢?教师组织小组合作研究,可以实现课堂平等对话。

我们在语文课堂学习中,组织尊重学生主体意愿的小组合作探究是实现课堂平等对话的重要方式。这种小组合作并不是单纯以前后座位的自然形态构成,而是尊重学生主体选择的情况下,教师给予监督、调整的小组学习。既保证学生个体在小组合作中的主体意识实现,又要保证小组内学习过程中出现"各为己利、互相忌惮"。

以九年级下册第五单元教学为例,小组合作的流程如下:

第一,在结束单篇的阅读学习之后,根据自己对九年级下册第五单元三篇剧作的兴趣确立导演、选择剧组。

第二,形成剧组后,剧组共同面对的问题是如何在舞台上演绎出剧组共同的想法和探索的结果。

第三,以各小组的工作日记作为评价的方式和手段,老师能够看到各小组的交流进程以及出现的问题,并做出及时的指导和建议。

第四,学生需要在教师的启发下自己做出对问题解决方式的选择,对所担任的任务产生责任感,融入集体创作中以饱满的热情参与合作,并能在彼此合作中激发出主观能动性。

导演的确立是以学生意愿为主,需要完成"导演意向阐述",呈现出具有批判精神的想法。导演确立后吸纳有意愿的同学加入剧组,合理分工。导演带领组员讨论导演意向,并开始进入排练环节。

在导演明确了自己的演出意图之后,在小组合作中得到交流和碰撞,或者修改自己的想法,或者获得组员的支持来坚持自己的想法,最终达成小组内的共识。

在《屈原》剧组李哲贤同学的学习日记中有这样的分享:首先,平等对话有助于我听取组员的意见。例如在讨论屈原这一角色的肢体动作时,组员们给我提供了许多有创意的意见。平等的对话让我能够静下心,去仔细考虑这些意见,并决定是否采纳。其次,我

认为这能够在组内形成一个良好的氛围。组员们不仅可以尽情提出自己的见解，还能够与组长交流沟通，改进自己的表演细节。

小组内部构成固然因个性差异会存在行动力、认知力、学习力的差距，但是只要评价目标不是以学习内容的熟练程度及知识硬性的训练记忆为目的，学生的个体差异不会成为小组学习的阻碍。然而，在不确定结果的挑战性的任务之下，每个学习者的能力都将得到尊重且被珍惜，这成为组内平等对话的基础。团队中拥有最好想法的并不是最聪明的人，而是那些最擅长从别人那获取想法的人。在学习的评价中，小组的合作使得学生主体在学习中更能学习到他人的优点、认识自身的不足，并成为激发学习热情的动力。

组织尊重学生主体意愿的小组合作探究培养了学生学习的意志力。意志力是一种坚持不懈的能力。意志力的训练有助于提高学生心理承受力、应变力、决策力和判断力等综合素质。组织尊重学生主体意愿的小组合作探究有助于培养学习个体学习力，激发学习个体迎接挑战、克服困难的积极心态。

导演意向阐述表

剧名：　　　　编剧：　　　　导演：　　　　我的角色：

导演意图阐述指引	导演的想法	我需要做什么
在阅读剧本时，剧作的哪一内涵触动了你的心灵，与你日常的某个感受契合了，给你震撼，激励你更深的思索；你很想与他人、与观众分享这种震撼与感受		
与观众分享自己对现实世界、对人和人的生存、对历史的思索与感受，这就成了导演立意。你的导演立意是什么		
我将用怎样的戏剧场面形象地表达出导演立意	对主要人物形象、主要人物的解释和处理以及确定主要角色的演员人选。舞台设计	
你想使用怎样的结构方式来展现导演立意（戏剧的逻辑）：链条式、平行式、不规则式（时空交错、时空颠倒、套式、镶嵌式）	演出总体节奏（演出段落的划分）。舞台气氛：音乐的处理	
找出重点段落。与表达导演立意相关的，与情节进展相关的，与人物发展相关的，都是重点	确定形体动作、舞台调度的处理原则	

在"青春不散场"的话剧比赛任务下，《天下第一楼》剧组的成员有一半人数都被"枣儿"剧组聘为群众演员，当时导演焦虑，申请放弃演出。我除了对其焦虑情绪做出安抚之外，提醒他："组建剧组的初衷是什么？""放弃很容易，是什么让你至今仍没有放弃？"最终

这个剧组并没有放弃演出。因为仍有坚持要演下去的组员一直很努力地在准备着,并且相互鼓励支持着,这些看起来并不是语文课堂的知识结构,但却因组员主观能动性的激发使得这个小组彼此激励,彼此扶持渡过难关。

组织尊重学生主体意愿的小组合作探究是实现课堂平等对话的方式。

三、以学生学习发展为主体的教学评一体化机制保障平等对话的实施

学生在参与整体任务学习的过程中,呈现出的学习态度、学习动机、学习专注度、学习韧性、学习的批判精神都在课堂的评价体系中。这种过程式评价有别于过去的学习情况评价,过程性评价将评价学生的整个学习参与的状态,评价的目标并不是预设的,而是价值多元、目标开放的。

以九年级下册第五单元的学习活动为例,在学生的自我评价中,回答"你对自己今日的学习满意之处有哪些? 今日有哪些收获? 有哪些困惑?"这些问题之外,还需要回答"你对本小组的学习任务做出哪些积极的贡献,你发现有哪些地方可以得到提升"。这样的反思性学习日记中可动态呈现出学生的每一次学习探究的新思考,而这些新思考、新困惑是新思想、新发现的重要来源。

教学中的这种教学评一体化的机制如果成为常态,学生将在日后的学习中更容易建立起学习、研究、反思与完善的闭环,且逐渐形成自己学习的风格和方法。

在进行教学评一体化的过程中,以学生的发展为主体,教师在任务前要明确竞赛的规程:对各个小组的进程性考察、作业质量的呈现、小组展示质量的评价作为教师评价的依据;而小组中的交流是小组内评价的依据,小组内组员之间的评价以及自己对自己的评价都是推动学生发展为主体的评价方式,这也是为保障实施平等对话的策略。

"见贤思齐焉,见不贤而内自省也。"这种以学生发展为主体过程性的评价不仅仅依托于表格,更多以日志的形式,让评价形式多样化,更有助于让学生聚焦自我发展的问题上,而不是机械的知识学习。

排练日记表

觉察指引	我的觉察
我开始是这样看待排练的:	
经过彩排之后,我发现:	
在有了这些想法之后,我做了调整:	
目前,我的目标是:	
我对下周的演出有/没有信心,因为:	
我最期待看到的是:	
到目前,我对话剧的认识主要是:	
我特别欣赏的组员是:	
明天的学习,我希望得到老师的帮助是:	
对于今天的学习,我对自己的评价是:	

组织尊重学生主体意愿的小组合作探究的小组内评价、自我评价以及师对生的评价、师对小组表现的评价,符合积极心理学提出的用开放、欣赏性的眼光去看待人类的潜能、动机和能力等,关注人的健康幸福与和谐发展的方向。这能让学生的学习得到积极的评价,帮助学生实现完善人格的培育过程。

小组学习后的展示活动,是推进以学生学习发展为主体的教学评一体化机制保障课堂平等对话的重要措施。不仅在小组展示中彼此可以发现小组学习过程中曾经解决的问题达到的程度,还看到每个小组成员在展示中呈现出来的学习状态及其所获,这种分享和交流在展示后得到其他同学的提问或者理解后,能激发学习中的积极心理品质。

四、问题式探究作业培养平等对话课堂里问题解决能力

根据问题引起的认识水平,问题类型可以分为低阶思维问题和高阶思维问题。根据布鲁姆的教育目标分类,在记忆、理解、应用层面引发的问题被看作是低阶问题,而指向分析、评价、创造层面的问题被认为是高阶问题。

鼓励学生不仅在课堂上提问题,而且教会学生提出高阶思维的问题,并向纵深探究。这种问题式探究作业可以培养平等对话课堂里解决问题的能力。

课堂中起点由问题开始,探究的过程学生学会解决问题的方法,最终在作业中由学生设计问题式探究作业,并且在小组交流中得到解决;之后再创设新的问题,教师和学生平等交流彼此的看法,学生之间也彼此平等。

以这次话剧比赛后的剧评环节为例。当我和学生共同学习了网络上的剧评方法,进而在课堂上开始提出问题环节,学生提出:什么样的剧评是好的? 剧评的重要价值在哪里? 如果我想写一篇新颖的剧评,我可以有哪些切入点? 学生提出问题之后,我将问题分成层级。

问题类型分为"是何问题""为何问题""如何问题""若何问题"四种。其中,"是何问题"指向事实性内容的问题;"为何问题"指向原理、法则、逻辑等的问题;"如何问题"指向表示方法、途径与状态的问题;"若何问题"的引导语是"假如……如何做……",是条件发生变化可能产生新结果的问题。在教师提出的问题类型中,管理性问题、记忆性问题、推理性问题、为何问题和是何问题均属于低阶问题,而创造性问题、批判性问题、如何问题和若何问题均属于高阶问题。

我和学生从低阶问题开始处理,到高阶问题,我们在问题的探究中寻找到了具体可行的办法,学生在创作自己的剧评时就更有方法,全班36人都提交了剧评,有自己独特想法的剧评30份。同年级的另一个老师使用了导学单,以"如何写剧评"为课堂活动主题,带领学生分析:好的剧评应是具有什么细节、有哪些要素这样的环节,最终出示自己写的一份人物形象剧评后让学生写出另外角度的剧评,课堂中呈现出的状态是多数学生不愿意动笔,不愿意跟随。这样的课堂里因为缺少了问题探究的交流而失去了课堂的生命力,也就失去了语文学习力的培育过程。

如何提高学生的问题质量? 要对学生进行提问题技巧的培训。根据布鲁姆的认知

层级分类,将学生的问题对照分类,这样就可以看到学生的问题,以及学生在课堂上的认知层级在一节课中处于哪个层级,还可以将提问的"是何问题""为何问题""如何问题""若何问题"这样的问题层级支架教给学生,来引领学生发展与培育高阶认知层级。

布鲁姆认知层级分类表

大类	亚类	描　　述
记忆	再认	从长时记忆系统中找到与呈现材料一致的知识
	回忆	从长时记忆系统中提取相关知识
理解	解释	从一种表征方式转换到另一种表征方式
	举例	找出一个概念或者一条原理的具体例子
	分类	确定某事物属于某一个类目
	概要	概括出一般的主题或者要点
	推论	从提供的信息得出逻辑结论
	比较	确定两种观点、对象、情境等之间的一致性和相似性
	说明	建构和运用一个系统的因果模型
运用	执行	学习者将一个程序运用于熟悉的任务
	实施	学习者将一个程序运用于不熟悉的任务
分析	区别	从现有的材料中区分出相关或无关、重要或不重要的部分
	组织	确定某些要素如何相互作用而形成一个整体的
	归属	发现潜在于现有材料中的观点、偏好、假定或意图
评价	核查	判断一个过程或产品的合理性和科学性
	评判	判断一个程序对一个问题的适当性,判断产品和外部标准是否具有一致性
创造	生成	根据标准提出多种可供选择的假设
	计划	设计完成某一任务的一套步骤或方案
	产生	创造符合某种规定的一种产品

小组讨论问题核心及实现措施

小组讨论问题核心	如何实现小组展示的最佳舞台效果
成员分工是什么,是否明确	
导演确认服装、道具、舞美、灯光效果是否符合要求,上下场是否能无缝衔接	
哪些环节是需要共同穿越的火线?	
如果出现特殊情况如何救场	

在话剧进入表演阶段,各话剧组围绕核心问题进行讨论,孩子们在不停地发现问题,也在解决问题。在正式演出前,各小组还进行了关于一场演出所需要的环节的问题探究。

拟出适合宣传本剧组演出阵容的宣传海报及实现措施

拟出适合宣传本剧组演出阵容的宣传海报	具体措施
如果主持人介绍本剧组的演出,请为他写出富有个性的介绍语	
剧组有三位嘉宾需要邀请,请设计并拟写邀请函	
其他年级的语文老师需要亲自登门邀请作为特约嘉宾,请写出邀请语	
请代表老师邀请三位家长来参加现场活动,请拟出邀请语	
如果在现场有采访的机会,请拟出采访的对象,设计出采访的问题	
写出小组最希望得到的奖项,如果获奖,你们认为颁奖词应该写什么呢	

演出之后,学习戏剧评论的写法,小组关注戏剧评论的方向和细节。

戏剧评论思考问题及我的想法

戏剧评论思考问题	我的想法
回看这次演出,我想围绕这个主题来写戏剧评论:	
我想通过什么细节来支撑我的观点:	
我想提出哪些想法与大家探讨:	
我想向这个剧组提出我的建议:	

设置问题式探究作业可以使课堂成为解决问题、进一步生成新问题、生生探究问题、生师探究问题的源头,这样可以推动"学习"在课堂真正发生。创设具有批判性探究的学

习主题任务可以驱动学生平等对话的学习兴趣,组织尊重学生主体意愿的小组合作探究是实现课堂平等对话方式,以学生学习发展为主体的教学评一体化的机制保障了课堂平等对话的实施,问题式探究作业培养平等对话课堂里问题解决能力。

综上所述,构建平等对课堂是教师实现培育学生的语文学习能力的关键,也是实现对学生人心、人性、人格的涵养的关键。平等,是对话的基础,是对话的本身;这种课堂对话是彼此谦恭的;是需要教师对学生有高度信任的,相信他们的发现和解决、创造和再创造的能力。当然这样的平等对话课堂依然要有对缺点(包括分心、误用和滥用)的警醒,也需要教师一直保持对教学的热情和信念。

如何养育初中生语文阐释力和批判力

先讲"养育"初中生语文阐释力,再讲"养育"初中生语文批判力。

一、"养育"初中生语文阐释力的内容

(一)对文章或作者目的的阐释

"诗言志,文达意。"不论是什么文体、什么文章,语言文字构成的篇章,它的存在一般是由于作者由何事所感,因此有何情所要抒发、有何意所要表达。一篇文章是否能够看懂,最重要的检测标准就是能否领悟到文章或作者的目的;而检测学生是否对一篇文章有所领悟,则要看其能否准确而清晰地表达出文章或者作者的目的或者将其穿插于其他问题当中。由于阅读经验、人生经验、身心发展的差异,并不是所有学生对于所有文章都可以看懂的。以部编版语文七年级下册为例,很多同学对于托物言志的文章总觉得讳莫如深,读不懂作者的言外之意。比如《紫藤萝瀑布》当中,作者由眼前的紫藤萝和十年前的紫藤萝领悟到了什么?《一棵小桃树》中的小桃树对于作者而言意味着什么?《爱莲说》中作者寄予的君子品格是什么?《陋室铭》中作者想要表达的人生态度是什么? 这些内容不应该由教师灌输,而应该由学生自己体悟,进而自己表达出来。

(二)对文章主要思想或情节的概括阐释

情节概括不仅仅应该是试卷上文学性作品阅读的第一道简答题,检测标准也不应该是试卷上的3分或者2分,更应该发生于课堂,是学生掌握话语权的表现;发生于平时的阅读,是学生积累阅读经验的有效策略;发生于日常生活,是对美好生活的描述。如此,方是生活语文、语文生活。语文的趣味性、人文性也能在此处彰显。课堂的概括阐释可以是文章内容的概述,也可以是学生魅力的展示平台,比如,阅读分享、练笔共赏、课堂小结。平时阅读的概括阐释,可以是对有趣、有感文章的简单记录,也可以是对某一作家、某一作品的理解转述。日常生活的概括阐释,应是自己对于生活的记录,如日志、周记。

（三）对文章隐晦句子的阐释

隐晦句子可能是对句意理解产生阻碍的句子。比如《紫藤萝瀑布》中，"那时的说法是，花和生活腐化有什么必然关系"是对弄权者的嘲笑；也可能暗含文章主题的揭示，比如《爱莲说》中"予独爱莲之出淤泥而不染"，有着作者对于君子洁身自好品格的赞赏；也可能是暗含作者情感态度的评价性语言，比如《一棵小桃树》中：啊，小桃树啊！……明日一早，你会开吗？你开的是灼灼的吗？香香的吗？有对于桃花的感激、期待，暗含着对于自己美好未来的向往。

二、"养育"初中生语文阐释力的途径

（一）可行的学习支架和可为空间

阐释的前提是理解，为帮助学生自主学习、有效获得，教师最应该做的事情是提供学习支架，让他们去做，在自我发展、自我教育的空间里不断取得突破。课堂上对于教材的理解、阐释，教师提供的首要学习支架可以是驱动型问题，驱动型问题可以是促进学生辩证思维的。如：《爱莲说》中周敦颐对于陶渊明隐世的行为是积极态度还是消极态度？驱动型问题也可以是促进学生知识迁移的。《陋室铭》中"南阳诸葛庐"的故事我们有所耳闻，那么"西蜀子云亭"又有什么故事呢？驱动型问题可以是促进学生联想想象的。《紫藤萝瀑布》"请你试想一下十年前的宗璞可能会在怎样的境况下遇到紫藤萝，当时的紫藤萝会对作者产生什么影响？"诸如此类的问题，才是学生阅读过程中可能感兴趣的，也是在真实阅读中会产生并且没有标准答案的，更是语文教师不应回避的。生活中对于直接经验或者间接经验的理解，我们提供的支架应该是信息查询平台。不同问题对应的解析路径是不一样的，我们要将学习工具甚至教学工具交给学生，它可以是一个实用的App，也可以是一个学习网页，甚至知网、维普这些都可以，学生们的学习能力超乎想象。

（二）良好的阅读方法和阅读策略

根据教育心理学理论，有效的阅读理解需要三类知识：内容知识（拥有先前知识并加以使用）、策略知识（阅读中进行推断并运用文章结构识别重要信息）和元认知知识（监控自己是否理解阅读材料）。不同的文体要有不同的阅读方法。初中阅读以记叙为主，一般是散文以及小说。首先要清晰问题的区别，一般来说，小说是虚构的；散文是写实的，散文一般是几件事情形成一篇文章，而记叙文是一件具体详细的事情。散文阅读要始终把握作者的评价性语言，关注特定人物的主要时间和表现，不时对人物形象和作者态度进行概括、总结。小说阅读要把握其虚构的文体特征、复杂的情节构述、细致的人物刻画以及特定的背景环境。散文阅读中要将"我"转化成"他"，以作者的人生经验去体悟作者的独特感受，以免造成"人我不分"的状况，以自己的经验误解作者的本意。如宗璞本人的个人遭遇以及家庭背景对于《紫藤萝瀑布》中主题的抒发则是必要的，仅靠读者（初中生）的个人经验是很难有所感悟，小说阅读中则切忌"虚实不分，过分较真"。当然，对于文章视域的划分、关键词句的勾画则是最基本的阅读方法。

（三）系统的语言训练和创意表达

"哑巴课堂"并不少见，个别的演出不比集体的欢呼。"养育"语文阐释力前提是理解，

成果则是表达,不论是书面表达还是口头表达,学生们有很大的发展潜能,在语言训练上,教师也有很大的可为空间可以帮助学生更清晰地表达自己的理解、更恰当地传达自己的观念。进行语言训练时,常采取的形式有句段仿写训练,课文改、续写,其中非常重要的一点是,教师要深入学生的写作过程中,对写作过程进行指导,比如词的选择、句式的以及段落的编排。进行创意表达时,要以兴趣为导向,通过舞台设计、人员分工、活动衔接、视频记录等调动学生的积极性、扩大班级参与感。不论是语言训练还是创意表达,始终要注意展示、反馈、表扬一体化。让学生站上讲台可以有效训练学生的表达能力,对于学生的及时反馈、具体指导对他们的提升也会有不可估量的效益,此外,要始终相信鼓励的力量,让学生体会到进步、感受到关注、增强他们的自我效能感。

"养育"语文培养的不仅是学生的阅读能力,更多的是"养育"初中生的母语情怀和健全人格;帮助学生体悟语言魅力、增强文化自信;丰富感知力、感受人性美好;在成长中完善自我。

三、"养育"初中生语文批判力

(一)何为"养育语文批判力"

在本课题组的开题报告中,"养育"批判力探究着重从以下三级"养育":初级,对作品语言表达、内容、情感质疑;中级,对构思、逻辑演绎质疑;高级,对文章思想、文化质疑。也就是说,"养育"初中生语文批判力,要求教师培养学生对文学作品多维度的质疑意识,从而使得学生的批判思维得到提升。

(二)为何要养育学生的批判力

新课标里对于核心素养之一"思维能力"有这样的说明:"思维能力是指学生在语文学习过程中的联想想象、分析比较、归纳判断等认知表现……思维具有一定的敏捷性、灵活性、深刻性、独创性、批判性。"可见,批判性思维是新课标对核心素养的要求。在《中国学生发展核心素养》中也有这样一条:"批判质疑素养",要求学生具有问题意识,能够多角度、辩证地分析问题,做出选择和决定等。也就是说,批判性思维,也即批判力,要求学生对已获得知识积极辨析和判断,能够有根据地对习得知识做出肯定或质疑的判断,在评判中形成全面、辩证、自主的思维结论。可以说,批判思维是一种高阶思维,这种能力对于初中生思维的成长乃至个性的塑造都是至关重要的。

(三)"养育"初中生语文批判力教学案例

下面以部编版八年级下册第六单元为例,浅谈如何"养育"初中生语文批判力,在语文教学中真正使初中生的批判思维得到成长。

部编版八年级下册第六单元是论事说理类古文古诗单元,包括《北冥有鱼》《庄子与惠子游于濠梁之上》《虽有嘉肴》《大道之行也》《马说》五篇文言文和《石壕吏》《茅屋为秋风所破歌》《卖炭翁》三首叙事诗。总之,都是作者借某物、某事表达观点的作品,因此,在这个单元的学习过程中,可以利用其论事说理的特点,设计教学环节,培养学生的批判思维。我认为在教学过程中我们可以在以下四个方面进行钻研:

1.巧设提问。

提问是语文课堂必不可少的一部分,但提问应当有一定技巧,一些乏味的、没有创意的问题会挫伤学生的学习积极性,让学生陷入枯燥的文本分析,而有效地提问不仅可以调动学生的学习兴趣,而且可以有效培育学生的批判力。

那么何为有效提问,我认为需要具备三个特点:情景性、创新性、挑战性。第一,情景性。有效的提问应当依托情境,让学生能够形成迁移,以已有经验来接受文本传达的信息,也能够依靠已有经验来对文本内容产生怀疑。第二,创新性。有效的提问应当跳出传统的提问方式,新颖、有特色,能够真正激起学生的思考。第三,挑战性。有效的提问对学生而言应当具有一定的难度,使得学生有意愿去解决困难,但是又要保证其难度不能太高,超出学生的解决能力,满足这样的要求才能够有效帮助学生达到最近发展区。

在本单元的教学中,即可以用有效的提问引导学生跳出对作品与教师阐释的依赖,真正对文本本身产生思考。例如,在《北冥有鱼》这篇课文中,教师可以依托情境设置这样的提问:深圳被称为“鹏城”,你认为深圳和课文中的“大鹏”有何相似之处?学生就以现实的眼光来感悟庄子笔下的大鹏形象。在《大道之行也》的授课中,提问学生“课文中描述的大同社会在今天实现了吗”,学生一方面能通过这个问题进一步把握课文内容,另一方面也会认识到大同社会作为理想社会的局限性。在《石壕吏》的教学中,教师可以提问学生,为什么老翁要逾墙而走,老翁是否没有担当?为什么杜甫不出来阻止这场征兵,杜甫是否没有爱心?这样,学生就跳出了传统的思维路径,以逆向思维来感悟杜甫对下层民众的同情。在《马说》教学时,启发学生“策之不以其道,食之不能尽其材,鸣之而不能通其意”,“策”“食”主语皆为“食马者”,“鸣”的主语却是“千里马”,何不将“鸣之”改成“闻之”,使得主语一致?学生可以产生自己的见解,对文本有了更深入更批判的思考。

2.拓展延伸。

在实际教学中,教材已有内容往往并不能完全满足学生的需要,因此需要在教材原本的基础上适当拓展相关内容,以促使学生对课文本身产生深度思考。这种拓展延伸有两个维度:纵向的延伸,即补充该作家的其他作品或创作背景,以丰富学生对所学文本的理解与阐释;横向的延伸,即补充其他作家的相似作品,以二者同异对比加深对所学文本内涵的思考与质疑。

比如,在《北冥有鱼》的教学时,补充《逍遥游》“斥鷃”的故事,让学生把大鹏与斥鷃对比着来看,就能更好地领悟庄子的自由精神;在教学《庄子与惠子游于濠梁之上》时,补充《运斤成风》的故事,让学生在感受庄子、惠子二人精彩论辩的同时,也能体悟二人的高山流水之情;在讲授《大道之行也》时,补充孔子“大道之行也,与三代之英,丘之未逮也”的感慨,同时补充《礼记》中“苛政猛于虎”的故事,让学生能够更好地理解为什么儒家要倡导大同社会,为什么大同社会难以实现;在《茅屋为秋风所破歌》这篇课文授课时,补充白居易的《新制布裘》,让学生思考,究竟是杜甫由己之寒怜人之寒更值得歌颂,还是白居易由己之暖怜人之寒更为难得。

3.重拟标题。

标题是我们对一篇文章的第一印象,与文本的内容、内涵有着很重要的关联。因此,在学习完一篇文章之后,可以引导学生对标题进行质疑,重拟标题,以自己的方式重新建构对文本的理解,养成高级的批判思维。

部编版八年级下册第六单元的五首文言文都有一个共同特点,那就是这五篇文言文的标题都不是作者所加,《〈庄子〉二则》《〈礼记〉二则》都是取首句若干字为标题,《马说》则是后人所加。因此,教师可以以标题为切入口,让学生为这些课文重拟标题,在对标题的质疑中对整个文本产生思考,从而对文本内容与思想形成全面、自主的结论。

4.构设辩论。

在日常教学中,辩论往往是我们最常用以培养学生批判力的活动,辩论可以让学生从多维度对文本内容、思想产生批判质疑。但辩论的论题应当由教师把控,围绕文本核心,不蔓不枝,又能最大程度地培养学生的批判意识。

在八年级下册第六单元教学过程中,就可以设置课堂小辩论来对课文内容、思想进行深入探究。例如,在《庄惠》这篇课文教学中,让学生化身"道家""名家"两派,作为庄、惠二人的支持者展开辩论,针对"庄子与惠子谁是濠梁之辩的胜利者"展开辩论,学生就能跳出传统教学赞美庄子自由精神的囹圄,有自己的见解和领悟。再如,在《马说》教学时,让学生以"千里马与伯乐何者更能促进社会的发展"为辩题展开辩论,不再局限于韩愈个人的观点,而是从更广泛、更现实、更具批判性的视角发表自己的见解。

批判力是初中生语文学习力中一个重要部分,"养育"初中生语文批判力的关键在于找对方法,以巧妙的教学环节、教学设计引起学生对文本的思考,培养学生的质疑意识与质疑精神。在这一过程中,教师首先应当熟悉文本,找准文本的核心探讨点,并从中提取出值得学生展开质疑的要点,巧妙设计教学环节,以开放的课堂将学生的质疑有效融入教学过程之中,方能真正让学生的批判思维得到成长。

基于"语用"视角的散文阅读教学

散文教学除了要培养学生的阅读能力,还应养育学生的语言表达能力。可在当下的散文教学中,老师们往往喜欢带学生解"读"文本内容,花大量的时间在文本写了什么,作者的思想、情感是什么。这种基于已知文本内容反复研读的课堂,浪费了学生宝贵的课堂的时间,致使学生的语文核心素养没有得到更好培养。那么在散文的教学中如何培养学生的言语能力?

对散文主旨、作者情感的探究,仍然是较为常见的教学点。要培养学生的言语能力,首先我们得纠正"关注和发现"上传统的中心指认的偏颇。情感、思想的表达离不开言语,不同情感、不同思想的表达必须借助不同的言语形式。所以,基于"语用"视角的散文阅读教学应从关注文本的"是什么"转向"怎么样",以及更深层次的"为什么",要由静态的"关注"言语形式转向动态的"运用"言语形式。

一、"发现"言语形式之精妙

选入教材的散文多是叙写作者独特的感悟,意蕴独特,立意丰厚、情感微妙,学生个人是很难从阅读文本中发现语言形式之精妙,这就需要老师对文章进行微化处理,从"语用"的视角观照文本,进行文本核心价值的提取。教师可以从传统的"炼字""炼句""章法""体式"等角度发现言语形式的精妙。另外,我们可以借鉴余映潮老师的做法,发现言语形式之精妙,丰富言语训练的形式。

(一)巧用教读课文后的练习题

这些课后习题的设置并非赘述,而是编者的匠心独运,大多指向文体知晓、事件概括、凸显重点、选点品析、揣摩写法等几大方面,旨在促使习题训练与文本内容相辅相成。

余映潮老师在教学《散步》一文时,依据课后的思考与探究设计"景物描写的作用真美好"的语言训练点。

话题:景物描写的作用真美好。

(1)这里洋溢着春的气息。

(2)这是散步的美妙的背景。

(3)这里形成线索,巧扣"散步",照应文章标题。

文中景物描写富有诗意,余老师的教学亦有诗意。写景抒情,情景交融,映衬烘托,前后照应,"景物描写的艺术表现力"一个主要问题,是把学生带入对文本的深度思考,引入对言语形式的品读,这样的语言训练是极其有价值的。

又如《从百草园到三位书屋》一文,编者将文章言语形式教学的训练点,内隐式地嵌入思考探究、积累拓展中。

《从百草园到三位书屋》言语形式训练示例

思考探究	积累拓展
1.百草园是"我"的乐园,其"乐"体现在何处 2.依据课文,用一两个词语概括三味书屋的生活	1.简要分析第2段景物描写的方法 2.探究第2段"不必说……也不必说……单是……"的重点与表达作用
内容思考 / 语言探究	文本深度探究 / 片段写作训练

课后的练习设置指向明确,重点突出,巧妙地将语言训练点和能力点内隐式地嵌入思考探究、积累拓展中。我们要善于借助这些练习精心设计训练点,从而引导学生发现言语形式之精妙。

(二)巧用自读课文中的"批注"与"阅读提示"

其中同样蕴藏着指向文本精髓、写作技法等精要之处的语言训练点。

如:依据《走一步,再走一步》阅读提示,可以设计这样的言语训练:

多角度复述课文内容:

(1)按照"起因—经过—发展—高潮—结局"的顺序复述。

(2)以突出"冒险—入险—脱险"时人物内心感受的方式复述。

(3)以父亲的口吻复述。

(4)以杰里的口吻复述。

二、"深入"品味言语形式的用法

散文产生美感的一个重要原因在于其语言文字之精妙。品味遣词造句的精妙之处几乎是每一篇散文教学过程中必不可少的重点内容之一。但这还不够,对精妙语言有了关注和发现之后,能够"读出且写出语言之精妙"更为重要。教师在教学时可关注"炼字"之美、"句式"之美、"章法"之美。

(一)品味炼字之美

《从百草园到三味书屋》关于"我"儿时的乐园——百草园的相关描写,作者不露痕迹地使用了许多技巧,显得浑然天成。只有慢慢沉浸到语言文字深处,才会读出一个有色、

49

有形、有声、有趣的童年世界。

首先,作者运用了大量展现色彩、形态的形容词对百草园的全景进行了描绘,譬如"碧绿""紫红""光滑""高大""肥胖""轻捷"……写出了百草园的生机、明朗。

其次,作者借以"沙沙沙""嚣"等拟声词的妙用,让读者仿佛身临其境地感受到了美女蛇故事的跌宕起伏、神秘隐约。

再次,刻画云雀飞翔的情景时连用形容词、副词、动词。云雀因其"轻捷"的体型可"忽然""窜"向天空,让人惊奇、艳羡。

最后,这一段作者以"不必说……也不必说……单就"将整句、散句融合运用,语言简洁流畅,如行云流水。

对课文的品读,可多角度赏读语言之精妙(任选一角度品析):

(1)色彩类、形态类形容词的妙用。

(2)副词、动词的合用。

(3)整句、散句的混用。

(4)动词、拟声词的准确。

(二)品味句式之美

为了让学生体悟《说和做——记闻一多先生言行片段》中四字词语对表现人物形象的作用,有老师给学生提供了两个角度,或从四字词语的角度品析其表达效果,或从短句角度品析。为了让学生把握短句表达的独特效果,老师让学生将相关短句改写成长句。

原句:他"说"了。说得真痛快,动人心,鼓壮志,气冲斗牛,声震天地!

改句:他"说"了。说得那么的痛快并且鼓动人心,鼓舞了人民的斗志,气势直冲云霄,声音震动天地!

学生通过比较这两者之间的差异,体悟到短句在情感表达方面的作用,短句的掷地有声的力量,短句在节奏上的紧凑。

(三)品味章法之美

郑振铎先生的《猫》可以说是一个囊括了诸多独特叙事技巧的典型范例。从叙事线索来看,文章围绕"我"的情感波澜这一条线索层层推进、跌宕起伏,展开三次养猫经历的叙述。从叙事结构上来看,文章按时间顺序并围绕线索分别写了三只猫亡失的故事,结构完整而严谨。从叙述视角来看,全文以"我"为故事的叙述者,同时也作为故事的审视者,在真实性的基础上融合主观情感。从叙事材料上来看,作者非常注重对材料的剪裁,为凸显中心详细叙述了第三只猫的亡失而略写前两只猫。这样的文章具有章法之美,可让学生仔细品味其章法之美。

多角度赏读叙事之美(任选一角度品析):

(1)从叙事有波澜的角度;

(2)从叙事结构的角度;

(3)从叙述视角的角度;

(4)从叙事材料的角度。

三、"学习"精妙言语形式的用法

语文教学要注重语言的建构和运用,"建构"是学生积累语言形式,习得语言运用规律的过程;"运用"则是在实践中运用语言规律的过程,对积累的语言进行实践的过程。下面是笔者在教学中常用的几种"运用"语言的方法。

(一)在运用中积累语言

《说和做——记闻一多先生言行片段》一文,臧克家写作此文,用词典雅,用语精致。文中多四字短语,形象鲜明,极有韵味。

诗兴不作	仰之弥高	钻之弥坚	锲而不舍	炯炯目光	目不窥园
兀兀穷年	沥尽心血	无暇及此	众物腾怨	心不在焉	群蚁排衙
潜心贯注	心会神凝	迥乎不同	一反既往	警报迭起	慷慨淋漓
气冲斗牛	声震天地	昂首挺胸	长须飘飘	热情澎湃	

这些四字短语形象鲜明,极有韵味。可以让学生进行雅词的卡片积累,但仅仅停留在积累是不够的,还要让学生不断地去运用,去实践才能建构起言语运用的经验。

可以设计这样的语言训练:

情境:学校要举办"缅怀革命先烈,赓续红色精神"的主题班会,请为主持人写一段介绍闻一多的文字介绍。

要求:依据人物精神品质,尝试运用文中的四字短语来表达。

(二)模仿式语言训练

模仿式语言训练,主要是指对散文的内容结构、选材构思、语言特色进行模仿训练的一类习题。语文教材所选入的散文皆是经典名篇,其立意丰厚、材料选取详略得当、语言独到意味隽永,可谓是给学生习得散文的写作方法搭建了一个宽阔的场域,为其提供了表达可学习借鉴、模仿化用的典型范式。教学时可设计对照范文进行模仿的语言训练。

(1)语言句式类的模仿式语言训练。《从百草园到三味书屋》课后习题便要求学生"仿照文章第2段景物描写的方法以及文中的特殊句式描写一段景物";八年级上册第四单元"语言要连贯"以《叶圣陶先生二三事》一文中的两段文字为典型范例,引导学生在进行叙事散文写作时应"注意灵活运用关联词、提示语进行句子间的衔接过渡"的模仿训练。

(2)细节刻画类的模仿式语言训练。七年级下册第三单元写作模块部分提示学生模仿本单元中的叙事散文,学习如何抓住真实的细节以表现人物的形象特征,如"《老王》中对老王送香油时的细节描写",并以《____的那一刻》为题写一篇作文。

(3)选材构思类的模仿式语言训练。七年级上册第四单元"思路要清晰"中写作实践第一题,提示学生注意体会模仿本单元课文的叙事思路,以《叶圣陶二三事》为例,写一篇记人的文章,选取主要事件并列出简要提纲。

我们清楚地认识到,解读文本不能仅仅停留在"写什么"(内容)和"怎么写"(形式)的教学环节。在散文教学时,我们更应该关注"怎么写"和"写什么"是如何呼应起来,更应关注言语形式和言语内容是如何完整统一起来的,这是笔者今后要积极探索的方向。

抓住"牛鼻子问题",提高语文课堂效率

这里讲的"牛鼻子问题"实际上就是语文课堂的主要问题,现以《走一步,再走一步》为例,谈谈主要问题设计带来的课堂奇效。

一、以往教法

以往教授《走一步,再走一步》,我中规中矩地遵照着已有教案和教参的教学步骤,提出了大量琐碎的问题,沉浸在滔滔不绝的演说之中。殊不知,大量琐碎问题成为窒息学生思维的障碍,导致了课堂教学的低效。如:

1.开头为什么突出"闷热"?其作用是什么?

开头一段是说孩子们怎么会想到爬悬崖的,之所以写天气闷热,是因为"我"心情很烦躁,很郁闷。渲染孩子们心情烦躁的气氛,为下文写想爬上悬崖去凉爽凉爽埋下伏笔。

2.末段说"看到前途茫茫而灰心丧气",又说"直到抵达我要到的地方",既然要到的地方"很明确",为什么又说"前途茫茫"呢?

这里"前途茫茫"的意思是:不知道怎样才能抵达我要到的地方,困难重重,举步维艰。

3."我小心翼翼地伸出左脚去探那块岩石,而且踩到了它。"这个句子中的"探"字能否改成"踩"字?为什么?

不能。"探"字体现出我十分小心,深入地刻画"我"体弱胆小的特点,也只有用"探"这个动作十分小心的词语,才可以引出下文"我"信心大增,最后成功脱险的过程。

4.假如"我"的父亲没有来,你作为"我"的同学,将怎么办?

不要怕,我和你在一起呢。只要你试探着勇敢地迈出第一步,剩下的就很容易了。来吧,我等着你!

5.本文的感情基调是什么?

对战胜困难的喜悦和自豪之情。

6．"我听见有人啜泣,正纳罕那是谁,结果发现原来是我自己。"这句话起什么表达作用?

说明了我恐惧到了极点,意识崩溃。

7．我听到了杰里和我父亲的声音! 这句话为什么要用感叹号?

表达了我惊喜万分,喜悦的心情。

8．最后,我一脚踩在崖下的岩石上,投入了父亲强壮的手臂中,我先是啜泣了一会儿,然后,我产生了一种巨大的成就感。这句话表现了我一种怎样的复杂感情?

表现了我在劫后余生之后获得的成功而感到高兴。

9．我从恐惧、信心大增到脱险,说明了什么?

说明了在我们的人生道路上,面对困难不要气馁,把大困难变成小困难,一步一步战胜小困难,最后就是战胜了巨大的困难获得了成功。

10．选文开始的景物描写有什么作用?

渲染了一种紧张的氛围,交代了悬崖非常的陡峭,突出了"我"当时恐惧不安的心理。

当时带着这些大量的问题上课,让同学们逐个回答,当学生说的跟答案相同,我也时不时鼓个掌,回答不了又提醒点拨,一节课气氛沉闷,学生被我的大量的琐碎的问题整得脸上只剩下沮丧,慢慢对语文学习丧失了信心,教学效率不出意料地低下,考试结果让师生愁眉苦脸。

二、现在教法

学习了余映潮老师的主要问题设计教学,我在教授《走一步,再走一步》中尝试设计几个主要问题。

1．在整体感知、梳理课文情节时,我一改往日的琐碎问题,让学生用"____"画出文中表现"我"心理的语句,结合文章情节和圈点勾画的关键信息,完成表格的填写。

这个问题一提出,同学们纷纷拿笔圈点批注,有的同学托腮思索着,有的同学小声议论着,不一会,同学们就理清了课文情节,为下文学习打下基础。

起因——小伙伴们厌倦了玩弹珠的游戏,打算"爬悬崖","我"很犹豫。(犹豫)

经过——"我"落在后面,其他孩子已经爬至高处,"我"害怕得反胃。(害怕、反胃)

发展——其他孩子离开,"我"单独在岩石上趴着下不来,"我"感到无助、恐惧。(无助、恐惧)

高潮——杰里带着"我"爸爸来找"我",爸爸指引"我"小心翼翼地爬下悬崖。(小心翼翼)

结局——"我"自己独立爬下悬崖,心中充满成就感和骄傲。(充满成就感和骄傲)

为了让学生体会"我"的心理变化过程,我让学生特别关注前面所圈画的表示时间与空间变化的词语,通过这一活动,将学生深深地引进课文,激发学生研讨的热情,从而有效地开展课堂教学。

为了让学生从不同角度理解课文内容,我让学生多角度复述课文。

请任选一种方式进行复述:按照"起因—经过—发展—高潮—结局"的顺序复述;以突出"冒险—入险—脱险"时人物内心感受的方式进行复述;以父亲的口吻复述;以杰里的口吻复述。

多角度复述课文的形式,能够让学生体会讲故事的不同思路,也可以对人物心理进行分析,关注人物背后的精彩留白。

2.在聚焦精彩段落,进行美点赏析,探究意义时,我设计了以下主要问题:阅读父亲引导"我"脱险的过程和最后一段的议论,抓住关键语句,评析美点,体会文章主旨,并说说得到的启示。

设计这一主要问题,避免了学生一会儿做这一会儿做那,晕头转向。经过这一课堂活动,学生们需要对集中段落进行聚焦品析,也能够较长时间地听说读写,课堂气氛也变得生动活泼。同时,由故事到体验,一事一悟,由感性经历上升到理性思考。

经过学生的读、思活动,明确主要问题内容:

动作之美:作者用了站在、照着、喊道、说道、继续说、问道等一系列词语,写出了父亲像一个魔法师一样引导着我一点一点地脱离危险,也写出了父亲炽热的爱子之情。

对话之美:"下来吧,孩子! 晚饭做好了。"这是父亲见到孩子时所说的第一句话,似乎没有一点紧张和关切,文中的父亲懂得怎样锻炼孩子,让孩子从小学会独立,培养孩子克服困难的勇气和信心,所以他虽然心中担心,也不会表露出来,而是用最为日常化的话语尽量淡化事情的严重性,让孩子放松心情,学习在困难面前保持镇定。

标点之美:说话人分别在前面、中间、最后,这样的标点错落有致,吸引人心,完美避开了拖沓之感。

方法之美:父亲用不同于众人的方法,没有急促紧张,没有一惊一乍,也没有夸张声势,说话尽量淡化事情严重性,像魔法师一样让我不能多想无益的事情,让我紧紧跟随他的语言和光柱,一点一点克服内心的胆怯,从而一步一步战胜了困难,学会了独立,增加了勇气和信心,这样不露痕迹而又恰到好处的方式,真值得其他人学习。

独白之美:"爸爸来了能做什么? 来了又能怎样?"说出了自己不抱任何希望,设置了悬念,引出下文在爸爸的指导下走出困境的原因。"我有了一种巨大的成就感和类似骄傲的感觉",写出了我脱险后激动的心情和自豪感。由此,我们应该明确:

(1)朋友之间应该相互关爱、相互帮助,要懂得照顾弱小者。

(2)教育孩子应该锻炼他们自身的能力,而不越俎代庖。

(3)面对困难不要畏难退却,要敢于跨出第一步。

(4)在面对复杂任务时,可尝试分解,降低难度。

3.在布置课后作业,进行拓展延伸时,我设计了下面的主要问题:生活中难免遇到困难,你遇到困难时是怎样处理的? 有什么经验教训?

设计这一问题,连结学生已有的学习经验,比较阅读本单元的其他文章,同时引导学生关注生活,获得有意义的人生启示。由此,我们应该明确:

(1)当我们面对困难时,不要畏难却步,要敢于跨出第一步。

（2）学会坚持到底，不要轻言放弃。

（3）要冷静地分析困难，一步步拆解困难，积小胜为大胜。

就这样，我的课堂变得有趣灵动，几个"牛鼻子问题"牵住了学生的脉搏，燃起了学生思维的火花，看着学生一脸的兴奋和意犹未尽的神情，我坚信，抓住"牛鼻子问题"，假以时日，一定会提高课堂效率。

如何有效落实文言文教学"读"的训练

尽管文言文的教法"千人千面",但诵读应是文言教学最基本、最重要的方法。文言文是书面语,具有简洁、典雅的特点。简洁、典雅之文在言语形式的组织上是极为讲究的。比如,文言文讲究语言的节奏、语调的抑扬、语气的表达、长短句的运用。经常诵读这些有意味的言语形式,文言语感才会形成。再者,文言文的言语形式丰富而特别,引导学生诵读这些有意味的言语形式,才能走进作者情感的更深处。

然而,在相当多的课例中,老师仅把文言文的诵读教学停留在读准字音、读准节奏、读出感情的层面,对于诵读什么,如何诵读的认识比较模糊。

那么,在文言文阅读教学中该读什么? 如何读? 下面结合具体的实例,探讨在文言文教学中如何落实"读"训练的,让文言教学更高效。

文言文中的文学、文化、文章无不体现在特定的言语形式中,王尚文先生认为,内容可以模仿、抄袭、作伪,但其形式却往往烙印着言语主体的精神个性。言语形式是言语主体心灵的眼睛,总之言语形式绝不只是语言技巧的问题,从根本上说更是思想情感的问题。

学习古文要从"言"中,更要从"形"中,把玩文言之"味"。文言文的教学要着眼于培养学生感受和欣赏言语形式的能力;要紧紧抓住言语形式这一"缰绳",设计诵读教学。具体来说,可关注以下几点:

一、"这一篇"文言的音韵

白居易在《与元九书》里曾写道:"感人心者,莫先乎情,莫始乎声,莫深乎义。"古代文学作品在遣字用韵上追求节奏、声调、韵律等和谐妥帖,在"音"上引人入胜,声韵具有表情达意的作用。古文教学可经由诵读声韵—把握文韵—理解文韵的路径解读文本。以《陋室铭》为例,全文隔句押韵,句式工整对仗,读起来朗朗上口,铿锵有力,富有韵律感。

这样的经典名文,如何诵读? 就这篇文章而言,要关注平声、仄声的诵读。读平声时,适当延长,读到仄声时,宜作停顿,可以达到抑扬顿挫的效果。"名""灵""馨""青""丁""经""形""亭"都是平声,读时声音适当拉长就将作者寄寓其中的淡泊宁静之味传递了出来。又如"士别三日,即更刮目相待,大兄何见事之晚乎!"及"孤岂欲卿治经为博士邪!"两句为例:发声上,"乎"为合口呼,读时口腔开合度要大些,读来气足而满,声韵悠长,情感更强烈些;"邪"是齐齿呼,读时语调要稍稍上扬,以体现孙权的亲昵之感。总之,在音韵诵读中,要关注音速的徐疾对比,音量的轻重对比,音高的抑扬对比,音尾的长短对比,在诵读中做到以情运声。

二、"这一篇"文言的节奏

文言文有其独特的韵律之美,在长句与短句的巧妙变化间,整句与散句的交错运用中,语言就形成了独有的景致,独有的张力,独有的意蕴。文言文教学需要在这样的言语形式处驻足停留。诵读言语的节奏,可以顺着言语节律的摇摆走向文本深处。以《孙权劝学》一文为例:

权曰:孤岂欲卿治经为博士邪! 但当涉猎,见往事耳。卿言多务,孰若孤? 孤常读书,自以为大有所益。

孙权的第二次劝言以四言为主,兼以三言,然而第一句劝言竟用十个字。长句劝说,使文章的节奏慢了下来。孙权放缓说话速度,耐心细致地劝导吕蒙,才让吕蒙明白身处要职,学习之重要。这样的言语表达舒缓有致,张弛有度,吕蒙又怎能再推脱呢? 长短句的变化,呈现出言语中的不同意味和美感,也呈现了人物不同的个性。诵读教学时,要让学生想象人物说话时的语速,放缓或加快速度进行朗读才能贴近人物情感,把握人物形象。依"这一篇"言语的节奏进行诵读能让读者感受到作品言语形式带来的审美体验,获得美感,从韵律节奏中感悟作者的所言之道、所载之志。

三、"这一篇"文言的虚词

诵读要关注"这一篇"文言的炼字,这里的炼字不仅仅指实词,也包括虚词。古人说,实词是文章的"体骨",虚词是文章的"性情"。古文常常借助虚词来表达自己的情感态度。因此,品咂虚词对揣摩作者的情感态度有很大帮助。读虚词不应只关注其停顿及停顿时间的长短,更重要的是要将虚词放在具体的语言环境中,结合它所在的句子的内容来揣摩这个虚词的语气。比如《孙权劝学》一文,这篇文言极短,孙权及吕蒙的言语不多,但人物形象却很丰满,跟虚词的运用有很大关系。文中两个虚词的运用对塑造人物形象帮助极大,一个是"邪",另一个是"乎"。孙权劝吕蒙学习,吕蒙以军中多务推辞,孙权说了句"孤岂欲卿治经为博士邪!""邪"字虽属于反问,但语气较轻。"邪"字的运用使孙权的人物形象却很丰满,这是一个气度不凡、对部下要求严格又平易近人的君主。读出"邪"字温而厉的语气,人物的形象、情感便传递了出来。又如蒙曰:"士别三日,即更刮目相待,大兄何见事之晚乎!""乎"语气较重,将吕蒙自得、直爽、率真塑造了出来。"乎"字的语气读出来了,人物的形象便鲜明了。

关于如何读出虚词的语气方面给出几点建议:第一,要善于比较分析。有这个虚词和没这个虚词,用这个虚词和用那个虚词在表达上有什么不一样。比如教学《醉翁亭记》一文,有老师设计了对比诵读,将带原文和去掉"也"字的文段进行比读,体会"也"字句在文中起到的调节节奏和委婉抒情的效果。第二,要结合具体的语境体会虚词的效果。第三,要反复诵读。在反复诵读中体味虚词的传神作用,要张嘴读,做到眼口耳心并用。第四,诵读中要注意掌握一些以情运声的技巧,比如:憎的感情,气足声硬;喜的感情,气满声高。

虚词有表情达意上的重要作用,品读虚词,就要带领学生想象作者的语气,并读出这种语气。这是文言虚词学习的一个重要方法,也是诵读应关注的一个点。

四、"这一篇"文言的章法

章法,指文章的组织结构。抓住"这一篇"文章的章法来诵读,实际是对学生的思维训练。比如,《咏雪》一文,虽只有71个字,但全文的层次清晰,可以这样设计,在诵读中充分领略了文章结构的妙处。

咏 雪

谢太傅寒雪日内集,与儿女讲论文义。 　　　　　　　　　　　（陈述故事要素）

俄而雪骤,公欣然曰:"白雪纷纷何所似?"兄子胡儿曰:"撒盐空中差可拟。"兄女曰:"未若柳絮因风起。"公大笑乐。 　　　　　　　　　　　（故事主体）

即公大兄无奕女,左将军王凝之妻也。 　　　　　　　　　　　（故事补说）

又比如《富贵不能淫》一文,论证极有层次,条理清晰:亮观点—说理由—下结论。可以设计一个"诵读·读好层次"的活动,学生在对层次的诵读中清晰文章思路,培养逻辑思维。

抓住"这一篇"的章法来诵读,能让学生迅速了解文章的脉络,理清文章的层次,训练学生的文体思维。

五、"这一篇"文言的特质

文言文的诵读,要依据文本特质选择诵读点,要依据"这一篇"的特质而读。《马说》一文为例,首先要清楚"说"这种文体的特点。说,即杂说,是古代杂文的一种体式。武真真认为,这种说体文的文体特征为:"解说性、譬喻性、夸饰性、情感性和灵活性。""夸饰性"指的是作者在说理的过程中用适当的夸张,来增强语言的感染力。"情感性"是指在说体文中融合了作者强烈的情感。夸饰性和情感性是《马说》这篇文言的重要特征。作者连用"食马者""策之","食之","鸣之"都不能知晓"千里马"之意,以此夸大了"食马者"愚妄无知的形象特点,抒发了自己的满腔愤懑之情。这里的夸饰不仅是形象的夸大,也是情感的夸大,在作者对自身命运的无奈、悲哀以及满腔愤懑的怀才不遇之情都在文章的言语形式中得以体现。诵读时,要抓住文章的这一突出特点进行诵读。同时,《马说》一文运用11个"不"字来表达内心的不平之气,是本文的一大特质。"不"作为入声字和否定词,反复出现,使文章气势磅礴,读起来跌宕回环,格调铿锵。抓住这些否定句进行诵读,文言的情味自然出来。

又如教学《出师表》，要紧紧抓住"表"这一文体的特性。"表"是古代奏章的一种，常用来陈述心意。"表"文往往言辞恳切，动之以情地陈情，劝谏。《出师表》具有表文的"共性"：诸葛亮在文中言辞恳切，动之以情地劝勉刘禅要广开言路、赏罚严明、亲贤远佞，兴复汉室，还于旧都。诵读时要还原当时的历史语境，让学生设想自己身处诸葛亮的境遇中，体会还原作者当时的心境进行朗读。同时，这篇文章有其独特的"个性"：作为臣子的诸葛亮在陈述方式上要注重人伦和身分的关系，但在本文前面却读到了违背"表"陈述方式的言语，如多次出现：

诚宜开张圣听，以光先帝遗德……不宜妄自菲薄，引喻失义，以塞忠谏之路也。

该文中，多次出现"宜""不宜"，正是这篇表文的独特之处。这是因为面对刘禅，诸葛亮的身分是双重的，他既是臣子，更是长辈；他的态度也是复杂的，既有劝导爱惜又有出于特定身分的尊敬，感情自然真纯，既有谆谆教导、反复教导的意味又不失忠诚恳切的态度。诵读时要注意处理好"宜""不宜"两个字的语气、语调，让一位杰出政治家的内心情怀直达学生心灵深处。

任何言语作品都是言语形式和言语内容的统一。在文言文诵读教学中，不仅要诵读内容，更要诵读形式。在对言语形式的诵读中，培养学生的语感，发展学生的思维，感悟作者的情思。简而言之，文言文教学要在诵读这一篇"有意味的形式"中感受文本精髓及其审美表达，实现"读"的高效。

借助AI对话提升学生的文言文学习力

——以《狼》的学习活动设计为例

核心素养是学生通过课程学习逐步形成的正确价值观、必备品格和关键能力。新课标明确指出,语文学科的核心素养主要包含四个发展层面:文化自信、语言运用、思维能力和审美创造。课标突出强调个人修养、社会关爱,家国情怀,更加注重自主发展、合作参与、创新实践。其中,培育学生的学习力正是培养学生核心素养关键能力的关键。

课标提倡从学生语文生活实际出发,创设丰富多样的学习情境,设计富有挑战的学习任务,激发学生的好奇心、想象力、求知欲,促进学生自主、合作、探究学习;充分发挥现代信息技术的支持作用,拓展语文学习空间,提高语文学习力。因而学生的学习力需要学生在积极的语文实践活动中积累、建构,并在真实的语言运用情境中表现出来。

文言文是初中语文教学的"重头戏",对于初一的学生来说,更像是"第二外语"的学习,学生怕学,老师怕教。文言文教学缺少趣味,基本的教学模式死板、固化,考试考查也只重在词义和翻译,以致文言文的课堂沉闷无活力,魅力全无。初中语文教材中的文言文短小精悍、意蕴丰富,我们要想方设法地创设真实情境,设计以学生为主的文言文特色课堂活动,以自主学习、小组合作、探究学习等多种方式,引导学生发现和阐释文言文"藏在冰山下"的丰富意蕴,点燃学生的文言文学习力火焰,这样才能有效地提升学生的核心素养。

蒲松龄的《狼》是统编版语文教材七年级上册第五单元第18课的一篇文言短篇小说,主要讲述一屠户晚归,途中遇到两狼,并与两狼斗智斗勇的故事。全文故事情节环环相扣,形象鲜明生动,结尾卒章显志,历来深受学生喜爱。

笔者结合《狼》的教学活动设计,主要谈谈以真实情境任务为驱动,如何在课堂上诠释这篇文言文蕴含的哲理,引导学生品味作者的风度,探讨文言文教学的方法,从而有效地提升学生的语文学习力。

一、任务导向,创设情境明方向,激发学习兴趣

素养导向下的语文教学亟须改变"满堂灌""满堂问"的现状,应引导学生在富有意义的真实任务情境中实现语文素养的综合提升。任务情境设计是素养时代对教师提出的挑战之一。文言文的教学也应转变思路,摒弃传统的通读、翻译、课文内容串讲等方式,融合时代特色,创新活动设计,以任务为驱动,激发学生学习文言文的兴趣,提升学习能力。新课标指出:创设情境,应建立语文学习、社会生活和学生经验之间的关联,符合学生认知水平;应整合关键的语文知识和语文能力,体现运用语文解决典型问题的过程和方法。

鉴于此,笔者将《狼》这篇文章的核心任务定为:掌握文言小说的阅读方法。核心任务下分三个子任务,通过任务来激发学生学习文言文的兴趣,掌握阅读文言小说的方法,提升文言文学习力。情境设计为:基于《狼》的内容,参与狼族传奇馆的讲解员竞选,以学习小组的形式,讨论完成参观者与 AI 屠户、AI 狼和 AI 蒲松龄对话的脚本。

为了让学生理解并进入情境,课前可利用电子设备播放 CCTV-10《科学动物园之狼族传奇》视频,以及 AI 机器人对话视频,并邀请学生参与竞选狼族传奇馆的讲解员的活动,以此来激发学生的兴趣,消除学生对学习文言文的畏难心理。

二、清单引领,夯实文言理思路,提升语用阐释能力

方法支架:

(1)默读文章,疏通文义并感知整体,借助注释和工具书,基于文中的文言表达,摘录文本的关键词句,完成预习清单或字词积累卡;

(2)课前布置漫画作业,利用"四格漫画"概述故事,理清文章思路。

文言文重点字词的积累和全文翻译讲解对于学生全方位理解文章非常重要,但并不是每一篇文章都必须字字句句翻译、字字句句落实,把文言文课堂变成文言知识的死记硬背,忽略了文言文教学的魅力。笔者以学生为中心,以活动为主线,串联学生对知识的积累、感悟和理解,教师则需要在重要知识点和难点处点拨指导即可。

课前可让学生通过文言文预习清单落实字词句,扫清字词障碍,夯实文言基础;再通过四格漫画让学生了解故事,理清文章思路,这样就能让学生在课上准确把握关键词,完成活动任务。

《狼》预习清单示例:①文本及作者:《狼》蒲松龄;②年代:清代;③场馆名称:狼族传奇馆;④展出元素:屠户、两狼、剩骨、麦场、屠刀;⑤重点理解:止、缀、敌、弛、顾、苫、暝、暇、犬、暴、洞、隧、寐、黠;⑥故事情节:遇狼—御狼—杀狼—议狼;⑦议论句:狼亦黠矣,而顷刻两毙,禽兽之变诈几何哉?止增笑耳。⑧读完感受(一个字概括原文):"笑";⑨作者态度:讽刺、嘲笑、批判;⑨启示、联想、质疑、看法(答案预设):作者喜欢写狼,想通过狼表达一个道理。

为了让学生更好地理解重点字词,可引导学生进行汉字溯源,了解汉字的造字原理,以此来加深理解。如"黠",形声字,从黑吉声,本义是坚黑色,引申为狡猾、内心险恶、要

小聪明伪装的意思;再如"敌",形声字,从用作动词,指抵挡、对抗,又引申为相对着,本文指攻击。也可引导学生从古今义对照来巩固知识,如"寐",成语有:夙兴夜寐、梦寐以求、夜不成寐等;又如"暇",成语有目不暇接、应接不暇、自顾不暇等。还可以通过断句练习来准确掌握词义,如"其一犬坐于前",只有理解了"犬"的意思,才能正确断句和明白该句的意思;再如"一狼洞其中,意将隧入以攻其后也",要弄明白"洞"和"隧",一个用作动词,一个用作状语,才能准确翻译和理解文章内容,同时也能积累重点字词。

《狼》这一课非常具有故事性,可以利用"四格漫画"来进行课前的预习。七年级学生对于图画很感兴趣,几乎每一次尝试,他们都是热情高涨、动力满满、创意十足。课上每个学习小组派代表向全班汇报展示漫画,其他小组按照评价量表进行评分(最低分为一星,最高分为五星)。

《狼》之"四格漫画"评分

评价维度	情节设计	环境渲染	人物刻画	主题表现
忠于原著				
合理增加				
突出重点				

三、AI对话设计,探究主旨知意图,提升品鉴批判能力

方法支架:

(1)在理解句意、揣摩情感中进行朗读设计,注意语气、语速和语调,读出故事的跌宕起伏、曲折离奇,完成朗读脚本示例;

(2)通过模拟狼族传奇馆讲解员竞选活动并完成AI交互脚本,抓关键句体会文章主旨,并能多角度有创意地概括文章主旨,理解作者的意图。

新语文课程标准中提到,要让学生在朗读中通过品味语言,体会作者及其作品的情感态度,学习运用恰当的语气和语调朗读,表现自己对作者及其作品情感态度的理解。学生理解这篇课文的故事情节和人物形象并不难,因而我们把重点放在多样方式朗读和品析上,让学生从朗读中获得学习文言文的乐趣。

课上,同学们通过学习小组讨论探究,均能按照理解有创意地完成朗读脚本设计,讨论气氛活跃、兴趣浓厚,能真正让学生掌握朗读的方法。多样方式的朗读和品析,文言文课堂才更有文言味,更有趣味,也更能深度地培育学生的文言文学习力。

为了引导学生对文章内容进行深入的思考和探究,笔者采取为AI屠户和AI狼设计交互脚本的方式,采用开放式问题的方法让学生的思维走向文本深处,能多角度深刻理解文章的主旨,探究知晓作者的写作意图。

(一)参观者与AI屠户对话示例

提问1:那天晚上,你是如何战胜狡诈的狼的? AI屠户回答要点:(1)心存侥幸:投以骨。(2)处境困迫:前后受敌。(3)利用有利的地势,开始抵御:奔倚麦场,弛担持刀。(4)抓住有利的时机,奋起反抗:暴起,刀劈狼首。自后断其股,亦毙之。(5)识破奸计:前狼假

寐,盖以诱敌。(AI屠户的外貌、神态、动作设计要点:①外表凶悍、体格健硕。②手握屠刀、目光凶狼。)

《狼》朗读脚本示例

例　句	语气语速语调	设计理由
晚归肉尽	平缓温和轻柔,语速略慢	通过温和平缓的语调,带领读者进入故事,渲染气氛
途中两狼,缀行甚远	前一句可读得紧张急迫焦急,语速快;后一句的"甚远"可稍微重读并拖长读音	表现两狼出现的惊奇以及快读可让人感受狼等待时机吃掉屠户的紧张气氛,把"甚远"拖长读音,能把狼伺机而动的心理表现出来
骨已尽矣,而两狼之并驱如故	"矣"可拖长读音,"而"后面可停顿,"并驱如故"可重读,语速略快	可以体现屠户在扔完骨头后的害怕不已的心理状态
久之,目似瞑,意暇甚	语速略慢,"目似瞑""意暇甚"可以轻读并拖长读音	可以读出狼诱敌放松警惕,故作轻松的姿态
屠暴起,以刀劈狼首,又数刀毙之	"暴""劈""数刀""毙"重读,语速快	读出屠户快速反应、乘其不备、数刀毙命的动作和心理
狼亦黠矣,而顷刻两毙,禽兽之变诈几何哉?止增笑耳	"黠"可重读,"矣"可拖长读音,"而"后面可停顿,"顷刻两毙"语速可略快,"几何"语速可略慢,"哉"可拖长读音,"笑"可重读,"耳"拖长读音	读出讽刺和嘲笑的意味,可读得轻松,语气上扬

提问2:通过杀两狼这件事,你有什么话想说吗？ AI屠户回答要点(答案预设):(1)对待像狼一样的恶势力,不能存有幻想,不能妥协让步,必须敢于斗争,善于斗争,才能取得胜利。(2)在困境中,人的潜力是无穷的!(3)像狼一样的恶人,不论怎样狡诈,终归是要失败的。(4)人与动物斗争、与自然相处过程中,能充分利用周遭的一切环境,运用智慧去化解困难,所以往往能化被动为主动。

这样的交流,学生的思维深入一层,明白屠户战胜狼的关键因素是变得勇敢,丢掉了幻想,利用地势和时机,结合自己平时丰富的宰杀经验,奋起反抗,一举反杀,绝处逢生。

笔者除了屠户这一突出的人物形象外,还有一个更重要的形象——狼,我们也从设计AI对话脚本来引导学生进一步审视狼。

(二)参观者与AI狼对话示例

提问1:那天晚上,你们怎样配合？ AI狼回答要点:(1)拖延时间:缀行甚远,并驱如故,眈眈相向。(2)采用变诈手段:一狼径去,其一犬坐于前,目似瞑,意暇甚,一狼洞其中。

提问2:你们如此狡黠,最后为什么失败了？ AI狼回答要点:(1)露出破绽:假寐诱敌。(2)机关算尽:过于贪婪。(AI狼的外貌、神态、动作设计要点:①目光狡诈凶狼。②表情懊悔、叹息摇头。)

引导学生从狼的角度分析文章的主旨,不仅有利于深入探究文章的深厚意蕴,更有助于培养学生多维思辨能力、提升思维品质。

文言文教学,不仅要对文本内容进行分析,更要对文本的历史性进行分析。《狼》的作者蒲松龄之所以能"写鬼写妖高人一等,刺贪刺虐入骨三分",这与他个人的经历密切相关。课前安排学生阅读作者相关资料,对比阅读《梦狼》,在比较中培养学生的审美能力,深刻理解作者意图。

(三)参观者与AI蒲松龄对话示例

提问1:您为什么笑了? AI蒲松龄回答要点:狼亦黠矣,而顷刻两毙,禽兽之变诈几何哉? 止增笑耳。(AI蒲松龄的外貌、神态、动作设计要点:身着清代贡生服,头戴红顶小帽,手捻银须,端坐椅中,相貌清瘦,目光深邃。)

提问2:您的笑还有其他用意吗? AI蒲松龄回答要点:"窃叹天下之官虎而吏狼者,比比也! 即官不为虎,而吏且将为狼,况有猛于虎者耶?"(AI蒲松龄的外貌、神态、动作设计要点:语气沉重、目光深邃、外表严肃,转笑为悲。)

通过学生自主设计AI对话脚本的活动,引导学生从多角度、有关联、深度挖掘文章的主题,让思维从浅层次提升到高阶思维;通过对比阅读,深刻理解文章深藏的丰富意蕴和作者的写作意图,有效地提升学生的品鉴力和批判力,提升学生的审美和思维能力。

四、文本勾连,理解内涵辨古今,提升文化反思和建构能力

方法支架:先归纳狼的形象,再通过课内外资源,联系历史和现实拓展迁移,加深对狼的文化属性的理解,加强对人类自我的理解和反思。

引导学生参选狼族传奇馆讲解员的选拔,联系历史和现实,围绕"人与狼"的关系,写一段狼族传奇馆的宣传语。

语文新课程标准明确指出:学习中国古代优秀作品,体会其中蕴涵的中华民族精神,为形成一定的传统文化奠定基础。学习从历史发展的角度理解古代作品的内容价值,从中汲取民族智慧。《狼》一文中屠户身上的勇敢、机智,正是中华民族不畏强权、敢于同恶势力斗争的表现,是中华优秀传统文化,引导学生增强对中华优秀传统文化的认同感,增强文化自信。

可播放任正非关于华为狼文化的视频和阅读《狼图腾》写狼的片段,通过联系历史和现实,理解现如今狼的形象在人们心中有了新的内涵。如华为公司的"狼文化",在团队合作中起了重要的作用。时代发展,"狼"的形象也在变化,从传统的凶狠狡诈,到如今的合作冒险精神,既是对文化的传承,也是对文化的反思。

学生现场完成狼族传奇馆讲解员竞选的宣传稿,能从较高层次理解《狼》一文的意旨,能多方面结合现实辩证看待狼的文化属性,提升学生的文化反思和建构能力。

苏格拉底说:教育不是灌输,而是点燃火焰。借助AI对话,进行核心素养下的文言文学习活动设计,涵盖了读写思等多个层面,为学生创设真实情境,激发学生学习文言文的兴趣,在自主、合作、探究中,掌握文言小说的阅读方法,有效地提升学生文言文学习力。

小说阅读的姿态

　　《小说课》辑录了作家毕飞宇在南京大学等高校课堂上的小说讲稿。以小说家的眼光读小说,是该书的独特之处。毕飞宇就是在引领读者品咂小说创作的门道,并告诉读者,还可以怎样更为稳妥地阅读小说。

　　毕飞宇的《小说课》为一线语文教师小说文本的解读和小说教学内容的确定提供了新的路径。具体来说,有以下两点:

一、以鉴赏者的姿态读小说:不忽视形式上的建构

　　毕飞宇说:重点不在看,而在摩挲,把宝物放在手上一遍又一遍。以摩挲宝物的心态读经典,以鉴赏艺术品的姿态读小说,这样才能深入作品内容。

　　《小说课》中,毕飞宇庖丁解牛式地解读作品的形式,揣摩作家如何在形式上做出别出心裁的处理:前文的叙述那么简洁,此处为何变得啰嗦? 小说人物何时出场,小说是如何将人物"请"出来的? 这篇小说为什么会设计一个旁观者? 小说该如何开头,这样的开头会给读者带来了怎样的阅读预期? 小说的抒情和诗歌、散文的抒情有什么不一样的地方? 在这个虚构故事的世界,由谁来讲这个故事,是主要人物,还是次要人物? 如何做才能让小说情节显得合情合理? ……毕飞宇对小说文本另辟蹊径地解读,让读者领略到小说阅读的别样的乐趣,也让读者更加体会到小说创作者写作时的匠心独运。

　　下面以V.S.奈保尔《米格尔大街》文段为例,揣摩作家如何在形式上做出别出心裁的处理。

　　大约一周以后的一天下午,在放学回家的路上,我在米格尔街的拐弯处又见到了他。

　　他说:"我已经等你很久啦。"

　　我问:"卖掉诗了吗?"

　　他摇摇头。

他说:"我院里有棵挺好的杜果树,是西班牙港最好的一棵。现在杜果都熟透了,红彤彤的,果汁又多又甜。我就为这事在这儿等你。一来告诉你,二来请你去吃杜果。"

(选自V.S.奈保尔《米格尔大街》)

语言简洁的奈保尔,在这部分的叙述中,突然变得啰嗦。奈保尔在形式上为何做出这样的处理?这个场景写得凄凉而温暖,沃滋沃斯久久地等待,只是为了告诉"我"一个消息,并且请"我"分享他那可怜的几个杜果——或许,这是他仅有的食物。并非所有人面临他那样一无所有的穷困潦倒的绝境时,都能有欣赏杜果树的美丽心情。此处的啰嗦,如此迷人,它让读者感受到即使身处暗淡无光的黑夜,心中依然有一片蔚蓝的晴空。

内容人人看得见,形式对于大多数人是一个秘密。歌德谈论艺术的这句名言,其实对小说阅读有深刻的指导意义。小说阅读,不能只满足于知晓文本"内容",也不能止步于领会文本"涵义",还应关注表达"形式"。以鉴赏者的姿态读小说,不忽视形式上的建构,更能获得小说阅读的独特趣味。

二、以创作者的姿态读小说:推敲作者的写作思维

不少教师都以文本阅读者的姿态进行小说解读,并用文本本身来解读文本。《林教头风雪山神庙》有教师设计了这样的教学目标:了解林冲从逆来顺受、委曲求全到奋起反抗的思想性格发展变化过程;学习文章如何通过语言、行动、心理描写来表现人物性格的写法;分析景物描写和细节描写的作用。笔者认为,在有限的知识制约下,小说阅读或者小说教学已经陷入了某种程式。这样的解读仅限于情节、人物形象的表层结构,局限于显性主题的解读,不能从更深的层次对作品进行解读。这种基于"成品"的解读,并不利于培养学生的阅读兴趣和阅读思维。

正如孙绍振教授所言:文学文本解读学的基础是创作论。也就是说,要想更深层次地解读文本,还可以从文本生成过程中探寻小说的奥秘,即以创作者的身分,关注文本的写作历程和叙事形式。不把自己当成小说的阅读者,而是把自己假设成小说的创作者,努力以创作者的身分和作者对话,然后感受创作者的感受,感受创作者的思路,字斟句酌地参与到小说的创作中。

毕飞宇以创作者的姿态读《林教头风雪山神庙》,用自己写的心态揣摩怎样通过"风雪"让隐忍求全的林冲必然地"走"上梁山,并让读者相信林冲这样做,完全是情理之中的事。他通过分析"风雪"解读的是小说的内部逻辑,并告诉读者好的小说有着必然的逻辑,这不是形式逻辑,也不是数理逻辑,更不是辩证逻辑而是人物的心理逻辑。

以创作者的姿态解读小说,是更积极、更开放的阅读姿态。这样进行小说教学会使教学视野开阔,也能提出更多开放且有利于培养学生创造性思维的问题。如在教学《林教头风雪山神庙》,可引导学生进行这样的思考:

(1)作者如何确保所有事件都源于人物的意愿?

(2)故事是如何推动角色行动的?

(3)作者是如何提前植入线索,以保证读者读到这一情节时,并不认为是巧合?

（4）作者是如何使用转折来控制小说的节奏？

（5）这一回的冲突是内在的还是事件的？

（6）以这一回为例，讨论好的故事是基于情感还是事件？

（7）请结合文章内容，说说什么是好的情节？该如何设计情节，是要有利于主题发展，还是应该由故事自然产生的。

（8）"只见一个人闪将进来，酒店里坐下；随后又一人闪入来"。作者这样安排陆虞候和富安出场用意何在？

又如林冲手刃陆虞候、富安的一段描写：

把枪搠在地里，用脚踏住胸脯，身边取出那口刀来……林冲按住喝道："你这厮原来也恁的歹，且吃我一刀！"又早把头割下来，挑在枪上。回来把富安、陆谦头都割下来。把尖刀插了，将三个人头发结做一处，提入庙里来，都摆在山神面前供桌上。再穿了白布衫，系了搭膊，把毡笠子带上，将葫芦里冷酒都吃尽了，被与葫芦都丢了不要，提了枪，便出庙门投东去了。

不少教师将这一段的教学点落在动词描写，分析踏、按、挑、插、结、提、摆、系、提等动词的传神之处。若跳出"成品"鉴赏的藩篱，在文本生成过程中，探寻小说奥妙，会有不同的思索。林冲是八十万禁军的枪棒教头，在草料场报仇雪恨的主要兵器施耐庵为何会选择"解腕尖刀"而不是他手上的枪棒？是偶然吗？当然不是。这把尖刀是施耐庵创作时有意为之。前文在听了店小二的描述，揣测到陆虞候要谋害他的时候，林冲便"离了李小二家，先去街上买把解腕尖刀，带在身上"。这把刀，许久不用，也许读者都忘了，这就是作者提前植入的伏笔。施耐庵选择尖刀为兵器，可能有以下考虑：一是尖长柄短，背厚刃薄的特点，其主要功能是刺和肢解。林冲手刃陆虞候、富安割头、剜心等一系列残忍行为，都是通过刀来完成的，而枪棒则不具备这样的功能，只能用刀。二是为了凸显人物的性格。林冲复仇的手段极为残忍，比起枪棒，刀更为近距离，读者能更真切地感受到林冲手刃仇人血淋淋且残忍的场面，读起来更为触目惊心。金圣叹说"林冲自然是上上人物，写得只是太狠。"比起枪棒，刀更能将林冲的狠绝立起来。

以"写小说"时的字斟句酌与锱铢必较的姿态阅读小说，从写的视角切入文本的内部世界，这样才能使看似平常的文字更具美学意味，才能更大程度地敞开经典小说丰富而巨大的审美空间。作者说，读《促织》犹如看苍山绵延，犹如听波涛汹涌。那么，以创作者的姿态读小说，则会让我们窥见苍山是如何绵延的，波涛是如何汹涌的。

以欣赏艺术品的姿态来鉴赏小说，以创作者的姿态来揣摩小说，这能在很大程度上缓解作为准专业读者的一线语文教师，在解读水平和理论修养不足的情况下，进行专业级别小说解读所遭遇的困境，能带给学生不一样的审美体验。

部编初中语文大单元备课探索

——七年级上册第二单元备课

一、总体解读

(一)单元教学地位分析

新部编版语文教材采用"人文主题"与"语文要素"双线组织单元结构,七年级第二单元的教学内容由三个部分组成:

第一部分是阅读,包括四篇教读课文《秋天的怀念》《散步》《咏雪》《陈太丘与友期行》,两篇自读课文《金色花》《荷叶·母亲》;

第二部分是写作——学会记事;

第三部分是综合性学习——有朋自远方来。

阅读部分所选的六篇文章都是有关亲情或家庭生活的,人文主题是"亲情",属于"亲情单元"。亲情是人世间最美好、最真挚的情感之一,因为它的存在,使生命具有了诗性的美丽光辉。六篇文章涉及亲情的多个方面,有温馨和美的亲情,有在误解和冲突中体现的亲情;亲子关系有依恋的,有互敬互爱的,也有矛盾、妥协的。

阅读这些精美的文章,寻找文字间的至爱亲情,可以加深学生对亲情的感受和理解,丰富他们的情感体验,有助于引导学生热爱家庭、珍惜亲情,培养他们正确处理家庭矛盾与纠纷的能力。

本单元要落实的语文要素有在阅读中把握文章感情基调,注意语气、节奏的变化,体会作者的思想感情,在写作教学中培养学生思维的逻辑性与条理性,把事情经过写清楚,懂得写事件要抓重点;在综合性学习中提高学生收集、整理资料的能力和自我展示的能力。

(二)单元教学总体目标任务及分解目标

语文七年级第二单元教学目标及其分解一览

单元目标	课 文	分解目标
1.感受和理解各篇课文所表现的亲情，唤醒和丰富学生自身的亲情体验；同时深化理解，尝试读出亲情之外的情感内涵 2.重视学习朗读，侧重训练朗读的内部心理技能，在把握文章感情基调的基础上，调动内心感受，关注语气、节奏的变化，打磨语音，有意识、有方向地提升朗读技能 3.了解不同文章抒情的不同特点：情感显豁直露的，易于直接把握；深沉含蓄的，要从字里行间细细品味	5 秋天的怀念 / 铁生	1.把握文章感情基调的变化，学会运用"今我""旧我"两种叙述方式品读文章 2.品读文中令人难忘的生活细节，体会作者叙事背后含蓄而深沉的情感，感受母子深情 3.理解"好好儿活"的含义，领会如何面对生命的残缺与遗恨
	6 散步 / 莫怀戚	1.分角色演读人物对话，把握文章的感情基调，感受家人之间互敬互爱的情感 2.掌握从平凡叙事中穿插景物描写的方法，尝试多角度了解文章的主题
	7 散文诗二首 金色花 / 泰戈尔 荷叶·母亲 / 冰心	1.把握两首散文诗所体现的相依相守的亲子之爱及抒情特点，运用对比阅读，比较两文构思角度与语言风格方面的异同 2.了解运用联想与想象将情感寄托在物象上的写法，并探索其作用 3.勾连《秋天的怀念》《散步》，了解不同文章抒情的不同特点
	8 《世说新语》二则 咏雪 陈太丘与友期行	1.借助注释，把握课文大意，初步感知古今汉语的不同 2.感受文中良好的家庭文化生活，欣赏少年的聪慧机敏与维护父亲尊严的义正词严，领会良好的家庭教养对人成长的影响
写作·学会记事		1.结合阅读课文，掌握叙事的方法，把事情写清楚 2.在叙事中抓住细节，传情达意
综合性学习·有朋自远方来		1.学会利用图书馆或互联网搜集资料，了解品味交友之道，在讨论、交流、反思中完善自己的交友方式 2.组织一次自我风采展示活动，促进同学之间的相互了解，提高口语交际能力

（三）单元教学要点分析

阅读课文与写作教学：

本单元的各篇课文内容从各个不同角度描写亲子关系，展现亲情，虽然不同时期，不同国度、不同经历的作者，呈现的亲情千差万别，但都真挚感人，都注重在叙事中寄托感情，抓住了"情和事"这两条线不仅能打通单元阅读课文教学的任督二脉，还能将单元写作教学——学会记事落到实处，实现读与写的有机结合，而把握文章感情基调，体会作者思想感情，要在反复品读中领悟。

一是关注各篇文章所呈现的亲子关系及作者感情，教学生品细节和词语的情味，在教学中引导学生调动自己的生活经验和情感体验，实现"理解作者情感"和"陶冶自身情感"的双重目的。

二是重视内部朗读技巧训练，不同的文章用不同方式读，在读中品情，在品中悟情。

三是探究文章叙事的方式和各篇课文的抒情特点，在阅读教学中掌握记事的方法，为写作教学作铺垫。

综合性学习——有朋自远方来：收集、整理交友的诗词文章、名言警句、成语典故等，丰富学生对朋友的认知；组织自我风采展示活动。

单元补充知识：本单元有两个补充知识点，即词义和语境、敬辞和谦辞。词义和语境教学重点在结合语境分辨词语的引申义、本义和比喻义及词语特定语境中的特殊含义，结合中考题型来分析，此知识点一般出现在文学作品阅读题的词语赏析里；敬辞和谦辞这一知识点重在掌握古代家庭中常见的敬辞和谦辞，可适当拓展，结合中考考点来看，此知识点一般出现在语病题或语言运用题里。

（四）单元教学策略建议

七年级上册第一单元学生学习了朗读的重音和停连，初步掌握了美读的方法，同时也通过揣摩和品味语言，体会了比喻、拟人等修辞手法的表达效果。在此基础上，第二单元继续品读并将所学运用于写作，达到知识的一以贯通，在巩固与深化中提升语文素养。

以读传情：用品读、分角色演读、齐读、自由读、对比读等不同的朗读方式，引导学生将无声的文字转化成有声的语言，与文本共鸣，与作者共情，最终勾连自己的生活体验，陶冶情操。

以问导学：通过单元核心问题的设置，引导学生探究本单元各篇文章的叙述方式，为学生搭建起沟通读法与写法的桥梁。

以写验学：将本单元的写作实践分散于阅读教学中，以读促写，以写验学。

用"读—问—写"贯穿本单元教学过程，实现单元视域下的教、学、评一致。

二、分解建议

（一）《秋天的怀念》

1.单篇教学价值定位。

在中国文坛上，"史铁生"三个字素来是坚毅而深刻的代名词，让人敬仰。作家韩少功曾这样评价他:史铁生是一个生命的奇迹,在漫长的轮椅生涯里至强至尊,一座文学的高峰,其想象力和思辨力一再刷新当代精神的高度,一种千万人心痛的温暖,让人们在瞬息中触摸永恒,在微粒中进入广远,在艰难和痛苦中却打心眼里宽厚地微笑。

《秋天的怀念》作为他的散文代表作之一,堪称经典。它的经典价值,在于以一种精致圆满的结构形式、一种独具个性的叙述风格,表达最为真实的自我、最为普遍的生命感悟,感情真切,意蕴深沉,具有感人至深、耐人寻味的艺术魅力。而积极认真地"好好儿活"就是这一篇作品的现实意义。

2.单篇教学重难点解析及处理策略建议。

这篇文章作者的情感蕴含复杂、丰富,包含好几个层面,对母亲坚忍、细致而温柔的爱的深切的怀念,自己的悔恨与愧疚,对生存困境中"好好儿活"的领悟,要避免单一角度理解,可以通过运用"今我""旧我"两种叙述方式,品读文中令人难忘的生活细节和关键词语的情味,体会作者叙事背后含蓄而深沉的情感。具体策略如下:

(1)读事见情:文章叙事脉络清楚,抓四件事,事事见真情。

我发脾气时,母亲抚慰我。抓母亲神态和动作描写"悄悄躲出去"等等,体会母亲的细致、体贴。

母亲为我隐瞒病情。引导学生重读"整夜整宿""翻来覆去"等词,体会母亲的坚强、无私。

母亲央求"我"看花。引导学生抓关键词"央求""喜出望外""高兴""絮絮叨叨""敏感"来体会母亲情感的变化,体会母亲深沉而无私的爱。朗读时随母亲心情的变化语速时而缓慢,读出央求的语气,时而欢快读出如释重负,充满希望的语气,结尾时欢快的语调要戛然而止,在朗读中幻化出母亲因失言而重陷痛苦的现实与无奈中的画面。

母亲临终嘱托。引导学生在品读中想象母亲生命垂危时对两个孩子的无尽牵挂。朗读时用缓慢的语速、低沉的语调勾画出一个形容憔悴,为儿子付出全部,自己却病得大口大口吐血,临终前却依然牵挂着自己的孩子的普通却伟大的母亲形象。

(2)读话知情:文中母亲的语言精当、感人,读四句话,句句揪心。

常说的话:"她总是这么说。""总是"一词,表现母亲把带我出去当作一件重要的事情,以至连她喜欢的花都无心侍弄,表现母亲的责任与担当。

隽永的话:母亲扑过来抓住我的手,忍住哭声说:"咱娘俩在一块儿,好好儿活,好好儿活……"抓"好好儿活",勾连全文其他两处,领会如何面对生命的残缺与遗恨。

多说的话:她也笑了,坐在我身边,絮絮叨叨地说……她忽然不说了。抓"絮絮叨叨"品味母亲因为儿子的答应而显得不知所措,抓"忽然不说"品味母亲对儿子爱得小心翼翼之态度。

最后的话:别人告诉我,她昏迷前的最后一句话是:"我那个有病的儿子和我那个还未成年的女儿……"抓省略号,解读母亲的牵挂与爱。

(3)双重叙述视角:《秋天的怀念》是一篇典型的回忆性散文。回忆性散文的特征之一便是用双重叙述视角表达作者的主观情感。史铁生在回顾自己这一段人生经历和心灵轨迹时,也使用了"今我"和"旧我"两种叙述语调。"旧我"的语调率性、冲动,有些歇斯底里;"今我"的语调则是深沉、冷静而理性的。教学时,可以引导学生去揣摩、品读。

3.单篇教学设计建议。

无意间进入窦桂梅老师执教的《秋天的怀念》,被其深深吸引与打动,于是再次翻开她的教学设计和课堂教学实录(此处略),与大家一起学习。

4.单篇训练设计提示。

(1)阅读《我与地坛》《合欢树》《有关庙的回忆》进一步体会史铁生对母亲的怀念;阅读《病隙碎笔》《命若琴弦》《我的遥远的清平湾》进一步体会史铁生对人生的思考,并尝试写出自己的阅读感悟。

(2)结合自己与母亲的生活细节,采用"今我"与"旧我"两种叙述视角,写写生活中你与母亲的故事及你对母爱的理解,题目自拟。

(二)《散步》

1.单篇教学价值定位。

《散步》取材于家庭生活中常见的小事,贴近生活,清新隽永,篇幅短小却精致优美,容易激发学生的感受、联想和思考,且作品内涵丰富,很适合做多元解读。本课教学的现实意义在于尊重学生独特的阅读感受,培养其独立思考的精神,引导学生联系生活、反思自我,关心理解父母,尊敬爱护老人,多照顾他人感受和需求,不唯我独尊。

2.单篇教学重难点解析及处理策略建议。

(1)多元解读文章主旨。

感受亲情,陶冶情感。分角色演读,引导学生结合自身的生活体验,再现情境的人物对话,模仿人物语气语调,进入人物内心世界,了解人物的思想情感,把握和感受文字中流淌出来的互敬互爱、温馨和谐的亲子关系。

关注细节,多元解读。采用给课文拟标题的形式,引导学生关注所叙事件和细节的不同点,读出"敬老——孝道""中年——责任""生命——感慨""选择——担当"等,鼓励学生自圆其说,读出多样的滋味。

(2)品味叙事中穿插景物描写的诗意与情致。

本文写景的语句有两处,找出来。引导学生在阅读、欣赏叙事散文时,除了弄清楚文章写了什么事、什么人之外,还注意品味散文的诗意与情致,进而引导学生在写作实践中内化为自己叙事的能力。

(3)探究语言特点。

文中多处运用对称句、回环句,把事物的两个方面并列着说,引导学生读出这些句子思想内涵的张力和句式整齐、对称的美感。短句的运用,简约耐人咀嚼,大词小用中见幽默等特点亦可根据学生的接受领悟能力,开展相应的品读教学,提高学生语言的驾驭力。

3.单篇教学设计建议。

余映潮老师执教的《散步》,用"四读"串联起了本课课堂教学,"有事""有人""有情""有景""有意",更重要的是有教、有学、有练,有朗读亦有批注,这种立体多维课堂真的是

"宝藏"课堂,值得我们研读与学习。下面引用余映潮老师本课的教学设计与部分课堂实录(此处略),与大家共勉。

4.单篇训练设计提示。

选择家庭生活中的某一件小事,融情入事,插景入事,以"那一次,我真_____"为题,写一篇文章,不少于500字。

(三)《散文诗两首》

1.单篇教学价值定位。

该课的两首散文诗都是名家作品,都是表达母爱的。《金色花》是泰戈尔散文集《新月集》的代表作,是他早期的作品,篇幅短小,意蕴丰富,借金色花、借儿童特有的奇思妙想,表现家庭之爱和人类天性的美好与圣洁。《荷叶·母亲》是冰心的作品,写眼前之景,现实之事,借联想借荷叶,抒发自己对伟大母爱的赞颂。

这两首散文诗小巧、凝练、空灵、优美,具有浓烈的感情,是学生练习朗读非常好的范本。在朗读中引导学生把握散文诗的感情基调,感受作品的美好意境和语言风格,体验人间至爱亲情,有助于培养他们健康高尚的审美情趣和审美能力。

2.单篇教学重难点解析及处理策略建议。

该课是自读课文,两首散文诗概括性、想象性、情感性很强,单纯至美、空灵优美,不适合细读、深读,但适合朗读,课型可设定为诵读型群文教学。

课堂教学可集中解决两个问题:

(1)诵读诗歌,品味诗意般的相依相守的亲子之爱。这两首散文诗所流露出来的作者情感学生容易把握,不用过多分析,难点在设计用什么样的方式来读及如何指导学生读,让他们品味出母爱的深挚纯美。

(2)勾连比读,体会散文诗的特点及运用想象与联想将情感寄托在物象上的写法。这两首散文诗都表现母爱,创作风格也有相似之处,教学中可以加强对比阅读。还可以将《秋天的怀念》《散步》加入进来,指导学生分别用深沉、轻松、活泼等不同的语气读,让学生在对比中感知不同文章抒情的不同特点。

3.单篇教学设计建议。

将两首散文诗整合教学,建议1课时。教学过程略。

4.单篇训练设计提示。

(1)修改课堂创写环节的语段,并将其朗读给母亲听。

(2)幸福与快乐的感受常常是非理性的,就像许多把付出当作第一要务的母亲,就像母子间的嗔怪与撒娇。课后阅读泰戈尔的《母亲》《玩具》和冰心的《纸船》、孙绍振的《妈妈政府》,结合《散文诗二首》品味异同,感受非理性的幸福感。

(四)《〈世说新语〉二则》

1.单篇教学价值定位。

本课所选的两篇文章《咏雪》《陈太丘与友期行》分别出自《世说新语》中的《言语》篇和《方正》篇。《世说新语》是传世经典,值得学生了解和品读,教学中可引发学生对这部书的兴趣。

这两篇文章都是写古代聪颖少年故事的。《咏雪》讲的是晋朝著名文学世家谢氏家族在一次家庭聚会中,谢道韫表现出了咏雪之才;《陈太丘与友期行》讲的是汉末名士陈纪七岁时与来客对话的情景。两篇故事虽是文言文,但语言文字比较浅显,又是围绕家庭生活和亲情展开的,学生学习起来相对容易。对于初次接触文言文的七年级学生来说,可以克服他们学习文言文的畏难心理和生疏感,增强学习文言文的兴趣和信心。

2.单篇教学重难点解析及处理策略建议。

学习文言文要"言""文"兼顾,既要掌握本课的文言词句和文言语法知识,又要将其作为文章来解读体会。

(1)文言实词、句式重点突破。

用比较法、联系法引导学生关注古今异义词及现代汉语仍在使用的词。如"儿女""委",是古今异义词;"雪骤"中的"骤",与今天的"暴风骤雨"中的"骤"同义;"差可拟"中的"拟"与"比拟"的"拟"意义相同。

用通读法让学生直观感受文言句式特点,强化文言语感。找出文中的倒装句"白雪纷纷何所似""撒盐空中差可拟",判断句"即公大兄无奕女,左将军王凝之妻也",省略句"待君久不至,已去",感叹句"非人哉",让学生用多种方式读一读,细细体会其与现代汉语句式的不同。

(2)文言内容与感情细细品读。

《咏雪》一文可抓"寒雪""内集""欣然""大笑"等词解读融洽、欢快、轻松的家庭氛围,最好在读中让学生感受与体会。而两个比喻高下的评价可鼓励学生自圆其说,培养学生思维的严密性、逻辑性与批判性。

《陈太丘与友期行》一文可通过分角色演读,添加人物对话中的语气词、寻找关键词等方法,让学生品味陈元方的"方正"。用"您""爸爸""父亲""您的父亲"替换文中的"君""家君""尊君",引导学生关注谦辞与敬辞的区别。可用小辩论的方式,让学生思考元方的"入门不顾"是否失礼。

(3)家庭文化与教育勾连反思。

在寒雪日咏雪的高雅家庭文化氛围的熏陶下,谢道韫才情四溢,在陈太丘"过中不至,太丘舍去"的讲信守礼的身教影响下,陈元方正直、方正,以此引导学生联系自身生活体验,思考良好的家庭文化氛围与教育对孩子教养养成的影响。此处教学设计除了落实"立德树人"的人文价值目标,也是为亲情类的记事作文做教学准备的,老师们在实际教学中可根据自身教学情况取舍。

3.单篇教学设计建议。

建议课时2课时。采用目标导学的方式展开教学。可以单篇教学,根据两文的不同特点设计教学重难点与流程,也可以将两文整合教学,上成诵读型群文教学课型或积累拓展型群文教学课型。

在查阅参考本课的备课资料时,我发现孙秋备老师的处理新颖独特,她将两文整合起来,抓"神童"一词,聚焦写人技法,引学生读更多神童故事,激发学生阅读《世说新语》整本书的兴趣和欲求。课堂由聊"神童"与学生互动,顺势导入《世说新语》的介绍,聚焦本节课学习重点:学习写人技法。然后从四个环节展开教学:(1)初读课文,讲神童故事。这个环节重在学"言",在读准字音、读清节奏的基础上,教给学生积累文言词汇的两种方法,为以后的文言学习奠定基础。(2)比较神童之"神"。弄懂故事大意后,比较两位神童的异同点,引导学生深入研读文本。(3)品析写法之"神"。这个环节运用填补空白法、删改比较法等,开展三个课堂活动,引领学生品悟两篇短文中高超的写人技法。(4)学用写人之法。阅读《世说新语》中更多神童故事,在猜读、补写中习练写人技法。最后,介绍《世说新语》的写作特点和文学地位,为学生的整本书阅读打开一扇窗,铺出一条路。

4.单篇训练设计提示。

文言作业,应重视文言积累,夯实文言字词句的翻译,拓展文言阅读,提高学生的文言素养。

(1)笔头翻译全文,关注课下注释中实词的意思。

(2)创意作业:以小组为单位,根据《陈太丘与友期行》的内容,小组适当分配角色,自编台词,编排课本剧,并进行课堂表演。

(3)课外阅读《世说新语》中的夙慧7则,找出这些"神童"的特点,与同学分享这些小故事。

(五)写作:学会记事

教学目标:

1.结合阅读课文,掌握叙事的方法,把事情写清楚。

2.在叙事中抓住细节,传情达意。

建议课时:2课时。

教学过程:

1.明方法,说真事。

(1)结合本单元的阅读课文《散步》,从记事的角度提取信息,设计表格,让学生明了如何把事情写清楚。

(2)出示题目《我们是一家人》,引导学生说发生在家庭生活中的真事。

2.理思路,写真事。

(1)根据学生说的事情,引导学生理清事情的起因、经过和结果。可采用列提纲、画思维导图或表格的方法帮学生理清写作思路。

(2)设置"故事波折"。可以是事件本身的跌宕起伏,也可以在叙述手法上做一些创新,如倒叙、插叙、设置悬念等,引导学生把事件写丰富。

3.抓细节,抒真情。

(1)结合本单元的阅读课文《秋天的怀念》《散步》,从细节品析的角度提取信息,设计学习表格,让学生掌握抓细节的方法。

(2)帮作者"添枝加叶"练习。利用教材第32页写作实践第一题进行实际操练,体验细节在叙事中的作用。

（3）引导学生说出自己将要写作的整个事情给自己留下深刻印象的细节及自己当时的感受或如今再次忆起的情感波澜，并尝试将说的内容写下来。

4.动手笔,写亲情。

以《我们是一家人》为题,根据课堂自己所叙事件,自主立意,写一篇文章。要求写真事、说真话、抒真情,不少于500字。

(六)综合性学习:有朋自远方来

教学目标:

1.学会利用图书馆或互联网搜集资料,了解品味交友之道,在讨论、交流、反思中完善自己的交友方式。

2.组织一次自我风采展示活动,促进同学之间的相互了解,提高口语交际能力。

建议课时:2课时。

教学设计建议及处理策略:

课时1:交友之道。

1.搜集、整理交友的资料,制作成PPT。将全班同学分为四个小组,分别搜集、阅读、整理有关交友的诗词文章、名言警句、成语典故和其他材料。安排组内成员做好分工,将搜集到的资料整理好,制作成PPT,小组成员商量好展示方式。(此过程引导学生课后完成,小组长和老师负责任务跟踪。)

2.分小组展示交友资料。小组展示之前,老师要提前了解各组的展示准备情况并进行相应指导,使学生的课堂展示更自信、更高效。

3.根据资料搜集准备和课堂展示情况评选出最佳表现组,颁发荣誉证书。课前老师要制作好评价表格,每个小组选出一名成员,跟老师一起组成评委小组。

4."交友"我来说。这个环节可以设置两个教学步骤。

步骤一:分享自身交友经历。联系自己的交友经历,先组内交流、讨论,组内形成统一的看法与认识,然后以小组为单位,班级分享。

步骤二:网络交友利弊谈。正方:网络交友利大于弊。反方:网络交友弊大于利。组织小型辩论赛,通过辩论,让学生形成正确的网络交友观。

课时2:自我风采展。

1.活动准备:

确定活动名称;推选主持人,撰写主持稿;

活动场地布置人员安排;活动实施过程设计人员;

邀请卡制作人员安排(包括邀请科任老师和家长);

自我展示或团队展示方式及发言稿。

(准备过程是活动实施成败的关键,老师的介入指导、适时跟踪尤为重要。)

2.课堂展示:主持人开场白,个人或团队展示。

3.特邀嘉宾点评:提前从邀请的科任老师和家长中挑选出2~3个点评嘉宾,展示活动结束后,对学生表现进行点评。

4.最佳风采展示评选。由邀请的老师、家长组成评委小组,对展示的学生或团体打分,选出最佳个人展示和最佳团队展示风采奖。

5.综合性学习评价:引导学生完成教材第36页综合性学习评价表,实现项目式活动学习下教学评的一致性。

三、困难提醒

本单元的阅读教学中,要重视朗读,通过语气、语调、节奏的朗读变化把握文章的感情基调,这对老师自身朗读的基本功要求比较高,备课阶段,老师一定要在课文朗读上下足功夫。

七年级的学生因为经历与阅历的局限性,情感体验不是很丰富,在教授亲情这一类的文章时,如何有效调动学生的感情,走进文本,与作者共情,是授课难点。

学会记事作文教学的难点是将情感融入事件中,如何做到"情"与"事"交融,"景""事""意"交相辉映,从而帮助学生在阅读教学获得的记事方法与写作实践之间架起一座沟通的桥梁,学以致用。

四、备课资源

1.詹丹:《文本细读的缺憾——史铁生〈秋天的怀念〉解读》(《统编语文教材与文本解读》初中卷)

2.窦桂梅:《〈秋天的怀念〉课堂实录》

3.楚云:《〈秋天的怀念〉备课与教学手记》(《初中语文这样教》上下册,王君、肖培东、凌宗伟等著,长江文艺出版社)

4.史铁生:《我与地坛》

5.史铁生:《病隙碎笔》

6.《秋天的怀念》,朗读:康辉

7.余映潮:《〈散步〉课堂实录》

8.莫怀戚:《〈散步〉的写作契机》(选自《语文学习》1995年第3期)

9.莫怀戚:《二十年后说〈散步〉》(选自《中学语文教学》1994年第9期)

10.肖培东:《我们在语文的田野散步》(选自《语文学习》2013年第10期)

11.王君:《〈散步〉课堂实录》

12.孙绍振:《〈金色花〉"坏孩子"的母爱》(《孙绍振解读经典散文》中华书局2015年版)

13.陈海波:《爱是心中的一束光——〈金色花〉备课碎想》(《初中语文这样教》上下册,王君、肖培东、凌宗伟等著,长江文艺出版社)

14.王君:《听王君老师聊课(之七)——关于〈荷叶·母亲〉》

15.泰戈尔:《泰戈尔诗选》

16.冰心:《繁星》《春水》

17.孙秋备:《〈世说新语〉二则教学实录》

18.余映潮:《〈咏雪〉教学设计》

19.刘义庆:《世说新语》(中华书局2011年版)

部编初中语文"综合性学习"教学探索

——以七年级上册为例

部编版本的语文教科书中,综合性学习模块部分对于提高学生语文素养有重要意义。新课标对综合性学习板块的教学意义做了详细阐释。但从目前语文综合性学习模块教学来看还有很多问题。

第一,重视度不够。部编版教材这一板块设置较之以往教材和其他教材有很大不同,初中语文教学中"综合性学习"如何准备、实践都是需要教师去摸索与总结的,相对于习惯了传统教学模式的教师来说,"综合性学习"是非常陌生的,所以在教学过程中教师可能会有一定程度上的忽视。但深圳中考改革后,基础知识部分的考察往往会与"综合性学习"结合起来,与以往基础知识部分考察题型差别很大。如果教师平时对这部分不加以指导,学生考试中很容易出现丢分现象。

第二,教学策略存在问题。作为一种"创新型"学习模式,综合性学习需要小组合作,创新教学设计等策略。教师在执教过程中由于理念的问题,会把这部分直接跳过,或者当作活动课来教授。这些都会影响效果。

鉴于以上情况,笔者以部编版七年级上册语文教材中的"综合性学习"模块为例,结合深圳中考的方向指导,尝试探索有效的教学设计。

一、部编版七年级上册语文综合性学习设计特点探究

(一)三个模块与三条线索

以部编版教材初中语文七年级上册中的"综合性学习"模块为例,里面包括了"有朋自远方来""少年正是读书时""文学部落"三个模块。按照教材编排的"三线结构"来分,分别隶属于"传统文化"专题、"综合实践"专题和"语文生活"专题。按照不同专题在培养学生不同的运用能力来看,"有朋自远方来"专题应紧扣古典文献资料中的"交友""朋友"等主题,引导学生认识中华文化的丰厚博大,汲取民族文化智慧;"少年正是读书时"专题的设计应引导学生学会阅读柱形图标,学会填写分析调查问卷的方法,将读书与语文活

动结合起来,帮助学生了解自己目前的阅读状况,根据问题制定改进措施;"文学部落"专题设计目标比较集中,即了解文学团体并开展文学创作、鉴赏等活动。通过这一专题的学习可以指导学生做各种形式的读书笔记,加深对名著的阅读理解。

(二)评价方式多样化

语文课标中对综合性学习的评价要求是应着重考查学生的语文综合运用能力、探究精神与合作态度等。因此,评价"综合性学习"方式一定是多样化、立体化的,它更多地着眼于学生的整体素质,从语文学科的人文性方面出发,意在培养学生的综合素养。

注重过程是语文综合性学习的基本特点,教学中应以过程性评价为主,终结性评价为辅助。对于我们的启示是,可以不局限于结果展示性的综合性学习,而应在过程中予以指导。比如可以采用小组合作自评、组间互评、档案袋、学习量表等工具的评价。根据学生特点扬长避短。

二、部编版七年级上册语文综合性学习教学策略

(一)挖掘教学资源,提高教学效率

初中语文综合性学习的课时紧张,要在有限时间内最大限度发挥教学成效,要结合初中语文综合性学习的特点——开放性,打破教材在单元时空上的壁垒。教师应将教材中的知识和各自经典著作挖掘出来,利用综合性学习把它们串联起来,构建具有浓厚文化氛围的学习气氛。

以七年级上册第二单元的综合性学习模块"有朋自远方来"为例,同学们在小学的学习中积累了关于友谊的词语,关于朋友的古诗名句,还在《陈太丘与友期行》和《〈论语〉十二章》中知道了古人的交友之道。这些知识都可以在综合性学习活动中整合起来,温故知新,让学生小组讨论合作探究,利用课下时间自行搜集资料了解,并结合当下所处的时代,懂得交友之道。这样挖掘教学资源,可以极大地提高学生兴趣和对知识点的理解能力。

(二)教学注重实践,提高学生学习兴趣

综合性学习活动不同于传统语文教学,教学内容更多样化,注定了课堂氛围不能太死板,应以鲜活的教学素材组织学生开展多元化教学活动,教学内容应结合学生的兴趣,共同创设有趣的教育氛围让学生活泼地参与课堂学习。

例如在"文学部落"综合性学习教学中,可以引导学生阅读名著,中考要求初一必读名著为《西游记》《朝花夕拾》等,可以开展多种形式的读书会,笔者所教班级在整个学期中多次举办读书会,收获了学生和家长的一致好评。以《西游记》为例,具体操作为将不同章节分配给不同组,每组负责大概12章内容,将不同的展示任务分配到小组的每个人,以表格形式提前分配好并张贴出来,留足准备时间。1人负责情节概况梳理的PPT讲解,2人负责章节出题,以知识竞答方式在全班展示,2人负责读书手抄报,成果在班级读书角展示,其余人负责编排剧本并表演。课堂展示内容安排在双课时的阅读课上,台下的学生既是观众,对不同小组表现予以评价,也是知识竞赛的参与者,每个小组的展示

活动都以照片和小视频方式分享在班级群。通过这种形式,学生化单一被动的阅读任务为形式多样主动求知的阅读,兴趣极大提高,名著阅读的任务也很顺利地完成。

此外,综合性学习板块中还有很多有待发掘和实践的教学策略,如"文学部落"中班刊的创立,打印学生作品并集册,不仅可以极大激发学生写作热情,形成良好的激励机制,也有利于提升整个班级读写氛围,如果可以一直坚持下去,相信初中三年的积淀一定可以让学生读写水平得到很大的提高。

(三)实施多种评价机制,鼓励小组合作探究

以往的教学是教师主导的单一性评价,有诸多弊端。但在"以学生为中心"的综合性学习活动中,老师仅仅是学生学习的引导者、合作者。过程性评价则贯穿于整个学习活动的始终,可采取的方式有:

制定合理的学习计划:教师在设定总问题和时间之后,具体项目设计和时间分配可交由学生自主进行。例如"有朋自远方来"活动中有"自我介绍"为主要方式的展示活动,可以引导学生从语言表达、内容展示等维度制定评价标准量表。

自我评价与小组互评结合:自我评价与反思给学生提供评价他们自己的进展状况、思维和学习情况并且反思改进方法的机会。每次活动都可以设置自我评价与反思时间,长此以往学生会形成主动的自我反思能力。同时鼓励同伴适时反馈,对学生来讲是莫大的激励。

成果展示,这种学习效果的评价属于一种终结性评价,例如展示学生作品(读书小论文、书画类作品),开展学生主导的展示会(讨论会、演讲会、学生主持的展示会),通过这样的细致观察,科学思考来进行综合性学习活动的设计,综合性学习活动中以学生发展为中心,新的评价体系自然能推行开来。

三、教学案例——以《有朋自远方来》综合性学习活动为例

下面结合自己的教学实践来检验综合性学习教学策略的有效性。

(一)学情分析

七年级第一学期是学生进入中学的适应期,新的阶段让他们面临以下挑战:首先是心理变化,随着环境的改变学生对周围的一切充满好奇,个人意识和群体意识增强,每个人都想尽快融入其中。初中阶段的孩子逐渐更在意同龄人之间的评价,能否尽快结交新朋友是他们尽快适应初中生活的要素之一。而综合性学习《有朋自远方来》就是为学生提供认识自我、融入集体进行自主合作探究的学习机会。这就要求语文老师正确把握综合性学习中学生主体意识的确立,在综合性学习的过程中教师积极引导顺利开展。

(二)教材分析

《有朋自远方来》是人教版七年级第一次综合性学习,我从学生实际出发,广泛征求学生意见设计相应的方案,其目的就是为了营造一个良好的自主合作探究氛围使得学生尽快适应中学生活。将实践活动的第二个内容"向朋友展示自我"定为实践活动的中心内容,所以创设情境,激发学生讨论兴趣,提供舞台,训练学生的表达能力,就成为本次综

合性学习的主要目的。

(三)确定学习目标

1.知识与能力:(1)搜集、整理相关的词语和句子结合对自己的认识概括自己的特点。(2)口齿伶俐,仪态端庄大方,声音洪亮地介绍自我。(3)在家长的指导下培养学生使用媒体和网络资源搜集处理信息的能力,主动围绕某一特征进行评述能力和针对某一问题阐明自己观点的自我分析能力。(4)学习应用文邀请信的写作格式,能准确进行口头邀请和书面邀请,会使用礼貌用语。

2.过程和方法:(1)学生利用各种途径分小组收集、整理资料,在教师的指导下设计自己小组或个人思考成果,在活动课上来展示本组的成果。(2)在介绍自我时辅以多媒体。(3)教师创设一个温馨的、适合学生互相沟通的情境,让学生敞开心扉、悦纳别人、融入集体。善于鼓励学生并引导学生相互鼓励。

3.情感态度和价值观:(1)通过自己搜集、整理资料以提升学习能力,通过小组合作集体讨论,对自己的发现有喜悦感和成就感,深刻领会团队合作的乐趣。(2)通过本次综合性学习让学生学会认识自我,悦纳别人,形成独立的人格,建立良好的人际关系。

4.学习重点与难点:学习重点:学会认识自我、介绍自己。学习难点:形成独立人格和积极向上的价值观。

5.学习课时:2课时。

6.学习方法:自主学习;小组合作探究。

7.课堂活动前准备阶段:(1)搭建支架(开学第一周)。首先,教师利用课余时间为学生阐释"综合性学习"的内涵和现实意义并征求学生意见合理安排学习小组。其次,教师教会学生如何搜集整理相关资料及如何独立地设计自己的成果。最后,教师以"有朋自远方来"为主题提出设计方案的框架,以小组为单位进行小组讨论。(2)自主设计(开学第一周末)。在小组讨论的基础上,每个成员对老师提出的方案进行细化并结合自身特点独立思考,主动向亲朋好友了解他们心目中的形象,把听到的有关自己的成长经历记录下来。整理好自己的发言提纲,辅以照片或视频介绍,借助绘画、多媒体等工具丰富介绍形式。(3)合作探究(开学第二周)。将自己的设计成果在小组内进行展示,小组成员相互讨论合作探究,互相提出改进建议。(4)两节课的内容时间安排:开学第一周周末布置任务要求,第一课时在第二周,对详细设计框架和步骤进行讲解,教师适当点拨知识点。第二课时在小组内讨论互评发言内容,在全班展示评价。

(四)综合性学习实施过程

第一课时

实施目标:克服学生胆怯心理,鼓励学生相互认识;让学生逐步适应新的学习环境,尽快融入新集体。

实施要求:小组成员先就本节课内容进行自主合作探究,再由小组推选代表在全班展示。

实施过程:

1.创设情境:

小组成员每人准备一份自我介绍发言提纲,通过小组成员的相互交流谈谈自我认识并且将小组成员对你的认识记录下来。

教师播放往届学生竞选学校"阳光少年"的视频资料,大概5分钟,让学生观看记录。

将小组讨论和观看视频后的收获补充到自己的资料里面。

2.组织开展:

活动一:自我了解。

小组推选代表在全班展示自己的成果(主要以PPT形式),可以是摄影、书画作品等,也可以是歌舞、朗诵等。

通过以上才艺向大家介绍自己的梦想、兴趣爱好、阅读过的书对自己的影响、希望为他人为集体做哪些事情、为父母做哪些事情、自己生活小区的变化等。

其他同学仔细观察做好记录,同时对自己的成果进行反思。

活动二:互相评价。

自我评价。(略)

小组评价。教师要积极引导小组成员互相之间客观公正地评价,对每位小组成员尽量予以正面鼓励肯定优点,保证每位小组成员敞开心扉走进集体。小组成员相互评价时可以说"这是我们小组的摄影家或者是书法家"等。

班级评价。通过各小组代表的成果展示,同学们肯定对各代表有自己的认识。教师引导全班同学对各小组代表的成果展开评价,评价要以促进学生的成长为前提对其优点要给予充分肯定,对其不足要伸出援手提供相应的策略和办法帮助其健康成长。同时,各小组代表可以上台通过自己的才艺展示为自己拉票。这样,不但可以提升自己的自信心和人气而且有利于班级融合。

3.作业:

以"独一无二的我"为出发点设计一份小报,展示独特自我,但不出现姓名,下节课进行竞猜。

第二课时

写作训练:《那就是我的朋友》(以本次竞猜活动的经过为内容进行习作训练)。

写作要求:抓住肖像、语言、动作、心理等方面进行细节描写;以"那就是我的朋友"为主题自由发挥,字数不限,题目自拟;语言表达力求鲜活而富有文采。

写法指导:

1.确定写作主题指明写作方向。这样学生在进行创作时不会"跑题",学生以此为方向不拘形式自由表达和发挥。

2.确定写作内容,打破学生的定式思维和写作套路。通过情景教学创设写作环境,学生的真情实感自然会从心里流淌出来诉诸笔尖。真情实感的才是唯美的,也是最能吸引读者眼球的。

3.大处着眼,细处入手。启发学生运用细节描写的手法,要以自我的、独有的生活体验或心路历程,准确把握自己的真实想法,我手写我心。

4.遣词造句要反复推敲。指导学生创作一定要让学生养成字斟句酌的好习惯,这对于学生以后的创作有很大的影响,要让学生明白用词要精准,造句要简明扼要不要重复啰嗦。

展示评价:

鼓励学生上台展示作品,发掘身边同学的优点,增进同学们相互认识和了解。对展示者的内容和表现予以评价,对作品中能否抓住个性特点予以点评,给学生充分地肯定。学生要学会语文多元思维方式,从生活中的各个方面提高语言文字的运用能力,提升语文素养。

《背影》学习任务群教学的实践探索

　　《义务教育语文课程标准(2022年版)》涉及大单元教学。比如,八年级上册第五单元说明文,把相关的几篇有对比点的课文放在一起学习。我在《背影》教学中尝试通过设计语文学习任务群实践活动,用大单元教学的理念指导教学活动,力图培养学生语文核心素养。

一、确定本课核心任务

　　朱自清《背影》是写人记事散文的典范,它从一个独特的角度表现父亲对儿子的深切的爱和父子之间的深情。在祸不单行、阴云笼罩的日子里,父亲看似不经意的爱显得异乎寻常地感人。作者没有平铺直叙地记述父子间的故事,而是集中表现父亲背影这一形象,切入点小而寓意深刻。文章的叙述和描写都恰到好处,朴素的语言表达了真挚的情感。课文具有很高的文学价值,其写法与语言很有特色,值得反复欣赏品析,仔细品读,可以帮助学生打开视野,间接地获得人生经验,或许过了若干年,学生会忘掉许多东西,但是会记住这些课文的一些细节,以及阅读时的心灵体验,这对他们的成长很有益处。据此,基于大单元教学任务群理念,我确定本节课的核心任务是"探究阅读叙事散文的方法"。

二、设计任务群和教学流程

　　核心任务一经确定,这节课的中心就是围绕核心任务,创设几个既符合学生生活情境又遵循学生认知特点的子任务,那么设置哪些关联的学习子任务方能完成核心任务"阅读叙事散文的方法"呢? 根据本册教材,本单元和该课预习提示,语文任务群特征,"养育语文"课堂教学"扎实、得法、清澈、梯度、生成、情怀"的追求,以及调查本班学生对叙事散文学习的学情,笔者设计以下子任务和教学流程。

(一)明确写什么

教学流程:用课前学习单听写的"狼藉、踌躇、蹒跚、橘子、颓唐、惦记"6个词语概括课文内容。这个任务要求学生概括课文内容时要用上述6个词语,有了这个限定,学生们有章可循,有话可说。果然,任务抛出来后,学生们纷纷朗读课文,有圈点批注的,有连缀词语写笔记的,也有窃窃私语交流的……不一会,有学生举起了手:"课文写了'我'得知祖母去世,便从北京赶到徐州老家,看到狼藉的院子,流下了眼泪。丧事完毕,父亲到南京谋事,'我'回北京念书,在南京,父亲踌躇了一会,终于决定亲自送'我'到火车站,并蹒跚着身子爬过车站月台给'我'买橘子,想到父亲老境如此颓唐,还惦记着'我'和'我'的儿子,'我'不禁又流下了眼泪。"

学生通过学习单学习,通过听写6个词语为后面概述课文做铺垫,学生在概述课文内容的过程中,有利于提高学生语文学习力中的"阐释力"。学生们在自主、合作、探究中,明确概述课文内容时,即"明确写什么",要紧扣关键词,明确何人、何事、何情。这是阅读叙事散文的一种方法。

(二)探究怎么写

1.探究文章构思方法。

知道了课文所写内容了,那课文是怎么写的呢? 我们阅读一篇叙事散文,往往看这篇文章是怎么立意的,怎么选材的,怎么构思的,怎么描写的等,通过学习这篇课文是如何构思的来"探究阅读叙事散文的方法"也在指向核心任务。我让学生根据提示,填写横线上的词语(先盖住,让学生自己填写;后展示,让学生自己对照)。

《背影》一课探究构思方法示例

段　落	段落特点	写法归纳
第一段	开篇点题,直抒胸臆	轻点一笔,开门见山
第二段	顺势切入,描述家境	交代一笔,补充解释
第三段	再写家境,铺设基调	穿插一笔,酝酿情感
第四段	同行南京,一写关爱	简叙一笔,略写关爱
第五段	交代场景,二写关爱	
第六段	特写镜头,浓写关爱	巧折一笔,浓写关爱
第七段	别后思念,理解关爱	深化一笔,画龙点睛

经过学生合作探究,我们知道了《背影》的构思方法。第一段是开篇点题,直抒胸臆,因为课文说"我与父亲不相见已二年余了,最不能忘记的是他的背影",表达了"我"对父亲的思念之情,故是开篇点题,直抒胸臆;这里是"轻点一笔,开门见山";第二段顺势切入,描述家境。课文讲了,"那年冬天,祖母死了,父亲的差使也交卸了,我回家看到满院狼藉的东西,想起死去的祖母,不禁簌簌地流下眼泪"。这里是"交代一笔,补充解释",既是交代了家境,对父亲的思念之情进行补充,也是对后文思念"背影"的原因进行铺垫;第三段再写家境,铺设基调。父亲回家变卖典质还了亏空,又借钱办了丧事,铺设一种悲伤的基调。这里是"穿插一笔,酝酿情感",穿插了没落的家境,为后文父亲对他的关爱做铺

垫,也为下文思念"背影"的情感埋下伏笔;第四段第五段是同行南京,交代场景,初写关爱。父亲嘱咐茶房、亲自送我、拣定座椅、铺紫毛大衣,嘱我路上小心、嘱托茶房等无不包含关爱,但相对于下文的月台买橘,这里是"简叙一笔,略写关爱";第六段特写镜头,浓写关爱。该段详细写了父亲爬过月台买橘的场景,这里花了很多笔墨,非常有画面感,大写特写了父亲对我的关爱,写出了波澜,这里是"巧折一笔,浓写关爱";第七段是别后思念,理解关爱。父亲老境如此颓唐,但还惦记着"我"和"我"的儿子,阅信之后,"我"在泪光中理解了父亲的关爱。"唉! 我不知何时再能与他相见!"也升华出"我"对父亲的思念,和课文开头遥相呼应,这里是"升华一笔,画龙点睛"。

学生在对文本反复阅读的基础上,明确了"写什么"的问题,再针对核心任务"探究阅读叙事散文的方法",设置子任务:"探究怎么写"。通过探究课文构思方法这一任务来设计学习,这一子任务既能让学生在深入文本的过程中继续感知文义,又能学习经典散文的构思方法,至于后面一栏的写法归纳设计,是基于另一篇经典课文《散步》的写法和本篇课文有异曲同工之处,可以提升学生的拓展迁移等思维能力。

2.探究人物描写方法和语言特点。

探究了文章的构思,再来看一看课文是怎么描写人物的。我让学生细读第六段,对这段话进行多角度美点赏析,在课本上写批注,同时给学生示范,降低学生思维的难度。

如:"蹒跚"是走路缓慢、摇摆的样子,很有表现力,连平地走路都是蹒跚而行,可想而知父亲上下月台更难了,这里描绘出了父亲的老态和他的心甘情愿,也表现了父亲对"我"爱的深切。

为了把学生代入课文情节,我让全班学生齐声朗读这一段,在朗读中领悟那感人的故事。经过学生的交流补充,我们探究了文中人物描写方法。

比如,第六段中的动作描写非常精彩。比如"攀""缩""倾""爬"等,这里连用了一系列动词,形象地描绘了一位仁慈的父亲对儿子的关怀和体贴。

"戴着黑布小帽,穿着黑布大马褂,深青布棉袍",这里的衣着描写,"黑"和"布"反复出现,表现了父亲家境衰败、生活穷苦的状况。

"抱了朱红的橘子,将橘子散放在地上,再抱起橘子走"的动作描写,写出了父亲的小心谨慎,表现了如山的父爱。

"扑扑衣上的泥土,心里很轻松似的",其实不仅不轻松,还很吃力。只是因为爱儿子,吃苦也心甘情愿,所以心里感到"很轻松"。"……似的"表示"看似……,其实不是"。也许是故意装出轻松的样子,以免儿子心里难受。这也表现了父亲深挚的爱。

"我买几个橘子去,你就在此地,不要走动。"语言描写,父亲还觉得没有尽够心意,看见站上有卖橘子的,便要去给儿子买橘子。表现了无微不至的父爱。

"我走了,到那边来信!"语言描写,惦记儿子的安全,要等到儿子回到北京来信报平安,才能放心。

它们有一个共同点,就是这所有的一切的背后都指向一个字,那就是对儿子的"爱"。

该文的语言特色非常鲜明,学习语言特点,是新课标关于"弘扬中华优秀传统文化"

的基本要义,也是培养学生文化自信的重要抓手。通过交流学习,本文语言质朴、口语化、句式简短等特色就凸显其中。比如,回家变卖典质,父亲还了亏空,又借钱办了丧事。这些日子,家中光景很是惨淡,一半为了丧事,一半为了父亲赋闲。其中,"典质""亏空""惨淡""赋闲"等词很文雅,明白易懂;再比如,他少年出外谋生,独立支持,做了许多大事。哪知老境如此颓唐!他触目伤怀,自然情不能自已。情郁于中,自然要发之于外;家庭琐屑便往往触他之怒。这几句话既有文雅的四字词语,还使用接近文言文的句式,短短几句,概括了父亲的人生历程。"哪知""触目伤怀"等词语写出了父亲的心境。连用两个"自然",为父亲辩护,表现了"我"对父亲的理解。

设置这一子任务,意在指向本课核心任务"探究阅读叙事散文的方法",因这篇经典散文具有很高的文学价值,其写法与语言很有特色,值得反复欣赏品析,仔细品读,可以帮助学生打开视野,间接地获得人生经验;同时,通过典型事件、传神的细节描写、雅致的文字表达是实现"文化自信和语言运用"这个核心素养的绝佳方式。学生在恰到好处的动作描写中,在朴实无华的语言描写中,在动人心魄的心理描写中,在前后关联的衣着描写中感受那难以抑制的亲人之爱。所以,设置"美点赏析"这个子任务就是要让学生在合作学习、主动交流中让学生自己发现问题、解决问题,提高语文学习力中的"品鉴力"。

(三)理解为何写

课文中有不少反复强调的地方,也有照应的地方,请选择其中一点进行分析,并谈谈为什么这样写? 学生讨论交流后,师生共同总结:

《背影》"四次背影"与"四次流泪"及其原因分析

四次背影	四次流泪	为什么这样写
惦记背影 第1段	第2段:看见满院……簌簌地流下眼泪。	突出父亲对儿子的关心和爱护、儿子对父亲的理解和爱怜。
送别背影 第6段	第6段:这时我看见……眼泪很快地流下来了。	
目送背影 第6段	第6段:再找不着了……我的眼泪又来了。	
再现背影 第7段	最后一段:我读到……在晶莹的泪光中……	

读贵有疑:你还能发现其他问题吗?

缘点质疑:围绕文中的矛盾点、反常点、细写点、变换点、无关点等来质疑。

方法总结:

《背影》文本分析示例

明确写什么	构思方法(笔法)	人物描写方法	语言特点
紧扣关键词,明确何人、何事、何情	轻点一笔,开门见山	动作描写	语言质朴,口语化,句式简短等
	交代一笔,补充解释	语言描写	
	穿插一笔,酝酿情感	心理描写	
	简叙一笔,点染略写	衣着描写	
	巧折一笔,波澜起伏	……	
	深化一笔,画龙点睛		

设置"理解为何写"这一子任务,试图让学生通过质疑课文反复强调点:四次背影、四次流泪等来提升学生的批判力。同时,为了把批判思维引向深入,我还设置了缘点质疑环节,让学生围绕文中的矛盾点、反常点、细写点、变换点、无关点等来质疑。另外,我还进行了拓展:在课文里面,编者为什么把这篇课文放在这个单元呢,本单元第一篇《背影》是写人记事散文,《白杨礼赞》是托物言志散文,《散文两篇》是哲理性散文,《昆明的雨》是写景抒情散文,为什么不把《藤野先生》放到一起呢? 这样由课内延伸到课外,让学生在质疑中学会批判性思维,试图让学生深度学习,以此实现语文核心素养"思维能力"的提高。

(四)实践运用

完成一篇题为"如何阅读写人记事散文"小论文的提纲。

提示:明确写什么,探究怎么写,理解为何写。

课后作业:根据你列的提纲,完成"如何阅读写人记事散文"的小论文。要求:有自己的观点,有课文中材料依据;不少于500字。

设置"实践运用"这一子任务,就是想让学生通过前三个任务的学习,学以致用,完成一篇题为"如何阅读写人记事散文"小论文,从而学会阅读叙事散文的方法,达到"学一篇知一类"的目的,并尝试指向核心素养"审美创造",提高学生语文学习力中的"建构力"。

本课四个子任务群都紧紧指向核心任务——探究阅读叙事散文的方法。

这节课探究了叙事散文的阅读方法,需要强调的是,文体不一样,写什么、怎么写、为什么,所呈现的方法也不一样,其他类型的散文怎么阅读,如何提升学生学习力和核心素养,如何在教学中设置合适的语文学习任务群,渗透大单元教学理念,还有待于继续探索,只要"小步走,不停歇",挟改革雄风,踏海浪而行,一定可以开出璀璨之花。

"自我成长"作文备考

"长风破浪会有时,直挂云帆济沧海"让我们认识李白的豪放;"安得广厦千万间,大庇天下寒士俱欢颜"让我们领悟杜甫的济世情怀;"夜阑卧听风吹雨,铁马冰河入梦来"让我们感受到陆游的爱国情操;"问君能有几多愁,恰似一江春水向东流"让我们见证李煜的孤独惆怅……

历经岁月的洗礼,透过这些脍炙人口的诗句,让我们看到了古人独特的个性,听到阵阵强音:这就是我! 今天,我们更应该充分展示自我,超越自我,完善自我,谱写自我的乐章!

【格言名句】

1.最重要的,就是要认识自己的天赋和个性,而加以发展。——松下幸之助

2.你应庆幸自己是世上独一无二的,应该将自己的禀赋发挥出来。——卡耐基

3.在所有缺点中,最无可救药的就是轻视我们自己。——蒙田

4.举世皆浊我独清,众人皆醉我独醒。——战国·屈原《渔夫》

5.大道如青天,我独不得出。——唐·李白《行路难》

【名句运用】

1.了却君王天下事,赢得生前身后名。——宋·辛弃疾《破阵子》

今意:替君王完成统一大业,赢得生前身后不朽的美名。

【运用】意识到了自己的平庸,并且想改变这种平庸状态的人,内心常常风起云涌。率先举起造反大旗的陈胜说:"王侯将相,宁有种乎?"便是将心中的不平,一口气吐了出来。他首先为自己的平庸而不平,继而对身边的人甘于平庸而愤懑,这是一种众人皆醉我独醒的心理。不甘于平庸的人,一想人生一世,草木一秋,便会涌出一种仰天长啸、壮怀激烈的感情,想要干一番事业,创出世上奇迹,"赢得生前身后名"了。

2.山河破碎风飘絮,身世浮沉雨打萍。——宋·文天祥《过零丁洋》

今意:山河破碎得像被风吹散的柳树,一生动荡如同被雨打沉的浮萍。

【运用】多少诗人因雨而感慨万千,文天祥的"山河破碎风飘絮,身世浮沉雨打萍",爱国诗人陆游的"夜阑卧听风吹雨,铁马冰河入梦来",晚唐诗人李商隐的"何当共剪西窗烛,却话巴山夜雨时",杜甫的"随风潜入夜,润物细无声"……或柔美,或感伤,或悲壮,或凄凉……无数滋味,伴着雨滴落在今天。

3.先天下之忧而忧,后天下之乐而乐。——宋·范仲淹《岳阳楼记》

今意:为国家分忧时,比别人先,比别人急;享受幸福快乐时,却让别人先,自己居后。

【运用】"先天下之忧而忧,后天下之乐而乐"就是把国家、民族的利益摆在首位,为祖国的前途、命运担忧分愁,为天下人的幸福出汗、流血。这一流传千古的绝唱不仅因其句式工整而脍炙人口,而且以其雄浑的气势、忘我的精神使人心驰神往,豪情陡增,浩然之气油然而生。

4.路漫漫其修远兮,吾将上下而求索。——战国·屈原《离骚》

今意:前面的路程遥远而又漫长,我要上天下地到处去寻觅心中的理想。

【运用】他知道选择这条路,就是选择了苦难、孤独,可他确实没有什么可怨的,这是他自己的选择,没有人强迫,能走上自己选择的路,就算再难、再苦,也开心啊。他默默念着屈原的诗句——"路漫漫其修远兮,吾将上下而求索",又涌起了往前冲的勇气和力量。

5.落红不是无情物,化作春泥更护花。——清·龚自珍《己亥杂诗》

今意:落红并没有忘记树根的哺育,带着无限的眷恋深情地告别树枝,宁愿化作春泥而护持枝上花朵,以回报树的养育之恩。

【运用】梅花渐渐枯萎了,凋谢了,但落到地上的石榴花还是那样的红。此时,你是否会发出"落红不是无情物,化作春泥更护花"的感叹呢?

【片段精华】

我拒绝庄子。拒绝他"终身不仕",甘愿化归于自然。我拒绝陶潜。拒绝"守拙归园田","复得反自然"。人生于社会,怎能逃避社会?我决不会给生命留下一点空白。

我有理想,我愿尽我所能为人类社会注入一丝前进的力量。我愿做到"仁者爱人""仁者无不爱"的博爱。我愿如"长太息以掩泣兮,哀民生之多艰"的屈平;我愿如"凭轩涕泗流","安得广厦千万间,大庇天下寒士俱欢颜,风雨不动安如山"的杜子美;我愿如"先天下之忧而忧,后天下之乐而乐"的范仲淹;我愿如"苟利国家生死以,岂因祸福避趋之"的林则徐。所以我拒绝空白,拒绝"穷则独善其身"。我有孟子"苦其心志,劳其筋骨"的坚毅,有"任尔东西南北风"的坚强,有"路漫漫其修远兮,吾将上下而求索"的坚持,有沙漠中胡杨的坚韧——我要用我的理想和毅力,去拒绝空白,去追求我热烈的人生。

【文采修炼】

自古以来,于人眼中,拒绝赞美,远离尘俗,于人迹罕至的幽谷,展开玉质的剑叶,喷薄出淡雅的芬芳,是兰草的品质。

我来仿写:_____。

示例:自古以来,于人心中,淡泊名利,远离市嚣,于恬淡静谧的田园,固守纯净的心田,折射出令人仰视的光芒,是君子的形象。

【鲜活素材】

山羊与自己的影子

早晨,一只山羊在栅栏外徘徊,想吃栅栏里面的白菜,可是它进不去。这时,太阳斜照大地,在不经意中,山羊看见了自己的影子,它的影子拖得很长很长。它想:"我如此高大,定能吃到树上的果子,吃不吃这白菜又有什么关系呢?"远处,有一大片果园,园子里的果树上结满了五颜六色的果子。它朝着那片园子奔去。到达果园,已是正午,太阳当顶。此时,山羊的影子变成了很小的一团。"唉,原来我是这么矮小,是吃不到树上的果子的,还是回去吃白菜的好!"于是,它不悦地折身往回跑。跑到栅栏外时,太阳已经偏西,它的影子重新又变得很长很长。我为什么非要回来呢?"山羊很懊恼,"凭我这么大的个子,吃树上的果子是一点问题也没有的!"

【内涵点击】山羊疲于奔命,是因为它只看到自己的影子,始终认识不到自己是高还是矮,看不清自己的能力有多大。生活也是如此,我们很多人就像山羊一样,因为始终不能认识自我而到处碰壁,甚至迷失自我。

【用法点拨】这则素材可以直接用在记叙文中,然后写出哲理启示或心灵的触动。若用在议论文中要将内容用简洁的语言进行概括,再扣住你所写文章的中心点进行分析,如因果分析:为什么山羊只看到自己的影子? 假设推演:如果山羊看清自己的影子会怎么样? 根据中心的需要提炼论据。

积极认识自我的老鹰

有一个男孩把鹰蛋和鸡蛋混在了一起,让一只母鸡来孵。孵出来的小鸡群里有了一只小鹰。小鹰和小鸡一起长大,因而不知道自己除了是小鸡外还会是什么。起初他很满足,过着和鸡一样的生活。但是,当它逐渐长大的时候,他内心里就有一种奇特不安的感觉。它不时地想:"我一定不是一只鸡!"直到有一天,一只了不起的老鹰翱翔在鸡场的上空,小鹰感觉到自己的双翼有一股奇特的新力量,感觉胸腔里正猛烈地跳动着。它抬头看着老鹰的时候,一种想法出现在心中:"我和老鹰一样。养鸡场不是我待的地方。我要飞上青天,栖息在山崖上。"它展开了双翅,飞升到一座矮山的顶上。极为兴奋之下,它又飞到更高的山顶上,最后冲上青天,到了高山的顶峰。

【内涵点击】一个人要想成就自己的事业,就要做到清楚地了解自己,也就是要正视自己,而不能欺骗自己。像小鹰一样,经常进行自我认识,并不断验证自己的认识。相信自己的能力,时时勉励自己向上向前,这是成功的关键。

【用法点拨】这则素材可直接运用到记叙文中,然后引发联想自己的经历或想象,由此升华文章:要像老鹰一样积极认识自我,就能战胜内心的怯弱等。运用到议论文中,要依据论点来提炼论据,如正确看待自己的长处和短处,保持良好心态,充满自信围绕目标奋进等。

"我必须成为总统"

萨科齐,从小就遭受别人的歧视和嘲笑。10岁那年的一天,他骑着自己心爱的山地车在郊外潇洒地穿梭。正当他得意时,几个小孩拦住他,一把夺过他的山地车,猛地摔在地上,还指着他的鼻子说:"你这个外来的小崽子,不配骑山地车!"晚上,他在日记本上写道:"我不是想成为总统,而是我必须成为总统!"以后的几年间,他放过羊,当过乐队号手,做过泥瓦匠、糖厂工人等。他哭过,泄气过,但没有退缩过。后来,他通过半工半读考上了巴黎政治学院。2007年5月,在举行的法国总统大选中,萨科齐胜出,当选为新一任法国总统。他也终于圆了心中的总统梦。

【内涵点击】一个人用"我必须怎样"来承诺自己的理想时,他的心中就一定蓄积了巨大的动力和必胜的信念。而这种动力和信心也正是打开成功之门的必备钥匙。萨科齐正是抱着"我必须成为总统"的信念,走过一个个困境,不断打拼,不断追求,圆了心中的梦想。

【用法点拨】这则素材可用于"信念""梦想""动力"等话题,在记叙文中,可以增强阅读兴趣,引出自己的感悟。在议论文中,用简洁的语言概括萨科齐坚持梦想而圆梦的事实,作为正面事例,也可扣住中心多角度分析,也可假设不坚持梦想来推演。

坏脾气与钉钉子

从前,有个脾气很坏的小男孩。一天,父亲给了他一包钉子,要求他每发一次脾气都必须用铁锤在后院的栅栏上钉一颗钉子。第一天,小男孩在栅栏上钉了37颗钉子。过了几个星期,由于学会了控制自己的愤怒,小男孩每天在栅栏上钉钉子的数目逐渐减少了。最后,小男孩变得不爱发脾气了。他把自己的转变告诉了父亲。他父亲又建议说:"如果你能坚持一整天不发脾气,就从栅栏上拔下一颗钉子。"经过一段时间,小男孩终于把栅栏上所有的钉子都拔掉了。父亲来到栅栏边,对小男孩说:"儿子,你做得很好。但是,你看钉子在栅栏上留下了那么多的小孔,栅栏再也不会是原来的样子了。当你向别人发过脾气之后,就会在人们的心灵上留下疤痕。就好比用刀子刺向了某人的身体,然后再拔出来。无论你说多少次对不起,那伤口都会永远存在。所以,口头上的伤害与肉体的伤害没什么两样。"

【内涵点击】谁也不愿意自己的心灵被"钉"得千疮百孔,那么就请控制好自己的脾气与那张嘴。暴脾气是人类较为卑劣的天性之一,人要是发脾气就等于在人类进步的阶梯上倒退了一步,明白了这一点,我们就要少发脾气,少成为别人眼里的"钉子"。

【用法点拨】这则素材可用于"心灵""心态""修养"等话题。用在记叙文中,可直接引用作为自己对人生的独特理解。用在议论文中,或多角度分析,或引申发挥,或用简洁的语言概括作为论据。在散文中,可用排比句的形式呈现。

别太把自己当回事

美国著名的指挥家、作曲家沃尔特·达姆罗施二十几岁就当上了乐队指挥。刚开始时,他有些头脑发热,忘乎所以起来,自以为才华横溢,没人能取代自己。直到有一天排练,他把指挥棒忘在家里,正准备派人去取。秘书说的一句话"没关系,向乐队其他人借一根就行"把他搞糊涂了。他暗想:"除了我,谁还可能带指挥棒?"但当他问"谁能借我一根指挥棒"时,分别从大提琴手、首席小提琴手和钢琴手上衣内袋里掏出的三根指挥棒递到了他面前。他一下子清醒过来,意识到自己并不是什么必不可少的人物!很多人一直都在暗暗努力,时刻准备取代自己。从此以后每当他想偷懒或飘飘然的时候,就会看到三根指挥棒在眼前晃动。

【内涵点击】自信不等于自满。很多时候,我们不能清楚地看清别人和对手,也就不能看清自己。竞争、危险、失败等,时时和我们相伴,这往往源于我们在内心过分看重自己,忽视了他人的努力和存在。目中无人,自我陶醉都是自己的敌人。学着不把自己当回事,往往能战胜自己,看清自己,尊重他人。

【用法点拨】这则素材用在记叙文开头能引起读者兴趣,可作为自己感悟的触发点。用在议论文中,应该将内容简要概括,然后引申。如"把自己当回事,……"设想会怎么样,或运用排比句,或排比段。

【美文我来赏】

自己做自己的"镜子"

汪金友

爱因斯坦小时候是个十分贪玩的孩子,他的母亲常常为此忧心忡忡。而对于母亲的再三告诫,爱因斯坦总是当作耳旁风。直到16岁那年的秋天,一天上午爱因斯坦正要去河边钓鱼,他的父亲把他拦住,并给他讲了这样一个故事:

"昨天我和咱们的邻居杰克大叔去清扫南边工厂的一个大烟囱。那烟囱只有踩着里边钢筋踏梯才能上去。你杰克大叔依旧走在前面,我还是跟在他后面。后来,钻出烟囱时,你杰克大叔的后背、脸上全都被烟囱里的烟灰蹭黑了,而我身上竟连一点烟灰也没有。看到你杰克大叔的样子,我差点要笑出来。心想我肯定和他一样,脸脏得像个小丑,于是就赶紧跑到附近的小河里去洗了又洗。而你杰克大叔呢,看到我脸上、身上都干干净净的,就以为他和我一样的干净呢。只草草洗了洗手,就大模大样上街了。结果,街上的人都笑痛了肚子,还以为你杰克大叔是个疯子呢。"

爱因斯坦听罢,忍不住和父亲一起大笑起来。父亲笑完了,就郑重地对他说:"其实,别人谁也不能做你的镜子,只有自己才是自己的镜子。把别人当作镜子,白痴也会把自己照成天才。"爱因斯坦听了,顿时满脸愧色。

这个故事,改变了爱因斯坦的一生。从此,他离开了那群顽皮的孩子,并时时把自己当作镜子,来审视和映照自己,终于映照出了他生命的熠熠光辉。

其实,现在许多的孩子,也包括许多的大人,都习惯于把别人当作镜子。别人玩耍我就玩耍,别人偷懒我就偷懒,别人打架我就打架,别人骂人我就骂人,别人喝酒我就喝酒,别人吸烟我就吸烟,别人吹牛我就吹牛,别人拍马我就拍马。看到别人的脸"很干净",就觉得自己的脸也一定"很干净",看到别人做了坏事"很安全",就以为自己做坏事也一定"很安全"。就好像燕国那个到邯郸学步的寿陵少年,跟在别人的屁股后头,看到小孩走路活泼,他就学小孩走路;看到老人走路稳重,他就学老人走路;看到妇女走路摇摆多姿,他就学妇女走路。结果,不过半月光景,不但没学会别人怎么走路,却连自己怎么走路也不会了,只好爬着回家。

自己给自己当镜子,就是用自己的目标检验自己的行动。这一辈子,你想做个什么样的人?你想办成什么样的事?你想学到什么样的知识?你想达到什么样的高度?如果你不想让生命虚度,你就应该每天用自己的理想和目标衡量一下自己的言行。看一看,脸是不是需要洗,手是不是需要动,脚是不是需要走,腰是不是需要挺。

别人干净,不等于自己干净;别人适应,不等于自己适应。"用自己的眼睛看,用自己的心感受。不管时代的潮流和社会的风尚怎样,总可以凭着自己高贵的品质,超脱时代和社会,走自己正确的道路。"这是爱因斯坦的一句名言,也应该成为我们大家的座右铭。

(选自《天津日报》)

人,最难认识的就是自己。生活中,我们要面对大千世界,怎样才能正确认识自己,找到自己的人生坐标呢?纷繁世界,芸芸众生,目之所及都是他人、他事,不知不觉中,别人成了自己一面亮在心中的镜子,用来映照自己的生活,甚至要用这面镜子窥测自己的内心。因为有了这面镜子,生活时常受到牵绊,身边的他今天干什么了,另一个他又做了一件大事……总之别人怎样了,我就得如何了,这样的想法每日缠绕心头,渐渐心生沉重负荷,却又挥之不去。永远活在别人的影子里,无可奈何而失去诸多生活情趣……

事实上,用别人作自己的镜子,你就失去了自我,做不了内心真实的真正自我了!爱因斯坦父亲说的故事以及爱因斯坦的成功有力地告诉我们,我们要让自己做自己的镜子,经常从镜子里审视自己,映照出自我的风采,生命中的光辉。

1. 文题就是作者的观点,文章如何阐述这一观点的?

_____

2.你是如何理解本文的题目的?

_____

【参考答案】

1.作者先正面以爱因斯坦父亲说的故事以及爱因斯坦的成功事例有力地告诉我们,我们要让自己做自己的镜子,经常从镜子里审视自己,映照出自我的风采,生命中的光辉。接着从反面列举生活中大人、小孩都习惯把别人当作镜子的现象,结果失去自我,做不了内心真正的自我。通过正反结合来论证阐述的。

2.自己当作自己的"镜子"就是用自己的目标检验自己的行动,应该每天用自己的理想和目标衡量一下自己的言行。

【技法加油站】

叙事中的巧合与悬念——文章的曲折变化之美

叙事性的文章和小说中常常用到巧合和悬念的手法,一篇文章正是运用了巧合和悬念,我们就能在平淡中见新奇,枯燥中见情趣,文章也就有了吸引人的魅力。这样的文章因为行文中有了曲折变化之美而紧紧抓住了读者的心。我们平时的写作中应该学会运用巧合与悬念来为我们的文章添彩。

设置巧合:为恰当地、集中地反映生活,增加文章的戏剧效果,将看似偶然的两条情节,两件事或两个人物的活动聚在一个"点"上,便是巧合。所谓巧合,指的是把现实生活中似乎不大容易碰到一起的东西巧妙地让它们在文艺作品中碰头。俗话说:"无巧不成书",巧合往往推动情节发展,给人"柳暗花明又一村"的感觉。很多文学作品出现这样一种情况:当主人公处于极度危险,人差不多绝望时,突然有贵人相救。让人松了一口气,又有了新的希望。在中国古代一些章回体小说里,每回结尾通常遇到这种情况。像《红楼梦》中的"宝玉挨打",《水浒传》中的"林教头风雪山神庙",都是成功运用巧合的范例。其中,有时间上的巧合,地点上的巧合,人与人关系上的巧合,也有人与环境之间的巧合等等。如《我的叔叔于勒》,菲利普一家梦寐以求的于勒,竟在去哲尔赛岛旅游的船上不期而遇,吓得菲利普夫妇惊慌失措,避之若瘟神,这一时间、地点、人物的巧合,深刻地反映了资本主义社会人与人之间赤裸裸的金钱关系。特别是小小说,经常运用这种巧合。出人意料又在情理之中的结尾是小小说的灵魂。如小小说《签字》说的是王局长犯罪,检察院干警来逮捕他,他不肯在逮捕证上签字,老婆塞给他一个鼓鼓的红包,恳求他接受"这点小意思",把字"签了吧",他才捏了捏红包的厚度,在刚才坚决不签的逮捕证上签了字,原来他早已养成不见"好处"不签字的习惯。这种巧合的结尾艺术,在欧·亨利式作品中有充分的体现。也就是所谓的"欧·亨利式结尾",通常指短篇小说大师们常常在文章情节结尾时突然让人物的心理情境发生出人意料的变化,或使主人公命运陡然逆转,出现意想不到的结果,但又在情理之中,符合生活实际,形成独特的艺术魅力。

巧设悬念:又叫故弄玄虚法。我们在生活中常常不知不觉地运用着这种手法,如一个急于知道考试分数的同学我们先故意告诉他考试不及格弄得他神情沮丧,然后再告诉他考得很好——97分,这比直接告诉他考分更能使他喜悦。文章中的悬念是指读者对叙述的人物或事件的动态表达关切的心情。设计悬念就是在作品的某一个部分,设置一个"疑问"或矛盾冲突,引起读者浓烈兴趣和急切期待心理的一种写作技法。也就是在文章的开头和文章中提出问题,摆出矛盾,设置疑团,引起读者关注,让读者产生急于知道结果的念头,而作者又不把结果告诉读者,让读者的念头"悬"在那里,以吸引读者往下看,在适当的时候,解开悬念,揭示谜底,使文章顿生波澜。如《驿路梨花》当人们为露宿而发愁时,出现了一间神秘小屋。小屋主人是谁呢?一直是个悬念。直到结尾才知道,小屋是解放军盖的。但为什么盖这间小屋呢?又是个新悬念。这样"设悬—解悬—又设悬",波澜起伏,环环相扣,紧扣读者的心。又如萧乾的《枣核》开头设置悬念:枣核用途蹊跷,接着写朋友得到枣核如获至宝,用途仍秘而不宣,使悬念更吸引读者,加深悬念,最后踏访后花园,在谈话中才说明所要枣核的原因,解开悬念。运用悬念常用的方式有标题式、倒叙式、疑窦顿生式、转换话题式、渲染映衬式等。

【写作训练营】

以"别和自己过不去"为题,写一篇不少于700字的文章。

我来列提纲:

写什么:_____

怎么写:_____

思路点拨:写这个题目要注意文题就是写作中心,要突出文题,突出善待自我的重要性。第一个题目首先只能写自己。其次在内容上可以写成长也可以写生活中的任何事,可以写体验快乐也可写反思劝诫。这个题目要写好贵在以情动人,最好写自己亲身经历或耳闻目睹的发生在身边的人和事。虚假的故事和空洞的抒情是很难打动读者,引起心灵震撼和共鸣的。

【佳作展示】

赏花赏月赏自己

刘瑛

我欣赏凌寒傲骨的梅花,我欣赏率真富贵的牡丹,凛然深谷的幽兰……

我欣赏满满的月儿,那象征着团圆;

我欣赏弯弯的月儿,那意味着笑容;

我欣赏残缺的月儿,那怀揣着与众不同……

四顾环望,我欣赏的东西仿佛有些残缺,是什么呢?心底中浮跃出一个细小的声音:你。是啊!我仿佛是迷失了自我,徘徊在芸芸众生中。月儿花儿之所以被欣赏是由于我的想念。"花间一壶酒,独酌无相亲。举杯邀明月,对影成三人。"如果少了一个我,三人皆无,又谈何花前月下?原来,我是这般重要。

欣赏自己对于传统的中国人来说是骄傲自满。为表谦卑,便有了"鄙人""陛下"等词。呵呵!谦卑未必自卑。我想我该好好审视一下自己了。

有时自卑,觉得自己过于微小,没有书中的那般惊涛骇浪,也没有历史人物的那般力挽狂澜,更没有天上神仙的自在与安宁。我现在是一个小小的人。为了寻找自信,我开始打量那个"我",你有什么值得被欣赏?

那边的那个我不说话。随后,我看到了她的阳光般的温暖。她对每一个人都很友善,在学校中,她甚至为一朵花,一棵草而感到欣喜,她会对太阳微笑。她很平常,以自己最微小的力量去善待周围的每一个人。至少,讨厌她的人很少。

她对难办的事很执着,她能为了一道题琢磨一个小时,即使很简单。她能为了自己的PS技术更娴熟,她能挑灯到12点。她能为了点点的友谊,而竭尽全力。她能在街上看到丢失的东西给人家送回去。她能为了一个约定而通宵。她能不放弃自己的理想,即使会让自己内心痛苦。

呵呵!原来我是这样的,我并不卑微,也不伟大。那么……我现在是一个自尊自爱的人吗?你说呢?

学会欣赏自己,学会感受人生;学会欣赏自己,学会努力奋斗;学会欣赏自己,学会尊重他人……

赏花也好,赏月也罢,道理是一样的,你去欣赏别人,但并不妨碍欣赏自己,孤芳不也可以自赏吗?赏花赏月赏自己,请带着信念启航吧!别和自己过不去!

1.行文切入的角度有什么独到之处?

_____

2.本文的语言有何特点?

_____

【参考答案】

1.本文从赏花赏月儿的角度自然地引出"学会欣赏自己"的中心,围绕这个中心,小作者以第三人称"她"的口吻写自己在生活中的点点滴滴,挖掘出自己的优点和善良。从而得出欣赏自己,自尊自爱的人才会感受人生,才会尊重他人。

2.全文语言优美,从开篇的排比到古诗句的引用再到最后的反问,各种修辞手法的运用,使文章有了很强的感染力。

"抒写真情"作文备考

"感人心者,莫先乎情",情有多种,亲情、友情和乡情等。

有一种情感叫亲情。无论人们漂泊多长时间,流浪多远路程,它都会在人们哭泣的时节盈动于心,润湿于眶,这种情感与生俱来,它所担负的责任无法推却,那就是让心找到归依,让爱有了港湾的亲情。

有一种情感叫友情。在我们每个人的生命中都会有许多朋友,可以向朋友说说自己开心的或是不开心的事情,说说自己的酸甜苦辣,自己的悲欢离合,可将吉祥祝福的话带给每一位你所关爱的老朋友和新朋友。

有一种情感叫乡情。让我们共同去感悟故乡的美丽,故乡的风情,去解读故乡的历史,还有那些游子们埋在心底的告白。

情感境界有大小之分。大的如兼爱天下、仁爱万物、忧国忧民;小的如亲情、友情、乡情、爱情。写作时将一种情感的体验感悟,结合一个民族的情感积淀来思考与抒发,作文就具有了深厚的文化内涵。

【格言名句】

1.益者三友:友直、友谅、友多闻。——孔子

2.感情有着极大的鼓舞力量,因此,它是一切道德行为的重要前提。——凯洛夫

3.笑是感情的舒展,泪是感情的净化。——柯灵

4.人的理性粉碎了迷信,而人的感情也将摧毁利己主义。——海涅

5.无言的淳朴所表达的感情,才是最丰富的。——莎士比亚

【名句运用】

1.落红不是无情物,化作春泥更护花。——清·龚自珍《己亥杂诗》

今意:宁愿化作春泥而护持枝上花朵,以回报根树的养育之恩。

【运用】榴花渐渐枯萎了,凋谢了,但落到地面上的石榴花还是那样红。此时你是否

会发出"落红不是无情物,化作春泥更护花"的感叹呢?

2.海内存知己,天涯若比邻。——唐·王勃《送杜少府之任蜀州》

今意:虽然远隔天涯,但友谊不会因为距离的遥远而淡薄。

【运用】"海内存知己,天涯若比邻。"时光荏苒,岁月如歌,读书十余载,同窗无数。学生时代那无忧无虑的日子一去不复返了,也正因为那样,那段日子才显得更加宝贵,那时的朋友才更值得铭记。

3.劝君更尽一杯酒,西出阳关无故人。——唐·王维《送元二使西安》

今意:请你喝下这杯酒,等你出了阳关,就没有可以谈心的老朋友了。

【运用】"劝君更尽一杯酒,西出阳关无故人",这里有阳关三叠的音韵;"今朝郡斋冷,忽念山中客",这里有空山鸟语的寂落;"欲以鸣琴弹,恨无知音赏",这里有无可奈何的悱恻;"冠盖满京华,斯人独憔悴",这里有惺惺相惜的神思……

4.桃花潭水深千尺,不及汪伦送我情。——唐·李白《赠汪伦》

今意:桃花潭水啊,别说您这么深了,可不及汪伦的友情深呢!

【运用】自古有"桃花潭水深千尺,不及汪伦送我情"的友情之美;"独在异乡为异客,每逢佳节倍思亲"的亲情之美;有"夕阳西下,断肠人在天涯"的乡情之美……这些美汇成一股涓涓细流,滋润着有五千年历史的华夏大地,给每个炎黄子孙的心植下一颗爱的种子。

5.烽火连三月,家书抵万金。——唐·杜甫《春望》

今意:直到如今,战火仍连续不断。多么盼望收到家中亲人的消息。这时的一封家信真是胜过"万金"啊!

【运用】亲情是什么?亲情是"慈母手中线,游子身上衣"的温馨;亲情是"遥知兄弟登高处,插遍茱萸少一人"的孤独;亲情是"烽火连三月,家书抵万金"的慰藉。

6.但愿人长久,千里共婵娟。——宋·苏轼《水调歌头》

今意:只希望离别的亲人能够平平安安,虽然相隔千里,也能共享这美好的时光。

【运用】起舞弄清影时,把酒问青天后,你清泪两行,是伤感"高处不胜寒",还是无奈"人有悲欢离合"?你看千年万年,婵娟依旧,饮干这杯酒吧,和月亮干杯,心底默默说:"但愿人长久,千里共婵娟。"

7.少小离家老大回,乡音无改鬓毛衰。——唐·贺知章《回乡偶书》

今意:年少时就离开了故乡,自己已到垂暮之年,不禁感慨万千。

【运用】我想多年以后,当我回到久违的故乡,看着曾经嬉戏过的土地,一群孩子欢笑着经过我的身旁,倘若那时真的是"儿童相见不相识,笑问客从何处来",我是否也会泪流满面?

8.乡书何处达,归雁洛阳边。——唐·王湾《次北固山下》

今意:寄去的家书不知何时到达,请问归雁几时飞到洛阳边。

【运用】"桃花潭水深千尺,不及汪伦送我情",是距离留下的深厚友谊;"夕阳西下,断肠人在天涯",是距离留下的惆怅;"乡书何处达,归雁洛阳边",是距离留下的思念。

9. 剪不断,理还乱,是离愁。——南唐·李煜《相见欢》

【运用】那段曾经难以割舍的"剪不断,理还乱"的情感,如今虽然已被这种献身边防的强烈意识冲撞得所剩无几,但真正要离开了,他还是分明地感觉到了"那是一番滋味在心头"的离愁。

【片段精华】

翻开唐宋诗词,可以使你的灵魂在诗词中得到欢快的奔驰。"诗仙"李白的诗句志向高远,能让你体会到不甘"摧眉折腰事权贵"的高尚情操;"诗圣"杜甫的诗句,能让你体会到"春水群鸥野老心",了解到民间疾苦,世间疮痍;气势雄浑的苏轼词会让你心情激荡,手执铁板钢琶,唱"大江东去";豪情万丈的辛弃疾在"金戈铁马"之中,令你"气吞万里如虎";伤春感怀的柳李词让你多愁善感,执红牙板歌"多情自古伤离别,更那堪冷落清秋节",心有"这次第,怎一个愁字了得"的哀叹。

"流水落花春去也,天上人间。"一场悲欢,一场空。李煜用他溢满忧伤的语言,诠释了他痛苦的伤感。美好的过去"恰似一江春水"奔流不复回,阶下囚的日子,仅有的是对过去的悲叹。"雕栏玉砌应犹在,只是朱颜改。"改不了的,是心灵的灰色。

【文采修炼】

唐诗是_____,宋词是_____,元曲是_____,轻轻掬一捧清泉,拾几瓣落花,在秋风中沏壶好茶。于是,芳香四溢。

示例:甘美的清泉 飘香的落花 萧索的秋风

【鲜活素材】

高僧选徒弟

兄弟二人皆立志远游修道,无奈父母年迈、妹妹年幼,老大家里还有病妻,就一直未能成行。某日,一高僧路过,兄弟二人要拜其为师,并将家中难处诉说一遍。高僧双手合十,微闭双目,喃喃自语:"舍得,舍得,没有舍哪来得?你二人悟性皆不够,十年后我会再来。"然后飘然而去。哥哥顿悟,手持经书决绝而去。弟弟望望父母,看看病嫂幼妹,终不能舍弃。

十年后,哥哥归来,口诵佛经,念念有词,仙风道骨,略见一斑。再看弟弟,弯腰弓背,面容苍老,神情呆滞,反应迟钝。高僧如期而至,问二人收获。哥哥说,十年内游遍高山大川,走遍寺庙道观,背诵真经千卷,感悟万万千千。弟弟说,十年内送走老父老母,病嫂身体康复,幼妹成家立业。但因劳累无暇诵读经书,恐与大师无缘。

高僧微微一笑,决定收弟弟为徒。哥哥不解,追问缘由。高僧道:"佛在心中,不在名山大川;心中有善,胜读真经千卷;父母尚且不爱,谈何普度众生?舍本逐末,终致与佛无缘。"哥哥默然。

【内涵解读】心中有爱才是善,哥哥抛下家人去修行,而弟弟为家人操劳,对比之下,境界立显。这个故事告诉我们,修行要从身边小事做起。

【适用话题】爱心 行善 修行 亲情 本末

亲情是动物的天性

白尾鹫是一种以动物尸体为食的鸟类。每次发现"美味佳肴"之后,总是老者优先。老鹫吃饱后,便飞到高处警戒,让"儿女们"放心吃饭。当老鹫无法动弹之时,"子女"会主动赡养,除了哺育自己后代,还要捕捉昆虫去喂"父母",直到它们寿终正寝后才离去。乌鸦找到食物后,大声鸣叫着先让"父母"享用。老鸦食用后,再让雏鸦慢慢啄食。美洲哥伦比亚森林里的米利鸟,由于对"父母"十分孝敬而享有"孝鸟"美名。它们睡觉时,一只鸟将尾羽上的环牢牢地挂在树上,再用它的尖喙紧紧地"钩住"另一只鸟尾羽上的环,一只接着一只地串成一条"长链",构筑出一张柔软无比的"吊床"。"父母"可以躺在上面,安然入睡。如遇刮风下雨,会及时地卷起"吊床",把年老的"父母"裹在中间,免受风雨的侵袭。

【内涵解读】亲情是动物的天性,更是人类的天性。如果连起码的亲情都没有,那就是连动物也不如了。亲情是夕阳下的一抹安慰。这是一脉相连的爱,这是一种永不断的情。

【适用话题】关爱 孝道 知恩图报 血浓于水 亲情是天性

浇灌对方的瓜田

梁国和楚国相邻,两国都出产瓜。梁国人很勤劳,经常浇灌他们的瓜田,瓜都长得又大又甜。楚国人懒惰,很少浇灌他们的瓜田,瓜都长得不好看,也不好吃。楚国人嫉妒梁国的瓜种得好,常在夜里破坏梁国的瓜田,造成不少损失。梁国人有些气愤,请求梁王准许他们也去破坏对方的瓜田。梁王说:"彼此结怨,如何能了?何必心胸狭窄到这种程度呢?"他命令士兵每晚偷偷去浇灌楚国的瓜田。楚国人十分惊讶,有人浇灌自己的瓜田,后来才知道是梁人所为。楚地的县令告诉楚王。楚王感到很惭愧,并称赞梁人的做法。从此,两国结下很好的情谊。

【内涵解读】人们都向往和谐的人际关系,遇到纠葛时,学学古人,为对方的瓜田浇浇水吧。

【适用话题】互惠 情谊 和谐 宽容 伟大的爱

伟大的爱

任菲莉曾有一个温馨的家,不幸的是,两个女儿在1岁7个月时,被确诊为"痉挛型重度脑瘫"。这个无情的事实将这个家推入了痛苦的深渊。此后,任菲莉就带着一对女儿开始了艰辛又漫长的求医之路。她的丈夫见一次次的治疗效果甚微,绝望到了极点,最终提出了离婚。从此,她一个人挑起了重担,把她全部的爱倾注到两个孩子身上,20年不离不弃。为了能让孩子开口说话,任菲莉每天让女儿看着自己的口型,然后一个字一个字地教她们发音。为了让女儿能站起来,任菲莉独自带着孩子七上北京、两下广州求医问药,每天坚持为孩子做4个多小时的康复训练。现在,这两个孩子说话和思维十分清晰,生活上依靠轮椅基本能够自理。为了帮助更多同病相怜的残疾人家庭,把爱传递给更多的人,2001年3月,任菲莉自费创办了湖南省第一个全方位为残疾人服务的网站——"菲莉雅爱心屋"。网站创办10年来,已为脑瘫患者及家庭提供免费康复咨询2万多人次,任菲莉也因此成了一些脑瘫患者家长的朋友、一群脑瘫孩子的阿姨。

【内涵解读】这世间唯有母爱能赐予我们神奇的力量。母爱的光辉永恒不变。任菲莉给予孩子无尽的关爱,让他们像正常人一样活着,活得有尊严。更为可贵的是,她把这种爱推己及人,让更多的病患者受益,这种爱是伟大的爱。

【适用话题】大爱 爱心 公益 爱的臂膀 神圣的爱 爱的传递

感动敌人的友情

东汉时期,有一个人叫荀巨伯。一日,荀巨伯听说一位远在千里之外、曾经给予过自己很大帮助的朋友得了重病,于是就决定去探望他。荀巨伯赶了十几天的路程,可等到了朋友所在郡的属地时,却发现那里已被敌人包围了。但荀巨伯临危不惧,毅然潜入城里,到了朋友的家中。

敌军破城后,闯进了荀巨伯朋友家的院落。见到安坐的荀巨伯,敌军首领威风凛凛地说道:"我军所到之处,望风披靡。你是何人,竟敢安坐于此?"荀巨伯平静地说道:"我并非这个城里的人,到这里来是为了看望朋友。现在我的朋友病得很重,危在旦夕,所以我不能因为你们的到来就丢下他不管。你们如果要开杀戒的话,就杀我吧,请不要杀我这位已无力自救的朋友。"敌军首领竟因此而决定退兵。从此,荀巨伯的名字,就成了忠于朋友的代名词,并一直流传至今。

【内涵解读】荀巨伯不忍丢下有病的朋友独自避难,而且愿"以我身代友人命",这种把情义看得比生命还重的精神实在难能可贵。

【适用话题】道义 友谊 感动 情意 忠贞

【美文我来赏】

母亲教我们

任淡如

小时候,母亲总是分外辛劳,每天工作十二个小时,有时候下班回来,累得睡不着。那时穷吗? 物质上也许是的,毕竟一个普通女工的微薄工资,能够支付多少家用。然而我从来不觉着我们与别人家有什么两样,是母亲从来不让我们觉着有什么差别。她不让我们有攀比的念头,她教我们要诚实,要有骨气。母亲的家教是严的,她倾一个母亲所有的体力来养育我们,又倾一个女工所有朴素的观念来教育我们。

于是母亲的女儿竟然没有一个沦为街头的飞女。

别人看不起你们,所以你们更要争气给所有的人看。

"一定要争气呵。"母亲对我们说。

如今还像小时候那般腼腆与拘谨。到别人家去,西瓜永远记得留厚厚一层红瓤,长辈的礼物要由母亲点头了方肯接过来,吃饭时永远不肯伸筷子到对面的盘子去。这是礼数,母亲说,不要让别人觉得你们是没有礼数的小孩。

母亲教我们做人要有自尊。

姐姐的男友心有旁骛,母亲亲自做了丰盛的饭菜,将那男孩喊来,席间姐姐忍不住滑下一颗泪,母亲呵责:"哭什么!"我懵懂,低下头去扒饭。饭吃完了,就此了断。母亲有她的决断。那时节不像现在这般崇尚个性张扬,为了爱可以什么都不要、为了美丽可以百无禁忌,那时节讲赚钱讲虚荣都会被人嗤笑,那时节讲究宁折不弯,不可以为想要的东西低下尊贵的头……那时的做人原则装在一只方盒子里。那男孩子,他伤了我们的心。母亲不要她的女儿,去继续这样一份委屈的感情。

母亲教我们心要直。

这许多年来,她一直喜欢姐姐的心直口快。虽然从小到大,倔犟的姐姐都与她顶嘴,家族因子中有唯我独尊的好强,一言不合就起冲突,有时恼得母亲便动起手来,甚至拿正在炒瓜子的锅铲直往姐姐腿上拍下去……过后心里却都后悔。但是母亲从来没有怪过姐姐的利言利语。母亲不喜欢撒谎圆滑的人。

母亲教我们要努力出人头地。

她替我寻找成才的捷径,自五岁起,便领着拾掇一新的我从这个老师家里带到那个老师家里,隐忍下所有的疲惫和不甘心,谦恭地向老师絮絮询问。只要是学习所需,母亲向来不吝惜,大卷的纸,颜料,昂贵的资料与刊物,在似水流年中吞噬着她宝贵的健康与精力。

然而我终究没有争气成一个人物。

她为我付出的一切,都在似水流年中流走。

这许多年来,若说心头黯然事,实莫过于此。

有什么样的父母就会有什么样的孩子,因为父母是孩子的第一任老师。文章用具体的事例表现了母亲的性格及对我们悉心的教育。文中写小时候家里很穷,但母亲并没有让我们感到有什么差别,还让培养着我们优秀的品质,"我"对母亲的感激融于字里行间,让人清晰可辨。

作者讲述家庭琐事,娓娓道来,每一件事都与"母亲教我们……"有关,选材很典型。虽然每一件事都琐碎细小,但却是真情动人,以小见大,充分地表现了母亲对我们辛劳的付出。

1.结合上下文理解句子的含义:"一定要争气呵。"母亲垂下眼睑,叹息着对我们说。

_____

2.试着概括母亲的形象:_____

3.男孩伤了姐姐的心,可为什么母亲还要做了丰盛的饭菜,喊了那男孩来?

_____

4.想想家庭生活中,父母给了我们什么样的教育?给了我们什么样的做人品质?试简叙之。

_____

【参考答案】

1.母亲工作很劳累,物质也不丰,但对我们的家教颇为用心,把希望寄托在我们身上。"垂下"和"叹息"表明一方面由于生活不富裕,母亲养育子女的艰辛,同时也流露出对子女的一些内疚。

2.母亲是一个保持自尊,从不表现自己的卑怯,对子女教育有方的人。

3.体面地表明自己的态度,并让子女明白什么是自尊——不卑怯,不流泪。

4.略。

【技法加油站】

我情我叙——如何学会表现真挚情感

所谓的"真情实感"就是要求学生在作文中自然地表达内心对社会、人生、自然、生活的真实感受,使感情的流露给人以真实感、真诚感,而不是作秀的、装饰的。文字的力量源自我的真情的表白,因为真情是文章的灵魂,抒写性灵,是一篇佳作的关键点,"感人心者,莫先乎情"。

首先选取感动点。生活是一条溪流,总有激起浪花的地方。飞溅的浪花就是生活中最具典型的事。高尔基在《童年的朋友》一文中,叙写了外祖母的几句话:"你睡吧,还早着呢,太阳睡了一夜刚起来","你昨天怎么把牛奶瓶打破了? 你小点声说。"轻松、平等、和蔼的话语令人感到温馨,"朋友"式的态度让"我"感到外祖母就是我生命中最好的朋友。外祖母的话语中虽带有批评,但语气中却充满了关爱,这怎么不令"我"感动,于是高尔基笔下流淌的描写外祖母的文字句句是真情,字字是感动。目前学生的作文通病是流行说假大空话,笔下流淌的文字矫揉造作,这样势必造成华而不实,空而不真,虚情假意的效果。叶圣陶说"作文就是用笔来说话,作文要说真话,说实在的话,说自己的话,不说假话、实话、套话"。选取感动点,实质上就是选择自己有话可说,有话要说的"支点"。郁达夫先生说过"一粒沙里看世界"。只要充分调动自己的感官,认真倾注自己的心血,努力抒写自己的情感,文章自然是"情到真处文自华"。

其次,选取文章的"动情点"。刘勰有言:缀文者,情动而辞发。也就是说作者要在情感化氛围中写作,让思维的情感在溪流中流淌,语言的情感在波浪中翻花,灵魂的情感在冲荡中洗涤,这样的文章,自然收到人们青睐。比如朱自清的《背影》中选取"望父买橘"的故事,令人难以忘怀。"我看见他戴着黑布小帽,穿着黑布大马褂,深青布棉袍,蹒跚地走到铁道边,慢慢探下身去,尚不大难。可是他穿过铁道,要爬上那边月台就不容易了,他用两手攀着上面,两脚再向上缩;他肥胖的身子向左微倾,显出努力的样子……"在这个"背影"中我们看到了一位慈爱与迂执,艰难与努力,困顿与挣扎的父亲形象,"攀、缩、微倾"等词的真实描摹,可以看出他又是那么深深爱他的儿子。儿子感动了,我们也感动了。如果作者不是真实情感的流露,又怎能如此打动万千读者?

再次,灵活运用多种表达方式。表达自己的真挚情感,平铺直叙,自然不够浓烈。真挚情感的表达离不开议论、描写、抒情这几种表达方式。

抒情是抒发和表现作者的情感,是作者真实情感的自然流露,是情感释放和情感表白的和谐统一,以期达到心灵的自由。比如《秋天的怀念》一文中最后一段我与妹妹去北海看花,"黄色的花淡雅,白色的花高洁,紫红色的花热烈而深沉,泼泼洒洒,在秋风中正开得烂漫"。表现了作者身残志坚的信念,寄寓了对母亲的深深怀念和感激之情。

描写包含的内容有人物的外貌描写、心理描写、语言描写、动作描写、细节描写、神态描写,以及环境描写(自然和社会环境),它是把生活中的情境再现给读者的一种表达方式。

描写方法运用得好,能逼真传神,生动形象,使读者如见其人,如闻其声,如临其境,从中受到强烈的艺术感染。

【写作训练营】

一路走来,我们享受着父母的关爱和呵护,温暖和感动常伴左右。请用笔记下父母带给我们的幸福和感动,以"亲情·温暖"为话题写一篇作文。

这个话题要注意题目中的间隔号表示从属关系,"亲情"是范围,"温暖"是感受,意即写作有关暖人的亲情。亲情的范围很广,包括父母之爱,兄弟之情,家人之乐……亲情给人的感受是"温暖的",而不是怨恨的,冷漠的,所以在题材上要注意,选择一些能撩拨我们柔软内心的事例,而最好的方法就是以小见大。

以小见大是非常传统的一个技巧,简单地说就是用一个小事物来反映一个大道理。这一技法如果运用得好,比写上成千上万的文字都来得好。因此,小事物越小越好,大道理则越精辟越佳。写作此题首先要确定选择好一个"小"的事物,这个事物要小到什么程度,就是考验我们的生活能力和写作功底了。在敏感心灵的关照之下,一次抚摸、一个眼神、一声呼唤等都能唤起我们的温暖记忆。选择常被人忽略的、与亲情有关的细小事物,能表现"小"的特质,充分地放大"大",为提升"大"的内涵打下合理而感人的基础。最后我们要注意"小"事件和"大"道理、"大"情感之间的关联,不能是牵强附会,不能是上纲上线,不能为了说明什么道理故意虚假编造。

【佳作展示台】

父爱伴我成长

杨坤

七 岁

放学后,我与父亲一起回家(父亲当时是民办教师)。时值春夏交替时节,发黄的小路被枝叶覆盖住了大半。碧绿的叶子间露出一点点阴森。我手持一根小棍子,在前面蹦蹦跳跳。

父亲则拎着我的书包在后面,微笑着说:"慢点儿,慢点儿。"

父亲任教的学校离家非常远。我们父子俩"跑夜路"是经常的事。常常是母亲做好了饭菜在等待我们父子俩回家。夜行赶路时,父亲便让我在后面,他在前面开路。让我跟着他的脚印一步步走。还不时回头叮嘱我"小心点儿",后面的我此时一想到老人们平常摆的"鬼故事",便胆战心惊。但每每听到父亲的催促声,我便要加快步子。有一次,正当赶路时我突然听到身后有"吱吱"的叫声,便回头一看。大叫"爸爸,爸爸"。原来是一条大蛇正张着嘴向我跑来,我吓呆了,站在那里不动弹。父亲闻声而来,迅雷不及掩耳之势逮住蛇的尾巴,迅疾在空中舞了几个回合,扔向草丛边。那一刻,我觉得父亲是英雄,好伟大,好伟大。

十四岁

这一年,我考入县城中学。

然而,也就在这一年,父亲不知为什么再也不能教书了。父亲便夜以继日地看书,当起了乡下医生。

记得临近期末的时候,天气特别冷,经不起刺骨寒风,我患了严重感冒。

一天下午,父亲背了一大包药来看我。头发凌乱,进寝室时气喘吁吁。我猜想,父亲是下车后就直奔这里来的。几个月不见,我感觉父亲现在憔悴多了,原来挺直的脊梁或许因为生活的重压开始微倾。父亲给我输液时,我第一次认真读着父亲,他弓着背,手背如蚯蚓爬行时一样的静脉和折皱的皮肤,非常粗糙,前额深深的皱纹不知折叠着多少沧桑的故事,我再也忍不住了,紧紧地抱住了父亲,任泪水在父亲的背上缓缓流淌。

今 天

我坐在宽敞明亮的教室里,慢慢咀嚼着人世间最深沉的爱。

父亲把笔直的脊背给予了我,却承受着生活的重压。

父亲把浓浓的黑发给予了我,却任凭白发落地、生根。

父亲把光明的日子给予了我,却享受黑夜的阴晦。

文章的叙述平稳,就像拉家常一样把生活中的事情娓娓道来。文中作者写了两件事:父亲和我一起回家;父亲到校为我看病。两件事都很平常,但平常之中却藏着父亲深深的爱。父亲不顾危险为我驱赶虫蛇,不顾辛劳为我看病,都令人感动,让"我"在成长中体会到父爱亲情的温暖。

文章用片段组合的方法写成,三个时间跨度,三种不同感受,在成长中体会着父爱给"我"带来的影响和温暖。这种写法不必绞尽脑汁设置过渡句,因此写作的时候尽可任选事件进行组合,只要在主题的表达上一致即可。此外本文选取"小"事件侧重于个人的体验,比如父亲为我抓蛇,为我看病等,因而也显独特。

心态决定人生高度

【文题展示】

有个谜语:你对它笑,它就对你笑,你对它哭,它就对你哭——这是什么?

人们都猜:这是镜子! 我的朋友却不动声色地回了一句:这是生活。

举座皆惊! 他却来了句妙侃:"愁眉苦脸地看生活,生活肯定愁眉不展;爽朗乐观地看生活,生活肯定阳光灿烂!"

阅读上面文字,你联想到了什么? 你有何体验感悟? 请以"追寻阳光心态"为题写作,不少于600字。

【命题缘由】

青少年成长健康问题是永恒的话题,独生子女心理健康问题日益突出,令教育工作者担忧和不安,也影响到社会的和谐。当下部分青少年不良心态突出地表现为:我行我素,唯我独尊;心态脆弱,遇难而退;怕苦怕累,厌恶学习;情绪低落,自卑失望;心理逆反,憎恨仇视等。保持良好的心态才会在逆境中崛起,保持良好的心态才能取得成功。为什么拿破仑能够顶住压力而叱咤风云? 为什么海伦·凯勒在双目失明的情况下,心中依然有光明之梦? 这都是健康心态所起的作用! 心态是我们真正的主人,它能使我们成功,也能使我们失败。同一件事由具有两种不同心态的人去做,其结果可能截然不同。心态改变人的命运,成功永远属于那些抱有积极心态并付诸行动的人。如何保持良好的心态,积极面对人生,这是重大的人生课题,也是命题的原因所在。

【写作点拨】

要写好"心态"题,首先要理解心态对成长、对人生、对生活、对事业的影响和作用。你是如何看待心态的? 美好的人生需要良好的心态,即使命运不公,良好的心态也会使生活充满阳光。心态失衡会导致人生走向偏颇。相信自己,相信未来,用健康的心态拥抱生活。

其次,要扣住"阳光"来立意。阳光的心态是我们应该选择的心态,人生不如意之八九,"不思八九,常想一二"就能保持阳光的心态。倘若心为物役,患得患失,就只会被悲观、绝望窒息心智,人生的路途注定是如负重登山、举步维艰了。常想一二,就是用心感恩,庆幸、珍惜人生中那如意的十之一二,最终以豁达与坚韧去化解并超越苦难。决定生命品质、塑造人生境界的,不是八九,而是一二。

最后,为何要追求阳光心态呢? 因为阳光豁达的心态能成就事业。如在轮椅上生活的科学巨匠霍金,凭着自己终生的理想追求,一颗不灭的感恩之心,直面苦难时的坚守、乐观和勇气,取得成功,赢得人们的敬意。阳光心态能让人长寿。如孔夫子活了73岁,比起他同时代的人,享年很高,主要是因为他心胸开阔,对个人生活要求也不高,吃粗粮,喝冷水,弯着胳膊当枕头,"乐亦在其中矣"。阳光心态能让人乐观面对死亡。如庄子给妻子"歌丧",他认为死亡就像春夏秋冬更迭一样,所以面对妻子死亡,不再"哭丧"。反之,心态不好很难成功。如一向百发百中的后羿,也会因为患得患失而一发不中。执迷不悟的心态更不可取,甚至愚蠢至极。如飞蛾扑火的故事就是一个典型的例子。再联系自身看,面对同学之间的矛盾,考试的失利,成长中的种种烦恼……只要保持一颗阳光的心态,从不同角度思考,就能坦然面对,笑对人生。

【作文范本】

追寻阳光心态

陈蕾如

泰戈尔说:生如夏花般灿烂。

心池被这般优雅而蓬勃的文字扰乱,漾开一圈圈诗意的涟漪。我笃定这夏花定是向日葵吧! 那样明媚而灿烂的花,用生命书写温暖,追寻阳光的步伐,用恣然肆意的姿态,描摹生活的爽朗。向日葵将每一个晴天都当成一种恩赐,用蜜色的花盘仰望太阳,用力汲取一丝一缕的温暖。所以它的生活是美好的,充盈着阳光的味道,张扬着生命的活力,用纯粹的金黄渲染一种生命的态度。于是它永远是灿烂的,勃发的,温暖的。

卢梭说:"芦苇用秸秆背负起这个世界给它的重量。"

看到这般简单而温暖的文字时,我笑了。小小的蒹葭,用孱弱的躯干诠释力量,用永不低头的姿态宣示着小小的自信,于是,生活自此变得有些坚定,有些幸福。小如蒲草般的幸福,源于那份对待生命的韧性。用手拂下蒹葭的绒秆,它又重新在掌间鲜活地直立起来,用昂扬的态度,不卑不亢地直面世人的审视。我想,这样柔软而坚韧的力量便是它对生命的信仰吧。

轻轻地合上装帧精美的书,回味着哲人的箴言。凝视着阳光在窗台前跳跃的步伐,感受着它细腻的温暖倾洒在睫羽之间,细小的灰尘在阳光中翻舞跳跃。在如斯祥和静谧的氛围中,心灵浅浅摇曳着优雅的弧度,只是醉了,醉了。在阳光中,有一股莫名的力量潜滋暗长,哲人告诉我那是生活的力量。

妈妈说像向日葵一样,笑对生活,用阳光的心态去直视漫漫前程。

爷爷说:像蒹葭般,坦然背负起生活给予你的压力,用阳光的心态去书画你未来的人生蓝图。

我笑着颔首,将这箴言存于时间的沙漏之中,未来的道路如何曲折蜿蜒,谁能知晓?用阳光的心态去捕获生活中点点滴滴,用阳光的心态去品析人生中的波澜起伏,此已足矣。因为生命已被镀上了阳光的颜色,即使艰难,也蕴含着别样璀璨的光华。

一花一草一菩提,一人一生一世情。阳光的韶华隐于生命细微的角落,拥有它,便有了直面生活的勇气与力量,前程再坎坷如何,你都有一样的坚定,一样的相信。信仰阳光的人生,总归会温暖一点。

追寻阳光,如上古的夸父逐日,如此,便凝刻成了一种生命的信仰。

分项评价:

内容:文章由泰戈尔、卢梭的名言,引出自己的个人思考,表达自己对生命的独特理解感受:追寻阳光,像向日葵一样,生命灿烂温暖;追寻阳光,像芦苇的秸秆一样,生活充满潜滋暗长的柔软而坚韧的力量。妈妈和爷爷的话宛如谆谆教诲,让我明白一个人生箴言:信仰阳光人生,总归会温暖一点。结尾"追寻阳光,如上古的夸父逐日,如此,便凝刻成了一种生命的信仰。"这不仅是自己的独特感悟,更是作者的立意所在。本文立意深刻,体验独特,思想、情感健康向上。

结构:文章的结构不复杂,先分后总,由名言、言语到感悟,再总体感悟。脉络清晰,结构严谨。

语言:语言流畅,富含哲理意蕴。小作者的文化底蕴深厚。

创新:主要运用名言素材引发自己的个性思考,来表达自己对阳光心态的感悟,从而表达对生活,对人生的一种积极态度,追寻生命的信仰。构思不算新颖,但立意是深刻高远的。

【拓展分析】

心态,就是我们如何看待事情。世间万事万物,你可用两种观念去看它,一个是正的,积极的,另一个是负的,消极的。积极的心态可使人快乐,进取,有朝气,有精神;消极的心态则使人沮丧,难过,没有主动性。一位艺术家说:"你不能延长生命的长度,但你可以扩展它的宽度;你不能改变天气,但你可以左右自己的心情;你不可以控制环境,但你可以调整自己的心态。"由此看来,我们可以把"自信""宽容""把握自我"等话题迁移到"心态"话题上来。

从心态对个人事业成败的影响来看,心态是人生的本钱,心态决定人生。一位哲人说过:"你的心态就是你的主人。"在现实生活中,我们不能控制自己的遭遇,却可以控制自己的心态;我们不能改变别人,却可以改变自己。其实,人与人之间并无太大的区别,真正的区别在于心态。所以,一个人成功与否,主要取决于他的心态。每个人的一生,难免都会遭受挫折和失败,所不同的是失败者总是把挫折当失败,成功者则是从不言败。从这个层面上,"勇气""磨难""骄与馁""面对挫折""成功的秘诀"等话题都可以迁移到"心态"话题上来。

从心态与心情密切相关的角度看,要永葆一颗平常心。人生不可能一帆风顺,有成功,也有失败;有开心,也有失落。如果我们把生活中的这些起起落落看得太重,那么生活对于我们来说永远都不会坦然,永远都没有欢笑。人生应该有所追求,但暂时得不到并不会阻碍日常生活的幸福,因此,拥有一颗平常心,是人生必不可少的润滑剂。从这个层面上,"心境""情操""幸福""平和释然""笑口常开"等话题都可以迁移到"心态"话题上来。

从如何保持良好心态这一角度看,要学会取舍。适时放弃是一种智慧。它会让你更加清醒地审视自身内在的潜力和外界的因素,会让你疲惫的身心得到调整,成为一个快乐明智的人。盲目地坚持不如理智地放弃。什么也舍不得放弃的人,往往会失去更加珍贵的东西。从这个层面上,"坚守""得与弃""智慧""选择""审视自我"等话题都可以迁移到"心态"话题上来。

从避免消极心态的角度看,要学会善待自我,给心灵放假。学会给心灵松绑,就是要给自己营造一个温馨的港湾。在现实生活中,终日烦恼的人,实际上并不是遭遇了太多的不幸,而是根源于烦恼者的内心世界。因此,当烦恼降临的时候,要学会给心灵松绑,从心理上调适自己。从这个层面上,"反省""磨练""心声""烦恼""期盼""善待""自我激励"等话题都可以迁移到"心态"话题上来。

寻找内心的安宁

【文题展示】

阅读下面的文字,按要求作文。

一个富翁拥有许多的金银财宝,却总是感到自己不快乐。他想快乐也许在别处,于是决定去寻找快乐。临行之前,他没忘记背上许多金银财宝。可是走了很多地方,他依然没有寻到快乐,就沮丧地坐在山道边。这时一个农夫唱着歌从山上走下来了。富翁问农夫:"我有很多的钱,别人都羡慕我,可我为什么不快乐呢?"农夫放下柴草,一边擦汗,一边笑眯眯地说:"快乐很简单,放下就是快乐!"富翁一刻间恍然大悟,自己背着那么多的金银财富,老怕别人抢去,还担心遭人暗算,所以整天忧心忡忡,快乐从何而来呢?

请以"快乐之源来自_____"为题,将题目补充完整,写一篇不少于600字的文章。

【命题缘由】

有生活就有快乐,快乐无处不在。随着物质生活水平的提高,人们越来越向往精神生活的愉悦。人们在工作之余,开始追求丰富多彩的文化生活。从满足衣食住行到追逐时尚享受,从参加不同层次的联欢会、歌舞会到欣赏电视节目"大话娱乐""星光大道""非常1+1",从游览观光到休闲度假……人们消费观念的改变,早已向快乐蔓延。初中生课业负担重,多半是苦中作乐,很多学生尤其是初三学生睡眠质量不高、作息时间没有规律、学习和考试的心理压力大等。长期睡眠不足还会导致免疫力降低,对学生最直接的反应就是出现记忆力减退、反应能力下降、上课打瞌睡和身心疲倦等诸多问题,极易降低学习效率。让学生快乐地学习,健康地成长,培养他们高尚的情操和审美情趣,是新课标的要求。如何发现快乐,寻求快乐,这是青少年面临的重大问题,也是命题的初衷。

【写作点拨】

写好"快乐"题,首先要正确理解快乐,快乐是一种心理感受,是一种心理上的满足。我们要追求积极向上的愉悦感受,快乐有自己的快乐,别人(动植物)的快乐;感官的享受,心灵的愉悦;个人情趣的快乐,关乎民族民众前途命运的快乐等。课堂上的恶作剧,哗众取宠,同学之间恶语伤人,侮辱他人人格而乐等,是一种不尊重他人的低级趣味的快乐。这些"灰色快乐"不能作为我们追寻的快乐进入作文里面的。其次要扣住"之源",要问一问:为什么快乐? 为什么不快乐? 这快乐是怎么来的? 获得了快乐又会怎么样感受呢? 弄清了快乐的本质,就可以在此基础上立意选材补题了。如"快乐之源来自跳动的音符""快乐之源来自绽放自我""快乐之源来自心灵的选择"等。

写作此题,可以采用由此及彼的联想法来拓宽思路,另辟角度写出新意。可以由快乐话题联想到相似的或相反的,由现象及本质,由表现及结果……如由快乐联想到痛苦,想想快乐和痛苦的关系,人们对两者的态度,这就又辟出了一个新的选材立意的角度。如以"快乐之源来自成长的苦涩"为题,通过写自己在成长中亲历的种种挫折、痛苦,因某一习惯被同学私下起绰号而带来的烦恼,被他人误解的无奈,失去友情的失落,等等,最终通过拼搏获得成功,凭着实力赢得自尊,友情复得,等等。正是成长中的这些苦涩味,让自己明白:"蝴蝶不经历蜕变的痛苦,就没有翩翩起舞的快乐""流星不划过天际,就不会有灿烂的摩擦,更不会有它绽放时的快乐"。

【作文范本】

快乐之源来自低处的宁静
卢慧敏

人往高处走,是人生追求;人往低处走,是追求人生。

古人云:静中念虑澄澈,见心之真体;闲中气象从容,识心之真机;淡中意趣冲夷,得心之真味。观心论道,无如此三者! 天地的玄机在于一个"悟"字,自我的玄机在于一个"静"字。往低处走,才能让自己心静如水,不在高处的浮华中迷失,永葆孩提时的纯朴与自然,才能让这低处的宁静成为永久的快乐之源。

低处的宁静是一种执着。无论花开花落,云卷云舒,都要顶得住干扰,耐得住寂寞,禁得起诱惑,永远保持一份内心的祥和与快乐。

低处的宁静是一种悟性。天地间真滋味,唯静者能尝得出;人世间真玄机,唯静者能看得透。

低处的宁静更是一种成熟。懂得守护低处宁静的人,从容不迫,纵然一贫如洗,身处困境,在艰难险阻中,他依然是平和,坚忍而快乐的,犹如一株银杉,拔节挺劲,不枝不蔓,在世俗中能始终保持超凡的力量,植根于这个尘世却不为风雨沧桑所动,能包容万物,宽容万象,守护着内心深处一颗慈忍博爱之心,放射出人格与操守的灼人光华,成为别人心中的快乐源泉。

守住低处的宁静,不是为了逃离现实,而是在历经沧桑后的平和与豁达,是对生命大彻大悟后的睿智与淡定。越是经历了风雨的人,越懂得守住宁静与快乐;越是不谙世事的人,越张牙舞爪。

守住低处的宁静,就是坚守信念,不越雷池半步。在离群索居中能探幽析微,集腋成裘,忙人之所闲,得人之所无;能不计回报地付出,享受内心的快乐与安宁。

守住低处的宁静,就是以一种淡泊如水的人生态度去看待生活,以一种自由不羁的生存方式去抒写人生。以平淡的态度对待生活中的繁华与诱惑,让自己的灵魂安然如命。

在繁芜的劳作之余,你可以观月上树梢,你可以览湖光山水,你可放飞心绪。总之,往低处走,守住自己的宁静,守住自己的快乐之源!

分项评价:

内容:题目就很有新意,开篇直奔主题,直接指出"人往低处走,是追求人生",再用古语引出"天地之悟",引出"往低处走,才能让自己心静如水","才能让这低处的宁静成为永久的快乐之源";之后用简短的三段阐述了"低处的宁静是什么",再用精练的三段解释出"为什么要守住低处的宁静";最后发出"往低处走,守住自己的宁静,守住自己的快乐之源!"的呼号。在作者看来,快乐之源来自地处的宁静,通篇富含佛教文化中"悟""静"思想精髓,这实际上是一种高尚的人生境界。文章思想深刻,整体内容蕴含哲理,见解新颖,内容耐人寻味。

结构:文章在引出"低处的宁静"这一概念后,用三个排比段"低处的宁静是……"对其内涵进行阐述。接着又分别以"守住低处的宁静"三个排比段,分别指出这是守住"宁静与快乐""享受内心的快乐与安宁""让自己的灵魂安然如命",最后归结。排比富有气势,结构是总分总。

语言:文笔细腻,读起来富有韵味。读完后引发人们的深思与联想。语言精练、干净,充分展现了小作者的语言功底,文章富有文采,文化底蕴深厚。

创新:文章观点新颖,围绕"低处的宁静"和"守住低处的宁静",得出诸多自己对快乐之源的种种个性理解。新颖而有意蕴。

【拓展分析】

快乐就是觉得幸福与满足。只要心灵有所满足,做自己喜欢的事情,和自己喜欢的人交往就是快乐的。要不要快乐由你自己决定。懂得快乐、善于快乐是一种智慧、一种气度、一种气魄。在沙漠中久渴的人,只要看到一丝绿意,就会感到快乐;在逆境中挣扎而伤痕累累的人,只要听到半句鼓励的言辞,快乐感便油然而生。荆棘划伤了手指,可幸的是没有伤着眼睛;登山时不小心,金表落下了悬崖,可幸的是没有危及性命。这些不幸之中的大幸,只要仔细去品味,就会感觉到它们像拨动着你快乐的心弦。从这个角度,快乐可以和"动力""渴望""力量""满足""幸运""换个角度"等话题相连。

从浅层次的快乐看,率性生活。如与伙伴朋友们分食一袋话梅,一袋果冻;和朋友一起喝酒聊天,然后出去疯狂大叫的时候;瞒着爸妈偷偷打了一场游戏;辛苦五天后双休日睡个懒觉;终于理解父母是怎样疼爱你的时候;正走在路上口渴难受,然后你看到一家冷饮商店;拼搏之后的成功;为人正直所感受到的坦然……从这个角度,快乐可以和"分享""沟通""和谐""信念""坦然""历练后"等话题相连。

从深层次的快乐看,心系祖国和人民。如欧阳修与民同乐,范仲淹先忧后乐,上海世博会和广州亚运会成功举办,嫦娥2号卫星更是搭载着中国的探月梦想和民族自豪感发射升空……从这个角度,快乐可以和"爱国""脊梁""梦想""忧乐观""民族魂"等话题相连。

从多角度认识生活看,快乐的内容很广。劳动是快乐的,因为你在创造财富;助人是快乐的,因为你在奉献爱心,赠人玫瑰,手有余香;宽容是快乐的,原谅别人的缺点,给别人一个改正的机会,也给自己心灵一个自由的空间;合作是快乐的,因为和别人的沟通交流中共同创造着价值;知足是快乐的,因为你拥有的一切都是弥足珍贵的,如亲情、友情,是生活给你的丰厚的馈赠,要怀感恩之心;进取是快乐的,因为无限风光在险峰;学习是快乐的,因为知识的养分净化了你的心灵。从这个角度,快乐和"勤劳""奉献""宽容""合作""回报""进取""求知""知足常乐""知不足常乐"等话题相联系。

从人生的"秘诀"看,要追求生命的质量。人生的"五大秘诀"是:多点付出,少些要求,释放憎恨,避免忧虑,活得简单。要做到多些付出,就必须有体力、智力和拼搏的能力;少提要求,必须学会理解;释放憎恨,必须学会宽容;避免忧虑,必须有自制力;简单生活,必须有"放下"的能力。品味着生命百态,快乐的秘诀就是找到内心的安宁。当你在锱铢必较的时候,快乐就从你掐算的指间溜走;当你不顾一切地攀登高峰的时候,快乐就在你毫不流连的沿途中遗失了。心中无我、完善大我、直面小我,留一方净土,存些许纯真,这才是快乐的源泉和动力。从这个角度,快乐和"付出""放下""自制力""平和""和谐""小我与大我"等话题相联系。

珍藏是永恒的回味

【文题展示】

清风从水上掠过,留下了粼粼波纹;骆驼从沙漠走过,留下了深深蹄印;雨滴从林中飘过,留下了寸寸滋润;岁月从树林走过,留下了圈圈年轮。朋友,我们从时代的舞台走过,该留下点什么呢?

请以"留点_____"为题,将题目补充完整,写一篇不少于600字的文章。

【命题缘由】

成长中,我们留下了很多的印记。到处有你我他一起走过的足迹,值得珍藏的东西有很多。成长中历经的酸甜苦辣,无论是自己还是他人,都有值得回味的,该牢牢记住的美景。那人,那物,那景,那情,留在自己心中的,是永远抹不去的。它见证了我们历经的风风雨雨,花开花落,云卷云舒。也必将成为最美好的回忆。在丰衣足食的今天,我们并不觉得温饱的可贵;在宽敞明亮的教室读书,并不觉得学习的可贵;在朋友知心的话语中,并不觉得伙伴的可贵;当我们仍在追求时尚的时候,并不觉得青春的可贵;当父母无微不至地关怀我们的时候,并不觉得被爱也很可贵。一旦失去这一切,才知道这一切的可贵。我们应该学会拥有,珍惜现在,不留遗憾,留点值得回味的风景。这就是命题的初衷。

【写作点拨】

写作本题,首先要清楚留点什么,可写留点具体的物质,如留点物品,留点鸡汤;可写抽象精神的,如留点美丽,留点诗意,留点善良,留点希望;可写情感上的,如留点感谢,留点温暖,留点感恩,留点感动,留点真情;可写不足的,如留点教诲,留点遗憾,留点冲动,留点自尊,留点骄傲……本题选择的范围很广,要遴选最有情趣有意思的值得珍藏的来补题。补题时要体现细节,如要写"留点情趣"就补题为"留点绰号送给你"或"留点手腕扳倒你"等。然后要考虑是谁留的?为什么留?留后怎么样了?这些都必须是成文后,能让读者明白的问题。

写作本题,可以联系生活,表达自己的渴望取胜。如在我们学习生活之余,我们该留点什么给自己?可以以"留点空间给自己"或"留点时间给自己"为题来写作。生活中的许多美景,如一缕温暖的阳光,一颗划过天际的流星,一声悦耳的鸟鸣,往往容易被我们所忽略。可以采用分列标题的手法,以"留点时间听鸟鸣""留点时间晒太阳""留点时间散散步"为小标题,写出三种愿望。通过小标题提醒人们,不如留点时间去享受一下这些生活的美好吧!从三个方面表现留点时间的美妙之处,"听鸟鸣""晒太阳""散散步"放松一下,也能丰富我们的生活,陶冶情操,何乐而不为呢?

【作文范本】

留点最清纯的眼泪
束念飞

那一次,我流泪了,是第一次真正地流泪。

那是最清纯的泪。

自以为人缘还不错的我,班上的确有许许多多的死党,关系融洽得很,基本上我是没有为她们哭过的。不过那一次,朋友骂我骂得很凶,当场,我的眼泪就不争气地流了下来。

我以为,我为一个人流过泪,她对我来说,是极为重要的。但我后来明白,那样的泪不真实,那样的泪太浑浊。

一个普通的下午,与朋友们尽兴之后,仍然兴致勃勃的我,回到了座位。在教室的一角,趴在桌上的瑶,引起我注意,她仿佛睡着了一般,一动不动。于是,我转过身子,坐在她的对面,仿着她那样趴在桌上,问了一句:"怎么了?"她抬起头,眼神中闪过一丝难过与无奈。

"你知道吗?我有个哥哥,上高中了,今年高考时,落榜了,现在他在补习,比往日用功好多,好刻苦。"瑶将投射在我脸上的目光转移到了远处,"我觉得我现在整天都在混,我怕连一中都考不上。"顿时,我想起了自己,整天与朋友们嘻嘻哈哈,时间就这么过去了,人就这么一天天在长大,可总是醒悟不过来。

"那我们一起努力啊,一起考一中。"我只是无意说了一句。"嗯,一起努力,一起考一中。"她的语气中,有了点自信,有了点依靠。"你一定要考上啊!而且要分在一个班!"

在无人注视的角落,没有人会知道,两个女孩的心中,许下一个梦想的承诺。

我流泪了。

一滴清晰的眼泪滴在我的手背上,凉丝丝的,那一刻,我感到了前所未有的满足。

"嗯,我们一起考一中,一起努力啊!""你一定要考上啊,而且要分在一个班"声音回荡在心中很甜,很甜。

是谁乘舟将欲行,才闻岸上踏歌声,桃花潭水深千尺,也不及那一颗清纯的泪的分量。

想去好好地去实现两个人的那个愿望。

分项评价:

内容:作者将这个真实而动人的故事娓娓道来,直抵人内心深处最柔软的地方。文章内容简单,读后感倒没什么新奇之处,记叙的是同学之间发生的平平常常的小事情。讲述了"我"与瑶定下的"一起考一中"的约定,不禁流泪,因为融进一种情谊,一份坚定与持之以恒的努力,而显得弥足珍贵,亦是作者认为最清纯的泪,人生难免要乘舟而行,但无论何时再忆起,也有那泪水那人儿那约定在等待着自己吧。内容简单朴实真实,健康向上,选材不够新颖。

结构:以泪为线索,突出友情的珍贵,坚定的努力,愿望的美好。条理清晰,简单明了。

语言:语言简洁流畅。对话描写符合人物身分,对泪的描写,饱含深情。多处运用照应的手法,如"第一次真正地流泪""那是最清纯的泪""我流泪了""好好留下那一颗泪"既是反复点题扣题,又深化文章中心。

创新:描写、叙事、抒情相结合,表达同学之间的情谊和共同的心愿。这清纯的泪彰显的是青春女孩心理的脆弱,心灵的纯真无私和美好,是对梦想的承诺。

【拓展分析】

珍藏是珍贵地收藏,也是有价值地收藏。珍藏种类繁多,有看得见的,有看不见的,有实物的,有精神的,有情感的。只要是有价值的都可以珍藏,如珍藏旧币,那是有纪念意义的。珍藏不同时期的笔墨,那是反映了改革开放的成果。珍藏父亲用过的铁锹、扁担,那是对父亲的尊敬,也包含着对亲情的回忆。珍藏照片,那是照片的背后,有着一段温馨的故事,要么这照片有你童年的情趣,要么有你游览天下美景的欢乐。珍藏影星的签名,那是这签名里有你的崇拜激情,你的追星梦想。珍藏那句话,那是这句话改变了你的人生。从这个层面看,"惦记""回味""触动""痕迹""难以割舍""我的小故事""心中的美景""心灵深处的记忆"等话题都可以迁移到"珍藏"话题上来。

从珍藏的原因看,珍藏的对象打动了你的心灵,如珍藏手织的毛衣,因为这毛衣是母亲在病榻上为自己织的最后一件暖衣,这不仅浸含母亲的汗水和爱,也含着你对母亲的追念,对自己不懂事的追悔。珍藏那个不倒翁葫芦娃,因为在我八岁那年生日,它是我收到的唯一礼物,让我那个生日过得很开心。珍藏那份满分数学试卷,不是因为自己考了满分,而是因为自己考试时偷看邻居的答案,改了三个选择题才获得如此"殊荣",这是唯一让我缺憾的满分,我要让自己面对自己的羞愧,永远记住要做一个诚实的人。从这个层面看,"缺憾""追悔""殊荣""羞愧""特殊礼物"等话题都可以迁移到"珍藏"话题上来。

从珍藏的方式看,可以把东西珍藏在鲜为人知的某个角落,如只有自己能打开的保险柜里;可以珍藏在自己的卧室里,如摆在房间自己每天都能看到的地方;可以珍藏在家中都能看到却意想不到的地方,如藏在你最喜爱的某本书里;可以珍藏在你的日记里,用文字来记录你每天的思念和牵挂;可以珍藏在你的心底里,让它成为永恒的秘密……从这个层面看,"秘密""心思""寻觅""心锁""悠悠往事""记忆中的美景"等话题都可以迁移到"珍藏"话题上来。

　　从珍藏的影响看,珍藏成了我的乐趣,如珍藏邮票;珍藏让我懂得友情的珍贵,如那个秋千让我们度过了纯真无邪的童年时代;珍藏让我走向成熟,如因我踢那个足球的狂热劲让我最好的朋友左眼至今不能完全复明,我懂得了歉疚,明白了冲动的危害等。从这个层面看,"爱好""情趣""不想长大""成长雨季""走向成熟"等话题都可以迁移到"珍藏"话题上来。

感恩，心灵成长的营养剂

【文题展示】

"受人滴水之恩，当涌泉相报"，"人敬我一尺，我敬人一丈"。感恩是我们中华民族的传统美德。感恩增强了人与人之间的友谊，能促进社会的和谐。我们应该拥有一颗感恩的心，去发现生活中的真诚和美丽，去体验成长中的活力与快乐。

阅读上述材料，任选一题作文，不少于600字：

①那一刻，我懂得了感恩

②感恩，应该从点滴做起

【命题缘由】

当下部分青少年越来越注重自我感受，强调自我中心，不懂得感激、尊重、回报和付出，缺乏对自己、对家庭、对社会的责任感，被称为"冷漠的一代"。如有的青少年大把大把地花钱，不体会父母挣钱的不易；有的青少年精神缺失，不懂得感恩、惜福，意志力薄弱。受社会环境影响，网瘾少年对父母持敌视态度，他们既是不良社会风气的受害者又是体现者，也与家庭教育有关。他们更多的是想从社会、从他人那里攫取，甚至将之视为理所当然，而不是想着如何给予或回报。学校常利用"教师节"或"母亲节"等，不失时机地对学生进行感恩教育，但收效甚微。青少年正在不断地失去感恩的心，令人担忧。不知感恩的现象遏制了良知的萌发，破坏社会的和谐。学会如何感恩父母、社会和他人，是青少年必须面对的人生重大命题，这就是我命题的初衷所在。

【写作点拨】

"感恩"是什么？感恩是一种心态，是一种生活态度，是一种精神境界，更是一个人的世界观。感恩，体现了人与人之间交往的准则，也是人与人之间一种凝聚力的内核。在生活中，我们要感恩父母、感恩亲人、感恩老师、感恩朋友、感恩他人、感恩社会、感恩自然、感恩地球。怀揣感恩之心是一种高尚的品德，无论感恩哪一方面，感恩谁，都要回答

"为什么感恩?""感恩的具体表现有哪些?"这两个问题。没有具体表现的感恩体验是无法打动人的。

写作"那一刻,我懂得了感恩"这个题目,要抓住题目中的"那一刻",要对"那一刻"进行细致的心理刻画。你由不懂得感恩到懂得感恩,这一变化过程是怎么来的。这一点必须突出,要通过生活中的小小细节体现出来。如:妈妈为我洗衣服已经习以为常,但是,有一个下雨天里,"我"把心爱的裤子弄脏了,身患咳嗽的妈妈为"我"洗裤子时,"我"看见了母亲的黑发中夹杂着少许银丝,心里颤动了,明白了要感恩。把当时的心理活动细致地描摹一下,就是不错的亮点。

写作"感恩,应该从点滴做起"这个题目,可以从感恩父母、感恩老师、感恩同伴、感恩他人分别应该怎么做,写出感恩的具体生活细节。运用排比段的形式,道出你对感恩具体的理解,就是一篇好文章。

【作文范本】

那一刻,我懂得了感恩

杨洋

那一刻,是我人生中智慧的结晶;那一刻,是我人生中耀眼的光芒;那一刻,是我人生中璀璨的明珠……

是她,让我懂得了感恩。她,是我的"启蒙老师",她让我知道了人世间的美好,人世间的真情传递。

那一年冬天,大雪纷飞,她清早起来,冒着风雪,顶着寒冷,去菜市场买菜。从菜市场回来时,她已成为一个"圣诞老太太",头发上、眉毛上,都覆盖白雪。回家后,她不顾休息,又开始洗衣。中午,我放学回家,一碗热气腾腾的美味佳肴出炉了,可她仍在厨房里忙来忙去,望着她头上的汗珠,我的心酸涩极了,我走过去,对着她说:"妈,让我来帮你?""好了,快好了,你去吃饭吧!"妈妈边说边烧出我平时最喜欢吃的大虾。我禁不住大虾的诱惑,但又左右为难。"快点,快点。"听到她催促而又嘶哑的声音,我真是于心不忍。我端着菜到桌子上去,望着这盘让我"魂牵梦绕"的大虾,我拿着筷子吃,可是,又停住了,望着妈妈忙碌的身影,我把口水咽了下去,安静地等待妈妈的到来,可妈妈久久不来,我烦躁极了。

我目不转睛地盯着她,终于,妈妈上桌了。

"开饭了。"妈妈一声喊,仿佛勾起了我的馋瘾,我拿起筷子,直向大虾"进攻",我吃下了一口大虾,嗯,大虾的味道相当好!

我夹大虾时,瞅了一下妈妈,只见她的筷子像长了眼睛似的,只去夹蔬菜。那一刻,我怔住了,明白了我的过错,心酸愧疚地也去夹蔬菜,然后一口一口把饭咽下去,我的心里很不是滋味,您辛辛苦苦烧给我们吃,可您呢? 却默默地在那里吃蔬菜,为了我们,您为我们操碎了心,头发都白了。我夹一块大虾放在您的碗里,可您却说牙疼,不吃。又夹给弟弟吃。"妈妈,对不起,我对不起您,您的养育之恩我终身难报。"我的泪珠在眼眶里打转,只在心里默默地想着。

您不仅让我知道您在省给我们吃,更重要的是,您教我上了一堂无声的"感恩课"。

您,是我心目中的大树,是我心目中的海洋,是我心目中的天使。

是您,妈妈,我最要感恩的人是您,至今,我已无话可说,但您的每一个动作,每一个神情,都牢牢印在我的心底里,脑海里。我由衷地敬佩您。

分项评价:

内容:开篇运用排比的手法表达"那一刻"的不同凡响。接着引出的是"是她,让懂得了感恩",然后细致地描写了妈妈顶风冒雪为自己购买喜欢吃的菜,并亲自做好美味可口的自己爱吃的大虾。但是妈妈自己却不肯尝一口,妈妈的行为、举动和神情,在饭桌的刹那间深深打动了"我",那一刻,"我"泪珠在眼眶打转,懂得了感恩,默默想着回报。抒发了对妈妈的敬佩,感恩之情。

结构:由排比引出妈妈是我感恩的人,接着记叙描写妈妈让我感恩的具体事例,结尾议论抒情也是水到渠成。

语言:语言简洁流畅幽默,对话描写符合人物身分,心理描写突出了主题。排比、比喻、夸张手法运用,如开头和结尾处都运用了排比的修辞手法。得10分。

创新:主要是借助心理和语言描写,记叙、描写、议论、抒情相结合,感情真挚,生活味较浓。

感恩,应该从点滴做起
韩涓

在世上,不只是习惯,好的品质要点滴做起,另外,感恩,是一种道德上的回报,也是一种心灵上的安慰。拥有了感恩的心世界将充满和平与爱,一个不会感恩不会答谢他人的人,那他也只是一个不完整的人,他也只能拥有一个不完整的、没有意义,没有欢笑与乐趣的人生。

要学会感恩,也并非是件容易事。因为,我们不能无缘无故地给予别人"黄金万两"。我们也不能逞强地来帮助别人,所以感恩,应该从点点滴滴做起!

感恩,在学校里,家中,我们都可以感恩,学校里我们感恩老师,在我们的心田里播下了知识的种子;在家中,我们感恩父母在这十几年中,为培养我们所洒下的辛勤汗水……总之,感恩无处不在。有人说我感恩父母,为父母做饭,洗脚,然后再要点小费,这样,我既感了恩,也得到了我自己应有的回报,多好呀!如果真的这么做,那么你就错了,感恩是怀着一颗爱心,单单只想着要报恩,也便是最简单的做法,如果,还想着他人的钱财,物质这不就是向别人索要吗?高尔基说过,给予比索取更快乐!

我小时候,听过这样一则故事,一只小老鼠打扰了一只正在休息的狮子,狮子勃然大怒,老鼠哀求狮子放过它,它一定会报答狮子的恩情,狮子不禁觉得好笑,一只小小老鼠还能报恩?但是,最终狮子还是放了老鼠。第二天,狮子被猎人的捕兽网捕住,狮子拼命地挣扎,但最终还是不能摆脱大网。这时,一只小老鼠钻了出来,咬断了捕获狮子的大网,狮子获得了自由,它发现,救它的,正是那天被它放了的老鼠。老鼠这时说了一句话:"我说过我一定会报答狮大王的恩情的。"

这虽然只是一个故事，但是，不也正告诉我们要学会感恩，要从小事做起吗？

受人滴水之恩，当涌泉相报，要学会感恩，从点点滴滴做起！

分项评价：

内容：这是一篇议论散文。题目就是观点，也是论点。文章先指出感恩的好处，然后指出学会感恩不是件容易的事情，要从点点滴滴做起。接着，列举了感恩在生活中的种种表现和感恩却想回报的不正常现象，引用高尔基的话"给予比索取更快乐"来表明自己的看法，告诉我们感恩是应该不求回报的，是最简单的做法。接着又写了一个关于动物间狮子和老鼠感恩的小故事，告诉人们，要学会感恩，就要从小事做起。最后呼号：受人滴水之恩，当涌泉相报，要学会感恩，从点点滴滴做起！

结构：文章总说感恩的好处和不感恩的劣处，接着明确指出感恩要从点滴做起。围绕这个观点列举现象，正反说理讲故事，层层递进，逻辑性强。

语言：语言简练、连贯、流畅，概括性强。引证恰当，说理较透彻。

创新：围绕文题进行说理论证，以说理论证为主。

【拓展分析】

"感恩"是"乐于把得到好处的感激呈现出来且回馈他人"。感恩是一种对恩惠心存感激的表达，是每一位不忘他人恩情的人萦绕心间的情感，是一种生活态度，是因为我们生活在这个世界上，一切的事物都对我们有恩情！比如，我们要感恩父母带给我们生命，在生活中给予我们点点滴滴的关爱与照顾；感恩朋友带给我们真挚的友情，在生活中给予我们关心和鼓励；感恩生活让挫折磨练我们的意志，让苦难锤炼我们的品质，使我们更深刻地理解生活；感恩社会，感谢他们孕育了一个个相像而又不尽相同的个体，组成了一个丰富多彩的大千世界；感恩大自然，岁荣岁枯，春夏秋冬，山水相映，鸟语花香；感恩于洒在我们身上的每一缕阳光，感恩于路人投来的每一个微笑，感恩这一切的存在让我体验到了真实的美好。从这个层面看，"馈赠""感激"等话题都可迁移到"感恩"话题上来。

从感恩对个人成长的作用角度看，感恩，是中华民族的优良传统美德，也是对一个人起码的道德要求。羊有跪乳之恩，鸦有反哺之义。说的是，滴水之恩当涌泉相报，不仅是人类的美德，而且动物界也奉行。感恩，是一个人心灵成长的营养剂，是一种责任意识、自立和自尊意识，更是一种精神境界的追求。感恩，不仅仅是一种美德的要求，更是构成生命的一个基本要素。从某种意义上说，对于家庭养育之情、社会培育之恩的回报，正是社会责任感和爱国之心的体现。而如今发生在青少年身上的感恩缺失现象却是屡见不鲜：某些学生把家长满足其要求看成是天经地义的事，即使要求得到满足也认为是理所当然，根本无感恩之心可言；一些家长为了供子女上学，省吃俭用，而有些学生却要手机、要名牌服装、要MP4、MP5，花父母的血汗钱一点也不心疼，一旦这些要求得不到满足，便不依不饶，对父母心存敌意甚至与父母对抗。从这个层面看，"美德""心灵""责任""自立""境界""追求""生命"等话题都可以迁移到"感恩"话题上来。

从感恩对社会影响的角度看，感恩缺失已经造成部分青少年道德和人格的缺陷，成为我们的社会不容忽视的问题，南京大学教授侯惠勤曾忧虑地指出：感恩是爱和善的基础,当有恩不报的现象越来越多时,"谁帮人谁就是傻子""硬起心肠来做人"就会成为一种文化,社会就会失去最起码的良心。从这个层面看,"个性""良心""谴责""善待""缺失""和谐"等话题都可以迁移到"感恩"话题上来。

从教育青少年如何感恩的角度看,家庭、学校和社会都应注意教育和引导青少年树立感恩意识,并且教会他们学会如何感恩。尤其是父母,应用实际行动来影响、感染孩子,加强正面引导,帮助孩子树立良好的道德风尚,教会他们乐于助人,学会对别人报以微笑,帮助孩子塑造一颗善于感恩的心,从而在受恩于人之后,常怀报恩之心,并能力所能及地回报他人,回报社会。从这个层面看,"教育""风尚""回报""微笑""助人为乐""善待他人"等话题都可以迁移到"感恩"话题上来。

准则的天平不该倾斜

【文题展示】

某网络文学作家以"卧底"的形式冒险潜入传销团伙搜集素材,再创作而成了作品《中国,少了一味药》。这引发的讨论与争议成为盘点 2010 年文学创作难以绕开的一个现象。作家冒险搜集素材,"卧底写作",该不该提倡? 一种观点认为,在深入生活中强调实践性,也就意味着作家以一种自省的精神净化自己的灵魂,追求至善的境界。只有这样,他才能拓展和丰富文学的精神内涵。应该提倡。另一种观点认为,"卧底写作"即使成立,也是和虚构性小说区别更大的一种"异类",它有可能随着"卧底"资源的枯竭和读者好奇心的下降而趋于衰退,成为文坛倏然而逝的一颗流星。不该提倡。生活中,人们说话做事都要有自己的准则,说了不该说的话会惹来是非,引起麻烦,做了不该做的事会引起争议,甚至要承担后果。

请以"不该_____"为题,将题目补充完整,写一篇不少于600字的文章。

【命题缘由】

当下部分青少年做事喜欢盲目地行动,一事当前,无论其正确与否,都盲目地加以抵制,甚至反其道而行之;凡事,无论可行还是不可行,只要他想干,就干,随心所欲,不考虑后果,遇事好感情用事,缺乏冷静的思考。从本能地任性胡来、我行我素,到不辨是非、不识好歹、以暴力抗拒家人管教。做了错事,不认真查找自我的原因,却爱找出种种借口为自己开脱,自我感觉总是"良好"的,有的人甚至于听到批评意见,便要怒目而视。如何正确地把握自己的言行,树立正确的是非观念,培养健康的心理,这是人生的重大课题,也是命题的初衷。

【写作点拨】

首先,应该明白,这是一个选材范围广泛,补题十分灵活的半命题作文。如:我们可以从身边生活取材,以不良行为习惯为内容,补题为"不该追逐打闹""不该随地吐痰""不该课上讲小话""不该抄作业""不该和爸爸顶嘴""不该看的书""不该进网吧""不该哭泣"等。也可以从社会现象等来补题,如"不该炒房""不该偷菜"等。这样的补题,容易入笔,但缺乏新意。要想胜人一筹,必须在写作的内容下功夫,还要运用多种写作手段,让内容出彩。如采用悬念手法,把追逐打闹的过程写得引人入胜。如何在补题上出新呢?不妨采用反向立意的手法来补题,如"不该合作""不该助人为乐""不该挺起胸膛",这样的补题能吸引人眼球。本题的立意是取胜的关键所在。

其次,写作本题,还可以通过提问打开思路来补题立意,什么不该?为什么不该?这两个问题必须搞清楚。还要更深入一层,弄清楚该与不该的关系,并非是要论证这个关系,而是有辩证的思维,通过你的写作,让读者明白"应该怎么样?"这个问题。如:你觉得你说过的某句话在你心中留下深刻印象,但后来觉得不该说,就补题为"不该说那句话"来命题写作,为什么不该说那句话?行文要交代清楚。

【作文范本】

不该学梁山好汉
蔡熏夏

做得太过分了。

连我也觉得如此。

不记得从哪天开始,教室里弥漫着一阵不属于这儿的味道,类似于香水,但低于香水的等次,还刺鼻得很。

我懒得去寻找它的真相,但实在不巧,真相,它那是拼了命想张开双臂给我看呐!

你会看到一部餐具(惨剧),接着它会送你一套杯具(悲剧),我想,此时此刻我只能用"内牛满面"(泪流满面)来形容我的心情。

"你给我擦掉,不擦就别给我回去。"那是一种800分贝也抵挡不住的怒吼。

不用看就知道琦又惹着敏了,老远,就感觉到敏的超凡气波。随声望去,瞟见一辆黑蓝相间的自行车,陌生而又有些熟悉。天!这是敏的车啊!再后来,结自然也就开了——车上的是一种一次性的染发剂,班级里莫名其妙的味儿大概也是它了。

不好意思在大庭广众之下与他人"开玩笑",敏强压着心中的三昧真火,琦才"逃过一劫"。

路上,敏骑着那辆被"摧残"的小自行车,一脸的愤愤不平向我诉说着:"今天下午,要带胶水和墨水,看我'整'他,你可要帮我。"带着一种可怜、请求、仇恨的感情色彩,我不禁发冷,"好,一定一定。"我点头,这时,敏奸笑了一声,笑得我心里很毛,仿佛正有个鬼魅在阴阴地作笑。

下午,计划照旧。

体育课,趁着抄黑板报的空当,准备帮敏"替天行道"。

一手拿着胶水,一手拿着墨水,站在琦的桌前的我,顿了顿,只觉得我仿佛是梁山中108位好汉中最蛮的李逵,双手拿着大斧,磨灭着一个个不干净的生灵。

如和凡也来看热闹,或许也是感觉到我的"气场",也想替那些平日被欺负的姐妹们出一口恶气吧。她俩将胶水和餐巾纸粘在琦的书上,再用蓝墨水,刷上一层,书就像的敏的车一样,被摧残了。

我心中感到就像李逵脚踢殷天系那样解气。

可是,解气之后还是要受"班纪处罚"。

我被告发了。很快,我也到"老班"那儿过了一趟。

领过失卡,写情况说明书……

我想说,其实,梁山好汉不是好当的。

分项评价:

内容:文章巧妙地将自己比作是《水浒传》中的梁山好汉,在开篇采用倒叙的手法吸引了读者的眼球,"做得太过分了""连我也觉得如此",为下文设下悬念,连作者都觉得过分的事是什么呢?往后看才恍然,原来是班级里老是欺负女生的琦,又惹怒了同伴好友敏,"我"在敏的央求下,决定为同伴敏出口气,做了一件"爽气"的"报仇"之事。小作者将自己像梁山好汉李逵那样"替天行道"的过程生动描写出来,使人不禁发笑,文末反省"梁山好汉不是好当的"。

结构:采用悬念解疑法,使文章情节跌宕多姿,波澜起伏。文章的标题就是悬念,开篇则采用倒叙悬念法。随着悬念的解疑,真相大白。结构紧凑。

语言:语言幽默,并多处运用流行语言。运用比喻、夸张等修辞手法,语言、动作描写生动传神。

创新:选取同学之间调皮男生欺负女生,遭到同样恶作剧的回击一事,反映学生生活真实的一面。选材小巧新颖,生活味浓。

【拓展分析】

准则就是言论、行动、思想等所依据的原则。它是人的行为或道德所遵循的标准原则或是行为准则。

准则不仅指国家政府规定的法律法令制度和规定,也包括群体或个人间的约定俗成,是人们默认的道理。学生守则、校规校纪、班级公约就是我们在校学习期间的行为准则。一个人不管有多聪明,多能干,条件有多好,如果他不懂得如何做人,那他的结局肯定是失败的。做人的基本准则到底是什么,这是因人而异的,但必须符合社会道德和职业道德的基本规范。有人说,做人基本准则是诚实、善良,有人说要自尊、自爱、自信等。我给学生一个做人的准则就是:谦虚诚实,正直顽强。"美德""规范""遵从""坚守""约定""承诺""超越""正直""变通"等话题都可以迁移到"准则"话题上来。

从准则的限制性特点来看,我们的言论、行动、思想必须在准则范围内,这无疑对我们的言论、行为、思想起着制约作用。这就要求我们平时的言行举止等,都必须在准则的范围内。这就像游戏,要在规则的范围内进行,否则就要出局。如"八荣八耻"就是新时期公民基本的道德行为准则,违反了这个准则,就是不道德的。没有规矩,不成方圆。我们说话做事情,总得有个准则,有个约束,否则这世界真不知会变成什么样子。也正因为如此,世界才会变得那么有秩序,那么美好。"错误""遗憾""反省""越轨""风景线"等话题都可以迁移到"准则"话题上来。

从准则对人成长的作用来看,准则让我们健康成长,完成人生的自我修行。有什么样的准则就会培养出什么样的人。如诚实、善良,自尊、自爱、自信,谦虚诚实,正直顽强等这些做人准则,能让我们成为有道德、有修养的文化人。让我们成为堂堂正正的人,健康发展的人,成就事业的辉煌。"成长""风雨""自信""成功""修行""境界"等话题都可以迁移到"准则"话题上来。

从怎样对待准则来看,既然是准则,就要严格遵守,如果不遵守准则,那准则就成了儿戏,有些准则不遵守就要受到惩罚。如交通规则,你违反了,轻者罚款,重则造成家破人亡。一个不遵守准则的人,通常是一个不守信用之人。"严于律己,宽以待人",这里的"严于律己"就是严格要求自己,就是严守准则。但我们不容忽视的一个现象,生活中,有一些人就是不爱守规矩,常常做事"出格",这种人往往个性张扬,富有创造力。这是他们有自己的行为准则,但他们的准则却与大多数人相差很远。但无论怎样,个人行为准则不能背离道德航线,否则定会自食其果。"诚信""另类""创新""叛逆""自我"等话题都可以迁移到"准则"话题上来。

课间，忙中偷乐

【文题展示】

下课铃声响起，安静的校园瞬间沸腾，同学们冲出教室，与同学们谈论轻松幽默的话题，享受短暂的课间时光。从课间点心的不合胃口到互相攀比搜集的动画卡，从哪个体育明星更帅争论到哪个歌唱组合更酷……精彩课间，活力四射。

请以"_____的课间"为题，将题目补充完整，写一篇不少于600字的文章。

【命题缘由】

以前多数学校，现在少数学校，仍然在搞应试教育，有的中学生课业负担沉重。课间十分钟是学生难得的放松时间。课间休息时间相对来说较短，加上有的学校没有足够宽敞的娱乐场所，教室、走廊、楼道、楼下草坪场地都成了学生的乐园。说说笑笑，尖叫，捶桌，掰手腕，做游戏的……真是"八仙过海，各显神通"。课间热热闹闹，成了校园的一道独特的风景，但课间也存在各种安全隐患。课间生活是我们在校学习生活的一部分，是我们每天都经历的，贴近我们的生活。细心观察课间生活，每天都会有新的发现。如何发现课间生活的美点，捕捉课间生活的情趣情味，提高我们的观察力、审美力，这是命题的目的所在。

【写作点拨】

写好这道"课间"题，首先要补好前面的限定词，这个限定词，确定了课间的范围，也就确定了选材的方向和范围。课间也是学生放松的最好空间，应从课间生活的细节或情趣入手来确定选材范围补题。如"花样的课间""曲调的课间""怀古的课间"等。其次要刻画好课间的生动场景，可以分列标题，最好是以镜头组合的形式来呈现课间的群体景象。也可以展现你个人在课间的表现，从而表达你个人对课间的看法。

如以"属于我的课间"为题，重点写自己在课间的所作所为，或追逐，或掰手腕，或玩弹子,或踢沙包,"我"的课间则是坐在教室里和同学们辩论问题。有时候争得面红耳赤。"我"和好友常在课间争论的话题是对历史人物的看法,有时候因为争论激烈而把那些打打闹闹的人都吸引了过来。在"我"看来,同学们在一起谈天说地,谈东聊西,会增进同学间的情谊,有利于大家共同发展。

【作文范本】

课间速记
王若尘

下课前一分钟,班中安静得出奇,"咚咚"的心跳声十分清晰。一个个眼巴巴地等着下课的模样让老师充满疑惑,前几分钟充满的噪音,似乎一下就停了。

下课前十秒钟,学生正紧张地对表,正式进入倒计时:"十、九、八、七、六、五、四、三、二、一!"悠扬的下课铃声响起,几乎在同一时间,"哄"的一声巨响,震动了教学楼,震动了学校,震动了所有人的心。

大家正式进入"课间"。

同学们四散开来,又立刻凝聚成一个个群体。千变万化,不可捉摸。

小Z身强力壮,小W弱不禁风,二人喜欢玩对抗游戏,各自聚集三五人,摩拳擦掌,跃跃欲试,你来我往,相互角力。当然,关键时刻,及时收手,或者及时搀扶,嬉笑之中涌动着同学之间的深情厚谊……

小丫好清谈,聚集一伙人待在教学楼有阳光的一处墙角,勾肩搭背,交头接耳,谈古论今,唾沫飞溅,说得绘声绘色,说到紧要处甚至手脚并用,不时爆发出惊人的笑语,惹得更多同学围来……

小左好中华武术,十八般武艺似乎样样精通,两手比画各种兵器,时而短矛长枪,时而铁弓铜锤,时而开山斧,时而打狗棒,当然少不了匕首佩剑,口中"嘿嘿""嚯嚯",不少男生在观摩学习。

小花是跳皮筋的冠军,挑、勾、踩、跨、摆、碰、绕、掏、压、踢,就像蝴蝶上下飞舞。"马兰开花二十一,二八二五六,二八二五七,二八二九三十一;三八三五六,三八三五七,三八三九四十一;四八四五六,四八四五七,四八四九五十一;五八五五六,五八五五七,五八五九六十一;六八六五六,六八六五七,六八六九七十一;七八六五六,七八六五七,七八六九八十一;八八八五六,八八八五七,八八八九九十一;九八九五六,九八九五七,九八九五一百一。"其他女生不甘落后,轮番上阵,欲与小花比高下。

小涛追在老师后面,捧着一本书,似乎在请教一道百思不得其解的难题;小红则宁愿坐在原来的位置上,抓紧时间完成老师刚刚布置的作业;小玉则大声背诵着什么,她说要第一时间进行记忆,要滚瓜烂熟。这真是一群"学霸"啊!

但是,并非所有人都是"表演者""冠军"或"学霸"。小天眯着眼睛在阳光下散步,小飞在喝新鲜牛奶,小田则蹦蹦跳跳上洗手间去了。班里班外,校园内,在这短短的课间,大家也是各忙各的,各取所需,各得其乐。

时间来得快去得也快。当悠扬的上课铃声再次响起时,角力的停止了角力,清谈的停止了清谈,比武的停止了比武,跳皮筋的停止了跳皮筋,大家奔向自己的座位,迎接新的一堂课。

分项评价:

内容:开篇就向我们展示了同学们迫不及待地等着下课的情景。接着,宣布丰富多彩的课间生活到来。重点描写了角力、清谈、比武、跳皮筋场面,简略描述"学霸"等表现。课间多提倡休息,并不提倡继续学习,因此详略的安排别有含义。至于散步的、补充营养的、上洗手间的,同样一笔带过,但是能使课间速记真实而丰富。最后,上课铃声响起,大家各自归位。文章内容新颖,充满浓郁的生活情趣。

结构:按时间顺序记叙描写,结构上按照总分总。承接自然,条理清晰。

语言:本文语言幽默风趣,场面、动作描写生动传神。人物的形象刻画栩栩如生。比喻等手法的运用,恰到好处。

创新:文题就很有新意,吸引读者眼球。把同学们课间的表现称为"速记",真是巧妙啊。运用描写手段刻画课间同学们的精彩表现,给读者留下深刻印象。贴近自身生活的新颖选材也是本文的一大亮点。

【拓展分析】

课间,是指两节课之间的休息时间,一般学校都只有10分钟。在课堂学习后,休息一下,活动活动,解除身心疲劳,有益身心健康,这对同学们来说实在是难能可贵的时间。课间是同学们难得的快乐时光。这时间虽然很短,但都是同学们所喜爱和盼望的。因为这10分钟内,我们可以做自己想做的事情,与老师、同学可以随意交流,聊天,谈心,做游戏,只要是不违反校规班纪,你的课间你做主。课间是最能体现同学们个性的时间,可以是群体的活动,也可以是单一的活动,课间的内容丰富多彩。从这个层面上,"自由""空间""活动""瞬间""娱乐""向往""率真""张扬""情感纽带"等话题都可以迁移到"课间"话题上来。

从课间活动的群体看,课间活动的主体是学生,除此之外,还有老师。在课间休息活动时,我们会看到很多班主任不休息,他们要么做学生的思想工作,要么在校园里,教室走廊外来回巡视,为学生的安全保驾护航。授课教师,则是为自己的下节课做准备,有时还要解答学生的疑问,有时还要接待课代表和学生。这期间,教师是忙碌的。从这个层面上,"约束""规范""老师""奉献""责任""我爱我班""校园美景""师生之间"等话题都可以迁移到"课间"这个话题上来。

从课间活动的方式看,由于课间的活动一般没有统一安排,主要是让学生自由活动,这就给学生自己支配课间的权利。因为没有过多的条条框框的限制,学生的个性容易得到很好的发展。不管你是独自一人,还是两人三人,还是结伴成群,也不管你在什么地方,教室内,教室外,走廊,操场,厕所……也不管你在干什么,看书,聊天,游戏,恶作剧,小制作,发泄情感,你追我赶……但是只要预备铃声一响,都得有秩序地进入教室,静静等待老师的到来,准备学习下节课的内容了。从这个层面上,"秩序""个性空间""喧嚣时刻""发现""灵感""情谊"等话题都可以迁移到"课间"话题上来。

　　从课间活动的要求看,在课间,学生的活动是自由的,但也得有纪律约束。课间不准打闹,不准追逐,这几乎是每个学校都有这样的规定,谁来落实这个规定? 当然除了学生自我约束,班干值日,同学间互相监督,还有就是班主任的监管了。因为我们都是未成年人,好冲动,缺乏自我保护意识,课间活动必须在确保学生安全的基础上进行。从这个层面上,"呵护""人性""大爱""珍爱生命"等话题都可以迁移到这个话题上来。

批评是人生成长的"礼物"

【文题展示】

阅读下面的文字,按要求作文。

在我们强调尊重学生、维护学生权利的今天,一些地方和学校也出现了教师特别是班主任教师不敢管学生、不敢批评教育学生、放任学生的现象。教育部2009年8月出台的《中小学班主任工作规定》中明确:"班主任在日常教育教学管理中,有采取适当方式对学生进行批评教育的权利。"

请以"另一种爱"为题,写一篇文章,不少于600字。

【命题缘由】

当下,师生关系已成为热点问题。由于家庭教育和社会环境的影响,独生子女的教育问题日益突出,在过分强调尊重学生权益的今天,已经让教师不敢批评学生了。对学生只能表扬不能批评,这本身就违反教育规律。我们不能把谬误当真理唱赞歌,这不仅是践踏真理,也是贻害学生。作为学生,应该在批评中坚强成长。表扬是爱的表现,批评更是爱的另一种表达方式。我们不少同学从小就在掌声中长大,容不得批评。批评了,就哭鼻子,心理承受不了,仿佛世界末日到了,采取消极方式对待批评。如何从心理上承受批评,正确地看待自我,提高自身的认识水平,这对青少年来说,实在是成长中的大问题,这也是命题的初衷。

【写作点拨】

写作这道"爱"的题目,首先要学会换角度考虑。爱的范围很广,可以是古今中外的,但所写的爱必须是思想健康的"爱"。特别要注意审好题目中的限制词"另一种",说明这种爱不是一般爱,是另类意义上的。是看起来与"爱"对立的,只是爱的表达方式不同罢了。根据提示语,我们会想到,"批评"是另一种爱。这样我们的思路可以联想到与这种"爱"相同或相近"爱"的方式。如"指责""抱怨""唠叨""讨厌""反感""冷漠""愤怒""生气""斥责""责备""责怪""惩罚"等。所写内容,不是通过正面写亲情之爱,师生之爱,同学之爱,朋友之爱,人性之爱来颂扬爱而是从反向角度来颂扬爱。

其次,要细致描写刻画好你由不理解这种另类爱到理解的过程。如"我"很爱父母,一家人相处十分和睦。但是"我"对父母的爸妈却没有什么深厚感情。一次,爸爸要带我回乡下看望奶奶,"我"以"作业多"为理由拒绝了爸爸。不知不觉,竟和爸爸吵了起来。"我"心里又气又闷,哭着喊了句:"我跟她又不亲!"正是这句"我跟她又不亲"激怒了爸爸,"我"第一次听到爸爸哽咽声,狠狠地掐了一下"我"的鼻子。在妈妈含着泪批评后,我才知道,小时候因父母忙工作,把"我"寄宿到奶奶家,从小就是奶奶把"我"带大的。天寒,奶奶突然病倒,十分想念孙女儿,却生怕影响"我"学习不让爸爸带"我"回去看望她。听到这些,"我"在后悔中醒悟了:原来父母爱子女胜过自己,原来希望子女成才才狠下心"批评",原来最难忍的痛苦是听到孩子冷漠你的声音。这许许多多的"原来"里,便是恍然大悟之后的爱了。

【作文范本】

另一种爱
束佑涵

终于放学了,我怀着轻松的心情走出教室。这时外面下着大雨,我的脑子突然闪现一个念头,妈妈呢? 我到哪里去找她?

不顾一切先冲进雨中,走到妈妈平时等我的地方,用力寻找那熟悉的身影,雨打在身上,紧张,着急,抓狂。我极力向四周不断张望,那一张张陌生的面孔让我彻底绝望了,决定自己打车回家。

马路上更是混乱,人与车辆全都交织在了一起,天公不作美,就连车也同我作对,找不到一辆空的。被雨水包裹,水滴像珍珠一样,一颗一颗地从我的发丝上滚落。

"寒——",一个气愤、焦急而熟悉的声音进入我的耳膜,是老妈在叫我! 我仿佛无助的羔羊遇到了救星,奔向老妈身边。可让我始料未及的是,妈妈朝我"劈脸就是一棒"。

上了车,妈妈的嘴就歇不住了:"我叫你放学后到我办公室,你怎么就记不住?!""你怎么不用脑子想一想? 这下雨天的,我等不到你,会提前走吗?!"面对妈妈的责备,我不敢还击。要知道,她在发怒时万万不可惹她,否则,"小命"可就难保了。坐在她后面,不用看她的脸,也能想象出她的样子,眉头皱成"川"字形,口沫飞舞,目光咄咄逼人。

妈妈言语气势逐渐加重, 我生气极了,我恨不得当面就回击她! 我感到她触痛了我幼小的心灵;震撼了我纯洁的灵魂;打击了我脆弱的自尊! 她像一个发狂而不可控制的"魔鬼",哪里是平时那温和的老师! 我只有一直沉默着。

回到家里,妈妈见我耷拉着脑袋,就问:"怎么了?"我说头晕,她马上摸摸我的额头,一边拿来体温表,一边亲切地说,"别是感冒了,最近流行甲感,快量量体温吧", 语气来了个大转弯,态度温和了许多,脸上露出焦急的神情。我郁闷的心情一下子平和起来,心开始暖润起来。由于高烧,妈妈顾不上吃饭赶紧把我送进医院。我一边挂水,一边想:如果自己听清了妈妈的话,接下来一系列的事就不会发生了。可是我太贪玩了……

动动脑子就知道妈妈一定在等我,不动脑就跑开了导致如此狼狈。想着,想着,我觉得妈妈的批评是对的。批评是妈妈爱我的另一种方式。

分项评价:

内容:开篇通过放学急着回家和雨天的环境描写,衬托自己的迫切回家的心情。接着,写自己找不到妈妈的焦急,因为是妈妈接送自己上学的,这下雨天怎么也找不到,只好打的,正在这关头,妈妈出现了,给我带来欣喜。可是没想到妈妈不断地批评数落"我"的不是,因为"我"忘记了妈妈先前的交代,今天下雨,妈妈要"我"到她办公室等她(读到这,我们知道妈妈原来是自己的老师),但"我"却忘得一干二净,让妈妈着急、生气了。最后,回到家里,妈妈见"我"耷拉着脑袋,问长问短,态度180度转弯,见"我"高烧,顾不上吃饭送"我"进医院。"我"吊水中,反思自己的过错,理解妈妈的批评是爱"我"的另一种表达方式。内容贴近自身生活,真实,思想向上。

结构:由雨中放学找不到妈妈的紧张着急无助到见到妈妈的欣喜,遭到妈妈不停地责备、训斥,到"我"敢怒不敢言的沉默不理解,再到回家生病了妈妈的忘我的悉心照顾,感受到妈妈的温暖,理解了妈妈的批评是对"我"的另一种爱。线索清晰,情节彰显波澜。

语言:善于运用描写手段,如环境描写、动作描写、语言描写、神态描写,妈妈和"我"前后态度的变化描写。另外运用比喻、夸张等修辞手法,语言朴实生动。

创新:主要是借助各种描写手段,通过描写刻画来推动情节和情感的发展。文章颇具微型小说的特点。

【拓展分析】

从如何看待批评角度看,批评是一种另类的厚爱,这"爱"是谅解、理解、信任、宽容、忍让、尊重、关爱、奉献,所以所写题材必须思想健康。我们的成长中离不开"批评"。作为学生应该有自强的精神,在受到批评的时候想想如何促进自己向好的方向发展。但是批评只是一种手段,它不是一种结果。适当的批评可以促进人们向良好的方向发展,但是不是所有的批评都能够起到良好的作用。同学之间相互批评相互攻击,很难成为精英,若他们相互肯定相互欣赏,肯定会进步得快。从这个层面上,"理解""信任""宽容""动力""欣赏""教育""劝告"等话题都可以与"批评""真诚"等话题勾连。

从批评"关爱、勇气"的内容看,批评与自我批评是促进个人成长进步的有力武器。但我们很多同学把批评看成"洪水猛兽",唯恐避之不及。有的同学不愿接受批评,或一批就跳,强词夺理;或一批就倒,心灰意懒,自暴自弃。究其原因,主要是怕批评别人怕影响关系,伤了和气;批评自己怕损害威信,丢了面子。这些都是缺乏直面批评和接受批评的勇气,徘徊在自我安慰、自我原谅的小圈子里,没有深刻体悟到批评之真谛和内涵。"面对批评,贵在保持一份平静宽容的心态,也难在保持一种知耻而进的积极进取精神。任何人都有缺点,任何人都会犯错误、都难免挨批评。同时,我们在生活中不难发现,能面对面地批评自己的,都是自己的良师益友,都是真心关爱自己的人。从这个层面上,"和气""面子""威信""宁静""义气""缺憾""宽容""进取""修养"等话题都可以与"批评"话题勾连。

从批评"反悔、激励"的内容看,受到批评了,应当怎么办? 首先,要闻过则"悔",看到自身有差距有不足。一般地讲,受到了批评,如果是学习上的批评,说明学习态度不端正;如果是个人修养方面的话,可能是自我要求不够严格,也可能是不知不觉有点"过失"。不管哪方面的批评,都反思自己。其次,要闻过则"喜",看到自己还有潜力有希望。受到批评,老师和同学还关心你,关注你,说明还有进一步提高水平的盼头。从这个层面上,"反省""善待""关注""在乎""希望""心态""荣幸""换个角度"等话题都可以与"批评"话题勾连。

从批评"责任、帮助"的内容看,敢于批评体现了批评者高度负责的责任感。批评的指向是缺点与不足,本质是监督与爱护。发现错误如不及时指出,督促其尽快改正,而是听之任之、放任自流,必然降低学习做事的效果,对我们的成长也极为不利。从这个意义上说,不敢批评就是推卸责任。从这个层面上,"责任心""爱护""监督"等话题都可以与"批评"话题勾连。

民俗,故乡文化的风景线

【文题展示】

民俗文化,是指民间民众的风俗生活文化的统称。它具有普遍性、传承性和变异性。民俗文化因其核心要素民俗是集体遵从的、反复演示的、不断实行的,所以具有增强民族的认同,强化民族精神,塑造民族品格的功能。主要包括民俗工艺文化、民俗装饰文化、民俗饮食文化、民俗节日文化、民俗戏曲文化、民俗歌舞文化、民俗绘画文化、民俗音乐文化、民俗制作文化等。故乡的风土人情,是故乡民俗文化的体现。在我们脑海里早已烙下深深的印记。

请以"我心中的故乡风情"为题,写一篇不少于600字的文章。

【命题缘由】

当下,部分青少年对地方风俗习惯了解关注不够。追逐现代文明和时尚文化,如网上聊天,名牌服饰,新潮发型等。民风民俗是特定社会文化区域内历代人们共同遵守的行为模式或规范。传承中华文化,创新中华文化也是语文学习的大方向。如春节吃饺子,正月十五吃元宵,中秋吃月饼,端午吃粽子。这些是饮食民俗,已经成为文化符号,好比中秋吃月饼,元宵吃汤圆一样,也能让人感受到传统文化的浓浓底蕴。因为吃粽子,大家都记住了端午是一个纪念爱国诗人屈原的节日。会增强人们对爱国、忠义、忧国忧民的屈原的怀念与崇敬之情。制作粽子的过程和分送给亲朋好友都体现了中国人传统的亲情观。许多人一提到粽子,会想起母亲包的粽子,想起母亲包的粽子的特有味道。可以说,只要有家在,有亲情在,端午节那种希望亲人平安吉祥的内涵就不会改变。如何看待故乡民俗风情,让民俗风情发扬光大,这是命题的初衷。

【写作点拨】

写作"风情"题,首先要弄清"风情"的含义。地方风情是一个民族、一个区域有别于其他民族、其他区域的最直接的文化特征。地方风情由自然和人文两部分组成。其中自然的部分是基础,它包括地理环境、气候环境、生活环境等。要通过查阅相关资料,结合调查,了解家乡的民俗风情,探究这些民风民俗的来历,及其文化背景。从而表现鲜明的地方特色和浓郁的乡土风情,歌颂热爱生活、纯真可爱的父老乡亲。如可从传统节日入手,端午、中秋、重阳等,具体到春节的习俗,如:春节的起源,贴春联,吃年夜饭,放爆竹,祭祖,守岁,拜年,等等。也可从一些地方性民俗入手,如抢婚,闹洞房,服丧等。如黄梅戏、独具特色的蚌埠花鼓灯、休宁得胜鼓、凤阳花鼓等体现了安徽风情文化。其次,要审清写作范围。扣住题目中的限定词"我心中的",这个限定词,有两个信息:一个是"我",不是别人的;另一个是"心中的",说明是你喜欢的,值得你记住的赞颂的。还有这个"风情"是故乡的,不是别处的。

写作此题,无论从哪个角度立意,都要选取自己熟悉的了解的故乡风情,因为心中的故乡风情,是你所喜爱的,甚至是你心中梦想的风情。可以描写你对故乡某一风情的热爱,如故乡的绿茶文化;或表达你对某一风情逐渐变迁消逝的遗憾,如元宵节舞狮子,进入家里很热闹,现在农村和城镇却没了,只是在指定的场地去舞,你对此少了一份节日味而感到遗憾等;或你对某一风情文化看法,如京剧进入课堂,该不该;也可以写你对故乡风情演变方向的描绘,发挥自己的想象,写出梦想中的故乡风情,因为这才是你心中真正的故乡风情。

【作文范本】

我心中的故乡风情
蔡凌寒

爆竹声中一岁除,春风送暖入屠苏。

世上没有一模一样的树叶,没有一模一样的雪花,即使在相同的国家,也不一定有着相同的故乡风情。

在我的家乡——庐江。我印象最深刻的还是春节中的前一天,除夕。

除夕这天与北方不同的就是没有水饺,但有香甜的年夜饭,在这天,不会有作业,不会有爸爸妈妈布置的任务,一天是清闲的。

在这一天,我会安安分分地等待着除夕夜的来临,但安静的背后,总会不禁地流露出激动与喜悦。

时间不再像"白驹过隙"那样,反而变得有点"度日如年"的感觉。

傍晚,一声又一声的爆竹接个响起,它们预示着一项活动的来临——给祖宗烧纸钱。

每到这个时候,我总是最积极的一个,我也不知道为什么,本是一桩严肃的仪式,在我看来,仿佛一场游戏,一场火焰的洗礼。

将纸钱分为一份又一份,这个过程我总是不耐烦,但又不可缺。

每每打火机上场的时候,便是最激动的时刻,火焰"蹭"地从纸堆上燃起,火红火红的,脸颊被它印得发烫,但是觉得很惬意。黑黑的天空不仅仅会有星星闪耀,在这一天,它会包裹一个又一个似灯笼,有不同美好心愿的火焰,很美很美。

每当会有风吹来时,总会带出沾着火的碎纸,仿佛火的精灵,急促想带着人们祝福去天上祈祷。

回家了,心情很满足,甚至还有那种按捺不住的躁动……

年夜饭早早地摆上桌,烛火摇曳,凳子整整齐齐的。这时,奶奶会打开门来迎接祖先,并且告诫我,不要碰了椅子,老祖宗会晕的。这个不现实的说法确实有点好笑,但我总会听奶奶的话,小心翼翼,生怕踩到地雷似的,从桌边走过。

浓浓的故乡风情,一点儿也不像一颗种子,像蒲公英,犹如小伞似的蒲公英花瓣刚一碰着心头的薄膜,便插下根来,将整个心包裹起来。

有些迷信,有点特殊的故乡风情在我心里扎下深深的根,使我好好地去爱这些风情。

分项评价:

内容:小作者回忆了家乡儿时过年的习俗:做年夜饭,这天孩子可以自由支配时间,不要做作业,除夕降临,放爆竹,祭祖,重点写了自己祭祖的过程、规矩。通过自己的细致观察和深切感受,展现鲜明的地方特色和浓郁的乡土风情,表现了家乡人淳朴的民俗风情——纪念祖先、祈求好运,歌颂了他们热爱生活,向往生活的美好品格,表达了自己对这样的节日风情十分热爱的感情。

结构:开篇描写自己对家乡过年除夕这个节日的热爱和期盼,接着描写了故乡除夕里自己亲历的几个习俗,而这正是自己的所爱,最后指出这是扎根在自己心中的故乡风情。结构上采用的是总分总。

语言:语言简洁流畅,情景交融,比喻的修辞手法很好地表达了自己的情感。

创新:主要运用描写来表达情感,突出年味和风情是除夕的习俗,详略得当。选材不新颖,但感情真挚。

【拓展分析】

"民俗文化"是指反映地方风俗民情的文化,有浓厚的地方特色。具体如节日、红白喜事、民间诗会、歌舞、休闲等。要写出这种民间风俗的内涵、情趣,揭示家乡的风貌,赞美家乡的民俗文化,表达对家乡和家乡人民的热爱。如民间认为农历二月二是苍龙"登天"之日,俗称"龙抬头",我国沿海一带地区都会在这一天举行盛大的祭海仪式。仪式的壮观场面,引人入胜,表达沿海人民对"国泰民安,风调雨顺"的期盼。从这个层面上,"心愿""情趣""风景""乡风"等话题都可与"民俗"话题勾连。

从民俗内容角度看,安徽人的绝技绝活如芜湖铁画、徽州三雕、万安罗盘、合肥四大名点、淮北临涣包瓜、芜湖傻子瓜子,梨园曲艺如凤阳花鼓、淮北大鼓、界首渔鼓、舒城胡琴书、淮河琴书、潜山弹腔等都是安徽地方民俗文化的代表。从这个层面上,"技艺""绝活""小吃""祈祷""书画""绝唱"等话题都与"民俗"话题勾连。

从民俗文化的演变角度看,西周时期在中原形成的婚仪"六礼",逐步演化为提亲、定礼、迎娶等固定婚俗,并延续至今。与生产生活密切相关的岁时风俗,如春节祭灶、守岁、吃饺子、拜年,正月十五闹元宵,三月祭祖扫墓,五月端午节插艾叶,七月七观星,八月中秋赏月,九月重阳登高,等等,大多起源于中原,并通行全国。中原民俗还创造了民间的生活形态和艺术品,太昊陵庙会、洛阳花会、信阳茶叶节、马街书会、开封夜市等古代的民间节会至今不衰,开封的盘鼓和汴绣、朱仙镇木版年画、南阳玉雕、濮阳和周口的杂技等民间艺术享誉中外。从这个层面上,"变迁""根""传承""发展""乡韵"等话题都可与"民俗"话题勾连。

从区域民俗文化特色和影响角度看,中原地区民俗文化特色鲜明,斑斓多姿,集中体现在饮食、服饰、日常起居、生产活动、礼仪、信仰、节令、集会等各个方面。中原因其"中天下而立",民俗文化广泛影响了周边地区乃至华夏和世界华人族群。比如饮食方面,广东人在豆腐上挖个洞,填满肉馅,蒸熟后食用,其实就是客家人从中原带去的吃饺子风俗的变异。从这个层面上,"特色""渗透""变异""古韵风采""借鉴""融合"等话题都可与"民俗"话题勾连。

第二编

养育语文教学设计

《背影》教学设计

张明

核心任务：探究阅读叙事散文的方法。

语言目标：概括、归纳作者是怎样叙事来安排文章结构、使用恰当的方法组织材料和记叙语言的，从而品味、欣赏语言；完成一篇题为"如何阅读写人记事散文"的小论文，通过写的方式促进对读的深入思考；用清晰、规范、有条理的语言总结如何阅读一篇叙事散文。

思维目标：进行方法归纳和迁移，提升演绎思维和创造思维的能力。

价值目标：在学习中感受作者独特的情感体验和深刻的人生感悟，体会作者对社会、对人生的思量和感悟，丰富自己的精神世界。

教学过程：

任务一：明确写什么。

概括课文内容，用上课前听写的"狼藉 踌躇 蹒跚 橘子 颓唐 惦记"6个词语。

方法小结1：紧扣关键词，明确何人、何事、何情。

【设计意图】学习力的内涵多指向一个人的学习动力、学习毅力、学习能力和学习创新力的总和，是人们获取知识、分享知识、运用知识和创造知识的能力。学习力还应包括学习专注力和实践应用能力。语文学习力包括阐释力、品鉴力、批判力和建构力。利用指导学生学习的学习单，先学后教，通过听写6个词语为后面概述课文做铺垫，学生在概述课文内容的过程中，有利于提高学生语文学习力中的"阐释力"，利用这个支架能顺势带出核心任务：探究阅读叙事散文的方法。

任务二：探究怎么写。

1.探究文章构思方法。

我们阅读一篇叙事散文,往往看这篇文章是怎么立意的,怎么选材的,怎么构思的,怎么描写的,这节课我们来探究这篇文章是如何构思的。

《背影》段落分析

段 落	段落特点	写法归纳
第一段	开篇点题,直抒胸臆	轻点一笔,开门见山
第二段	顺势切入,描述家境	交代一笔,补充解释
第三段	再写家境,铺设基调	穿插一笔,酝酿情感
第四段	同行南京,一写关爱	简叙一笔,略写关爱
第五段	交代场景,二写关爱	
第六段	特写镜头,浓写关爱	巧折一笔,浓写关爱
第七段	别后思念,理解关爱	深化一笔,画龙点睛

【设计意图】在学生对文本反复阅读的基础之上,学生通过自我学习明确了写什么的问题,再针对核心任务"探究阅读叙事散文的方法",设置子任务:"探究怎么写"。通过探究课文构思方法这一任务来设计学习,因为这一子任务既能让学生在深入文本的过程中继续感知文义,又能学习经典散文的构思方法,后面一栏的写法归纳设计,是基于另一篇经典课文《散步》的写法和本篇课文有异曲同工之妙,可提升学生的拓展迁移等思维能力。

2.探究人物描写方法和语言特点。

细读第六段,对这段话进行多角度美点赏析,在课本上写批注。如"蹒跚"是走路缓慢、摇摆的样子,很有表现力,连平地走路都是蹒跚而行,可想而知父亲上下月台更难了,这里描绘出了父亲的老态和他的心甘情愿,也表现了父亲对我爱的深切。那黑布小帽、黑布马褂、深青布棉袄,表现着父亲家境败落、生活贫困的境遇。总结:那蹒跚的步履,那探身、攀手、缩脚、倾身等一系列动作,形象地描绘了父亲的老态和他的心甘情愿;那抱起红橘、散放在地上、再抱起橘子走的描写,表现了父亲的慎重和小心翼翼;扑扑衣上的泥土,心里很轻松似的,表现的是生怕儿子担心自己;"过一会"三个字,写父亲一时还舍不得离开。所有的细节描写都指向对儿子的爱。

方法小结2:

《背影》构思分析

构思方法(笔法)	人物描写方法	语言特点
轻点一笔,开门见山	动作描写	语言质朴,口语化……
交代一笔,补充解释	语言描写	
穿插一笔,酝酿情感	心理描写	
简叙一笔,点染略写	衣着描写	
巧折一笔,波澜起伏	……	
深化一笔,画龙点睛		

【设计意图】本课具有很高的文学价值,其写法与语言很有特色,值得反复欣

赏品析,仔细品读,可以帮助学生打开视野,间接地获得人生经验;同时,通过典型事件、传神的细节描写、雅致的文字表达是实现"文化自信和语言运用"这个核心素养的绝佳方式。学生在恰到好处的动作描写中,在朴实无华的语言描写中,在动人心魄的心理描写中,在前后关联的衣着描写中感受那难以抑制的亲人之爱。所以,设置"美点赏析"这个子任务就是要让学生在合作学习,主动交流中提高语文学习力中的"品鉴力"。

3.理解为何写。

课文中有不少反复强调的地方,也有照应的地方,请选择其中一点进行分析,并谈谈为什么这样写? 总结:

《背影》文本分析示例

四次背影	四次流泪	为何这样写
惦记背影:第1段	第2段:看见满院……簌簌地流下眼泪。	突出父亲对儿子的关心和爱护、儿子对父亲的理解和爱怜
送别背影:第6段	第6段:这时我看见……眼泪很快地流下来了。	
目送背影:第6段	第6段:再找不着了……我的眼泪又来了。	
再现背影:第7段	最后一段:我读到……在晶莹的泪光中……	

读贵有疑:你还能发现其他问题吗?

缘点质疑:围绕文中的矛盾点、反常点、细写点、变换点、无关点等来质疑。

方法总结:

《背影》构思分析示例

明确写什么	构思方法(笔法)	人物描写方法	语言特点
紧扣关键词,明确何人、何事、何情	轻点一笔,开门见山	动作描写	语言质朴,口语化……
	交代一笔,补充解释	语言描写	
	穿插一笔,酝酿情感	心理描写	
	简叙一笔,点染略写	衣着描写	
	巧折一笔,波澜起伏	……	
	深化一笔,画龙点睛		

【设计意图】工作室课题"养育"初中生语文学习力的实践研究中,对于"养育"批判力探究,着重从这三级"养育":初级,对作品语言表达质疑;中级,对构思、逻辑演绎质疑;高级,对文章思想、文化质疑。基于此,笔者设置了"理解为何写"这一子任务,试图让学生通过质疑课文反复强调点:四次背影、四次流泪等来提升学生的批判力。同时,为了把批判思维引向深入,我还设置了缘点质疑环节,让学生围绕文中的矛盾点、反常点、细写点、变换点、无关点等质疑,另外,笔者进行了拓展:阅读课文时,人物探究了,在课文里面,编者为什么把这篇课文放在这个单元呢,本单元第一篇《背影》是写人记事散文,《白杨礼赞》是托物言志散文,短文两篇是哲理性散文,《昆明的雨》是写景抒情散文,为什么不把

《藤野先生》放到一起呢？把这两篇课文放到一起不更好吗？大家可以思考这个问题,由课内引伸到课外,力图让学生深度学习,以此实现语文核心素养"思维能力"的提高。

4.实践运用

完成一篇题为"如何阅读写人记事散文"小论文的提纲。提示:明确写什么;探究怎么写;理解为何写。

课后作业:根据你列的提纲,完成"如何阅读写人记事散文"的小论文。要求:有自己的观点,有课文中材料依据;字数在500字左右。

【设计意图】工作室课题"养育"初中生语文学习力的实践研究中,关于"养育"语文建构力探究。着重从三方面"养育":一是体现迁移的灵活力,构建自己的话语形式。二是形成自己的知识网络,形成属于自己的思想或概念。三是形成阅读思想力。设置"实践运用"这一子任务,就是想让学生通过前三个任务的学习,完成一篇题为"如何阅读写人记事散文"小论文,从而学会阅读叙事散文的方法,达到"学一篇知一类"的目的,也回扣本课核心任务:探究阅读叙事散文的方法。

这节课我们探究了叙事散文的阅读方法,文体不一样,写什么,为什么,怎么写所呈现的方法也不一样,我们以后就按照这样的方法去读,有情景性,有实践活动,有综合性,让学生自己发现问题解决问题,引导学生自己学习。

《走一步，再走一步》教学设计

张明

【课文品读】

《走一步，再走一步》是一部寓理于事、文笔浅显、故事性强的散文，是作家莫顿•亨特撰写的。课文主要描写了作家回顾自己童年8岁时一次"脱险"的经过。其中蕴涵的生活哲学——人生道路上总是会出现意想不到的难题，但再大的难题，只要人们能走一步，再走一大步，就必然能把难题化解为一个个小的问题，最后战胜难题。阅读这篇文章，其目的在于使学生掌握面对问题的正确态度以及克服困难的方式，对于学生在今后的人生道路中怎样面对困难产生正面的影响。

整个第四单元教材编排的外在线索是和日常生活的密切联系，内在线索是按三大模块：人和自我，人与自然，人和社会关系。但本课属于第一模块：人和自我。这个单元都是谈人生。写的都是作者对生命的憧憬、感受与思索。阅读上述课文，其主要目的是引领学生体味人生，关爱生活。

反复读文章，我认为本文：

1.叙事技巧娴熟，伏笔运用恰当。

本文在叙述中注重前后照应，注意设下伏笔，要求文字记叙严谨。全文脉络清晰，分冒险、脱险、生命感悟三部分，处处巧用伏笔与之照应，"我"的病弱在文中前后照应。前面交代我小时候体弱多病，后来别的小朋友全都能上去，唯独"我"卡在中间，上不去，下不来。文中几次提及杰里，笔笔皆有匠心，杰里让"我"别做胆小鬼、杰里的不放心都在后面留下伏笔。

全文运用倒叙的笔法，用笔节俭地交代着事件产生的时间与原因。结束回忆的用笔干脆利落，这样和正文浑然天成。

2.描写准确恰当。

本文成功地使用了语言、动作、心理刻画和景物描绘。

文中人物的语言准确地表现出人物各自的个性。如"我"的胆小、父亲的耐心细致，都在文中有恰到好处的描写。"我"的动作、心理让整个事件真切又生动地呈现在读者眼前。风景描写的交代、渲染、衬托效果，均发挥着突出中心的作用。

3. 用词精当，深意盎然。

文中很多语言是值得细品的，用"变"的手法进行比较，其中深意自然外显。

"那是费城七月里一个闷热的日子，虽然时隔五十七年，可那种闷热我至今还能感觉得到。""至今"强调了这件事给我留下了深刻的印象，所以虽已年过花甲仍然记忆犹新，而且是能够清晰地"感觉得到"那种闷热，"感觉得到"是从生理器官的感觉角度突出了记忆的真实，如在眼前，而"回想起来"是一个心理活动，不如前者具有表现力。

"我已经爬上去了，蹲到石架上，心惊肉跳，尽量向里靠。""尽量"比"努力"更能表现出一个动态的过程："我"不停地一点一点地往里靠，直到再也没有一点空间可以挪动，更能表现"我"的极大恐惧。

"又听到某人啜泣，正纳罕那是她，结果发觉原来就是我自己。"看似不合常理的句子，恰恰显示着"我"当时已经以极大的惊恐与绝望放弃了判断力，惊慌失措，简直崩溃了。

"下来吧，孩子！晚饭做好了。"这是爸爸看到儿子时所说的第一句话，似乎没有什么紧张与关切，文中的爸爸知道如何培养儿子，让孩子从小学习自立，培养儿子克服困难的毅力与自信，所以他即使内心忧虑，也没有表现出来，只是用最日常化的语气尽量淡化事件的严重性，让孩子放松心情，学会在险境之前保持冷静。

"这似乎可以办得到。我小心翼翼地伸出左脚要探那个石头，而且踏上了它。""似乎"表明"我"在父亲的鼓励下开始有了一点勇气和信心。"而且"表现了"我"在见到自己经过努力做出了一些成就时的高兴，自信也有所增加。

"终于，我一脚踏到悬崖下的石头上，投向了父亲粗壮的胳膊中。我先啜泣了一会，接着，又产生了一个很大的成就感。""啜泣"真实地再现了劫后余生的"我"心有余悸，但又是那种得到安全感以后的舒坦，随之而来的便是这种战胜困境的自豪感与成就感，这个思想与情感体验还是非常宝贵的。

4. 小中见大，哲理深刻。

这篇文章虽然语言平白，却仍耐人品读。从选材来说，无疑就是以小见大的典范。小事的升华归功于"走一步，再走一步"这一平白而具有冲击力与音乐感的标题表达方法，当然更归功于作品给人常规思考的突破：人类总是习惯于眼光远大，而往往忽略"走一步"与"再走一步"对于困境中的生命强大的支持动力！文章的第二个特色就是以儿童的口吻叙事使文章更适合小朋友的阅读。

【教学设计】

教学目标：继续学习默读，在整体了解文字的基础上，提升读写速度，理清文章思路；通过圈画关键句子，品味课文中的心理刻画，把握人物心灵变化与心智发展历程；根据自身的生命感受，思索和实践课文所探讨的生命经验，获取生命启迪。

教学创意:读写结合以学促写。

教学思路:积累运用+理清情节+主要问题活动+美点赏析+主旨探究。

时间安排:一课时。

教学过程:

1.看视频,入课。

长津湖伍万里成长的视频片段。同学们,这是伍万里的成长,从一开始的不敢用枪,到后来的不但敢用枪,甚至敢用手榴弹炸敌人。那本文作者的成长又是怎样的呢? 让我们走进课文《走一步,再走一步》。

2.积累字词。

谆谆教导:告诫,指导。

耸立:高高地直立。

迂回:曲折迂回。

凝视:聚精会神地看。

啜泣:抽噎,抽抽搭搭地哭泣。

纳罕:诧异,惊奇。

头晕目眩:头晕,眼睛发花。

小心翼翼:原来形容认真虔诚的样子。文中形容举动非常小心。

3.整体感知。

(1)快速默读全文,画出标志时间转变与空间转换的语句,梳理故事情节。

(2)画出文中表达"我"心理的句子,根据文中情节和圈点勾画的关键信息,进行填写。明确:起因(犹豫)、经过(害怕、反胃)、发展(无助、恐惧)、高潮(小心翼翼)、结局(充满成就感和骄傲)。

(3)多角度复述课文内容。请任选一种方式进行复述:根据"起因—经过—发展—高潮—结局"的次序加以复述;以突出"冒险—入险—脱险"时人物内心的体验方法并加以概述;以父亲的口吻复述;以杰里的口吻复述。

4.美点赏析,探究意义。

阅读父亲引导"我"脱险的过程以及结尾部分的议论,把握重要语句,评析美点,感悟本文中心,并说说得到的启示。

5.课后作业。

生命中难免会遇到困难,你面对困难时是如何处理的? 有什么经验教训? 明确:当我们面临困境时,不能惧难止步,要勇敢跨出第一步;学会坚持到底,不要轻言放弃;要冷静地分析问题,一步步拆解问题,积小胜为大胜。

《驿路梨花》教学设计

王雪兰

设计依据:

任务情境:学校七年级语文组将在"红五月读书节"中开展以"巧设悬念,妙笔生花"为主题的故事大赛活动,要求各班推荐三篇精品故事参加年级评比。

核心任务:探究及运用巧设悬念的技巧,完成600字的悬念故事。

任务一:寻梨花,探悬念之巧。

寻梨花,找人、屋关系:请略读文章,梳理文中的人物与小茅屋之间的故事,用两个字概括他们之间的关系。

《驿路梨花》人物与小茅屋的关系一览

人 物	与小茅屋的关系
"我"和老余	借宿(借住)
瑶族老人	回报
一群哈尼小姑娘	照管(照料)
梨花	照管(照料)
解放军战士	搭建(修建)

理思路,究构思之妙:请再次梳理文本,完成思维导图。

概念解读:悬念,就是通过对情节做悬而未决和结局难料的安排,以引起读者急欲知其结果的迫切期待心理的一种写作技巧。构成悬念的技巧,一般分为"设悬—衬悬—解悬",既出人意料,又合情合理。

小组探究《驿路梨花》悬念的设置的位置、方式和妙处,完成以下表格。

《驿路梨花》悬念分析

悬念位置	悬念描述	悬念方式	妙 处
总设悬念	小茅屋的主人是谁？		
开头	"我"和老余傍晚时分深山赶路,在梨花林中发现了一座小茅屋。 分设悬念一:"这是什么人的房子呢?"(第8段)	设悬一:疑问设悬。	引发读者的阅读兴趣。
中间	"我"和老余误认为瑶族老人是小茅屋的主人,见到他后连忙感谢,后来得知瑶族老人并不是小茅屋的主人。 分设悬念二:"主人家是谁?"(第17段)	衬悬:误会推进。 设悬二:疑问设悬。	推动故事情节发展,增加故事曲折性,增强文章感染力。
结尾	"我"和老余误认为哈尼小姑娘是小茅屋的主人,见到她后连忙行礼感谢,后来得知房子是解放军叔叔盖的。 分设悬念三:"解放军叔叔为什么在这里盖房子?"(第32-33段)	衬悬:误会推进。 设悬三:疑问设悬。 解悬:对话和插叙揭开谜底。	推动故事情节发展,增加故事曲折性,深化主旨。
总结:"设悬—衬悬—解悬"巧妙构思,让情节波澜起伏,增强曲折性,引人入胜。			

任务二:绘导图,悟悬念之法。

课前布置学生预习《带上她的眼睛》和《麦琪的礼物》两篇文章,并绘制小说情节、人物、主题思维导图。小组探究《带上她的眼睛》悬念,完成以下表格。

《带上她的眼睛》悬念分析

悬念位置	悬念描述	悬念方式	妙 处
总设悬念	为什么要带上她的眼睛？		
开头	"我"要去度假,主任让我再带一双眼睛去。眼睛的主人像一个刚毕业的小姑娘,穿着肥大的太空服,周围飘着失重的铅笔。 分设悬念一:"为什么带眼睛?她是谁?"(第1段)	设悬:疑问设悬。	引发读者的阅读兴趣。
中间	"我"来到小姑娘起航前的地方,在草原上度假,掏出她的眼睛戴上,原来眼睛就是一副传感眼镜。 度假中,她的举止非常矛盾。表现在: 1.情感丰富到不正常。 2.对话答非所问。(第6-24段)	衬悬:矛盾推进。	推动故事情节发展,增加故事曲折性,增强文章感染力。
结尾	"我"无意中发现了小姑娘的真实身分,知道了她是"落日六号"领航员,明白了她之前的种种矛盾的原因。(第25-45段)	解悬:对话和补叙揭开谜底。	推动故事情节的发展,增加故事曲折性,深化文章主旨。

3.小组探究《麦琪的礼物》悬念的设置的位置、方式和妙处,完成以下表格。

《麦琪的礼物》悬念分析

悬念位置	悬念描述	悬念方式	妙 处
总设悬念	贫穷的德拉如何在圣诞节送吉姆一份精致、珍奇而有价值礼物?		
开头	贫穷的主妇德拉在圣诞节前只剩下一块八毛七分钱,而她一定要在圣诞节送吉姆一份礼物。 分设悬念一:"贫穷的她怎样才能弄到钱呢?"(第1—6段)	设悬:疑问设悬。	引发读者的阅读兴趣。
中间	德拉想送吉姆一块表链,因为他有一块祖传的金表,而贫穷的德拉正巧有着一头美丽的长发。 德拉卖掉了夫妻俩引以为傲的一样东西——头发,用卖发得来的钱为吉姆买了一条表链。(第12—17段)	衬悬:巧合推进。	推动故事情节的发展,增加故事的曲折性,增强文章的感染力。
结尾	吉姆卖了心爱的手表,给德拉买了用来装饰那一头长发的成套发梳。(第44段)	解悬:对话揭谜。	推动故事情节发展,增加故事的曲折性,深化文章主旨。

对比探究3篇文章在设置悬念上的异同,完成表格。

对比阅读分析

篇 目	悬念位置(同)	悬念技巧(异)	主 题
《驿路梨花》	全文总设悬念,围绕总悬念,再分设悬念,悬念贯穿文章始终,让文章波澜起伏,引人入胜。	疑问法 误会法	对助人为乐的雷锋精神、对边疆少数民族的淳朴民风、对发扬光大雷锋精神的一代新人的赞美、热爱、崇敬之情。
《带上她的眼睛》		矛盾法	歌颂了乐观、敬业,为了科学而不怕献身的精神,也表达了最平凡的事物才更需要我们去珍惜的哲理。
《麦琪的礼物》		巧合法	反映了美国下层人民生活的困苦,讴歌了夫妇二人纯真的爱情,对当时金钱至上的资本主义社会进行了辛辣的讽刺。
总结:运用悬念的技巧精心布局谋篇,能突出主题,立意高远。			

巧设悬念技巧归纳：疑问法、误会法、矛盾法、巧合法。补充倒叙法。

解悬方法归纳：插(补)叙法、对话法。

任务三：写故事，尝试悬念之法。

1.联实际：为参加学校的"巧设悬念，妙笔生花"为主题的故事大赛活动，自行思考合适事件，向小组成员讲述，小组推选最佳事件，运用刚才总结的设置悬念的方法，加入丰富而合理的想象与联想，列写悬念故事提纲，现场展示。

2.结合评价量表，评价各小组的悬念故事提纲。

评价内容以及层级赋分量

评价内容	层级赋分
运用一种或者几种学过的设置悬念的方法	
悬念有一定的解答或提示，情节完整	
想象联想合理，人物形象突出	
主题鲜明、立意深远	

3.小试牛刀：完成200字的悬念故事开头。

课后作业：依据提纲，运用悬念法，完成600字的故事，班级交流评价，推选三篇精品故事参加评比。

《爱莲说》教学设计

徐静

【设计理念】

阅读是一种文体思维,即对某一种特定体式、特定文本的理解、解释、体验、感受。王荣生教授认为,阅读教学要将教学内容的落点转移到阅读的方式,课堂教学的重心应以学生的阅读初感为起点,教给学生合适阅读方式,引导学生学习、运用合适的阅读方式,从而得出自己的理解结论。也就是说,阅读教学要从关注阅读结论转移到关注阅读过程,教学内容的重点要从"把我对教材的理解教给学生"转移到"把我理解教材的方式教给学生"。

翻译、串讲、分析文章内容、品鉴艺术手法,是文言教学的常见内容,但这样的教学仍是停留在"把我对教材的理解教给学生",学生跟着老师在经历了文本内容后并不能形成可迁移的阅读能力。

读完一篇文章后,学生如果能够自主阅读同类作品,这就叫有学习力。在教学中,我们要追求这种"变个为类"的能力。

但有老师可能会有这样的困惑:每一篇文本都有自己独特的生命,是"这一位"作者的"这一篇"作品,阅读教学中如何做到教"这一类"的阅读方法,形成可迁移的阅读能力,又能让学生体会到"这一篇"的独特生命? 在教学点的选择上是依据"这一篇"的"个性"还是针对"这一类"的"共性"?

其实,每篇文章都必定会有"这一类"的特征。同时,既然是"这一位"作者的独特体验,就必然有"这一篇"的特色。如果将阅读教学内容确定为"这一篇"而不是"这一类",那么学生将无法用阅读某一类文章的方法去阅读同类的文章。如果针对"这一类"设计,就必定会丢失了"这一篇"的味道。

阅读教学要同时兼顾"这一类"与"这一篇",不能只关注某类文体的普遍性而忽视了单个文本的特殊性,也不能只关注单个文本的特殊性而忽视某类文本的普遍性。总之,阅读教学既要兼顾"这一类",因为只有高概括、结构性的知识才能形成高迁移性,同时又要兼顾"这一篇",因为文学是"人学",只有兼顾这一篇才能见作者,见生命,见个性。

【学情分析】

1.学生阅读的困难点。

七年级学生已有一定的文言知识积累,《爱莲说》这篇文章篇幅短小(仅119字),学生能借助工具书和注释初步读懂课文大意,学生的困难点是不知道作者对莲的外在的描写和赞美其实就是对君子品性的赞美,即使学生能感觉到莲的外在描写对应着君子品性,他们也不知道应怎样一一准确地理解君子的品性。梳理学生的困难点,我们发现学生因为没有掌握"托物言志"文章的阅读方法,造成了阅读上的障碍。

2.教学点的选择。

王荣生教授认为,教学点的选择应依据文本内容和学生疑难处选择促进学生理解和感受文本的语文知识。《爱莲说》一文中,作者借"莲"表达自己的人生志趣,是篇托物言志美文。依据这篇文章的"篇性"和学生的困难点,确定了本文的教学点——学习托物言志文言的阅读方法。

【学前诊断学习单】

1.结合课后注释及工具书翻译全文,圈出不确定或不会翻译的字词,不能解决的字词,译句科代表抄写在文言字词反馈单,交给老师。

2.文章写了什么? 你是怎样读出作者的情感的? 写下自己理解这篇文章的主要阅读方法。

3.在对文章的阅读中,你还有哪些不理解处或者疑难处,请写下来。

【课堂学习】

核心任务:掌握托物言志文言的阅读方法。

子任务一:初读课文,感知文义。

1.读准字音,读准停顿。

重点字音:

敦( )颐( )蕃( )予( )淤( )

濯( )涟( )亵( )噫( )鲜( )

2.释疑解难,疏通文义。请将"学前诊断学习单"中难懂的字词和译句记录下来。

子任务二:研读课文,建构形象。

1.解题。

知识卡片1:"说",一种议论性的古代文体。可以直接说明、阐述事理,也可以就一事、一物或一种现象抒发作者的感想或论说道理。篇幅一般不长,写法不拘一格。

知识卡片2:托物言志,即将个人之"志"依托在某个具体的"物"上,"物"便具有了某种象征意义,成为作者的志趣、意愿或理想的寄托。

2.品读描写莲花的句子,完成表格。

《爱莲说》文本分析

所托之物（莲）	物（莲）的形象		所托之志
	莲的外在特点	莲的内在品格	
出淤泥而不染	不会被污浊的环境浸染	洁身自好，不与世俗同流合污的品质	洁身自好，不与世俗同流合污的品质
濯清涟而不妖			
中通外直，不蔓不枝			
香远益清			
亭亭净植			
可远观而不可亵玩焉			

子任务三：知人论世，体悟情志。

知识卡片："知人论世"，联系作家写作的背景和写作动机、联系作者所处的时代和个人生活经历等背景知识对文学作品进行分析和鉴赏的方法。

背景资料1：

宋王朝拥有一个庞大腐朽的官僚机构，大批官员，自下而上追名逐利，贪竞成风，不择手段。——范文澜《中国通史》卷五

背景资料2：

从30岁到52岁，整整22个年头，周敦颐始终在州县两级地方官的位置上下徘徊。在这22年的州县生涯中，秉公执法，正直无私，清廉一生。周敦颐在47岁时写下《爱莲说》。

背景资料3：

有囚法不当死，转运使王逵欲深治之。逵，酷悍吏也，众莫敢争，敦颐独与之辩，不听，乃委手版归，将弃官去，曰："如此尚可仕乎！杀人以媚人，吾不为也。"逵悟，囚得免。——《宋史·周敦颐传》

子任务四：回顾阅读经验，梳理阅读思维。

实践运用：结合《爱莲说》一文，为"原味少年派"公众号写一篇"托物言志"阅读方法的指导文章。

《学会选材》教学设计

黄林建

教材分析:

本课是新编部编教材七年级下册第四单元写作实践的教学设计。这一单元都是写人记事的文章,涉及写作中的选材问题。可以说这一课是编者们精心设计和安排的。教材的写作内容的安排是"力求调动学生的兴趣,改变害怕写作的现状""作文课力求一课一得,避免笼统和大而无当""加强灵活性和指导性"。

人教社高级编辑尤炜在部编教材培训中就七年级写作教学内容这一块特别指出:"七年级上册主要指导学生完成记事写人、表情达意的基本内容;七年级下册主要指导学生从多个方面提高书面表达的基础水平。"

七年级下册教科书写作教学内容:第一单元,写出人物的精神;第二单元,学习抒情;第三单元,抓住细节;第四单元,怎样选材;第五单元,文从字顺;第六单元,语言简明。

本册书的写作内容相对于七年级上册来说是有些递进,同时又有了一些专项性的写作训练。

"学会选材"与相应单元的课文有所呼应,与部分课文关系紧密。例如本单元的课文《叶圣陶先生二三事》就是如何选材的一个典范。但同时又属于比较独立的写作任务。从初中部编教材整体来看,本节"学会选材"与七年级上册"思路要清晰","如何突出中心"共同构成文章"完篇"训练。

教材就是最好的例子。部编版语文教材是经过众多语文专家学者层层把关,精心编写的语文教学资源。可以说是语文教学的标杆,是旗帜。这套语文教材里面的教学资源丰富、形式多样。以教材中的写作编排为例,写作教学内容安排是一个序列化的、系统性的编排。每一个写作课例安排了"写作指导"和"写作实践"两项内容。其中"写作实践"内容的编设是紧扣学生生活实际,写作题目的设计都是学生感兴趣或有话可说的话题。例如本写作课例"写作实践"的第二项任务:

你们班一定有不少"牛人"吧？他们或是"读书迷",知识丰富;或是"演说家",善于表达;或是班里的"大管家",热心集体事务;或许还有体育健将,乐器高手,智力超人……以《晒晒我们班的"牛人"》为题,写一篇作文。不少于500字。

提示:

1.可以只写一位"牛人",选取最能表现其"牛"的材料,突出其特点;如果这个人很多方面都"牛",就要注意分清主次、详略,合理安排。也可以写几位"牛人",每位牛人只写一件事,但要突出他们各自不同的特点。

2.语言可以诙谐,幽默一些,甚至带点儿调侃的味道,这样会增加文章的趣味性。

我们在进行课堂教学设计时,应充分重视教材资源的开发,以教材为本进行教材资源的深度开发。而当今我们很多的语文老师的备课是脱离教材去网上追新求异,这样就成了舍本逐末,偏离了教材编写的宗旨和目的。本课例就是基于教材中的"写作实践"题目而进行开发的。

学情分析:

七年级下学生能够在作文中通过事例材料来表现人物,但是往往是先定事例再定中心,本末倒置;再者学生选材过于陈旧少新意。学生没有学会用心去观察生活,提取材料。因此,学生没有意识到文章的材料对于作文的重要性,也就没有选材意识。同时,七年级的老师还应重视对学生语文学习兴趣的培养。因此,在课堂上如何让学生边玩边学,让每一个学生都参与其中,是必先考虑的一点。

确定教学点:

(1)教学目标:通过实例指导和训练学会围绕中心选择合适的材料。

(2)教学重点:运用所学材料选择要求知识点,对材料进行筛选。

(3)教学难点:针对课堂生成的材料实例讨论辨析领会选材要新颖。

活动一:晒"牛人"。

导入语:同学们,请介绍介绍我们班的牛人吧! 你为什么选他呢? 请说说理由。并且要说事例。晒我们班的"牛人",上黑板写出"牛人"姓名;"牛"在哪里?

预设(学生自由地、尽情地说,上黑板板书出"牛人"和事例,越多越好):我们一篇作文篇幅有限,不可能把所有材料都写进去。于是就有了一个如何选择材料的问题了。这也是我们今天这节作文课的内容。

板书:学会选材。

设计意图:一是可以消除学生在公开课堂上的紧张感;同时我们可顺势引入课题;二是为下一环节准备写作材料。可谓是一举多得。

活动二:"庖丁解牛"。

1.活动设计:学生速读课本,带着这两个问题去寻找答案、圈画答案信息。

2.问题设计:①材料有几类呢? ②选材要注意什么事项呢? 回归课本,明确本课目标(围绕中心选材)。学生会依据本课目标快速浏览课本。圈出重要知识点。

设计意图:课本中对写作中如何学会选材的知识点有比较全面地介绍。因此,我们应充分利用好课本。但课本中对选材的知识点只是简明扼要地介绍。作为七年级的学生如果只是对这些知识点死记硬背，而没有内化为学生写作技能的掌握，这就需要我们执教者在有限的课本知识点上去运用创新创设出符合学生认知水平的"平台"了。

板书设计：

材料类型：直接材料；间接材料。

选材要求：围绕中心（取舍、详略）；真、新。

以上内容虽只是几个关键词，但却是学生学会如何选材的奥秘所在，其中包含的信息量是非常大的。预设：列举《叶圣陶先生二三事》突破材料"取舍"；《阿长与山海经》突破材料"详略"；《散步》突破材料"新"。

活动三：小试牛刀。

1.活动设计：请以《我们班的牛人》为题，先自定中心，依据选材的要求，从黑板中的材料中选出合适的材料。完成以下表格。

《我们班的牛人》选材分析

题　目	中　心	事　例
我们班的牛人		

预设：学生的困惑在于如何确定文章的中心？老师准备一个如何确定中心的牛博士：中心，就是文章所表达的基本思想（也叫写作目的）。

确定中心的方法：根据人物的思想品质来确定中心；根据事情本身的意义来立意。根据自己对生活的感受、思考、体验来确定中心。

2.写一写：学生独立修改表格。

预设：不是简单地抄黑板，而是围绕中心选取牛人事例，备注好材料的详略安排。

设计意图：从书本中的选材知识点到真实写作情境中的应用；学会选择材料的第一步：围绕中心进行材料的取舍。

活动四：看谁最牛。

活动设计：同学们四人一小组，相互交换各自的表格，对照选材的评判量化表，对表格中的事例进行评判，修改。小组最后合作完成一份最满意的作品来展示。

《我们班的牛人》选材评价

评价标准	事例1	事例2	事例3	修改建议
材料是否真实				虚假材料，坚决不用
是否围绕中心				跟中心无关的，舍弃不取
详略安排				最有利于表现中心的材料要详写
材料是否新颖				选别人未使用过的或有自己新的感悟的材料

设计意图:学生利用评价标准小组合作讨论再次强化选材要求;学会选择材料的第二步:怎样做到材料的新颖。

活动五:牛人指路。

1.活动设计:帮老师学生的选材找毛病、提建议。

《我的一天》选材

题目	中心	事例
我的一天	通过对自己一天中几个学习生活场景的描述,我懂得了只有发现生活中不一样的美,才会活得精彩	上学途中的公交车上,我见到一个年轻人给老人让座
		语文课上,我主动回答了老师提出的问题
		期中考试成绩公布,成绩虽不理想,但自己会继续努力
		放学路上,我扶起了一辆倒在路边的共享单车

2.问一问:这位同学的选材问题在哪?

活动六:牛在最后。

运用本课学习到的选材知识,以《我们班的牛人》为题,写篇不少于600字的文章。

要求:先定中心,再选好材料;小组内互改,交流分享。

结语:这节课,我们不仅认识了班上的牛人,而且学习了怎样围绕中心选择合适的材料。这是我们写好一篇作文的第一步。

教学反思:

2022—2023学年,我有幸加入了海旺学校"金星闪名师工作室"。工作室申请了深圳市级课题"'养育语文'初中生语文学习力研究"。我们课题组成员在特级教师金星闪老师的带领下共同探究语文课堂教学问题。在金老师的带领下,一年来我们小组成员不断地听课、评课、设计、磨课、上课,本人在教材文本分析、学生学情分析、课堂教学设计、课堂教学反思等方面的能力都有质的提升。特别是在2022年12月,在金老师的组织下,我们课题组全体成员参加了宝安区"万名名师上好课"课堂教学研讨活动。我代表海旺学校执教《观点要明确》作文课参与活动,赢得了语文专家们和兄弟学校们的一致好评。现把《学会选材》课例和反思整理如下:

1.立足课本,充分挖掘教材资源。

新编教材与老版语文教材一个重大的变化就是增加了写作内容的指导。如七年级下册:第一单元:"写出人物的精神";第二单元:学习抒情;第三单元:抓住细节;第四单元:怎样选材……细读之后发现:每一单元的写作内容的确定,都是编者们精心设计和安排的。是结合了本单元课文在写作上的一个共同点来编排一个写作知识点。这种编排一定程度上是符合学生的学习实际和学习规律的。

我们在实际的教学过程中,就应充分利用好课本上的宝贵资源。其实这就很好地解决了我们作文教学过程中存在的无目的性、无序的问题。

2.精心设计,充分调动学生写作兴趣。

新编教材虽然根据初中阶段学生的写作要求为我们编排了一系列的写作知识教材,但这些写作知识都是非常理论化、简单化的东西。不利于学生的掌握和运用。这就需要我们一线的语文老师充分发挥自己的主观能动性,创造性地去设计合适的教学课例帮助学生消化这一系列的写作知识。

诚然,兴趣是学生学习写作最好的老师!一个好的教学设计首先是适合学生的。好的教学设计应能充分调动孩子的写作积极性。这就要求我们在设计写作教学课例时一定要先了解学生的学情。教学课例是从学生中来最后到学生中去的。课例的设计应是适合学生的认知规律。

3.创设平台,帮助学生掌握写作知识。

在写作教学中,为学生创设各种学习平台是非常重要的。写作知识教学有其独特性——理论性的知识多。学生在学习运用过程中会遇到各种各样无法跨过去的"坎"。例如:在本节课中如何做到材料的新颖? ①选用别人没用过的材料;②别人用过的材料从中有新的体会和感悟。其中第二个知识点对学生来说就是一个不小的"坎"。如何帮助学生跨过去,需要我们在教学过程中为学生去创设搭建一个学习平台。

总之,这一次的写作教学的设计过程只是一次简单尝试。在此过程中一定还存在着许多的不足之处,还需要我们去摸索。

《怎样选材》教学设计

徐静

教学落点:掌握"交际语境写作"的选材的方法。

学情分析:

1.大多数学生能运用交际语境四要素构思写作,但交际语境的写作和过去的语篇写作在选材上的依据有所不同,在交际语境情境下如何选材,学生的认识存在偏差。

2.《逝去的生活》第一次写作问题归类:

(1)有1/3的学生不能依据不同的"读者"选择合适的"目的";

(2)有相当大一部分学生,写作的"交际目的"不清晰;

(3)学生作业中存在的最大的问题——不能围绕"目的"进行"选材",不能依据"目的"安排写作的"详略"。

教学重点:理解并掌握交际语境写作要围绕"目的"进行"选材";理解并掌握交际语境写作要紧扣"目的"安排选材的"详略"。

突破重难点的方法:从"读者意识"入手,依据"读者"定"目的",依据"目的"来"选材";以学生《逝去的生活》的习作为例子,对比分析悟出方法。

3.用量表指引学习方向。

课前准备:

1.采访你家里的一位长辈,用短篇报道的形式写出你的采访结果。内容要包括这位长辈的童年、青年、壮年三个时期。在他生命的每一个时期要描写典型的一天的生活以及受访者印象深刻的事。

2.第一课时:在班级内分享各自的采访稿,并完成以《逝去的时光》为题的交际语境写作。

本课为第二课时。教学流程如下:

《怎样选材》教学流程一览

流　程	学生活动	教师活动
课前准备1	采访你家里的一位长辈,用短篇报道的形式写出你的采访结果。内容要包括这位长辈的童年、青年、壮年三个时期。在他生命的每一个时期要描写典型的一天的生活以及受访者印象深刻的事。	引导学生完成采访任务。
课前准备2	分享交流"采访报道",并完成以《逝去的生活》为题的交际语境写作。	组织学生分享交流"采访报道",并提示学生用"语境四要素"构思写作。
导入:本课学习内容。	倾听,明确本课的学习内容。	回顾之前一段时间的学习经历,呈现作业问题,由作业反馈过渡到本课学习内容。
学习活动一:落点,依据"读者"定"目的"。	1.分享交流如何按照"语境四要素"(读者、目的、作者、体式)构思"逝去的生活"。 2.思考:交际语境四要素中最重要的是要先有(　　)意识。	1.组织学生分享交流。 2.适时引导点拨。
学习活动二:落点,依据"目的"定"选材"。	1.阅读《写给妈妈的一封信》。 2.思考:这封信是否达成交际目的?在交际语境写作中,怎样选材? 1.学生阅读材料二《逝去的生活》。 2.学生依据"目的—选材"量表化评一评这篇习作。 3.小组内组织交流讨论,班级分享。	1.组织学生交流。 2.适时引导点拨。 1.引导学生用量化表评点材料二。 2.组织学生讨论交流。
学习活动三:落点,依据"目的"定"详略"。	1.阅读材料三。 2.小组讨论:为了达成交际目的,哪个材料需要花费更多笔墨?为什么?	1.全班巡回,了解学生的讨论状况。 2.适合引导点拨。
学习活动四:落点,依据量表修改自己的写作。	对照"交际语境写作——怎样选材"评价量表修改自己写作。	1.提醒学生继续修改。 2.组织生生互评。

附:交际语境写作——怎样选材(导学案)

课前准备:

一、采访报道

采访你家里的一位长辈,内容包括这位长辈的童年、青年、壮年的三个时期的事。

采访记录

采访人:

采访时间:

采访对象:

采访形式:

采访内容:

二、班级内分享交流"采访报道"

三、交际语境写作

请以"逝去的生活"为题,完成一次交际语境的写作。

材料一:

写给妈妈的一封信
王从涣

亲爱的妈妈:

　　您好!

　　记得以前和爷爷生活在一起,您总是抱怨爷爷爱吃剩菜。每当您看到爷爷在吃剩菜时,总会一把抢过爷爷的筷子,头也不回地走向厨房。我知道您是怕爷爷吃剩菜,吃坏了身体,但妈妈您却不知道爷爷小时候吃的苦,受过的累。

　　爷爷大半辈子生活在穷苦的农村,他小时候和我们现在的生活差太多:白天,天还没亮,爷爷就要去山里砍柴,给家里要上学的两个弟弟做早饭,早晨,要下地干活,喂鸡;中午又要回家给家里人做午饭;下午又要去离家一二公里远的地方放牛。饮食方面他比您差多了,他们每天只吃两餐,只能吃白粥,白粥的米很少。听爷爷说,喝粥时只看见白白的粥水里,有十几粒米在里面漂着。

　　他长大后还要每天挑着几十斤的甘蔗,走十几公里的山路,然后挤火车去县城卖。那时的火车,不像现在的地铁,人都是有秩序从门进,而是要爬窗户的。因为人多,一大群人把火车门围得水泄不通,所以爷爷每次都要爬窗户进,如果运气不好,爷爷前手把甘蔗往车窗里丢,后手爬进来,甘蔗就没了。

　　就像以前经历过饥荒的人,即使他们现在富裕了,但他们的冰箱总是塞得满满的。也许正是因为爷爷小时候体验过极度的饥饿,所以在他心里永远有一种饥饿感和饱受饥饿的恐惧,以至于他在粮食面前,显得格外珍惜。亲爱的妈妈,我爱您,也爱爷爷。希望您能多理解爷爷,希望你们能相处得更和谐!

　　祝生活幸福! 家庭和谐!

爱您的儿子:从涣
×年×月×日

学生活动一:完成下列表格,理清写作的思路。

《写给妈妈的一封信》文本分析

读　者	

目　的	
作　者	
形　式	
选材一	
选材二	
选材三	

学生活动二:思考:这封信是否达成交际目的？在交际语境写作中,怎样选材?

材料二:

逝去的生活

海旺学校　李晓冰

①我们的奶奶,曾为了她的弟弟妹妹,从小放弃学习,每天太阳还未升起的时候便去村子后面的猪草地割猪草,再背回来自己做成猪饲料,这本应是家中的男人做的事,可是奶奶以瘦弱之躯挑起了家庭的重任。

②奶奶在猪草地拔猪草,曾祖父在河边扳鱼,四根竹竿,穿着渔网的四个角,放河里,撒下饲料,不一会,把翘起的杆子往下一按,便有满满的鱼挂在网上。曾祖父叫奶奶挑出最小的鱼,然后把大的鱼拿去卖,晚上回家,熬点小鱼汤,算是一家人的菜,卖鱼赚的钱,也只能勉强维持家中温饱。

③我曾问奶奶:"这辛苦值吗?"奶奶说:"值! 弟弟妹妹都很争气,都有出息,我甚至觉得,那是我这辈子最正确的决定。"如果时光回到40年前,奶奶这么辛苦工作,为了自己的弟弟妹妹放弃了自己读书的机会,换来的是弟弟妹妹天天外面玩闹,我想,奶奶会巴不得自己去上学,而不是做这没有必要的牺牲。

④奶奶还跟我诉苦,说现在人人都是低头族,缺少了人与人的交流,少了一股人情味,如果可以宁愿没有现在的电子科技,还人与人之间可以相互信任的世界。在40年前,各家各户都不是很富裕,但是据奶奶讲,如果有一家没有饭吃了,邻居们都会给他一些米,当时没有钱,被帮助的人,会十分感谢地说:"谢谢,太感谢了,等明年,我们家的小麦熟了,我拿小麦还你们。"而现在的社会呢,碰瓷的碰瓷,一些年轻人,装残疾,乞讨钱,为了利益,为了不劳而获,违背了自己的良心。现在的老人摔倒,人人都不敢扶,都怕是诈骗。奶奶小时候,不小心掉河里了,河边的叔伯一个个像下饺子般地跳下去,大伙儿偏偏没想到,奶奶会游泳,当时所有人都笑了。

学生活动三:从"目的—选材"的角度评评这篇习作。思考:文章如何进一步修改?

《逝去的生活》"目的—选材"分析

角度要求		分　值	自评	读者评	师　评
目的	交际"目的"明确	6—10分			
	交际"目的"不明确	6分以下			
目的—选材	选材较好地实现交际"目的"	8—10分			
	选材基本实现交际"目的"	6—7分			
	选材不能实现交际"目的"	6分以下			

学习活动四:

(1)小组讨论:为了达成交际目的,哪个材料需要花费更多笔墨?并说说你的理由。

材料三:

话题:逝去的生活。

读者:社会上的"低头族"。

目的:让人们不停留在虚拟的空间,回归现实的生活,找回人与人之间的那份真诚。

作者:晓冰。

体式:公开媒体发表。

选材一:地铁上的人看手机,就连坐在同一桌的人也都是各自看自己的手机。

选材二:将奶奶过去的生活——那时没有高新科技,只有面对面的交流,人与人之间充满温情的生活和"低头族"分享。

选材三:我自己做"低头族"和不做"低头族"生活和心灵感受变化。

结尾:呼吁人们不停留在虚拟的空间,回归现实的生活,找回人与人之间的那份真诚。

(2)依据"交际语境写作——选材详略"的量化表评一评这篇习作。

材料四:逝去的生活。

读者:我表弟。

目的:规劝他,让他不那么倔强,让他知道现在的生活很美好,不要自暴自弃,要好好学习。

作者:我。

形式:信。

选材一:老一辈人讲述的他们那个时代的故事:他们以前的学校就是几间简单砖瓦房,上学要走很长的泥泞路,那时的书是油纸印的,作业本的纸非常金贵。(略写)

选材二:现在中国的情况:GDP第二,联合国安理会常任理事国,90%以上的学校都是现代化的(计算机,投影机等)老师都是各种名校毕业的,学生的生活条件也很好。(略写)

选材三:现在的学生与以往学生的学习热情对比,分析产生这种现象产生的原因。(详写)

结尾:祝你能做一个新的自己,希望2017年是你人生的转折点,祝你身体健康,学业有成。

学习活动五:对照、修改自己的写作。

《托物言志》教学设计

郭紫宁

【核心任务】用托物言志的写作手法写一篇作文。

托物言志：通过描绘具体事物的形象来表达思想，寄托感悟。由于作者将个人的"志"依托在具体的"物"上，于是这个"物"便具有了某种象征意义，成为作者的志趣、意愿或理想的寄托。托物言志的"物"可以是景物，还可以是某种事物；托物言志的"志"不仅包括感情，一般还侧重志向、情操、爱好、愿望、要求等。

活动一：复习回顾。

问题一：学过的托物言志类文章有哪些，它们分别托何"物"，言何"志"？

《台阶》：托"台阶"表达作者对"父亲"一生追求地位、尊严最终徒劳异常的同情与感伤。

《爱莲说》：托"莲花"表达作者对于洁身自好、自尊自爱、通达正直等君子品质的追求。

《陋室铭》：托"陋室"表达作者不慕名利的人生态度和高洁傲岸的人生志趣。

《一棵小桃树》：托"小桃树"表达作者逆境生长、不屈不挠、永不放弃的态度。

《紫藤萝瀑布》：托"紫藤萝"表达作者珍爱生命的态度和敢于面对的勇气。

问题二：该"物"是如何描写的呢？请结合内容回答。

"物"怎么出彩？

多种_____（比喻、拟人、通感）；

多种_____（五感）；

多种_____（记叙、抒情、议论）；

独立成段。

活动二：故事讲述。

问题：围绕"物"可能会发生什么故事呢，请你用自己的语言给同学们讲一讲。

例如:作者看到了紫藤萝,被它的美丽所吸引,驻足观赏,后来想到了十多年前的紫藤萝,明白了"生命的长河是永无止境的",人要勇往直前,努力生活。

托物言志的"物"可以是景物,还可以是某种事物。

写作思路:确定"物"—讲好故事— 赋予意义。故事创设。

活动三:由"物"及"志"。

思考几篇托物言志文章,回答作者运用了哪些方法将"物"与"志"联系起来的。

托物言志文章"物"与"志"分析示例

篇 目	由物及志的句子	方法	表达方式
《爱莲说》	予谓菊,花之隐逸者也;牡丹,花之富贵者也;莲,花之君子者也。		议论
《陋室铭》	南阳诸葛庐,西蜀子云亭。孔子云:"何陋之有?"		议论
《紫藤萝瀑布》	忽然记起十多年前家门外也曾有过一大株紫藤萝……		记叙议论
《一棵小桃树》	我亲爱的,你那花是会开得美的,而且会孕出一个桃儿来的;我还叫你是我的梦的精灵儿,对吗?		抒情

方法:托物言志。具体手法:衬托;引用、类比、对比(不同物对比;同物不同时期对比);拟人、比喻。

表达方式:记叙(插叙)、抒情、议论。

活动四:作文优化。

下面我们将习作《生活的缝隙有花开》进行升格:

1.天是黑的,因为在下雨;云是灰的,因为在打雷。这个城市又经历了一场狂风暴雨,可这场雨却催生出了生命。

2.在石头的缝隙里,确实有一朵花,他很小,几乎看不见他。虽然在石头的缝隙里生长却处在一个十分优越的环境里,他所在的地方是一个人很少的小道,旁边是潮湿的围墙,即使是在早晨他也处于围墙阴影的边缘,只要往旁边多长长就能够到阳光,而那些在墙角的花大多已经死在追求阳光的路上,这朵花就在这里默默地生长着。

3.傍晚,一群学生聚在小道旁,他们拍着篮球,互相商量着要不要从这儿走。那朵石缝里的花歪着头,并不知道自己接下来的命运。那几个学生已经商量好了,结果他们往小道跑去,跑着跑着一抹红出现在地上,可他们不关心。

4.一阵风过去,花苞上沾染了脚印。

5.云淡风轻,漫长的时间好像转眼就过去了。一个人骑着自行车缓缓路过生活,有时候会带来一些烦恼,而像现在一样骑着车在平静的时间里逛一逛就能暂时消散烦恼,他也是这么想的,他转头一看就发现了这幽寂的小道。那朵花依旧伫立在石缝之中,在生活的夹缝里,他只能向上攀爬,如今他又突出了两个花苞,那是满含希望的花苞。

6.我路过这条小道,看着旁边一棵棵大树,我加快了脚步,低头,发现地上出现了一朵花。这是一朵红花,当我正惊讶于石缝中居然能开花这件事时,我突然发现残留在土里的花苞,他好像倔强地向我笑了笑,又好似在炫耀自己的功劳,他太顽强了。这真是落红不是无情物化作春泥更护花。

7.后来,缝隙里好像又出现了两个花苞,全部都成功绽放了!

请针对该篇文章提出你的优化策略。明确:故事可以再有趣;语言可以更出彩;主题可以更深刻。

小练笔:请对文章第1、4、6段进行修改,让它更加优美。头脑风暴,畅所欲言:你觉得这朵小花可能会遇到哪些事情? 既然主题一般是作者的观点和态度,你认为我们该如何通过文字去表达主题,让它更加鲜明呢? 请对第7段进行修改。

活动五:文章欣赏,并提出修改意见。

生活的缝隙里有花开
深圳市福永中学七(3)班 张文轩

晦暗的天空仿佛失明的老人,暗淡无光、茫然无措。暴雨,嘶吼过后,留下一片狼藉。

邻居早已搬家,荒弃的园子,一直没人打理,可那曾是我儿时的乐园! 那里也曾有啁啾的鸟啼,大片的葵黄,彼时,微风轻柔地吹拂我的面庞,貌似青天一梦,萦绕心房,那个少年无拘无束,自由自在。

又一次表演,明明专业过硬,明明用心准备,明明态度到位,可是,我一败涂地! 回家的路上,路过那片荒芜,走进去,感慨原来生活竟会沧海桑田,五彩斑斓到悄然失色,如此仓促,猝不及防! 突然,我瞥到了一株君子兰,隐藏于这一片杂草之中,会开花的吧? 我竟不自觉地期待起来!

回到家妈妈的拥抱给了我一定的鼓励,可是我还是有点失落日子照常过,只是每次回家我都会留半瓶水给那株君子兰浇水只怕能在那片院子里嗅到一丝童年的梦!

日子波澜不惊,但总有人出乎意料,为自己的青春增色,为自己的记忆填充,我从心里面为他们高兴呐喊,可是对于自己,我只想躲起来,不行,不能丢脸! 不能流泪!

日复一日地浇水,我真的在期待着什么! 只是盛夏已过,花期已逾,一切竟成徒然! 我的君子兰不会再开了!

"谦谦君子,翩翩如兰!""赤子之心,纯真善良!""可爱幼稚,着实可爱!"……

一天莫名其妙,我竟收到了这样的评价,有班里同学的、有科任老师的。原来是班长发现我状态不佳,组织同学们给我送的暖心纸条!

失败好像和别人没关系,身边都是一些欣赏我、在乎我的人。我回想那一天老师的支持、观众的赞赏、同伴的鼓励,其实好像没有那么糟糕,再后来我也经得起失败、开得起玩笑,生活越来越从容,因为我生活在一个有爱的集体,遇到了很多温暖的人!

故事的最后,我又看到了那朵花,不,是那丛花,我不知道花儿是独自如何躲过风雨、迎来新的一天的,或许也遇到了新的庇护者!

生活的缝隙有花开,而我也可以一直是那个无拘无束的少年,接受阳光,拥抱温暖。只要我想,我就能,当然我想,我能,我已做到!

徐徐微风,拂过脸颊,轻嗅、轻探,在阳光灿烂的日子里,我又寻到了那片园子,在生活的缝隙中,我的君子兰正在绽放!

《学写游记》教学设计

杨天宇

教学内容：

八年级下册第五单元《壶口瀑布》；语文主题学习《山水寄情》（八年级下册5）；相关文章：《壶口，壶口》《黄山记》《我爱北京的小胡同》《太阳的香味》。其他资料：课堂学习单。

教材分析：

八年级下册第五单元主题是游记，这是统编版教材颇具新意的设计。我们常说"读万卷书，行万里路"，游记应该是达成这一目的的直接的体裁。因为游记写法比较自由，风格多姿多彩，既能增长读者的知识，增加其见闻，又能给他们带来美的享受和心灵的共鸣。本单元的四篇文章分别为：教读课文《壶口瀑布》《在长江源头各拉丹冬》，自读课文《登勃朗峰》《一滴水经过丽江》。

本单元在预习提示中提到：通过记述游览见闻，描摹山水风光，吟咏人文胜迹，抒发作者的情思。阅读这类文章，随着作品去想象和遨游世界，可以让我们丰富见闻，增长知识，开阔眼界。学习这四篇文章，可以让学生真切地感受到景致之美，语言力量的强大。加上之前教材中写景散文和游记古文的学习积累，品读学习文本中所呈现出的景色文化与语言情感，可以引领学生们发现身边美好，在游记中畅游。

学习本单元，还要了解游记的特点，把握作者的游踪、写景的角度和方法，并揣摩和品味语言，欣赏、积累精彩语句。如果细细品读四篇不同风格的游记，带领学生学写游记的范本，既可以让学生在繁杂的世间慢下来以获得体验美的触动，又能让学生在模仿训练中获得写作技能的提升，在生活中学以致用。

此外，在配套的"语文主题学习"丛书中，八下第五单元读本为《山水寄情》。里面选取了大量的游记类经典文章，可作为课内阅读的补充和拓展，在教学中有选择地借鉴学习，可以进一步帮助学生把握写景的角度和方法，欣赏积累精彩语句，领略景物的文化内涵，提高学生游记类文章的读写能力。

课标分析：

《义务教育语文课程标准(2022年版)》第四学段(7—9年级)课程目标,在"阅读与鉴赏"中要求引导学生在通读课文的基础上,理清思路,理解、分析主要内容,体味和推敲重要词句在语言环境中的意义和作用。欣赏文学作品,有自己的情感体验,初步领悟作品的内涵,从中获得对自然、社会、人生的有益启示。能对作品中感人的情境和形象说出自己的体会,品味作品中富于表现力的语言。

要求学生写作时考虑不同的目的和对象。根据表达的需要,围绕表达中心,选择恰当的表达方式。合理安排内容的先后和详略,条理清楚地表达自己的意思。运用联想和想象,丰富表达的内容。注重写作过程中搜集素材、构思立意、列纲起草、修改加工等环节,提高独立写作的能力。根据表达的需要,借助语感和语文常识修改自己的作文,做到文从字顺。能与他人交流写作心得,互相评改作文,以分享感受,沟通见解。作文每学年一般不少于14次,其他练笔不少于1万字。

在课程内容中,本单元的课文契合"发展型学习任务群"中"文学阅读与创意表达"的要求,其第四课段(7—9年级)旨在引导学生阅读体会作者通过语言和形象构建的艺术世界,借鉴其中的写作手法,表达自己对自然的观察和思考,抒发自己的情感。

教学目标：

1.结合游览经历,学习调动五种感官来描写景观的方法。

2.在描写基础上,学会适当运用议论、抒情等手法表达游览的思想感情。

学情分析：

八年级的学生,受到"自然之美""山川风光"主题文章的浸润已经不少,如八年级上册第三单元欣赏山水主题的古文,八年级下册第三单元古人对游历的记录;也从写景名篇中学到一些写景方法,如七年级上册第一单元名家笔下的写景名篇;还在抒情散文中学到情景交融的方法,如八年级上册《昆明的雨》等文章。

在学习中,学生已初步积累了感知描写景物、表达抒发情感的方法。但是受阅历和视野限制,他们需要来自古今中外既有柔情又有豪迈的景致和文字把视野带往广阔的世界,能够有宽广的胸怀。期盼着学生与作者心灵上的碰撞,期待着学生们明亮的眼睛,期待着师生共享课堂同游、共享天下之美景,并将所学运用到现实生活中。

笔者面向所在中学初中生(7—9年级)做了题为"初中生游记作文写作调查"的问卷。对搜集上来的数据进行整理,发现学生对写好游记中的"所见"与"所感"这两部分存在较大的困难,而对"调动感官"描绘游览景观的意识存在欠缺之处。此外,学生认为"学习名家游记"、自己写与师生评改等方式可以提高游记写作水平.基于以上各种学情,笔者制定了本堂课的教学目标,并设置情景化写作任务。

核心任务："岳游真有味,家乡我代言"。老师初到岳阳,请同学们做一次岳阳"旅游文化推广"大使,就你去过的一处地方,写游记推荐给老师,尝试调动不同的感官写所见,融入自己的真情实感。根据评分量表推举,看谁的文字最动人。你的游记将会作为"岳阳旅游推文"送给远在广东深圳的同学们,快来一起宣传大美岳阳吧!

课前准备:阅读学习单"游记写作指南"。

课时安排:1课时。

教学过程:

环节一:构建情境,明确任务。

同学们好,我是来自广东省深圳市的杨天宇老师,今天老师想邀请大家做"岳阳文化推广大使"。同学们,我们一起读今天的课题……

这是老师第一次来到岳阳,老师打算明后天游览一下岳阳。同学们能以文字方式,给老师推荐一下岳阳的景点吗?(引出游记写作困难调查)

环节二:七嘴八舌议游记。

学生看短片与学习单,与老师互动,明确本堂课要解决的游记写作的问题。

怎样才能写出优秀的游记呢?让我们先从学习单中的名家经典游记散文来寻找法宝吧!

环节三:畅游经典,调动五感。

下面的名篇都是游记,当中有大量写所见与所感的语句。师生合作,找找所见之景都调动了哪些感官去描绘,作者怎样议论抒情,尝试模仿借鉴你最喜欢的语句。

课文文本分析示例

出 处	所 见	手 法	技 法
《壶口瀑布》			
《壶口,壶口》			
《黄山记》			
《我爱北京的小胡同》			
《太阳的香味》			

教师提供下水游记《寒山寺 钟声》,请学生分析当中语句。

请同学们根据文章范例,自选一处岳阳的景点进行游记片段写作,要求调动至少两种感官描绘所见,抒发所感。至少写满四行。写好后小组依据量表互评,推举出评分最高的作品。

根据评价量表,四人小组进行组内互评,选出组内描写最美的文字。

游记评价量表

评价维度 (满分5星)	评价要点	自评	他评
五感调动 (2星)	能调动两种及以上的感官描绘所见		
议论抒情 (2星)	能表达情感,传达对生活的感悟或思考		
所见所感融合 (1星)	景中有情,抒发独特感受,感染读者		

我选择_____(岳阳楼/洞庭湖/君山岛……):_____

_____

_____

_____

_____

_____

_____

环节四:共评作品,感悟情思。

共评作品:调动五感写景观,景观因自己的独特体验和情感视角而出众。一切景语皆情语,游记因抒发真情而有独特的价值和生命力。

请同学们毛遂自荐,或推举小组得分最高的作品,分享出你的评价和感受。

环节五:

同学们,大语文观告诉我们,语文学习的外延与生活的外延相等。游记是我们丰富生活体验的绝佳渠道,正如清代张潮所说:"文章是案头之山水,山水是地上之文章。"希望同学们在课下可以用游历拓宽视野,以游记抒情感怀,让我们做岳阳城市文化的宣传人!

作业设计:

1.必做:请同学们来帮帮轩禾同学,修改游记,宣传岳阳。

岳阳游记

轩禾

我的老家在岳阳,我与它的上一次相见已是四年前,还记得那次跟爸爸妈妈一起游览岳阳楼景区的场景。

我们穿过一个小池,来到了一个养着金龟的地方。真的很神奇,那么小的一只龟,竟是活了千年的灵物。我们来到了南极潇湘,从这里看洞庭真是非常美。过了这个门楼,穿过短短的城墙,岳阳楼就尽收眼底了,先是新碑廊,上面有领袖碑区,再上去是岳阳楼的主观楼,跃入眼帘的是三层的岳阳楼,走上石阶,远远望去,不少的文人游客站在楼上观赏远景,使我们也产生了浓厚的兴趣,步入岳阳楼,就看到由紫檀木组成的岳阳楼记,"先天下之忧而忧,后天下之乐而乐"的千古佳句,是作者一生的爱国写照,同时也让我们不断鞭策自己、完善自己。

中午我们吃了洞庭湖有名的一种鱼,叫回头鱼。至于为什么叫回头鱼,是因为它从来不出洞庭湖以外的地方。

下午,我们就去君山岛了。第一站,娥皇女英庙。我看到他们的画像,一股敬意油然而生,然后我就拜了三拜。第二站是君山银针基地,我看了看银针的由来,发现君山银针获得了世界第一茶。第三站是神仙洗脚池和飞来钟,神仙洗脚池就是吕洞宾洗脚的池子,飞来钟就是岳飞的钟。

恋恋不舍地结束了那次旅程,此时身在深圳的我真想再回岳阳去看看!

2.选做:写一篇岳阳某地游记,写清游踪,写好所见,写出所感,将修改后作品发到老师邮箱,老师择优推荐参加"中国最美游记"比赛。下面资料供参考:

资料一:

岳阳楼的历史非常悠久,它的前身是三国时期东吴大将鲁肃在215年所修建的用于操练和检阅水军的阅军楼,距今已有1800多年历史。三层分别代表着天时、地利、人和。真正让岳阳楼名闻天下的是北宋时期,因大文学家范仲淹写下了一篇脍炙人口的《岳阳楼记》,其中所揭示的"不以物喜,不以己悲"的古仁人之心和"先天下之忧而忧,后天下之乐而乐"的崇高思想被中外广为传颂。后人还据此衍化出岳阳楼一副千古名联:"四面湖山归眼底,万家忧乐到心头"。这也可以说是岳阳楼的一段历史佳话。"谁为天下士,饮酒楼上头。"如今的岳阳楼,不再是"迁客骚人,多会于此",文人雅士喝酒吟诗谈人生了,而是一种文化象征,一种历史传承,一种跨越千年的精神传递!

资料二:

洞庭湖是著名的鱼米之乡,是农耕文明的典型代表。历史上重要的政界人士和文化名人大都到过湖区,特别是被贬谪的失意政治人物和遭到流放的文人士大夫,形成了洞庭湖流域地区独特的流域文化现象,从屈原开始,到贾谊、李白、杜甫、刘禹锡等,蔚为大观。流域文化从屈原起逐渐形成忠君、爱国、忧民的思想主题。洞庭湖的人文景观,还见于传说故事和民间信仰,如二妃传说、孟姜女、范蠡和西施等。

资料三：

君山，古称湘山，也叫洞庭山。它远望如横黛，近看似青螺，临空俯视，又像阴阳合抱的太极图。它充满美丽的神话传说，有七十二峰，峰峰郁郁葱葱，翠绿欲滴。登上君山，满山茂林修竹，鸟语花香；茶地层层，堆绿叠翠；楼台亭阁，斗艳争辉。站在高处，举目四望，远处烟波浩渺，水天相接，白帆点点，渔歌阵阵。洞庭云梦绕湘山，景在绿茶竹有斑。游人若访纯阳迹，醉倒琼楼玉宇间。

《〈红星照耀中国〉名著导读》教学设计

张明

主要内容：

以"天才的预言"为切入点，以"怎样的人怎样的事让斯诺看到红星能够照耀中国"作为课堂的主线。探索"红星照耀中国"这一历史预言的形成经过，初步了解文学作品中采访的历史人物的精神风貌，启发学生读书创作的兴趣和制定阅读规划。

学情分析：

《红星照耀中国》为典型的新闻纪实作品，涉及复杂的政治军事经济情势分析，没有波澜起伏、扣人心弦的故事情节，学生读书时易因远离生活而形成恐惧心理。老师必须协助学生明确读书的思路与重点。学生生活于和平年代，一般对于这一历史年代缺少感性认识，对于革命领袖革命军民印象固化、情感疏离，老师要采用一些新颖时尚的元素，去除与经典的隔离层，调动学生的读书兴趣。

教学目标：

通过读导读提示，明确"红星照耀中国"这一历史预言形成的社会历史背景；通读目录，查找作者采访的人物，探究预言产生的经过；通过自由阅读，初步了解小说中的人物特征和优秀品质，引发进一步读书探索的兴趣。

教学重点：

通过"怎样的人怎样的事让斯诺看到红星能够照耀中国"这一主要问题的探究，指导学习者带着疑问有目的、有规划地阅读全书。

教学难点：通过自由阅读，初步了解小说中的角色特点及优良品质，从中获得启迪，指导自己的学习与生活。

教学手段：多媒体讲练结合。

教学时数：1课时。

教学过程：

导入。（屏显）

有一个人,遭白匪追逐,却毅然决然地走在通往红都的路上;

有一件事,他在一间肮脏的茅屋里的土坑上过了一夜,隔壁屋里关着猪和毛驴,他屋里还有老鼠,闹腾得大家都睡不了觉,第二天早上,他依然精神焕发地出现在通过红色大门的路上;

有一本书,里面记述着一个神奇的预言,而且预言最后成为现实。

这个人是什么人? 这本书是什么书? 他为什么冒着危险去探访苏区?

任务一:默导读,晓概况。

浏览语文课本第64—65页的名著导读,了解《红星照耀中国》这本书的概况。结合大屏幕上的提示进行阅读,把你默读到的信息列出来。

(屏显)由导读我知道了《红星照耀中国》这本书_____。

结论:(屏显)(齐读)书中以毋庸置疑的事实向全世界宣告:中国共产党及其领导的红色革命犹如一颗闪亮的红星,不仅照耀着中国的西北,而且必将照耀全中国。简言之,天才的预言就是"红星照耀中国"。

过渡:同学们通过导读知道了这么多的信息。那么,这本书中有哪些"红星"呢?

任务二:览目录,找"红星"。

打开目录,圈画出目录中的"红星",并在该"红星"处贴上小五角星。

学生上黑板贴出写有"红星"名字的大五角星,红星毛泽东正中,其他红星围绕毛泽东排列。

过渡:就是这样一群群看似普普通通的人物,最后使革命取得了成功。斯诺凭什么认为这些人可以作为中国这片大地的主人? 他们是不是像传说中一样掌握魔法,可以上天飞行,呼风唤雨? 下面,我们进行一场"红星"解密的活动。

任务三:阅重点,议事理。

活动:"红星"解密。

读一读:借助目录找出你比较感兴趣的一个"红星",并把这个"红星"的名字写在手中的五角星上,通过阅读了解他是个怎样的人。提示:梳理人物的主要经历,如出身官僚家庭组织大罢工。标注最让你感动的句子、段落或细节,如第几页第几自然段。参考作者对人物评论的句子,写下你的感受(写在便利贴上)。

议一议:出示大五角星,进行分组交流(播放背景音乐)。对红星毛泽东比较感兴趣的同学举起手中的小红星(出示写有毛泽东的大五角星),请这些同学就上面提示内容进行交流;对红星周恩来比较感兴趣的同学举起手中的小红星(出示写有周恩来的大五角星),请这些同学就上面的提示内容进行交流(下同)。

展示汇报:小组代表走上台向大家汇报学习成果。

任务四:画导图,获启迪。

小组代表上台分享所感兴趣的"红星"的主要经历,老师在黑板上写要点或学生代表汇报后写要点。

小组代表分享最感动的句子、段落或细节。(概括要点)

小组代表分享感受后在五角星旁张贴便利贴。(写关键词)

过渡:通过同学们的阅读汇报,我们知道,在20世纪30年代的中国,内忧外患,灾难叠加,谁是补中国这片千疮百孔的苍天的石？是一群群中国的闪闪红星,他们普通至极,住的是窑洞,吃的是小米稀饭南瓜汤,穿的是粗布衣,讲的是五湖四海的方言,但是他们有着一个共同的目的,是拯救中国,解救劳苦大众。在阴霾笼罩神州大地的岁月里,陕北却升起一颗红星,不仅照耀着中国的西北,而且必将照耀全中国。

(屏显)红星照耀中国

总结:同学们,我们先辈为了心中伟大的理想与信仰,甘愿承受肉体与精神的折磨,确是我们可以从中汲取营养的不竭源泉。现在,我们总结一下今天学习的几种阅读名著的方法,请大家回想后说一说,(生归纳后)请同学们齐读一遍。

总结:

今天的名著阅读,我们跟随埃德加·斯诺一起了解到红星毛泽东、周恩来、朱德等人一些事迹,感受了他们的人格魅力。但这只是冰山一角,还有很多的红星以及许许多多的英雄壮举,需要我们课下去阅读!

老师这有一张阅读规划表,希望大家在能阅读这本书的过程中有所思、有所感、有所悟。点滴的积累便是最有益的收获。

《中考名著复习策略之对比法》教学设计

黄林建

学习目标:整合名著人物形象,借助对比阅读法,引导学生理解人物形象内涵;在勾连对比中学习思辨,提升学生思维水平。

教学设计思路:中考名著复习一直是中考复习的难点和痛点。名著知识点庞杂,复习耗时多,成效不佳。不管是内容还是方法上都极具挑战性。运用"方法推荐—实践梳理—拓展应用"方式,设计了对比法复习中考名著策略,设三个学习任务开展教学活动。

课前准备:重温初中阶段12本名著;了解各本名著的基本知识点;熟悉名著的基本内容和人物形象;提出在复习过程中自己的疑难问题。

教学过程:

1.导入。

(1)请一学生简要说说名著复习的方法。

明确:名著阅读复习基本方法:善于将文学常识进行梳理分类;重点复习和掌握、建立知识网络;多阅读,多积累,多留心,多思考,学会探究,对作家作品能理解和认识。

(2)教师中考名著复习方法推荐——对比法。

明确:对比阅读方法:在对比的基础上深入思考探究,在阅读中自觉地将具有一定关联的人物、事物对比参照,区分细微差别,探究差别产生的本质原因。对比阅读有三个逐渐深入的层次:立足一点展开,形成完整认识;选择对比角度,理解形象内涵;对照同类形象,探究文化背景。

设计意图:重温名著,回顾名著知识网络,重新认识名著复习方法的重要价值。

2.依据方法,梳理名著。

以《骆驼祥子》《钢铁是怎样炼成的》《简·爱》这三本名著为例。

活动一:知人论世,绘人物轨迹图。

自主学习:根据人物的人生经历,为祥子、保尔、简·爱分别绘制人生轨迹图,说明每一次转折点及理由。

小组讨论:交流、对比三人的人生轨迹图的异同,你发现了什么?

明确:通过绘制轨迹图、对比分析,发现三个人物在人生中都经历了许多挫折,但每个人的人生走向截然不同。

原因:第一,社会背景不同。时代或能造就英雄,让懵懂少年淬炼成革命战士;时代能促人觉醒,让自卑少女成长为独立女性;时代也能推人入深渊,让努力拼搏的奋斗者颓废绝望。第二,个体性格不同。自强、独立如简·爱,能在耻辱中成长,在平凡中蓄势,乐观;进取如保尔,能在煎熬中进取,在逆流中搏浪,在荣耀中发声;而虽有理想但却不坚定如祥子,面对一次次打击日渐堕落,最终沦为行尸走肉。

设计意图:通过梳理名著人生轨迹图进行内容回顾复习,比较异同探究发现。

活动二:聚焦角度,理解形象内涵。

小贴士:读名著时,我们会发现,人物成长的"范式"恰好是以下图表中体现的一个成长"模型",成长的起点大多是"困惑""磨难""打击",每个人都面对人生中接二连三的挫折和打击,因为不同的抗争,到达了不同的终点。保尔·柯察金、简·爱、祥子的经历也能印证这个"模型"。

小组讨论:通过人物形象"抗争与成长"的对比,我的收获和启示。明确:①祥子和保尔的对比:A.在旧社会里,要改变贫穷、受压迫的处境,需要集体的力量。B.信念在人生走向成功的旅途中的重要作用……②祥子和简·爱的对比:自身性格、思想上的弱点和局限是人物悲剧命运的主要原因。

设计意图:聚焦人物形象对比探究,更深层次地理解人物形象和作品主题。形成学习的高阶思维。

活动三:拓展思辨,对照同类形象。

在我们读过的名著中,你还能梳理出哪些可以对比探究的人物形象?请选2~3个人物形象,先确定一个对比角度,再运用对比阅读方法对人物进行分析探究,总结归纳出你的发现和收获。完成下列表格后组内分享交流。

中考名著必读书目

序号	篇 目	文体分类	作 者
1	《朝花夕拾》	散文集	鲁迅
2	《西游记》	古典小说	(明代)吴承恩
3	《海底两万里》	科幻小说	(法)儒勒·凡尔纳
4	《红星照耀中国》	报告文学	(美)埃德加·斯诺
5	《昆虫记》	科普作品	(法)法布尔
6	《傅雷家书》	书信集	傅雷、朱梅馥
7	《艾青诗选》	现代诗歌	艾青
8	《水浒传》	古典小说	(元末明初)施耐庵
9	《儒林外史》	古典小说	(清)吴敬梓

養育语文新实践

预设：

对比分析示例

对比角度	名著篇目	相同点（相关内容）	不同点（相关内容）	成因探究/收获、发现
人物形象（祥子与保尔）	《骆驼祥子》	二人都面对人生中接二连三的挫折和打击，进行了抗争。（祥子的三起三落；保尔的少年的反抗、战场的搏杀、工地上的磨炼、病榻上的斗争。）	希望破灭，成为自甘堕落的行尸走肉。	一个人心中拥有了的崇高的理想信念、顽强的意志，就会战胜一切！
	《钢铁是怎样炼成的》		面对伤痛折磨乐观面对，砸碎铁环重启新的生活。	

注：备选对比角度：人物形象、故事情节、艺术特色、作品主题……

设计意图：继续运用对比复习策略，深入对比探究发现名著背后的文化意味，最终完成所有12本名著的复习梳理。

3.拓展应用,梳理名著。

请以课堂讨论内容为基础,进一步梳理完善,结合名著具体内容,写一篇名著读书小论文,记录你的发现,写下你从人物身上得到的启示,不少于300字。

《福永醒狮项目式活动》教学设计

王雪兰

教学目标:通过小组考察汇报对福永醒狮的初印象,引导学生深挖福永醒狮的文化内涵和价值,理解民俗特色,领悟文化传承的意义;结合实例,引导学生总结文创产品的特点,融合福永醒狮内涵精神,设计出新颖有创意的福永醒狮文创产品。

教学重点:通过指导,引导学生分析明确创意命名的几种方式,并总结出创意介绍的模式。教学难点:依托范例支架,让学生学会运用所学知识为产品创意命名和介绍。

核心任务:2023年5月6日,第四届宝安文创X"创意生活美学"深圳博物馆IP联名设计大赛启动,本届大赛以"设计湾区新故事"为主题,现在面向大众征集新颖有创意的立足本土文化特色的文创产品。请你化身为产品设计师,设计一款福永醒狮文创产品,填写文创产品自荐表参与比赛,让家乡的传统文化"活"起来又"潮"起来。

教学过程:

活动一:"醒狮觉醒 舞动传承"之醒狮初印象。任务:小组分工完成对福永醒狮的考察,汇报展示醒狮初印象,总结醒狮的文化价值。

小组分工探究及汇报示例

小组名称	探究方式	汇报方式
小组一	资料收集:福永地方志、福永民间历史故事《福永醒狮》、福永醒狮新闻。	手抄报展示
小组二	实地考察:采访醒狮创始人、传承人、团里年轻人、村里长辈和大众,参与醒狮排练和现场表演活动。	采访手册、视频展示
小组三	名家文章:学习借鉴名家关于醒狮的传神描写、收集醒狮精神的佳句。	文字展示
小组四	文创产品:收集展示福永醒狮文创产品。	图片展示
小组五、六	文艺创作:民族舞剧《醒·狮》、电影《雄狮少年》。	视频剪辑

各小组发言人准备资料现场汇报展示。

手抄报小组:(答案预设)我们小组是以手抄报的形式来汇报我们的醒狮,主要是了解醒狮的产生和发展的历史。醒狮是舞狮文化之一,优秀的传统民俗舞蹈艺术。明代时,醒狮在广东出现,源于南海县,属于南狮。南狮具有求吉辟邪的作用,也被称为瑞狮。狮子的主要动作有睁眼、洗须、舔毛、舔身、抖毛等,主要套路有采青、踩梅花桩等,采青是醒狮的精髓,原有反清复明之意,现在一般是取其生意兴隆的象征。青,用的是生菜的谐音,寓意生财。采青的过程是把生菜及利是红包悬挂起来,狮子在前舞动数回,然后一跃而起,把青一口吃掉,谓之采青;再把生菜咬碎,谓之碎青;最后,再把咬碎的青吐向大家,谓之遍地生财。一场全过程的舞狮表演,可以看到舞狮人非常讲究人狮合一,同时也讲究团队的配合精神,也考验了舞狮者的勇敢、智慧和反应能力。整个舞狮表演,不仅仅是一场精彩的表演,更多是舞出来的醒狮精神。那么,大家在平时的舞狮表演中,可以看到红狮、黑狮以及黄狮,这三种不同颜色的狮子也代表了三国演义中不同的角色。接下来,请欣赏我们小组红狮——关羽狮为大家带来的一个小小的表演。

采访小组:(答案预设)醒狮是中华文化的悠久传承,岁月的洗礼仍让醒狮散发着璀璨的光芒。我们曾采访桥头醒狮队,深刻了解了醒狮的文化内涵和精神素养,走近了那些赋予醒狮生命的人,他们进取、努力、坚持、求真、团结,无一不是醒狮精神的体现,接下来,让我们通过视频走近醒狮。

名家文章小组:《山村闹春龙狮舞》锣鼓喧天爆竹鸣,山村炫舞贺新庚。金龙扭摆眉梢喜,狮子翻腾笑浪声。貌美姑娘多矫健,年方少壮富豪情。闹春直至元宵日,民族传承有色声。《舞狮》锣鼓威风贯碧霄,绣球逗引舞姿娇。瑞狮跃起登峰艺,祥曲飞来迈步高。骁勇有神添雅趣,狂憨无碍逞雄豪。千年古县喧声荡,同庆欣荣日月昭。

总结福永醒狮文化价值:历史价值、艺术价值、社会价值、健身价值。

活动二:"醒狮觉醒 舞动传承"之醒狮文创产品图片设计。任务:探究醒狮文创产品的特点,完成福永醒狮文创产品图片设计。

总结文创产品的特点:文化性、艺术性、实用性。分小组完成福永醒狮文创产品图片设计。引导学生共同探讨文创产品特点,PPT展示学生已经完成的文创产品。

活动三:"醒狮觉醒 舞动传承"之醒狮文创产品创意名称和介绍。任务:探究文创产品名称和介绍的特点,完成福永醒狮文创产品创意名称和介绍。

探究文创产品创意名称,完成命名特点表格。产品创意命名方法:①美好寓意命名;②谐音命名;③化用诗词/成语命名;④双关命名;⑤拟人修辞命名。

引导学生完成命名特点表格,小组完成福永醒狮文创产品创意名称及解读。

探究文创产品创意介绍,总结介绍格式模板。

引导学生完成创意介绍格式特色:基本介绍+巧用修辞+用途体验,小组完成福永醒狮文创产品创意介绍。

活动四:"醒狮觉醒 舞动传承"之醒狮文创产品展示游园会。任务:完成福永醒狮文创产品自荐表,采用评价量表现场为心目中最佳醒狮文创产品打分。

文创产品名称分析示例

文创产品名称	名称解读	命名特点
1.GREEDY牙签罐 2.德胜小吃 3.薯于你	1.馋是一个牙签罐,与食物密不可分,因此取"馋"。馋与禅谐音。 2.取"得胜"之意。 3.取自"属于你"之意,好听又顺耳,将"属"改为"薯",清楚地展示了产品是薯片。	谐音命名
4.长生月灵 5.百岁酒	4.顺风长耳寓意顺意、长生;月精灵也代表月亮,寓意团圆美满。 5.寓意长命百岁。	美好寓意命名
6.满园香 7.一件倾心 8.狮来运转	6."满园春色关不住,一枝红杏出墙来",化用诗词,指满园的农产品,都溢出了香味。 7.源于成语"一见倾心",表示店内的物品精致、吸引人眼球,店主对商品的选择非常用心。 8.源于成语"时来运转",吉祥如意,好运常在。	化用诗词/成语命名
9.中意电冰箱	9.该名既说明该冰箱系中国、意大利合作生产,又赞誉冰箱能使消费者称心如意。	双关命名
10.茶语清心	10.将茶赋予人的特征,寓意茶的味道清新。	拟人修辞命名

文创产品创意分析示例

文创产品创意介绍	格式特点
东方醒狮,一展雄风;狮来运转,落笔点睛。这是一款以"狮来运转"为创意理念,融入醒狮元素,让醒狮传统文化焕发出新的时代气息的设计。采用狮面刻纹,形象灵动。笔顶三面凹槽,固定手握位置,云纹雕饰,造型美观。小笔尖书写顺滑流畅。笔身覆盖舞狮色彩纹路,像舞动的精灵,让舞狮民俗在笔上熠熠生辉。皮质笔袋小巧便携,精美耐用。它是一款集功能性、美观性、文化性为一体的文创产品,执笔在手,给予用户一触难忘的美妙产品体验。	

分小组完成福永醒狮文创产品设计自荐表。

文创产品自荐表

文创产品名称	文创产品图片	文创产品介绍

游园会现场观赏打分(最高为五星)。

文创产品名称打分表

产品设计新颖有创意	
文化内涵丰富	
取名介绍独特好记	

学生现场举起各小组文创产品,随机选一名学生进行打分和评价。

课后任务:完成产品自荐表,向宝安文创投稿,推荐自己小组的作品,争取获奖。

《阅读复习课之文学类作品大题作答》教学设计

王璐

课标要求:

欣赏文学作品,要有自己的情感体验,初步领悟作品的内涵,从中获得对自然、社会、人生的有益启示。能对作品中感人的情境和形象说出自己的体会,品味作品中富有表现力的语言。

课标分析:

注意引导学生去客观、全面、冷静地思考问题。识别文本隐含的情感、观点、立场,体会作者运用的思维方法,如比较、分析、概括、推理等,尝试对文本进行评价。引导学生基于阅读和生活实际,开展研讨等活动,要关注学生思考的过程和思维的方法。

内容分析:

阅读题《金箍棒》是宝安区2022年初三第二次模拟考试文学类阅读真题,考查学生的分析、概括、推理能力,对备战中考有很强的指向性。

学情分析:

阅读题《金箍棒》中的第18小题是学生失分最严重的题。

学习目标:

通过梳理文学类作品大题作答、制作诊断卡,挖掘造成作答失分严重的原因;通过修改文学类作品大题作答、制作防治卡,基于造成失分严重的原因,总结避免表述失分严重的方法;通过临床试验、班内展示,巩固所学并学会通顺、清晰地作答文学类作品大题,培养良好的作答习惯。

教学过程:

1.出示2位同学第18题阅读答题卡,思考:为什么会失分? 激发学生的生活体验。

2.独立诊断,整理病症,开出药方(从结构、内容、修辞、人物形象、心理等角度)。

3.专家组会诊。会诊病症:请以研究团队为单位,从以下作答中总结造成表述混乱

失分严重的原因,撰写在会诊病症区。(角度提示:可以从审题、分析、作答等角度思考)

明确:第一位同学,没有明确修辞手法,没有结合小说内容和爷爷及"我"两方的人物形象/心理。第二位同学,没有明确修辞手法,没有分析这种手法对小说叙述的作用。

4.开出方案:请研究团队派一名助手上台张贴"诊断卡"并通报诊断结果,一名代表上台结合题目和作答进行解说,欢迎其他研究团队的补充、质疑。(角度提示:可以从结构、内容、人物心理、人物形象等角度思考)注意:在其他团队分享时,如果听到有意义的诊断和解说,请及时记录。

5.防治未病:有"症状"的同学如何防止复发? 没有出现症状的同学如何防治未病?

请研究团队派一名代表上台张贴药方,阐述你们总结的针对作答丢分原因的防治方法;一位助手结合题目进行补充讲解,欢迎其他研究团队的补充和质疑。

6.教师点拨。(学生根据自身具体作答得分领取相应药方。)

五剂药方:

第一剂药方:症状(前结构),使用方法:找出题目关键字眼、从文本捕捉信息。

第二剂药方:症状(单点结构),使用方法:全面梳理故事情节。

第三剂药方:症状(多点结构),使用方法:归纳划分多个角度。

第四剂药方:症状(关联结构),使用方法:多个角度整体关联思考。

第五剂药方:症状(抽象扩展结构),使用方法:由现象到本质概括。

7.临床试验。完成阅读理解《除夕里一位父亲的身影》。班内展示,其他同学以病症诊断和防治方法为评价标准,对他们的分享进行评价。

8.谈收获。

9.小结:千古文章意为高。六月份的中考十几万人写同一个作文题目,你的构思素材甚至表达方式,在浩如烟海的试卷中都可能大有知音,希望通过今天的阅读会诊课给同学们带来更多的思考。

10.作业布置:《中考精编》文学类阅读理解一篇。

11.板书设计:角度全面+深刻。

12.教学反思:大部分孩子缺少多元化的深度阅读,应引导学生沉浸阅读当中,批注式阅读加以阅读方法的指导,效果可能会更佳。

《八年级下册第六单元文言文整合复习》教学设计

吴雯玉

教材分析：

部编版八年级下册第六单元包括文言文《〈庄子〉二则》（《北冥有鱼》《庄子与惠子游于濠梁之上》)、《〈礼记〉二则》(《虽有佳肴》《大道之行也》)、《马说》,实际都是论事说理散文,作者往往借某一事物、现象发挥自己的思想。在单元导览中说,本单元的学习应当"在反复诵读的基础上,培养文言语感;注意积累常用文言词语和句式,欣赏课文中精彩的语句;还要学习古人论事说理的技巧,体会他们的人生感悟,从中得到思想启迪和情感陶冶"。因此,在复习本单元文言文时,应当将"论事说理的技巧"作为教学的重点。同时,基于文言文"文言、文章、文学、文化"一体四面的特点,文言基础也不可偏废,在复习过程中也需要重点关注文言基础,包括重点字词、一词多义、通假字、词类活用等。

学情分析：

学生在本单元文言文学习过程中,已经对重点文言词汇、文章内容有所把握,但文本和文本之间的勾连掌握得不够严密,本单元的学习不够系统化。因此,要引导学生形成系统化的复习,由一篇到多篇,由多篇到一类。

教学目标：

通过自主出题、考核的方式,增强对于本单元文言文基础的把握;通过多篇文言文的对比勾连,掌握古文的说理技巧,把握多种说理方法并学以致用。

教学过程：

1.文言基础PK赛。

每组负责一个文言基础板块(包括重点字词、一词多义、通假字、词类活用、重点句的翻译)的出题(10道),其他组负责抢答,最终积分最高的组获胜。

分组任务示例

组　别	任　务
第一组	重点字词(《〈庄子〉二则》)
第二组	重点字词(《〈礼记〉二则》)
第三组	重点字词(《马说》)
第四组	一词多义
第五组	通假字
第六组	词类活用
第七组	重点句翻译

出题评价:请根据量表对其他组所出的题目进行评价。

分组评价示例

评分标准	第一组	第二组	第三组	第四组	第五组	第六组	第七组
应用性强 (5分)							
参考价值高 (5分)							
答案规范 (5分)							

2.巧拟文言标题。

本单元五篇文言文的标题都不是原作者所拟,《〈庄子〉二则》《〈礼记〉二则》都是截取首句若干字,《马说》的标题是后人所加,请为五篇文言文各自重拟一个标题,并简单谈谈理由。

篇名标题重拟及理由示例

篇　目	重拟标题	理由
《北冥有鱼》		
《庄子与惠子游于濠梁之上》		
《虽有佳肴》		
《大道之行也》		
《马说》		

支架:初中阶段已学文言文的命名方式。

篇名标题分析示例

命名类型	特　征	篇　目
揭示文章内容	多用主谓句或主谓短语	
点明写作对象	多使用名词	
点明主要观点	多为简短的句子,且选自文章之中	
点明文体	标题中往往出现标志性文体	

请将以下篇目归类到上述表格中:《咏雪》《陈太丘与友期》《诫子书》《狼》《卖油翁》《陋室铭》《爱莲说》《三峡》《记承天寺夜游》《得道多助,失道寡助》《生于忧患,死于安乐》《愚公移山》《周亚夫军细柳》。

标题评价:请根据表格对其他组的命名进行评价。

标题评价示例

标 准	第一组	第二组	第三组	第四组	第五组	第六组	第七组
凝练性(5分)							
新颖性(5分)							
典雅型(5分)							

3.归纳说理技巧。

本单元课文都是论事说理文章。请小组合作填写下表。

文章说理分析示例

篇 目	作 者	中心论点	说理过程	说理技巧
《北冥有鱼》				
《庄子与惠子游于濠梁之上》				
《虽有佳肴》				
《大道之行也》				
《马说》				

说理技巧支架:常见的古文说理技巧。

文章说理技巧解析

常用说理技巧	解 析
类比说理	一种通过已知事物或事例与跟它有某些相同特点的事物或事例进行比较类推,从而证明论点
比喻说理	把一样东西比作另一样东西,用具体形象的事物比抽象的论点、道理,使说理更形象易懂
援事立理	引用事实例证补充和说明观点
对比说理	把两种事物加以对照、比较,从而推导出它们之间的差异点,使结论映衬而出的论证方法
引用说理	引用名人名言或名人的观点等作为论据,引经据典地分析问题、说明道理
寓言说理	寓言说理就是通过运用比喻、象征、夸张、拟人、想象等手法虚构寓言故事说明道理的一种方法

请根据表格对其他小组的归纳表格进行评价。

文章说理技巧评价

标　准	第一组	第二组	第三组	第四组	第五组	第六组	第七组
中心论点归纳准确(5分)							
说理过程分析清晰完整(5分)							
说理技巧总结到位(5分)							

4.学以致用。

请根据以上所学知识,阅读选文,回答问题。(选自2021年四川省广安市中考题,此处略。)

第三编

养育语文课堂实录

《背影》课堂实录

张明

语言目标:归纳、概括作者是怎样通过叙事来安排文章结构、使用恰当的方法组织材料和记叙语言的,从而品味、欣赏语言;完成一篇题为"如何阅读写人记事散文"的小论文,通过写的方式促进对读的深入思考;用清晰、规范、有条理的语言总结如何阅读一篇叙事散文。

思维目标:进行方法归纳和迁移,提升批判思维和创造思维的能力。

价值目标:在学习中感受作者独特的情感体验和深刻的人生感悟,体会作者对社会、对人生的思量和感悟,丰富自己的精神世界。

学习重点:探究文章构思方法、人物描写方法和语言特点。

学习难点:完成一篇题为"如何阅读写人记事散文"小论文的提纲。

核心任务:探究阅读叙事散文的方法。

师:今天,我们学习《背影》这节课的核心的任务是"探究阅读叙事散文的方法"。阅读叙事散文的方法有很多种,我们用课前听写的6个词语来概述文章的内容。

任务一:明确写什么。(屏幕呈现)

概括课文内容,用上课前听写的"狼藉 踌躇 蹒跚 橘子 颓唐 惦记"6个词语。

生:课文写了"我"得知祖母去世,便从北京赶到徐州老家,看到狼藉的院子,流下了眼泪。丧事完毕,"我"回北京念书,父亲踌躇了一会,终于决定亲自送"我"到火车站,并蹒跚着身子爬过车站月台给"我"买橘子,想到父亲老境如此颓唐,还惦记着"我"和"我"的儿子,"我"不禁又流下了眼泪。

师:我们学习了课文内容,通过几个关键词来概述文章的内容,这就是一种阅读方法,什么方法呢?

生:(齐读,师播放课件)

方法小结1:紧扣关键词,明确何人、何事、何情。

任务二:探究怎么写。(屏幕呈现)

1.探究文章构思方法。

师:我们知道了课文写的内容了,那我们看看课文是怎么写的?我们阅读一篇叙事散文,往往看这篇文章是怎么立意的、怎么选材的、怎么构思的、怎么描写的。我们来探究这篇文章是如何构思的,请大家根据提示,填写横线上空白部分。

文章段落特点及其写法示例

段 落	段落特点	写法归纳
第一段	开篇点题,直抒胸臆	轻点一笔,开门见山
第二段	顺势切入,描述家境	交代一笔,补充解释
第三段	再写家境,铺设基调	穿插一笔,酝酿情感
第四段	同行南京,一写关爱	简叙一笔,略写关爱
第五段	交代场景,二写关爱	
第六段	特写镜头,浓写关爱	巧折一笔,浓写关爱
第七段	别后思念,理解关爱	深化一笔,画龙点睛

师:大家可以组内交流,提醒大家用《散步》里边的一些写法,学会迁移。

生:(合作交流)

生:第一段应该是开篇点题,直抒胸臆。因为课文说"我与父亲不相见已二年余了,最不能忘记的是他的背影",表达了他对父亲的思念之情,所以是开篇点题,直抒胸臆。这里是轻点一笔,开门见山;第二段顺势切入,描述家境。课文讲了,那年冬天,祖母死了,父亲的差使也交卸了,我回家看到满院狼藉的东西,想起死去的祖母,不禁悲从中来。这里的写法交代一笔,补充解释。就是交代了家境,对父亲的思念之情进行补充,也是对后文思念"背影"的原因进行铺垫。

生:第三段再写家境,铺设基调。父亲回家变卖典质还了亏空,又借钱办了丧事,铺设一种悲伤的基调。这里的写法是"穿插一笔,酝酿情感",穿插了没落的家境,为后文父亲对他的关爱做铺垫,也为下文思念"背影"的情感埋下伏笔;第四、五段是同行南京,交代场景,初写关爱。父亲嘱咐茶房、亲自送我、拣定座椅、铺大衣、嘱我小心、嘱托茶房等无不包含关爱,但相对于下文的月台买橘,这里是简叙一笔,略写关爱。

生:第六段特写镜头,浓写关爱。第六段详细写了父亲爬过月台买橘的场景,这里花了很多笔墨,非常有画面感,大写特写了父亲对我的关爱,写出了起伏,这里是"巧折一笔,浓写关爱";第七段是别后思念,理解关爱。父亲老境如此颓唐,但还惦记着我和我的儿子,阅信之后,我在泪光中理解了父亲的关爱。"唉!我不知何时再能与他相见!"也升华出我对父亲的思念,和课文开头遥相呼应,这里是升华一笔,画龙点睛。

师:预习得很充分,一方面说出了课文各段的段落特点,而且把《散步》里边的写法迁移过来,请同学们做一下笔记。

2.探究人物描写方法和语言特点。

师:我们探究了文章的构思,再来看一看叙事性散文,课文是怎么描写人物的。细读第六段,对这段话进行多角度美点赏析,在课本上写批注。

师:我们一起在朗读中领悟那感人的故事吧。

生:(齐读第六段)

师:同学们读得很有感情,下面我们从字词、语言描写、动作描写、心理描写、衣着描写等方面任选一个角度,在课本上做一点批注的文字,老师给大家的一个范例。

(屏幕上呈现。如"蹒跚"是走路缓慢、摇摆的样子,很有表现力,连平地走路都是蹒跚而行,可想而知父亲上下月台更难了。这里描绘出了父亲的老态和他的心甘情愿,也表现了父亲对我爱的深切。)

生:第六段中的动作描写非常精彩。比如"攀""缩""倾""爬"等,这里连用了一系列动词,形象地描绘了一位仁慈的父亲对儿子的关怀和体贴。

生:"戴着黑布小帽,穿着黑布大马褂,深青布棉袍",这里的衣着描写,"黑"和"布"反复出现,表现了父亲家境衰败、生活穷苦的状况;

"抱了朱红的橘子,将橘子散放在地上,再抱起橘子走"的动作描写,写出了父亲的小心谨慎,表现了如山的父爱。

生:"扑扑衣上的泥土,心里很轻松似的",其实不仅不轻松,还很吃力。只是因为爱儿子,吃苦也心甘情愿,所以心里感到"很轻松"。"……似的"表示"看似……,其实不是"。也许是故意装出轻松的样子,以免儿子心里难受。这也表现了父亲深挚的爱。

生:"我买几个橘子去,你就在此地,不要走动。"语言描写,父亲还觉得没有尽够心意,看见站上有卖橘子的,便要去给儿子买橘子。表现了无微不至的父爱。

"我走了,到那边来信!"语言描写,惦记儿子的安全,要等到儿子回到北京来信报平安,才能放心。

…………

师:同学们讨论得非常有效果。那黑布小帽、黑布马褂、深青布棉袄也好,那蹒跚的步履,那探身、攀手、缩脚、倾身等一系列动作也好,那抱起红橘、散放在地上、再抱起橘子走的描写也好,大家发现了没有,它们有一个共同点:就是这所有的一切的背后就指向一点,那就是对儿子满满的爱呀!(语速缓慢,语调低沉。)

师:我们在学习探究中会发现这篇课文的语言很有特色。请同学们结合课文谈谈你的理解。

(学生交流讨论。)

师:通过交流学习,本文语言质朴、口语化、句式简短等特色就凸显其中。比如:"回家变卖典质,父亲还了亏空;又借钱办了丧事。这些日子,家中光景很是惨淡,一半为了丧事,一半为了父亲赋闲。"其中,"典质""亏空""惨淡""赋闲"等词很文雅,明白易懂;再比如:"他少年出外谋生,独立支持,做了许多大事。哪知老境如此颓唐!他触目伤怀,自然情不能自已。情郁于中,自然要发之于外;家庭琐屑便往往触他之怒。"这几句话既有文雅的四字词语,还使用接近文言文的句式,短短几句,概括了父亲的人生历程。"哪知""触目伤怀"等词语写出了父亲的心境。连用两个"自然",为父亲辩护,表现了"我"对父亲的理解。

师:(屏显)归纳人物描写方法:

动作细节

语言细节

心理细节

衣着细节

……

语言特点:语言质朴,口语化……

(学生齐读,教师播放课件。)

方法小结2:

文章构思方法、人物描写方法及语言特点分析

构思方法(笔法)	人物描写方法	语言特点
轻点一笔,开门见山	动作描写	
交代一笔,补充解释	语言描写	
穿插一笔,酝酿情感	心理描写	语言质朴, 口语化……
简叙一笔,点染略写	衣着描写	
巧折一笔,波澜起伏		
深化一笔,画龙点睛		

任务三:理解为何写。(屏幕呈现)

师:课文中有不少反复强调的地方,也有照应的地方,请选择其中一点进行分析,并谈谈为什么这样写?(屏显:看一下文中出现几次背影,分别在哪里? 有几次流泪,又分别在哪里? 为什么这样写背影和流泪?)

(学生探究交流。)

师:四次背影也好,四次流泪也好,它们都突出表现了一种感情,即父亲对儿子的关心和爱护,儿子对父亲的理解和爱恋。(屏显总结)

《背影》文本分析示例

四次背影	四次流泪	为什么这样写
惦记背影:第1段	第2段:看见满院……簌簌地流下眼泪。	突出父亲对儿子的关心和爱护、儿子对父亲的理解和爱怜。
送别背影:第6段	第6段:这时我看见……眼泪很快地流下来了。	
目送背影:第6段	第6段:再找不着了……我的眼泪又来了。	
再现背影:第7段	最后一段:我读到……在晶莹的泪光中……	

师:读贵有疑,你还能发现其他问题吗? 缘点质疑:围绕文中的矛盾点、反常点、细写点、变换点、无关点等来质疑。

生:第四单元第一课《背影》是叙事性的。那《白杨礼赞》是什么类型的?(托物言志)《散文两篇》是什么类型的?(哲理性)《昆明的雨》呢?(借景抒情)

生:《藤野先生》也是写人叙事的,怎么没有把它放在这一个单元呢?

师:同学们思维非常活跃,能用批判的眼光看问题挺好。本节课时间有限,下一次课我们继续交流。

任务四:实践运用。(屏幕呈现)

完成一篇题为"如何阅读写人记事散文"小论文的提纲。

师:这节课我们探究了阅读叙事散文的几种方法,有时候写作反而是最高的阅读。现在,我们来完成一篇题为"如何阅读写人记事散文"小论文的提纲。

(屏幕呈现)提示:1.明确写什么;2.探究怎么写;3.理解为何写。

生:(动笔书写小论文提纲)

生:首先,要明确写什么。在这个环节里,要紧扣关键词,明确何人、何事、何情;其次,探究怎么写。在这个环节里,先探究文章构思方法,然后探究人物描写方法和语言特点。就像《背影》一样,探究课文如何用动作细节、语言细节、心理细节、衣着细节等细节描写来刻画人物的,从而进一步表达情感的;然后,理解为何写。在这个环节里,可以缘点质疑,围绕文中的矛盾点、反常点、细写点、变换点、无关点等来质疑。

以《背影》为例,文中有四次背影和四次流泪。为什么这样写背影和流泪?原来都是为了表达父子情深的感情。

生:第一个方法是找描写人物方法,就是我们常见的肖像、语言、动作、心理、神态描写。第二个方法是行文构思,这个也是我们写作文需要重视的地方,就是开头,结尾。它里面往往包含文章线索,提取到文章主旨,先了解文章写了什么,然后要表达的是什么。第三个方法是抓关键词句,特别是重复很多遍的词。比如说在《背影》这篇文章里面,就是父亲的"背影"和"我"的流泪,这两个词出现的次数比较多,我们可以抓这些重复的词,来体会作者的情感。第四个方法是抓细节点。叙事性散文往往有很多小细节,跟文章看起来是毫无关系,但其实它在细节里面藏了很多类似"彩蛋"的东西,我们可以从细节里揣摩背后的情感。

师:你们两位思路非常清晰,见解也很独特。第二位同学讲到第三个方法抓住关键词,是对的。不过,不是重复很多遍这个词,是反复出现这个词。

小结:课文体裁不一样,"明确写什么、探究怎么写、理解为何写"也呈现不一样的方法,我们今天学习这种方法,以后我们就用这种方法来阅读写人记事的文章。这节课我们就讲到这里。

课后作业:根据你列的提纲,完成"如何阅读写人记事散文"的小论文。要求:有自己的观点,有课文中材料依据;不少于500字。

教学反思:

核心任务引领,子任务群推进

新课标背景下的大单元教学众说纷纭,有不同的演绎形式。有单元打通,设置多个任务群来实现大单元大概念的;有整本书打通,把相关的几篇有对比点的课文放在一起学习的;但是还鲜有单篇课文里渗透大单元教学的。笔者在《背影》教学中尝试通过设计语文学习任务群实践活动,用大单元教学的理念指导教学活动,力图培养学生语文核心素养。

朱自清《背影》是写人记事散文的典范,它从一个独特的角度表现父亲对儿子的深切的爱和父子之间的深情。基于大单元教学任务群理念,我确定本节课的核心任务是"探究阅读叙事散文的方法"。

核心任务一经确定,这节课的中心就是围绕核心任务,创设几个既符合学生生活情境又遵循学生认知特点的子任务。设置哪些关联的学习子任务方能完成核心任务"阅读叙事散文的方法"呢?笔者根据教材中本单元和该课预习提示、语文任务群特征、"养育语文"课堂教学"扎实、得法、清澈、梯度、生成、情怀"的追求,以及调查本班学生对叙事散文学习的学情,设计以下子任务群:任务一:明确写什么;任务二:探究怎么写;任务三:理解为何写;任务四:实践运用。

在核心任务"探究阅读叙事散文的方法"的指引下,笔者设置任务一"明确写什么"这一环节,力图创设符合学生实际的真实情境的任务。用上课前学习单听写的"狼藉 踌躇 蹒跚 橘子 颓唐 惦记"六个词语概括课文内容,从而得出阅读叙事散文方法中关于"写什么"时要"紧扣关键词,明确何人、何事、何情"的方法,在这一过程中提高学生语文学习力中的"阐释力"。

在任务二"探究怎么写"中,笔者设置了探究文章构思方法、探究人物描写方法和语言特点的实践活动,让学生自己发现问题解决问题,引导学生自主学习,力图提高语文学习力中的"品鉴力"。

在任务三"理解为何写"中,笔者设置了"缘点质疑"这一环节,并由课内引到课外,让学生在质疑中学会批判性思维,力图让学生深度学习,以此提高语文学习力中的"批判力"。

在任务四"实践运用"中,笔者试图创设真实情境,让学生在完成一篇题为"如何阅读写人记事散文"小论文中,学会阅读叙事散文的方法,回扣本课核心任务"探究阅读叙事散文的方法",尝试指向核心素养"审美创造",同时提高学生语文学习力中的"建构力"。

这节课探究了叙事散文的阅读方法。文体不一样,写什么、为什么、怎么写所呈现的方法也不一样。其他类型的散文怎么阅读?如何提升学生学习力和核心素养?如何在单篇教学中渗透大单元大概念教学?还有待于我们继续探索。

《驿路梨花》课堂实录

王雪兰

1.课堂教学过程。

(1)悬念导入新课。

师:相传,清代的大才子纪晓岚为一个朋友的母亲祝寿,被要求当即作诗一首,只听他脱口而出一句:"这个婆娘不是人",四座宾客都吓了一跳,不敢说话。纪晓岚却不慌不忙,又念道:"九天仙女下凡尘"。大家这才恍然大悟,松了一口气。纪晓岚又念下去:"儿孙个个都是贼",宴会主人勃然变色,四座皆惊。哪知纪晓岚又从容地说:"偷得蟠桃献娘亲",听到此,在场的人无不鼓掌叫好。(生笑,课件显示课题、核心任务。)

师:这首诗巧用悬念,在一惊一喜中,既体现了纪晓岚的聪明才智,同时也使他的祝寿别具一格。今天,我们上课的主题就是《巧用悬念,妙笔生花》。这节课,同学们将要完成这样一项任务,请看大屏幕。我们要探究并学会运用巧设悬念的技巧,列写悬念故事提纲。(课件显示课题、核心任务。)

(2)寻梨花,探悬念之巧。

师:说到悬念,同学们刚刚学习的一篇巧用悬念的文章是——

生:《驿路梨花》。

师:非常好! 课上得很认真! 那么,我们再次走进《驿路梨花》,探悬念运用之巧。我们先来回顾文章的内容。请用两个字概括人与屋的关系。同学们快速回顾思考,我请一位同学来回答。(生思考。)

师:请你来帮忙解答。

生:"我"和老余是借住小茅屋;瑶族老人是为小茅屋送水送粮;一群哈尼小姑娘是照管小茅屋;梨花也是照管小茅屋;解放军战士是建造小茅屋。

师:回答准确精练。接下来,请同学们再次梳理文本,完成思维导图。(生思考完成,教师巡视指导。)

师:请你来帮忙回答,好吗?

生:中间空格应该填"遇见瑶族老人,连忙感谢"和"哈尼小姑娘出现,连忙行礼感谢",这里是两次误会。

师:同学们学课文真的很认真呢! 在这里产生了第一个悬念——"主人家是谁?"文

中第17段提到了,请同学们画出来。

师:当得知建造者是解放军叔叔时,作者又设置了一个悬念,是什么呢?

生:解放军叔叔为什么要盖这个房子?

师:所以我们说这篇文章同样还设置了三次悬念。非常好,大家对这篇文章了解得很深入。那么,老师想问同学们,什么是悬念呢? 来,请看大屏幕,我们一起来读一下。悬念,就是——起!

生(课件播放概念,学生齐读):悬念,就是通过对情节做悬而未决和结局难料的安排,以引起读者急欲知其结果的迫切期待心理的一种写作技巧。

师:非常好! 给大家点赞,希望大家后面声音可以更大些。

师:悬念其实就是作者运用了一种写作技巧,让情节变得非常有趣生动,让读者非常想要继续往下读,探究故事背后的结局。是不是? 那么,构成悬念的技巧,或者说步骤,大家在学案上把它画出来做上标记。第一,设悬;第二,衬悬;第三,解悬。我们得把这个悬念解开来,让读者知道原来是这样。请同学们做好笔记,在学案上画出重点标记。

师:那么,接下来,老师和同学们一起再次梳理下《驿路梨花》里面悬念的位置、方式和妙处。我们一起来填一下这个表格,来看看作者到底是怎样设悬、衬悬以及解悬的呢,好不好? 请同学们抬头,大声回答老师的问题。

师:大家很聪明,肯定都知道的。来,第一个问题,全文总设了一个什么悬念呀?

生:小茅屋的主人是谁?

师:对吗? 可以记笔记。请问开头,作者是怎样设置悬念的呢? 作者设置的第一个悬念,同学们都知道了,那就是"小茅屋的主人是谁?"在第8段已经有了。那"小茅屋的主人是谁?"这是一个什么句式?

生:疑问句。

师:这是一个疑问句,那么我们总结一下,作者是采用什么样的悬念方式呢? 提出了一个问题,是不是? 好,我们总结一下:疑问设悬。

师:那老师又问了,疑问设悬有什么妙处呀?"这是什么人的房子呢?"读完,你会有什么样的感觉?

生:想要继续往下读。

师:非常好,我听到一位同学的声音了。你的声音很美妙呀。总结一下。

生:疑问设悬,妙处是激发读者的阅读兴趣。

师:那么,作者设计悬念之后还需要推进故事情节发展,那作者首先采取了一个什么方式呀? 误会瑶族老人是小茅屋的主人。当得知瑶族老人不是小茅屋的主人时,作者又设了一个悬念,是什么呢?

师:"主人到底是谁?"这里,我们一起来总结下,请问,衬悬,大家觉得是什么悬念方式?"我"和老余误会瑶族老人是小茅屋的主人,所以这种方式可以称作……

生:误会衬悬。

师:误会推进故事情节发展。那当得知主人不是瑶族老人后,作者设下了第二个悬念,同样采用的是什么设悬方式呀,大声告诉老师。

生:疑问设悬。

师:到这里,请问这有什么妙处呢? 用误会的方式推进故事情节发展,让这个故事变得波澜起伏。

生:波澜壮阔。

师:哈,波澜壮阔可能不太合适。一波未平一波又起,波澜起伏,深化文章内容,让我们想要继续往下读。

师:好,设了第二个悬念之后,这个问题就解开了吗? 没有,作者又误会哈尼小姑娘是小茅屋的主人。所以继续采用误会来推进故事情节,是不是这样子的? 好,误会之后,这个故事解开谜团了吗?

生:没有。

师:还没有。作者又设下了第三个悬念,是什么呢?

生:"解放军叔叔为什么在这里盖房子呢?"

师:到这里,故事就要结束了,对不对? 最后,作者怎么样解开了这个谜团呢? 来,大家看看最后。书本第32—35段,来找找。这里采用了一个什么样的写作手法?

生:对话。

师:对话,你很聪明。一问一答,对话解悬。还有呢,大家可以看到这里还有一句"小姑娘向我们讲述了房子的来历"请问,这是什么叙事顺序? 比如,我在讲一个故事的时候,中间暂时断开去讲述另外一个故事,这是一种什么叙事顺序?

生:插叙。

师:非常好。所以,最后作者通过对话和插叙揭开了这个谜底。雷锋叔叔为什么要盖房子呀?

生:因为他们要传承雷锋精神,想要造福过路人。这里采用悬念就能够深化文章的主旨,所以作者在文末说"驿路梨花处处开"。

师:好,我们一起探寻到这里,老师想问同学们结合这个表格,你们能得出什么结论呢? 比如说作者采取了悬念的方式,首先设悬,接着衬悬,最后解悬,这样一个构思技巧,非常巧妙。那它有什么好处呀?

生:能够吸引读者、能够推进故事情节发展、能够深化文章主旨。

师:非常好,请同学们把你们的探究结果写在学案上。

(3)绘导图,悟悬念之法。

师:同学们,学完《驿路梨花》,让我们从它延伸出去,请大家拿出昨天的预习材料《带上她的眼睛》(课本第146页)和《麦琪的礼物》(学案补充)和预习作业,向大家展示一下你的思维导图作业。我找同学来分享一下小说情节、人物、主题思维导图。给一分钟时间,大家思考组织自己的语言。(生思考完成,教师巡视指导)

师:老师巡查看到同学们的作业都非常认真,感谢同学们的配合。那有没有同学先为我们说一下《带上她的眼睛》讲述了一个什么悬念故事呢? 老师非常喜欢这个小男孩,来,你来说一说吧。

生:《带上她的眼睛》讲述了"我"去度假,主任让"我"带一双眼睛去,这双眼睛的主人是一个小女孩,开头就设置了悬念。"我"带她去看草原、看日出、看花朵、看星空,可是她的反应很奇怪,故事的高潮时"我"才发现了她的身分,她是"落日六号"的领航员,被永远留在了地心。后面还补充交代了"落日六号"的失事情况。

师:那这篇文章的主旨是什么? 读完这篇文章谁在大家脑海中印象最深呀?

生:小姑娘。

师:那她的什么精神让你们折服呀? 哇,我终于看到有同学举手了,请你来说。

生:呃,就是对美好生活的渴望和对科学无私奉献的精神。

师:我觉得大家可以给她掌声。(生鼓掌。)

师:小女孩对科学的无私奉献的精神让我们折服,讲得很好,这是《带上她的眼睛》的分享。接下来,《麦琪的礼物》,有请你来为大家说一说。

生:《麦琪的礼物》写的是一对贫穷小夫妻在圣诞节前想要为对方买到有价值有意义的最好的礼物,他们卖掉了自己最宝贵的东西来为对方买心仪的礼物,德拉卖掉了她的长头发给吉姆买了一条手表链,吉姆卖掉了他的手表给德拉买了一套发梳,最后他们发现各自的礼物都用不上。

师:好,掌声同样给到她。(生鼓掌。)

师:心中怀有纯真爱情的夫妻在圣诞节前互相舍弃了自己最重要的东西为对方买非常有意义的礼物,那么,这个主题其实很明显,就是在讴歌纯真的爱情,对资本主义金钱至上的观念进行辛辣的批判。非常好,同学们非常棒。

师:接下来,请同学们四个人一个小组,前后桌,结合我们刚刚学的《驿路梨花》的知识来探究《带上她的眼睛》《麦琪的礼物》悬念的设置的位置、方式和妙处,探究他们是如何设悬、衬悬、解悬,完成以下表格。(学生小组讨论,教师巡视指导。)

师:好,我已经看到有些小组的同学已经进入状态了,我们有请两个小组为我们解答一下。先有请这个小组的发言人。你先说,我们一起来补充。

生:全文总设一个悬念:"这个小姑娘是谁?"

师:大家同意吗? 也就是说"为什么要带上她的眼睛呢?"

生:一开头就提出了这个悬念。而且是疑问设悬。

师:那一开头作者是怎么说的呀?"我"要去度假,主任让我再带一双眼睛去。而且这个眼睛的主人是个什么状态呢? 书中是如何描绘的?

生:失重的状态。

师:因为她穿着肥大的太空服,周围飘着失重的铅笔。所以她刚刚说了是用了疑问设悬的方式。我们脑海中是不是有这样的问题:"为什么带眼睛? 她是谁?"那么,它的好处同样的引发读者的阅读兴趣。

师:好,接着你再讲,那中间我们又是如何衬悬的呢?

生:因为小姑娘的反应非常的反常。

师：哦，你找得非常好，同学们有没有找到？其实，我们书里有提示。这个小姑娘的反应很奇怪很反常很矛盾。具体表现在哪些地方，你能不能说一下？大家打开书本第146页，跟着画线。

生：第16段最后一句，作者说她对这个世界的情感已经丰富到了不正常的地步。

师：你的认真让老师很感动。大家画出来，再找找她的情感有哪些。看到一朵小花，她发出了什么？

生：感叹。

师：面对风，她发出了什么？

生：惊讶。

师：看到小溪呢，她发出了什么？

生：惊叹。

师：这是她的种种不正常。还有没有其他表现呢？

生：第10—11段，"我"问她那儿是不是很热时，她的回答断断续续。

师：作者认为她应该是在太空，所以作者说草原和太空相比太小了，这个小女孩却没有回答。还有没有，"我"问她，她没有回答的地方？

生：第20段，"我"问她飞船的大概方位的时候，她也没有回答。

师：你真的钻研得很深入。这个时候她没有回答，她沉默了。在后面我问她位置的时候，她却哼起了德彪西的《月光》。还有她回答的"热，热得像地狱"，穿着宇航服，怎么会有这样的反应呢？这一系列是不是都有反差呀，小姑娘的表现非常奇怪，所以你找得非常好。请坐。我们一起来总结下，作者采用了一系列的矛盾来推进故事。同样，它也让我们的故事情节变得曲折，让我们继续往下读。那老师最后想问，这个故事谜底是怎么解开的呀？在哪里解开的呀？大家找到这段话没有？"我"知道了她是谁的时候是在哪一段？

生：第149页最后。

师：非常好，后面是"我"和主任的对话，怎么说的呢？书中说："你已经猜到了她是落日六号的领航员吧"，是不是对话呀，那后面大段的内容是作者在写关于落日六号的事情，这种叙事顺序是什么呢？

生：伏笔？

师：其实我们不太知道落日六号的故事，作者就补充交代到底发生了什么，所以这是一种什么样的叙事顺序？

生：补叙。

师：那怎么样解开我们的谜团的呢？那就是通过对话和补叙揭开谜底。最后小女孩说的话让人非常感动，我们一起来读一下吧。（生齐读。）

师：这个小女孩为科学无私奉献的精神值得我们敬佩，最后解开悬念，深化了文章的主旨。

师：好，那接下来《麦琪的礼物》，谁来说一说。来，你们小组吧，发言人来说一说。

生：全文总设一个悬念。他们很穷，又要买礼物，怎么办呢？

师：穷，又要在圣诞节这个特定的日子里为对方买一份有意义的礼物。嗯，非常好，属于疑问设悬。那接下来是如何写的呢？

生：第1自然段，"贫穷的主妇德拉在圣诞节前只剩下一块八毛七分钱，而她一定要在圣诞节送吉姆一份礼物"。

师：噢，她又很穷，又必须要买一份礼物。在我们脑海里就出现了这样一个问题："贫穷的她怎样才能弄到钱呢？"所以我们同样也可以说这属于疑问设悬。那怎么推进我们的故事呢？

生：第8自然段，德拉看着自己的长发陷入沉思，还哭泣，她下定决心剪掉长发去给吉姆买礼物。

师：这里其实很有意思，德拉没有钱，但是她有一样非常有价值的东西，那就是一头美丽的长发。

生：接下来是第25自然段，吉姆看到礼物后表情很奇怪，可是他并不是生气，而是意味深长的表情，让人很不理解。

师：嗯，到最后我们知道了原因，为什么呀？他的妻子给他买了个什么礼物？

生：表链。

师：她的丈夫正好有一块祖传的金表，但是却没有表链，而女主人公德拉正好有一头美丽的长发，她又正好把这一头秀发给剪了去买了表链。那我们来总结一下到底是如何推进悬念的呢？这么多的正好就组合成了一个个的什么？

生：巧合。

师：对了，巧合衬悬，同样使故事变得波澜起伏。那最后是如何解开谜团的呢？丈夫把什么给卖了才买了那一套发梳呢？

生：他的金表。

师：请坐，非常好。所以我们说最后也是对话揭开了谜底。同样也能深化文章主旨，让我们感受到夫妻之间真挚的爱情。对吧。

师：那三篇文章我们已经探究完了，请大家看到这个表格，我们一起来看看三篇文章在设置悬念上的异同。首先，大家要清楚，设置悬念一定是为主题来服务的，一定是从主题出发来设置悬念，而不是为了悬而悬。这一点同学们要注意。我们一起来读读这三篇文章的主题。（大屏幕播放主题，同学们大声朗读。）

生：《驿路梨花》主题是对助人为乐的雷锋精神、对边疆少数民族的淳朴民风、对发扬光大雷锋精神的一代新人表达赞美、热爱、崇敬之情。《带上她的眼睛》主题是歌颂乐观、敬业，为了科学而不怕献身的精神，也传达了最平凡的事物才更需要我们去珍惜的哲理。《麦琪的礼物》主题是反映了美国下层人民生活的困苦，讴歌了夫妇二人纯真的爱情，对当时金钱至上的资本主义社会进行了辛辣的讽刺。

师：那我们一起来总结下悬念位置有什么相同之处呢？它们都在哪些地方设置了悬念呢？

生:全文总设悬念,围绕总悬念,再分设悬念,悬念贯穿文章始终,让文章波澜起伏,引人入胜。

师:大家可以在学案上简单记录一下。好,我们再一起来总结下悬念技巧,三篇文章略有不同。《驿路梨花》是疑问法和误会法;《带上她的眼睛》是矛盾法;《麦琪的礼物》是巧合法。

师:由以上的探究,我们又可以得出什么结论呢? 文章的开头、中间、结尾设悬、衬悬、解悬。其实是文章的布局谋篇,这样设置就能使我们的主题非常突出、立意高远。

师:接下来,我们再一起总结一下大家学到的巧设悬念的方法。大家回想下,脑海里出现了哪些悬念方法呢?

生:疑问法、误会法、矛盾法、巧合法。

师:还有一种方法,今天老师没有讲到,但是我们经常也会用。比如:《羚羊木雕》这篇文章,"那只羚羊哪儿去啦?"妈妈突然问我。像这样把故事的结局先讲,然后讲故事的经过,这是什么样的叙事方法呢?

生:倒叙。

师:非常好,倒叙法,这也是一种巧设悬念很常用的方法。除了巧设悬念的方法呢,我们还来总结下解悬的方法,有哪些呢?

生:对话法、补叙法、插叙法。

师:大家总结得很不错,老师再教大家一个方法——心理法。这也是解悬常用的方法。什么是心理法? 那就是代入主人公的心理活动,主人公说"我"明白了什么,其实也想让是我们读者明白这个故事。

(4)写故事,尝试悬念之法。

师:那么,悬念的宝典我们已经摘取了,接下来就要看看大家的啦。请同学们以学习小组的形式来讨论。请看大屏幕要求:为参加学校的"巧设悬念,妙笔生花"为主题的故事大赛活动,自行思考合适事件,向小组成员讲述。小组推选最佳事件,运用刚才总结的设置悬念的方法,加入丰富而合理的想象与联想,列写悬念故事提纲,现场展示。好,讨论开始。

师:大家可以把故事提纲写到学案上的横线上。大家首先注意确定主题:亲情、友情或者社会上美好的精神,接下来如何设悬及推进悬念呢? 好好思考下。

(学生小组讨论,教师巡视指导)

师:大家讨论都很认真呀,时间关系,老师找一组同学说一说你们的悬念故事提纲。我们可以跟他们一起来完成这个故事。来,请你们这一小组来发言。

生:在花园里有一片荒芜的土地。有一天,有人在花园里种上一片花,为此我们设置了总悬念"花园里的花是谁种的呢?"我们选取了两个人,首先误会保安叔叔是种花人,因为保安叔叔那天在为花圃里垒上了小石子。我们想去感谢保安叔叔的付出,却得知保安叔叔不是种花人。这里设置了悬念,"种花人到底是谁呢?"我们又选取了第二个人,那就是扫地阿姨。因为有一天扫地阿姨带着花瓶摘了一些花,而且还把花圃周围的垃圾清扫干净了,但我们得知扫地阿姨也不是种花人。为了确定谁是花的主人,我们决定一探究竟,拿着书本在那守着。终于我们看到一位小姑娘带着小铲子过来了,带着小花瓶,摘了一些花。我们明白了原来小姑娘才是花园的主人。这个花是要拿去送给她常年卧床的妈妈,让妈妈感受美好的春天。

师:那么,故事的主题就很清晰了,就是小女孩和妈妈之间感人的亲情。这样一个悬念故事,我觉得他们构思得非常好。来,我们运用评价量表来更科学地评价下他们的悬念故事提纲。请看大屏幕。请你来评价下。

生:他们运用了两种悬念方法,学习了《驿路梨花》的悬念设置方法。情节完整,一个接一个的误会衬悬,小姑娘的人物形象也很突出,主题也很鲜明。每个选项给他们4颗星。

师:感谢你的评价。那么,这节课巧设悬念我们就学到这里,希望大家运用学到的悬念方法去完成600字的悬念故事,班级交流评选,完成评比。这节课就到这里,下课。

生:起立! 老师再见。

师:同学们再见,感谢你们的配合。

2.专家点评。

本次活动邀请深圳市教师专业发展委员会常务理事、语文特级教师、正高级教师、"悬念语文教学法体系"的创建者何泗忠老师全程指导。

何泗忠老师首先对王雪兰老师敢于上公开课的精神给予了高度赞赏。何老师从六个维度细致阐述他的观课结果:

(1)教学内容。本节课用"悬念"来整合教学内容,巧妙设计合适的关键性教学活动,并寻找语文与生活的联系,整合教材能力很好,重点突出,而且始终坚持以鼓励学生语言运用为主。

(2)教学环节。本节课有激趣导入、师生讨论、学生讨论、归纳总结、联系实际写故事等环节,课堂整体教学环节流畅,环环相扣,教学线索比较明晰。

(3)教学手段。利用表格填写等教学手段推动学生学习,注重培养学生的思维能力。

(4)教师状态。整堂课教师状态都很有激情,抑扬顿挫,老师肢体语言丰富,亲近学生、融入学生。王老师用很有语文味的话语及时评价和反馈。

(5)学生状态。在王老师的带动下,学生积极动笔、回答问题形式多样,小组探究有意义实操性强。

(6)教学目标的达成。整节课学生当场的反馈较好,可通过作业收集看最后达成教学目标的程度。

与此同时,何老师也给出了中肯的建议:

(1)课堂容量可以减少;

(2)注重抓某一个点,可以引导学生从结尾入手去发现悬念;

(3)语言运用为重点。课堂节奏放慢一点,集中力量突破语言运用这个核心素养等;

(4)语文课注重文字—文学—文化的推进。《驿路梨花》的整合课可以从以花喻人、象征这些手法入手。重构课堂也要注意思考如何从句子、词语的品析中得出悬念的方法；

(5)学生思维能力的培养形式可以多样，仅有的表格形式略显单调，可修改成在课件上展示重点句子、对话等，给学生思考时间，让语文味更浓。

主持人金老师赞扬王老师的好学、上进、求实、谦虚的精神，这是他非常欣赏的。他说，这节课情境设计非常好，大单元意识强，各环节环环相扣，是设计得较好的课例。这节课的情境和任务的设置，均为指向核心素养发展的评价设计，这就是以评促学。初次来陌生的学校讲课，面对陌生的学生，王老师能很快拉近和学生的距离，其应变能力，教学魅力和功力都很了不起。希望王老师精益求精，在何老师意见基础上进一步修改完善，抓住"语言"这个牛鼻子，推进教学，发展学生思维。还可以在上课节奏上稍慢一点，留给学生更多的思考和动手时间。

3.教学反思。

本次课是第一次尝试大单元整合，从学生最近学习的《驿路梨花》入手，选取了"悬念"这个角度，再整合第六单元的科幻小说《带上她的眼睛》和课外《麦琪的礼物》这两篇文章，意在让学生学会巧设悬念的方法。设置了"红五月"读书节征文的情境，激发学生的创作积极性，让学生最终学会运用这些悬念方法。

最初，选取"悬念"这个角度着实很困惑，学生对于"悬念"只知其然，不知其所以然，更别提悬念作文了。老师们对于"悬念"，也只是浮于表面地简单讲解，并未深入探究悬念方法。因此，笔者认为很有必要突破"悬念"教学这个难点，从文本出发，深入探究悬念设置的步骤、方法，总结格式，给予学生写作支架。

以"巧设悬念，妙笔生花"——《驿路梨花》单篇大单元教学设计为此次教学的主题。先以纪晓岚的一首打油诗，引出了课题"巧设悬念，妙笔生花"。并设置任务情境：学校七年级语文组将在"红五月读书节"中开展以"巧设悬念，妙笔生花"为主题的故事大赛活动，要求各班推荐三篇精品故事参加年级评比。接着明确本课核心任务：探究及运用巧设悬念的技巧，列写悬念故事提纲。本课安排了三个学习任务：任务一，寻梨花，探悬念之巧；任务二，绘导图，悟悬念之法；任务三，写故事，尝试悬念之法。教学内容丰富，教学环节环环相扣。课堂最后引导学生小结归纳出巧设悬念技巧，课堂效果突出，赢得了在座专家何泗忠老师的高度评价。

第一次尝试，有成功也有不足，听取了专家们的精准点评，收获颇多。从最开始的选题到最终的呈现，感谢金老师的指导，不断追问、不断反思，抓住从文本出发这个点，总结出"设悬—衬悬—解悬"这三个步骤，探究以下两个方面的方法：(1)巧设悬念技巧：疑问法、误会法、矛盾法、巧合法，并且补充倒叙法；(2)解悬方法：插(补)叙法、对话法。这次公开课也是笔者第一次尝试去别的学校上课，陌生的教室、陌生的学生，还在课堂推进较为顺利，学生配合度较高，总体比较满意。但最后写作阶段，时间比较仓促，学生的思考时间和动笔时间较少，应该思考课堂容量是否减少些；另外，引导学生得出悬念的方法还是有点生硬，语文味略有欠缺，希望能在以后的课堂中不断改进，能让悬念作文不再是老师和学生的痛点。

《学写游记》课堂实录

杨天宇

　　岳阳是一座有着2500多年悠久历史的文化名城,集名山、名水、名楼、名人、名文于一体,是湖湘文化重要的发源地之一。这样一座历史文化名城值得我们用游记记录。游记通常以描写为主要手段,又常与抒情、议论融合在一起,用以表达作者独特的感受。这节课不仅是让学生了解游记的三要素:所至、所见、所感,更是教会学生掌握调动五种感官,写好游记中的所见和所感。

　　1.导入。

　　师:上课,325班的同学们好! 请坐。昨天老师布置的阅读游记的预习作业,完成的同学请举手。(学生举手互动,初步了解学情。)

　　师:同学们预习作业完成率很高,老师来考大家一个问题:游记的三要素是——(学生回答,板书:所至、所见、所感。)

　　师:虽然同学们还没学习游记单元,但老师今天教大家一个有趣有用的游记写作方法。请大家齐读课题——唤醒五感,从心出发。

　　2.七嘴八舌议游记。

　　师:我们一起看今天的任务情景(屏显一):"老师初到岳阳,请同学们以文字形式,就游览过的岳阳的一处景点,写游记片段。"看看谁的文字最能打动老师,你们的文字也将作为岳阳宣传推文由老师带到远在深圳的同学们手中。

　　师:同学们想一下,你会推荐岳阳的哪处景点呢?

　　生:我推荐岳阳楼(洞庭湖/君山岛/南湖公园……)

　　师:岳阳真不愧是旅游文化名城唯! 那我们记游的景点和游览经历的记录有什么奥秘呢? 请大家看小短片(屏显二,学生观看短片)

　　师:短片后半部分是同学们春游南湖公园的照片集,老师为照片中的如画美景和同学们青春洋溢的笑容所感染。因此,记游的奥秘是?

生:我认为记游对象不只在名胜古迹,更在于给你带来特别印象和感受的游历。

师:大家选好了记游的景点,写游记前先预设一下,你觉得写好游记哪个要素最有挑战呢?

生:我认为写好"所见"最难。因为既要写出景物的特点,又要让读者感兴趣或身临其境之感,对作者是一种挑战。

生:我认为写好"所感"最难。游览时不一定能产生值得思考和记录的感悟,要写出来打动读者,更是难上加难……

师:同学们真会思考! 来之前老师面对深圳的七到九年级学生做了问卷调查(屏显三,问卷调查结果),结果显示有一半多的同学认为写出所感难,还有同学,认为写好所见所感都有挑战。那怎么办呢? 有近八成的同学认为:学习借鉴名家游记作品可以提高游记写作水平。咱们就先学习借鉴,再尝试写作。接下来,进入第二环节"畅游经典,调动五感"。

3.畅游经典,调动五感。

师:大家看到学习单表格里的前两个文段,同样写壶口瀑布的游记。一个选自课内《壶口瀑布》,另一个选自主题丛书《壶口,壶口》一文。请同学们默读对比这两个选段,他们在调动感官写游记方面,有什么共同之处呢?

生:这两个文段都调动了视觉、听觉和触觉感官去感知、描写壶口瀑布。

生:调动多种感官,都写出了瀑布的壮观,给人身临其境的感觉。如果只写看到的是没有这种效果的。

师:同学们观察得很仔细,这样调动五感写所见,是不是比一句"好壮观的瀑布,真是波涛汹涌,气势磅礴"这样的写法好多了呢?(生点头。)所见写充分,那么由瀑布联想到人的情绪和中华民族的伟大精神,引用诗句抒发情感写所感就水到渠成了。

师:请同学们浏览下面三个丛书游记选段,你们最喜欢哪个?(生大部分回答《北京的小胡同》选段。)咱们一起读一下好吗?(师生齐读。)

师:这段写人文景观的游记太妙了。大家齐说,调动了什么感官?(生齐说。)谁来尝试赏析你最喜欢的一处调动感官的描写?

生:我喜欢那句"耳听铿锵有力……"。这里作者把游览小胡同时听到的唱戏声和吆喝声都写进来,给人很热闹的感觉,把小胡同的生活气写出来了。

生:这里调动的感官很多。小胡同的花香味,热闹的声音,形形色色的景象等,都展现了出来。

师:同学们看,无论是自然景观,还是人文景观,五感的调动都利于我们写好所见,感染读者。接下来为大家展示老师的游记下水文《寒山寺的钟声》。老师读,请同学们闭上眼睛感受,我还会请一些同学"喝茶",请听老师读。(生听,"喝茶"。)

师:同学们,咱们进行了一次沉浸式游览,你们什么感官被唤醒了? 谁来说说听了文段后的感受?

生:我听到寒山寺浑厚的钟声,觉得有沉浸式体验的感觉,而且那个钟声响起后会余音绕梁,我听后觉得自己要修仙遁入空门了。(生笑。)

生:我喝了老师同款茉莉茶,感觉自己像浸泡在清新的茶香中。再回味钟声,想到有悠久历史的古钟的样子,我觉得自己淡泊宁静,心情舒畅,就像在跟历史对话……

生:这个场景让我想到了自己在一天学习生活结束后,躺在床上享受属于自己的时光的惬意感。

师:同学们的分享太赞了,五感的调动让我们实现了与作者和作品的对话。老师想告诉大家一个创设感官体验的方法,就像文中的茶带来味觉的特别体验。当同学们在看浩渺的洞庭湖时,如果你用手捞一捞湖水,就带来多一重的触觉体验;当你写登岳阳楼观赏之景,如果能听到古筝曲,那就多了一层听觉体验……同学们学会了吗?(生点头。)

师:接下来请同学们小试牛刀,拿起笔来,就你所选的岳阳一处景点,调动五感,写出你的所见所感,我们将用评价量表推举出优秀作品(屏幕出示评价量表)。(计时10分钟,学生课堂写作,同伴之间互评,老师来回巡视。)

评价量表示例

评价维度(满分5星)	评价要点	自评	他评
五感调动(2星)	能调动两种及以上的感官描绘所见		
议论抒情(2星)	能表达情感,传达对生活的感悟或思考		
所见所感融合(1星)	景中有情,抒发独特感受,感染读者		

4.共评作品,感悟情思。

师:同学们写得特别认真,老师巡视过程中发现了好多优秀的游记作品,谁来分享一下? 你可以毛遂自荐,也可以推荐其他评分高的同学的作品。

生:从南边进入汴河街,所见就给人一种厚重的历史感:一排排的灯笼,青瓦砌成的房屋,旁侧是金色的洞庭湖畔……登上城墙,望着那一抹余晖,耳边传来咿呀的唱戏声,心也随之宁静下来。顺着小路来到北边,我的心又雀跃起来,那是我最喜欢的地儿。进去,目光所及皆是美食,散发着红糖香气的顶糕,味道一闻就知道绝对正宗的臭豆腐,往后走还有茶馆飘出的茶香。有时感觉生活太过于匆忙,不妨试试来这儿感受慢节奏。

生:闲暇之时,漫步于洞庭湖畔,黄昏余晖暖暖地洒在洞庭湖面,洒在我的心间,如沐春风。其虽无他人所言之波光粼粼、烟波浩渺,却仍使我静下来体悟人生之美好。坐在长椅上,闭上眼,一声声鸟鸣如染耳畔,好像看见了落霞,看到了孤鹜,实在是美不可言传! 你看,在紧张急促的生活节奏中,悄悄来到湖畔,让其浸润心灵,陶冶情操,多么美好呢!

生:正如范仲淹在《岳阳楼记》中所写"衔远山,吞长江,浩浩汤汤,横无际涯"。当你登上岳阳楼顶,看着烟波浩渺的洞庭湖,伴着阵阵微风,听着虫鸣鸟叫,好似尘世间的烦恼都抛在脑后,令人心旷神怡!(师生共评,发现游记片段的闪光点,提出修改意见。)

5.结语。

师:由于时间有限,咱们的课堂分享暂告一段落,同学们在这堂写作课中学会了什么?

生:我学会了要有意识地调动五种感官描绘所见。

生:我学会了把所见与所感结合起来,可以引用诗句抒情,也可以分享此刻的感悟。

师:同学们能学有所获,老师很开心。老师也为大家送上特别的礼物——深圳的学生手绘的代表深圳建筑景观的明信片,背面是他们写的该景观的游记。课下请同学们继续完善片段游记,把修改后的文字写在岳阳明信片背后。选做的作业是:同学们学完游记单元后,可把修改后满意的游记作品发邮件给老师,老师择优投稿。

师:感谢同学们这节课的精彩表现,希望同学们以后在游览时可以调动五感,发现更多美好,为岳阳这座秀美之城做最好的宣传代言! 同学们下课!

6.专家评课:

胡立根(教育部财政部国培专家库专家、正高级教师、特级教师、广东省劳动模范):新课标背景下的语文课堂,应该是:"学生在学习,学生在干活,而不是老师在讲课!"语文课,不是老师教语文,而是学生在读写。杨老师这堂游记写作课,设计了任务驱动式的写作背景,用例文给学生游记写作提供了指导的支架,课堂上组织和指导学生读写,符合主题学习的要求,是一堂能让学生学有所获的课堂。

邹燕(清远市教师发展中心义务教育教学研究部副主任、清远市初中语文教研员):这堂作文课设计了任务驱动教学,课堂上靶向聚焦能让学生活动与教学效果结合起来。同时,写作量表的设计不会太复杂,能呈现写作评价要点的同时,又不会给学生操作带来困难,是比较有效的课堂写作评价量表。

7.教学反思:

这堂作文课上完后,整体比较符合预期的设计,通过学生课堂反映和课后作业(见附录)反馈来看,是一堂能让学生学有所获的写作课。

在备课之初,我采用了循证教学法帮助确定教学目标。游记写作教学到底该教什么? 哪些是学生游记写作的难点? 为解决这些问题,我对深圳市福田区外国语学校(香蜜校区)的七至九年级学生发放了在线问卷调查,设计了关于游记写作的一系列问题。在分析问卷结果后,最终将教学重点放在用"调动五种感官"的方式"写好所见,写出所感"上面。从现场学生的课堂反应来看,他们对我展示调查结果这一环节很感兴趣,在游记写作方面也的确存在这些共性问题。我想一堂公开课,不应该仅仅思考怎样做课堂的教学设计,而更应该是结合学情,教给学生更需要学习的、更有意义的内容。由于时间有限,调查问卷未能面向更多的调查者展开,但也启示我在接下来的教学中,多结合学生实际学情进行教学设计,因材施教。

新课标背景下强调作文教学离不开情境,情境作文以情境任务作为载体,设置真实而有意义的情境,考查学生语文综合素养。而游记是实用性较强的写作文体,如果能结合学生实际生活,将他们的文笔与现实生活中的人、事、景、情等结合起来,便能极大地激发他们的写作热情。给外地学生上游记写作的公开课,那么就以"岳游真有味"——做家乡文化宣传人为驱动,设置真实情景,再通过"交换城市明信片"的方式,让他们与深圳的学生产生同龄人之间的对话,这样,学生对写作便有了期待。从导入环节展示学生春游南湖公园的视频,到"调动五感品味游记作品"的教学环节,再到课堂写作给予的评价量表及课后必做和选做作业,我都尽量让写作教学贴近学生真实生活,引导学生回到现实生活的情境中去感知体会。看到学生在交上来的作业中写道:"杨老师为我们带来了一堂有趣有料的写作课",也是极大欣慰了。我想在以后的课堂教学中,多引导学生思考联系当下,引入量表评价促进"教学评"一体化,这些都是我日后的努力方向。

于我而言,赛课不是目的,赛课是成长的台阶;展示不是终点,展示亦是旅程的风景。这次赛课让我学习借鉴了其他省市优秀教师的教学优点,也让我聆听了专家教授专业的指导意见,更让我对课堂教学有了清晰认识。高山仰止,景行行止,虽不能至,然心向往之。这次赛课让我也更加清晰地了解了自己的优点和短处,怀有一颗热爱语文之心,时刻保持敬畏之情,千里之行,始于足下。

《观点要明确》课堂实录

黄林建

学习目标:依据生活情境,学生能有针对性地提出自己的观点;针对提出的观点,进行提炼总结,力求明晰、简洁(重点);围绕所提观点,构思简易的议论文框架(难点)。

1.结合单元,明确任务。

师:九年级上册第二单元是议论文单元。本单元学习的核心任务是:能够撰写一篇300字左右的小论文。要实现这个目标不简单,要分几个步骤。今天我们来完成第一步:根据社会上的一些生活现象,有针对性地提出观点,然后提炼观点,力求明晰、简洁。(师PPT出示学习任务。)

2.联系生活,表达观点。

师:现在正处于疫情管控的特殊时期。疫情对我们的生活和学习的都产生一些影响,就"疫情对我们学习的影响"这个话题,你的观点是什么? 谁来说一下?

生:我认为疫情具有双面性,既有利也有弊。

生:疫情改变了我们的生活方式和学习方式。

师:这是两位同学表述的观点。那么,针对观点的陈述又有什么样的要求呢? 这就是我们今天这堂议论文写作课要解决的问题——观点要明确。(师板书课题,PPT出示"观点明确的含义"。)

师:我请一位同学来把它朗读一遍。(生读)

师:请你用最简洁的语言概括一下观点明确的要求是什么。

生:立场清楚,态度要鲜明。

师:很好。请大家把这条要求记在书本上。(学生记笔记。)

师:我们就以这个标准来补写这几个表示观点的句子。请同学们打开课本第44页,把第一、二自然段齐读一遍。(学生齐读课本第44页第一、二自然段。)

师:下面我们就动笔把表达这三个观点的句子补写完整。要求:立场清楚,态度鲜明。（学生补写句子。教师巡视。）

师：请各小组派一位同学把观点补充完整的部分写在黑板上。（学生代表上前板书。）

学生：青少年爱玩电子游戏是错误的。

学生：人在困难面前必须勇于面对。

学生：勇敢面对困难将会取得成功。

师：同学们很优秀啊！补写的句子都立场清晰，态度非常鲜明。老师补写的句子和同学们的也大同小异。（教师显示PPT。）

观点1：爱玩电子游戏是弊大于利的。

观点2：人在困难面前勇往直前。

观点3：勇敢面对困难，将会获得成功。

师：好，我们来看一下老师列出的几个观点句子有什么共同点？

生：第一组句子是判断句式。句子都是以句号结尾。第二组句子既是判断句，也是陈述句。

生：第三组句子是对事物做出了一种推断。

师：你归纳得很到位。那么，有哪些句式是不能用来表述观点的？

生：疑问句。因为疑问句表示心中有疑问，不能表达他的观点；反问句也不能，因为反问句是明知故问。

师：补充得很好。我们总结一下：肯定句、陈述句、设问句可以用来表达观点，但是疑问句、反问句则不适合用来表达观点。（教师显示PPT。）

师：下面，我们来做一个句式变换对比的学习活动。"青少年爱玩电子游戏是弊大于利的。"与"青少年爱玩电子游戏是有影响的。"这两个表达观点的句子，你认为哪个合适作为观点？理由是什么？（教师显示PPT。）

生：我认为"青少年爱玩电子游戏是弊大于利的。"比"青少年爱玩电子游戏是有影响的。"更适合。因为句1可以更好地表达出自己的立场，立场更清晰一点；句2表述的观点比较什么模糊，比较宽泛。

师：这位同学观察很敏锐。请大家记一下笔记，观点要明确的第二个要求：观点要具体清晰、避免空泛。（学生记笔记。教师巡视。）

师：好。大家再看看，我把观点句（"人应当敬业乐业。"）改换成意思完全一致的另一个句子："每个人应当专注于自己的职业，热爱自己的职业。"这两个表达观点的句子，你更喜欢哪个？理由是什么？

生：我更喜欢"人应当敬业乐业"。因为这句话相较于另外一句话比较简洁、明了。

师：总结得很好。我们在这里归纳出第三个要求：语言简洁、凝练精准。请记录好。（学生记笔记。教师巡视。）

3. 紧扣教材，课文验证。

师：接下来，我们一起回顾一下本单元学过的课文，进行课文验证。本单元所学的几篇议论文里，课文的观点是不是符合以上要求呢？（教师屏显课文标题+观点，挖空观点，学生回答。)

生:《敬业与乐业》的观点是:敬业乐业四个字是人类生活的不二法门。《就英法联军远征中国至巴特勒上尉的信》的观点是:英法联军侵略中国的行为是一种强盗行径。《论教养》的观点是:有教养有风度就是以尊重的态度对待别人。3篇议论文的观点都是一个表意清楚、立场很明确的陈述句,语言凝练准确。

师:你掌握得不错。课文是我们学习的最好的例子。不难发现,它们全部都符合以上要求。

4.搭建支架,学以致用。

师:下面我们验证一下刚才学习的效果。"在我校刚刚结束的'期中学情调研'考试中,考场上出现了个别同学作弊的情况。学校德育处想要在下周一的升旗仪式上举行一个诚信考试的主题演讲活动,我们班负责撰写演讲稿并且讲演,请你为这个演讲稿拟一个明确的观点。"(教师出示PPT,学生动笔写句子。教师巡视。)

师:我们小组内讨论一下,对我们拟出的观点进行修改完善,根据老师给大家的"观点改进意见表"进行评价。(屏显"观点改进意见表"。学生小组内讨论。教师巡视。)

师:我们请小组代表上黑板展示讨论成果。

生:诚信是一个人最基本的品质。

生:诚信是学业的根基。

生:诚信是考试最基本的要求。

师:请同学们依据"观点改进意见表"评判一下上面的观点。

生:上面的三个观点都做到了:1.立场清晰,态度非常鲜明;2.观点具体而清晰;3.语言简洁、凝练、精准。

师:谢谢你的点评。以上小组表达的观点都符合所有的要求。如果我们依据自己拟出的观点,把它撰写成一篇演讲稿,同学们想把这个观点放在演讲稿的什么位置,能让在场的听众一目了然呢?(学生思考。)

师:请同学们回顾一下课文是怎么做的,好不好? 看看有什么发现。(师出示PPT。)

生:我发现观点可以放在题目上做题目,或放在文章开头的位置,也可以是在结尾的位置。

师:很好,这3个位置确实能凸显文章的观点,除此之外, 还有没有其他的方法来引出这个议论文的观点呢?

生:我认为是有的,比如用设问句来引出观点。还可以用一个关键的词句来引出论文的观点。比如说:总而言之,由此可见,综上所述……

生:或者是独立成段,反复出现某个关键词句。

师:你们补充得很全面了。议论文的观点要让读者一目了然,就要做到位置凸显,在关键处点示一下。请同学们把我们总结出来的这些要求来齐读一遍:立场清晰,态度鲜明;观点具体而清晰;语言简洁、凝练、精准;关键处点示,位置凸显。(显示PPT,学生齐读。)

5.课堂实践,解决问题。

师:我们来当堂演练一下。请看屏幕。

当今社会可以说竞争是异常的激烈,这也给作为未来接班人的我们以无限的压力。我也感受到同学们身上的压力啊,有人说学习很苦,很累,在这样的压力之下,有人选择了奋斗,有人选择放弃。对此,请你拟出一个明确的观点。(出示PPT。生齐读后动笔写观点。教师巡视。)

师:小组成员之间讨论一下,根据我们的"改进意见表"来进行完善,评选出小组最佳的观点。(学生小组内讨论。教师巡视。)

师:哪个小组先展示一下?

生:我们组的观点是:躺平不可取,内卷需有度。

生:我们组的观点是:学生应当做到内卷奋斗。

生:我们组的观点是:奋斗是走向成功的必由之路。

师:好。你们三个小组的观点非常清晰和明确。可见大部分同学是站在这个奋斗这一边的。我们拟出了观点之后,如何证明我们的观点呢?大家发表自己的意见。大家可以动笔列写提纲,也可以打腹稿。时间2分钟。(学生动笔写提纲。)

师:下面请同学们说说你们的想法。

生:把内卷的结果和躺平的结果进行对比,进行对比来论证。

生:举一些例子来证明,举例论证。

生:可以运用一些名人名言来佐证自己的观点。

师:好的,也就是摆事实讲道理。老师希望大家课后先去搜集一些用来证明自己观点的事例和名言警句,然后根据观点来修改自己的提纲,最后把它创作成一篇不少于300字的议论文,这是今天的作业。通过今天的学习,我们学会了有针对性地提出观点,明确了议论文观点的具体要求,这是写好议论文的第一步。这节课我们上到这里,下课!

生:老师再见!

6.教学反思:

创设真实情境,聚焦能力提升

《观点要明确》是部编版教材九年级上册第二单元的写作指导。本单元提示中有"学习这个单元,要了解议论性文章的特点,把握作者观点,区分观点和材料,理清论证思路,学习论证方法"的教学要求。单元选编的这四篇文章是学生初步了解议论性文本特点的佳作。学生在学完本单元的议论文之后,初步了解了议论性文章的特点,把握作者的观点,区分观点和材料,学习了论证的方法。于是教材编排了《观点要明确》的议论文写作指导。同时教材中还有第三单元的《议论要言之有据》、第五单元的《论证要合理》这两项议论文的写作指导。这三节课形成了一个有机的训练序列。

《义务教育语文课程标准(2022年版)》第四学段(7—9年级)的课程目标,在"表达与交流"中要求学生自信、负责地表达自己的观点,写简单的议论性文章,做到观点明确,有理有据。要特别关注学生思考的过程和思维方法。

虽然,初中阶段学生写作训练的重点在记叙文,但九年级学生开始接触具有一定思辨力的议论文。这也为以后的高中语文学习奠定一个良好的基础。在平时的语文课堂教学过程中,我们对学生的思辨力培养关注度远远不够。阅读和写作议论文可以训练学生从"低阶思维"走向"高阶思维"。因此,阅读和写作议论文是培育学生逻辑思维能力的有效途径之一。这节议论文写作指导课给了我以下几点启示:

第一,创设真实的学习情境。

新课标中的语文学习倡导语文课堂学习聚焦言语实践活动,注重解决真实情境中的现实问题。这里的"情境化"是指将语文知识放置于真实的言语世界中。情境教学,追求课程内容、学生生活、语文实践之间的协调和融通,通过不断变革的评价方式来提升学生的综合素养。

近些年,语文的课堂活动化已成为常态,教学活动离不开创设情境。"情境"的"境"是指构成和蕴含在情景中的那些相互交织的因素及其相互之间的关系。王宁教授说:语文学习任务群所涉及的情境,指的是课堂教学内容涉及的语境。所以,现在提倡的语文教学视域下的"情境",一定是能促进学生言语实践活动的语言情境。

这节课,创设了两个真实情境下的语言实践性活动。

活动三:为学校即将到来的诊断测试,征求以"诚信考试"为主题的演讲稿,为演讲稿拟合适的观点。

活动四:创作实践,就"内卷"奋斗还是"躺平"的话题,拟一个明确的观点。

这节课,基于真实情境开展积极的学科实践活动,进行情境运用、情境表达,这对"养成"学生的语文学习力十分必要。

第二,开展多样化的学习活动。

创设语文真实学习情境需要依托多样化言语实践活动来实现,组织言语实践活动本身也是将知识"情境化"处理的最佳路径。学习活动的设计和实施质量决定着学习任务群的教学质量。本节写作指导课《观点要明确》单元任务是:学生能够撰写一篇阐释论点与论据之间对应关系的300字小论文。这节课是核心任务中的一个子任务:认真思考生活和社会现象,有针对性地提出观点。为此笔者设计了四个活动:

活动一:补写句子,提出概念。议论文论点一般是陈述句,肯定句。

活动二:课文验证。用本单元学过的课文《敬业与乐业》《就英法联军远征中国致巴特勒上尉的信》《论教养》等文章验证观点。

活动三:学以致用,情境演练。为学校即将到来的诊断测试,征求以诚信考试为主题的演讲稿,为演讲稿拟合适的观点。

活动四:创作实践,就"内卷"奋斗还是躺平的问题,拟一个明确的观点。

这几项活动,先由扣教材,扣单元,再过渡到扣生活、扣实践,环环相扣,学生活动充分,落实到位。

这样的活动设计,学生能将学到的语文知识,迁移到具体真实的情境中去运用,这才是有语文学习力的表现。因此培养学生的语文学习力,就要让学习者在情境中经历完整、充分的建构性学习过程,以促进学生发展阐释、赏析评价、批判探究、迁移运用等高阶思维能力的提升。

第三,搭建必要的学习支架。

美国教育家布鲁纳在20世纪50年代提出"支架式教学",倡导教师为学生提供学习支架。学习支架的搭建是以学生中心,教师根据学生可能遇到的问题提供方法指导。在解决问题过程中,教师根据学生发展变化选择相应方式方法予以帮助指导,最终促使学生解决问题。就是我们经常强调的在教学中给学生提供充分的学习支持。在实际的语文教学过程中,教师提供的学习支架可以包括图表、范例、问题、资源、建议等多种形式。

本课教学在"学以致用"活动中,给出一个"观点改进意见表"作为学习支架。学生根据支架讨论修改自己拟出来的观点,领悟到观点要明确的标准。然后通过一个小练笔将习得的议论文知识点进一步实践,加深了理解。

这一课,在具体的言语情境的实践中,以语文学科核心素养为纲,以学生的语文实践为主线,以任务为导向,以学习活动为载体,整合学习情境、学习内容、学习方法和学习资源,引导学生在运用语言的过程中提升语文的核心素养。

《醒狮觉醒，舞动传承》项目式教学课堂实录

王雪兰

1.导入新课。

师：同学们，我们都是深圳福永人。在福永，有一张非常响亮的文化名片，那就是——福永醒狮。"咚咚锵，咚咚锵，锣鼓敲响，醒狮舞动，大街小巷喜洋洋！"

师：今天，我们将一同走进福永醒狮，同学们将化身为产品设计师，设计出一款新颖有创意的福永醒狮文创产品，并且参与"宝安文创大赛"的活动，让我们的传统文化"活"起来、"潮"起来。（课件显示课题、核心任务。）

（大屏幕显示）核心任务：2023年5月6日，第四届宝安文创X"创意生活美学"深圳博物馆IP联名设计大赛启动，本届大赛以"设计湾区新故事"为主题，现在面向大众征集立足于本土文化特色的、新颖而富有创意的文创产品。请你化身为产品设计师，设计一款福永醒狮文创产品，填写文创产品自荐表参与比赛，让家乡的传统文化"活"起来又"潮"起来。

2.小组创意展示醒狮初印象。

师：这里，老师有一个问题想问大家：什么是文创产品呀？有没有同学来为我们解答一下？用自己的话来说说你的理解。

生：文创产品应该是把现有的技术和古代传承下来的一些文化结合起来，做成一些在人们生活中可以用到的物品。

师：她说得怎么样？看大家都在点头表示同意。（笑）她的解读应该是比较到位的。

师：文创产品的"文"是什么？

生（大声，齐）：文化。

师：文创产品，简而言之，就是一个文化母体，那今天我们所要讲的文化母体很明显是——福永醒狮。有一个文化母体，再加上创意表现，运用一些高科技将我们的产品推广出去，让大家了解并喜爱这个产品，这个就是文创产品。今天就要看看大家的奇思妙

想啦!

师:那么想要了解并设计一款文创产品,我们首先要去探究文化母体——福永醒狮的文化内涵。接下来,有请各小组汇报展示精彩的调研结果。首先,有请手抄报小组为大家展示。大家掌声欢迎。(生鼓掌,课件播放手抄报内容。)

生:我们小组是以手抄报的形式来汇报我们的醒狮,主要是了解醒狮的产生和发展的历史。醒狮是舞狮文化之一,优秀的传统民俗舞蹈艺术。明代时,醒狮在广东出现,源于南海县,属于南狮。南狮具有求吉辟邪的作用,也被称为瑞狮。狮子的主要动作有睁眼、洗须、舔毛、舔身、抖毛等,主要套路有采青、踩梅花桩等,采青是醒狮的精髓,原有反清复明之意,现在一般取生意兴隆的意思。青,用的是生菜的谐音,寓意生财。采青的过程是把生菜和红包悬挂起来,狮子在前舞动数回,然后一跃而起,把青一口吃掉,谓之采青;再把生菜咬碎,谓之碎青;最后,再把咬碎的青吐向大家,谓之遍地生财。一场全过程的舞狮表演,可以看到舞狮人非常讲究人狮合一,讲究团队的配合精神,考验了舞狮者的反应能力。整个舞狮表演,不仅仅是一场精彩的表演,舞出来的更是醒狮精神。那么,大家在平时的舞狮表演中,可以看到红狮、黑狮以及黄狮,这三种不同颜色的狮子其实也代表了《三国演义》中不同的角色。接下来,请欣赏我们小组红狮——关羽狮为大家带来一个小小的表演。(生鼓掌,播放音乐,醒狮表演。)

师:醒狮觉醒,舞动传承。感谢手抄报小组极富创意的展示。接下来,有请采访小组为我们展示。

生:醒狮是中华文化的悠久传承,岁月的洗礼让醒狮散发着璀璨的光芒。我们曾采访桥头醒狮队,深刻了解到了醒狮的文化内涵和精神,走近了那些赋予醒狮生命的人,他们进取、努力、坚持、求真、团结,这些无一不是醒狮精神的体现,接下来,让我们观看相关视频。(生鼓掌,播放采访视频。)

生:通过这次活动,我们了解到每位师傅对醒狮的定义都不尽相同,但他们都想引领醒狮走向更美好的未来。文化需要人来传承,而不是淡出人们的视野,新时代的我们也应该为文化传承作出努力,这就是我们小组的采访心得,感谢大家的聆听。

师:近距离感受福永醒狮,去领略传承人们的风采,这着实是一次有趣有意义的文化之旅。那么,接下来,有请文字小组为我们展示。大家掌声欢迎。

生:接下来,请同学们一起读一下这首七言绝句。(课件播放诗词,学生大声齐读。)

生(大声齐读):《山村闹春龙狮舞》:"锣鼓喧天爆竹鸣,山村炫舞贺新庚。金龙扭摆眉梢喜,狮子翻腾笑浪声。貌美姑娘多矫健,年刚少壮富豪情。闹春直至元宵日,民族传承有色声。"

生:"翻腾"写出了醒狮矫健、灵活,醒狮扭转自己的身躯,逗得山村满是欢声笑语。接下来,请男同学们一起读一下这首诗,请用你们雄厚的嗓音读出醒狮的气魄。《舞狮》——起!(课件播放诗词,男生大声齐读。)

生(男生大声齐读):《舞狮》:"锣鼓威风贯碧霄,绣球逗引舞姿娇。瑞狮跃起登峰艺,祥曲飞来迈步高。骁勇有神添雅趣,狂憨无碍逞雄豪。千年古县喧声荡,同庆欣荣日月昭。"

生：这首诗描写了醒狮逗绣球、跃起等场面，并写出醒狮虽稍显癫狂、憨厚，却不妨碍它尽显雄豪之气。谢谢大家！

生：接下来是我们小组收集的名家文章，让我们走进作者描写的村庄中舞狮热闹的场景吧。同学们可以快速浏览下这篇文章，加红的字是对舞狮的细节描写，可以着重看一下。再请同学们看最后一个自然段，我认为这段话是这篇文章的点睛之笔，让我们一起读一下吧，醒狮——起！

生（大声齐读）：醒狮，是有生命的，它承载着一代又一代人的目光，还有记忆。它舞动的走向，像一条辽阔的河流，支流所到之处，连着根脉，滋长乡愁。

生：是的，我们福永醒狮正是如此，它象征着我们福永人民对美好的向往和对未来美好的精神寄托。这就是我们小组的分享，谢谢大家。

师：同学们，灵动的文字，舞动的乡愁，不仅牵动着福永本地人的心，也牵动着我们这些异乡人的心。

师：其实，福永醒狮已走进了千家万户，融入了我们的日常生活。大家请看，它不仅可以用来做手工，还可以品尝，还可以送礼，也可以穿戴，它甚至走上了大舞台，以它独特的魅力在新的时代焕发着新的生机。

师：那么，从以上的汇报中，我们可以了解到福永醒狮的文化内涵，我们一起来总结下福永醒狮的文化价值。大家觉得它拥有哪些文化价值呢？

生：艺术价值。

师：对，它非常精美，有较高的艺术价值。

生：历史价值。

师：是的，我们手抄报小组提到福永醒狮有着几百年的历史。它在我们街道有着广泛的群众基础，受到了大家的喜爱，所以它还有——

生（大声回答）：社会价值。

师：舞狮的时候需要结合着武术，因而它还有一种健身的作用。在传承我们传统文化的过程中，还能够强身健体。（笑）

3.小组探究醒狮文创产品创意名称。

师：在深刻了解福永醒狮的文化内涵之后，我们来了解下我们的文创产品。这里有五个比较有特色的文创产品，大家可以阅读学案上的介绍。通过这些文创产品也可以拓宽我们的思路，让我们对文创产品有更深理解。第一个是一个牙签罐；第二个是一个线香器；第三个是只此青绿加湿器；第四个是故宫的文创产品，居然被做成了巧克力；最后一个是我们的冬奥文创产品，被做成了蜡烛，当它融化的时候有一种冰雪融化的感觉。

师：当然，我们同学们也有很多奇思妙想。同学们私下已经将福永醒狮文创产品给设计出来了，接下来，我们一起来欣赏大家的作品。

师：第一个是醒狮皮影，第二个是醒狮手提袋，第三个是醒狮印章，第四个是醒狮钉子画，第五个是醒狮手表，第六个是醒狮书签。看了大家的文创产品之后，老师想问问大家这些文创产品有什么共同的特点？

生：有创意。

师：是的，我们说文创产品有一个文化母体加创意表现，所以文创产品首先具有的是文化性。而且它的造型很精美，受大家喜欢，所以它还具有艺术性。还有，我听到有人小声说如果要买这个文创产品，最希望它有很多的功能，因此它还有较高的实用性。非常好，同学们可以写一写。

师：设计来源于生活，又高于生活。那么同学们，我想问问大家如果一个好的文创产品设计出来了，想要大家都喜爱这个产品，可以采用什么方法？

生：取一个好听的名字。

师：非常好！取一个具有文化内涵又让大家喜欢的名字，那你的文创产品就已经成功了一半。这里老师有一些好产品名字，我们来向它们取取经。同学们，可以先在学案上写写它们命名的特点，待会我会请同学们来说说。可以写序号，也可以写名字。（课件播放命名表格，学生完成任务，教师巡视指导。）

师：同学们很聪明，我看到大部分同学已经填完了。好，有没有同学勇敢地向我们展示呢？我想看到大家积极踊跃的身影。非常好，你来！大家掌声鼓励。

生9：我认为第一组文创产品命名方式是用谐音命名，第一个"GREED牙签罐"，意思是"馋"，谐音；"德胜小吃"是取"得胜"之意；第三个"薯于你"取"属于你"之意，好听又顺耳，将"属"改为"薯"，清楚地展示了产品是"薯片"。

师：大家同意她的观点吗？

生：同意。

师：非常好，请坐。来，第二位。你们小组真积极。其他小组加油。

生："长生月灵"和"百岁酒"的命名方式是用美好的寓意取名。例如"长生月灵"中的"顺风长耳"寓意着"顺意长生"，"月精灵"也代表着月亮，寓意团圆美好。"百岁酒"寓意着"长命百岁"。

师：嗯，美好的寓意。同意吗？

生：同意。（掌声）

师：第三位，我们给其他小组一些机会吧。你们小组，谁来？好，你来。

生：我认为"满园香、一件倾心、狮来运转"运用的是化用诗词、成语命名，"满园香"化用的是"春色满园关不住，一枝红杏出墙来"的诗句，指满园的农产品都溢出了香味，引人注目。"一件倾心"源于成语"一见倾心"，表示店内的物品都十分精致，吸引人眼球，店主对商品的选择非常用心。"狮来运转"源于成语"时来运转"，吉祥如意、好运常在，让醒狮传统文化散发出时代的气息。

师：你的发言真的是非常优秀。不错，请坐。来，你举得最高，请你说一说。

生："中意电冰箱"是运用了双关来命名的。该命名既说明了这个冰箱是中国和意大利共同制造生产的，又表明这个冰箱能使消费者称心如意。

师：这个命名好不好！

生：好。

师：称心如意。非常好，你的回答也非常精彩，请坐。

师：最后一组，最后一个机会哦！好，你离我最近，你来。

生："茶语清心"，它是用拟人修辞命名，将茶赋予人的特征，寓意茶的味道清新，受人喜爱。

师：怎么样？大家都同意吗？看来，大家都很了解这些名字的取名特点。那么，大家能不能将这些方法运用到大家的文创产品中呢？为你的文创产品取一个有创意的名字呢？来，小组讨论，完成你们的文创产品名称设计。

师：大家可以把讨论的名称写下来，待会请小组发言人说说本小组的命名及理由。（学生小组讨论，教师巡视指导。）

师：好，再给大家一点时间。我看到大家都在奋笔疾书。小组推荐下你们的发言人，让他把你们小组的智慧展现出来。

师：好，准备一下，看看哪个小组能够抢到第一个名额。你已经举手了，好，那来听听你们小组的名字。大家掌声。

生：我们小组的文创产品是钉子画，我们采用的是"谐音命名"方法，取名为"踏踏狮狮"，我们小组采用非遗传承文创，希望醒狮犹如钉子画上的钉子一样，一颗一颗、一步一步、踏踏实实地传承下去。谢谢大家。（学生鼓掌，教师板书。）

师：他们小组采用谐音命名，大家觉得怎么样？他们的解读怎么样？有的同学在点头，还是很认可他们的取名的。

师：好，还有没有？第二小组，来。

生：这个是我们小组的文创产品，我们小组的取名是"万狮如意"，因为手提袋上醒狮的眼睛是可以根据您当天的心情随意更换的，有多种搭配供您选择，所以称为"万狮"，相信多种选择中总会有一种符合您的心意，让您"如意"。"万狮如意"采用"万事如意"的谐音，寓意美好。

师：化用成语，还可以有美好的寓意。好，下一个小组。

生：我们的创意设计是醒狮款手表，创意名来源于《出师表》，"初"寓意着希望、寓意着新的开始。"狮"和"表"刚好对应着我们的设计与理念，我们希望在传统与新潮的碰撞中勾起更多人对中国传统的兴趣与记忆，我们小组采取的是"谐音命名"的方式，我们小组介绍完毕，谢谢大家。

师：其实，我看到他们小组的"初"是"红日初升"的"初"，感觉比"出去"的"出"更有寓意，创意理念更好。好，下一组，你来。

生：我们小组的文创产品叫作"书中有狮"，是把"诗意"的"诗"换成"醒狮"的"狮"，这个产品是一个书签，夹在书里面，当您翻开书的时候，不仅有诗，也有醒狮。谢谢大家。

师：打开书之后，不仅有诗，还有福永醒狮。创意真好。下一个，宇轩。

生：我们小组的命名是"影中显狮魂"，采用了诗意化的手法，醒狮文化在皮影中展现得淋漓尽致，仿佛在影中能看到醒狮的豪迈气魄、灵活身法，栩栩如生、惟妙惟肖。

师:"影中有狮魂",大家觉得取得怎么样? 嗯,太好了。

师:还有最后一个小组了,对吗? 好,来。

生:我们小组的文创产品是印章。我们小组取名是"章显狮威",我们把"彰显"的"彰"换成了印章的"章",象征了我们的产品。然后,"彰显神威"换成了"狮威",与我们的醒狮主题相呼应,用了"谐音命名"。

师:"章显狮威",我其实刚刚在下面看到你们小组还取了另外一个名字,来,也跟我们分享一下吧。

生:还有一个是"狮印",这个文创产品采用了"双关命名"的方法,"印"既代表了这个产品是一个印章,又代表着中国产品让人印象深刻。

师:大家觉得哪个好一点。你来评价一下这两个名字哪个好?

生:我觉得"狮印"比较好,因为它既体现出这个文创产品是醒狮,又体现出了它是一个印章。

师:这个"印"也可以说醒狮给我们的印象深刻,记在我们心中。老师发表个人意见,比较喜欢第二个。当然,第一个名字也挺大气。感谢我们各小组的分享,大家的奇思妙想让我们大开眼界。(学生鼓掌,教师板书。)

4.小组探究醒狮文创产品创意介绍。

师:同学们,老师这里有一个关于醒狮的文创产品,它也有一个非常好的名字,叫"狮来运转"醒狮钢笔,那么,现在有一个问题,如果大家要向你的顾客来介绍这款文创产品,你如何用你的言语来吸引你的顾客? 同学们思考一下,老师想请一位同学现场为我们介绍一下,有没有同学想来尝试一下?

师:大家可以先看看这款钢笔的图片,这是狮面,是一个狮子头,可以做印章,想法很好;接下来是笔项,各面都有花纹;接着是笔尖,写起来顺滑;最后是笔身和笔袋,这支笔很小巧。请同学们思考下,你如何用言语抓住吸引你的顾客呢?

师:有没有同学想好了,愿意做最勇敢的第一个呢? 不用怕,随意说说。好,你举手了,你来吧。

生:这是一款以"狮来运转"为创意理念做的笔,笔身和笔盖周身都有醒狮花纹,笔的顶部还有狮子做的狮面,可以用来做印章。笔顶两边还有云头纹,采用旋转式打开方式,设计很有创意,写出来的字丝滑不卡墨,笔身小巧,还有笔袋可以用于随身携带。

师:掌声,请坐,谢谢你,今天这堂课你的表现我要给你点赞,让老师看到了你无限的潜力,希望以后的课堂中你也能够积极发言,好吗?

师:同学们,他的介绍怎么样,吸引你们了吗?

生:吸引啦。

师:非常好。老师这里也有一个介绍。请对比一下,好不好? 他们都介绍了什么? 大家思考思考,他们的共同点在哪? 有没有同学来说一说。

生:采用了对偶的手法,也是用了四字词语,更加押韵,使客户读起来朗朗上口。

师:第一句,对偶的方式,好像一句广告词一样,一下子就吸引了我们。这是它们的不同点。那它们的共同点呢?我们一起来总结下,都介绍了什么?

生:功能、外形。

师:也就是他们都对这个产品进行了基本的介绍,最后介绍的是用户的用途和体验,唯一不同的点就是刚刚所说的这段文字除了用了对偶,还用了什么方法呢?

生:比喻修辞。

师:哪一句呀?"像舞动的精灵,让舞狮民俗在你的笔上熠熠生辉",如果我们想用言语来抓住你的顾客,我们可以采用的方法叫"巧用修辞"。那么,接下来,请小组讨论,为你们的文创产品写一个动人的介绍。请写在学案上。(学生小组讨论,教师板书并巡视指导。)

师:其实这些手法大家可以选择使用,最基本的产品介绍能写出来就很好了。(教师继续巡视指导。)

师:请你来先说一说吧,看你已经写完大部分了。

生:我们的文创产品是"初狮表",我们对它的介绍词是:福永醒狮源远流长,采用上等材料,做工精巧,"初狮表",一表人才;"初狮表",一帆风顺。

师:笔上生花了,非常好。还有没有小组来?

生:华夏之狮,雄姿英发,影中显狮魂,一动一跳,甚是灵动。看皮影之奥妙,品醒狮之雄魂。生动的醒狮在皮影幕布上熠熠生辉,挥动的雄风在纸上翱翔,寓意称心如意,包顾客满意。

师:同学们的思路非常清晰,语言也非常优美,创意满满。好,来,你们小组。

生:"万狮如意""吉祥如意""好运常来",这是一款充满醒狮元素的醒狮手提袋,它的外面是醒狮灵动的双眼,活灵活现。手提袋侧面还挂着铃铛,正所谓"铃铛一响,黄金万两",有着发财的寓意。(学生自发鼓掌。)

师:听到你说"铃铛一响,黄金万两",老师也好想买你的这个手提袋了。

师:好,还有最后一个机会啦,来,你们小组。

生:这幅作品结合邮票的形式做成了醒狮书签,它既能当作邮票来收集,又能当作书签来使用。醒狮在书签中舞动,灵动舞狮跃然纸上。

师:最后一句声音有点小,老师帮忙再念念:醒狮在书签中舞动,灵动舞狮跃然纸上。非常好。

师:感谢大家的踊跃发言,这里,老师想问问大家结合各小组的发言,你心目中的最佳文创产品是什么呢?有谁来说一说,给他们打个分。大家回忆下,举起大家的文创产品来。

生:我认为"万事如意"手提袋是我心目中最佳的文创产品。因为它在产品设计新颖,创意点很多。它还符合现在的潮流,会是大家比较喜欢的对象。它名字好记,功能也多,既可以在生活中使用,也蕴含着丰富的传统文化,所以我认为它是我心中最佳的文创产品。

师:那按照以上评价量表,你给它打几分?

生:产品设计方面我打5颗星,取名介绍独特方面打4颗星,产品内涵可以打4颗星。

师:你们小组开心吗？最佳作品。掌声呢？(学生鼓掌。)

5.总结。

师:同学们,醒狮文化出圈,其实是显示了我们的传统文化在新时代强大的生命力。今天,我们同学们都是我们福永醒狮文化的传承人。希望课下同学们能整理好各自的作品,完成醒狮文创自荐表,参与福永醒狮文创微店的活动,希望大家能入选。今天,这节课就到这里。好,下课。

生:谢谢老师,老师再见。

师:同学们再见。好,安静退场。

6.专家点评:

金星闪老师点评:本次活动的主题"醒狮觉醒,舞动传承"本身所涵盖的内容就非常丰富,不仅涉及了语文、历史文化、社会实践等,还体现了与艺术的沟通;不仅关注"知识与技能""过程与方法",而且体现了对学生"情感态度价值观"的培养;学习方式不仅有自主探究,而且更有合作交流。

在活动实施过程中,学生肯动、乐动、会动,较好地体现了项目式学习的实践性。课前学生积极主动地去收集资料。有的查阅图书了解了相关的福永醒狮历史,有的采访醒狮创始人、传承人、团里年轻人、村里长辈和大众,有的参与醒狮排练和现场表演活动,有的收集展示福永醒狮文创产品,有的向名家学习借鉴醒狮的传神描写……在课堂交流展示的过程中,学生勤于动脑、动口、动手,有的现场展示手抄报;有的展示采访手册,采访视频;有的展示文字描写和图片介绍……在学生积极主动的参与中,在充满情趣的活动中,学生感受了语文学习的魅力,提升了学习语文的能力。

在本次综合实践活动过程中,不仅体现了学习内容的开放,而且学生学习的时间和空间也是无限延伸的,学生在生活中学习语文,在活动中感受语文,较好地实现了语文学习和生活的沟通,学生通过自主学习,完成并展示了福永醒狮文创产品,这样的活动充分展现了语文回馈生活的理念。

学生在给福永醒狮文创产品命名和用简练而又有趣味的文字介绍文创产品的特征,这一环节不但锻炼了学生语言表达能力,还让学生积极发现和挖掘福永本地土生土长的文化符号。

这堂"醒狮觉醒,舞动传承"福永醒狮文创产品项目式活动课,一方面契合了现在国家倡导的民族文化自信的理念,另一方面也为学生的语文学习找到走出传统的课堂、结合社区文化、挖掘社区文化的精髓之路,引领学生树立语文学习和身边文化相结合的理念,为实现大语文的教学理念独辟蹊径。

同时本文创产品项目式活动也为语文教学铺垫了一条可行之径,也就是说我们既可以立足本土实际,挖掘本土历史文化,结合国家语文育人的大框架要求,找到适合我们教学的最好素材,并积极运用到现场教学当中。教师能有的放矢地指导学生描绘这一切,最终呈现出我们语文教学中令人振奋的结果。

7.教学反思

第一次尝试本土的项目式活动教学，由最开始的茫然不知所措到后来的略有感悟，边做边学、边学边做，带领学生共同完成任务，获取知识，这无疑是一次新的教学尝试，对于我来说也是一次新挑战。

新的教学改革，需要打破传统的教学理念和教学方式。项目式的引入与推广，走本土化的项目式学习，让本土特色的项目式学习给我们的学生带来知识、能力与素养的全面提高，非常有意义。

活动中，我采取多种方式让学生走近福永醒狮：收集资料、了解醒狮历史；参观醒狮训练馆，采访醒狮传承人；学生自己训练，舞动醒狮，体验感非常强；学习醒狮的传神描写；了解文创产品，紧跟时代潮流……学生采用手抄报、采访手册、采访视频、文字展示和图片介绍等方式展示各小组的调研结果，形式多样，真正实现了在活动中培养语文能力，体味生活中的语文，学生的积极性空前高涨。

在教学过程中，最难突破的是如何将语文知识和醒狮实践相融合，一堂展示课除了热热闹闹的学生小组合作展示外，更多的还是要让学生深入醒狮，获得语文核心知识。我从七年级下册"我的语文生活"的综合实践活动中获取了灵感，选取了为文创产品命名和创意介绍这两个核心活动，给予学生命名和介绍的方法支架，运用学会的方法为自己小组的文创产品取名和介绍，学生的掌握和运用还不错。

当然，立足于本土化的项目式实践活动是一系列的活动组成，除了展示课外，还可以带领学生从写作角度深入挖掘其价值。希望能集课组、备课组的力量，将后期的活动继续进行下去，让其成为福永醒狮本土化项目式活动的一个实践模板，让学生真正了解醒狮、热爱醒狮。

《桃花源记》《小石潭记》群文阅读课堂实录

张明

语言目标:掌握虚实结合、动静结合、情景交融等方法可以更好地表情达意。

思维目标:进行方法归纳和迁移,提升批判思维和创造思维的能力。

价值目标:能够从古人的理想设定和面对理想遇挫的态度中获得有益的启示。

学习重点:探究文章景物描写的好处及方法,学习如何通过景物描写来表情达意。

学习难点:理解古代文人遇挫的态度并从中获得启示。

核心任务:探寻古代文人的坚守,汲取古人的人生智慧。

教学分析:《桃花源记》《小石潭记》都是经典名篇,可以挖掘的教学资源非常丰富。作为群文阅读教学设计,如何才能做到"弱水三千,只取一瓢饮",群文阅读议题的确认非常关键。本堂课教学以"探寻古代文人的坚守,汲取古人的人生智慧"为主题,来拉近文本与文本、文本与生活、文本与学生之间的距离。

1.导入。

师:先前我们对《桃花源记》和《小石潭记》进行了单篇学习,今天我们把这两篇课文组成一个群,进行群文阅读。我们换一种视觉,换一种思维,相信一定会有新的收获。

师:这节课的核心任务是:探寻古代文人的坚守,汲取古人的人生智慧。(生齐读。)

师:首先,我们回顾创作背景,看看陶渊明和柳宗元都有哪些人生经历。(屏显,生读。)

《桃花源记》:年轻时的陶渊明本有"大济苍生"之志,可是,他生活的时代腐败,他坚决辞官,躬耕僻野。陶渊明虽远在江湖,却仍然关心国家政事。刘裕采取阴谋手段,用棉被闷死晋恭帝。陶渊明对刘裕政权不满,但他无法改变,只好借助创作来抒写情怀,想到整个社会的出路和广大人民的幸福,塑造了一个与污浊黑暗社会相对立的美好境界,以寄托自己的政治理想与美好情趣。

《小石潭记》:柳宗元于唐顺宗永贞元年(805年)因拥护王叔文的改革,被贬为永州司马,并且这一待就是十年。柳宗元贬官之后,为排解内心的愤懑之情,常常不避幽远,伐竹取道,探山访水,并通过对景物的具体描写,抒发自己的不幸遭遇,但并没有放弃自己的理想,而是将自己的精力投入对哲学、历史和文学的研究中了。后来到柳州做官,为百姓做了很多好事。

2.求同比异述内容。(屏显)

师:请大家带着以下问题读课文。(生读课文。)

对比阅读示例

步骤方法	支架推进	《桃花源记》	《小石潭记》
联读	写了什么		

师:不错,但是有一个字音,刚才一些同学读错了,"悄怆幽邃"的"悄"是第三声而不是第一声,我们回顾了课文,那么这两篇文章分别写了什么内容?

生:《桃花源记》写武陵渔人进出桃花源之奇遇的故事。《小石潭记》写作者在小石潭所看到的景象。

师:语言非常精练,说出了文章的核心内容。

师:我们知道了课文写的内容,那这两篇文章分别是怎么写的,请大家看下面这个表格,说说《桃花源记》里边的美景以及《小石潭记》里边的美景的句子有哪些,然后选取一个角度赏析这些写景的句子。期待各个小组的精彩表现。

3.美点赏析学方法。(屏显)(生自主合作学习,时有交流。)

对比阅读示例

步　骤	《桃花源记》	《小石潭记》
赏美景, 见真情	"芳草鲜美,落英缤纷""土地平旷,屋舍俨然,有良田、美竹、桑竹之属。阡陌交通,鸡犬相闻。"……	"青树翠蔓,蒙络摇缀,参差披拂。""潭中鱼可百许头,皆若空游无所依,日光下澈,影布石上。佁然不动,俶尔远逝,往来翕忽,似与游者相乐。"……
共同点	景色都优美;都遭遇挫折;都有坚守的梦想和家国情怀。	

师:同学们热烈地讨论,想必都有了自己的见解,好,哪个小组来汇报学习成果?

生:《桃花源记》中,"忽逢"与"甚异"相照应,写渔人意外见到桃花林的惊异神情,又写出了桃花林的绝美景色。

生:"芳草鲜美,落英缤纷"句式工整,写出了花草色彩绚丽,景色优美,仿佛有阵阵清香从笔端溢出,实乃写景妙笔。

生:"阡陌交通,鸡犬相闻"综合视觉和听觉,描写了桃花源社会环境安定祥和的田园景象。进入桃源仙境之后,先将土地、屋舍、良田、美池、桑竹、阡陌、鸡鸣犬吠诸景一一铺排出来,然后由远到近、由景及人,描述桃花源人怡然自乐的生活,勾勒出了一幅理想的田园生活图景,表达了作者对美好生活的向往 。

生:"土地平旷,屋舍俨然,有良田、美池、桑竹之属。"写桃花源中美丽的自然景物,也是为下面写人民安宁幸福的生活做一个铺垫,也在一定程度上表达了作者对当时黑暗社会的不满和对美好社会的向往之情。

师:同学们都有一双善于发现的眼睛,找出了文中的美景并赏析了美景,听得老师真想去这美丽的桃花源探寻一下。

生:《小石潭记》中,第一段"青树翠蔓,蒙络摇缀,参差披拂。"青葱的树木,翠绿的藤蔓,蒙盖缠绕,摇曳牵连,参差不齐,随风飘拂。语言精练,用笔巧妙,短短12个字,将小石潭周围的极幽极佳的景致展现在我们面前,仿佛人间的一块净土。这与相邻的山石潭水,一动一静,相谐成趣,面对此景,难怪柳宗元要叹"心乐之"了!

生:第二段,整段文字没有一个"水"字,但没有一处不在写水。正面写鱼,侧面写水;"空游"两字突出了水之清,清到透明的程度。继而写鱼儿的影子,来写水之清,太阳照下来,鱼儿的影子都落在潭底的石头上,足见水是多么清澈透明。

生:这一段也写了鱼,展现生动的画面。先写鱼呆呆的,一动不动,是静态的。再写鱼儿飞快地窜往远处,一会游过来,一会游过去,这是动态的;最后用拟人的手法,说鱼儿"似与游者相乐"妙趣横生,给作者带来了片刻的欢乐。

师:同学们找出了典型的景物描写的句子,也赏析得很精准,是深入思考后的一种发现。当然,还有其他的景物描写。比如,"潭西南而望,斗折蛇行,明灭可见,其岸势犬牙差互,不可知其源。"分明就是现实生活凶险万状的暗喻。勾心斗角,尔虞我诈,相互倾轧,种种怪象集于一体,怎不叫人心惊胆战。加之"四面竹树环合,寂寥无人,凄神寒骨,悄怆幽邃",更是清冷得让人神伤。一个人怎么能在这样令人绝望的环境下安然无虞呢?没有办法,只能离去。理想破灭,噩梦纠缠,柳宗元从小石潭想到令人迷茫的现实之境。

师:你们深入了文本,走进了作者的内心世界,经过刚才的探讨,你们觉得这两篇课文还有哪些相同点,结合前面的背景资料说说。

生:首先从这个题材来看,两篇课文写的都是游记,写的景色都很美。

生:陶渊明辞官,柳宗元被贬,可以看出他们都遭遇了人生挫折。

生:从前面的背景资料来看的话,陶渊明虽然辞官,但他依然借助创作来抒写情怀,想到整个社会的出路和广大人民的幸福,塑造了一个与污浊黑暗社会相对立的美好境界,以寄托自己的政治理想与美好情趣,坚守了自己的人生理想;柳宗元被贬官之后,为排解内心的愤懑之情,常常不避幽远,伐竹取道,探山访水,并通过对景物的具体描写,抒发自己的不幸遭遇,但他并没有放弃自己的理想,而是将自己的精力投入对哲学、历史和文学的研究中了。后来到柳州做官,为百姓做了很多好事,也算是为国分忧了。他们都有忧国忧民的情怀。

师:同学们的眼光敏锐,发现了很多相同点。老师要补充的是,在追求理想的道路上,在遇到困难的时候,我们不要患得患失,要汲取古人的智慧,著书立说寄托人生理想,胸怀天下,不计个人得失。

4.创意颁奖论坚守。(屏显)

师:陶渊明在混沌浊世坚守桃源之梦,柳宗元面对失意人生坚守大义,谁的坚守打动了你的心? 请根据课文和背景资料给他们写一段颁奖词。

温馨提示:颁奖词主要是综合应用叙述、议论、抒情,将人物事迹、精神以及对人物的赞美之情有机融合在一起,叙其事,评其人,赞其神。

评价等级示例

项　目	等级(优/良/中)
叙述描写精要	
抒情议论精当	
句式参差错落	
修辞精妙典雅	
情感饱满丰富	

示范:在被贬中仍不失愉悦,在失落中仍坚守理想,在孤独之中仍坚守大义,恭喜柳宗元先生获得一年一度坚守奖。(生提笔写颁奖词。)

师:时间已到,有的同学写得相当不错。我们一起来欣赏。

生:两袖清风,你毅然转身,放弃了在污浊官场中沉浮,墨毫一挥。你悠然肆意,让高洁的墨莲在这混沌的人世绽放。你用一支笔,一砚墨,来守护这世间最纯净的一点本心,坚守着自己的初心,五柳先生,您的坚守让人敬佩!

师:语言非常典雅,抓住了五柳先生的精神之精髓,非常不错。

生:有一个人,用那一支神奇的笔,在人们的内心种出了一片美丽而安好的桃林,创造出这样柔和、美好而又安宁的世界。他,就是在桃林中的那位可敬的人——陶渊明。

师:写得很有深度啊! 真正走进了作者的内心。

生:你伐竹取道,寄情山水,一时的快乐,掩盖不了你心底的忧伤,凄神寒骨,悄怆幽邃,但依然胸怀天下,著书立说,坚守人生理想。

5.展示老师撰写颁奖词(屏显示,生齐读。)

师:你们的创作给了老师大大的惊喜。这位同学写的颁奖词非常简洁而又精当。老师也非常用心地给这二位了不起的人物准备了颁奖词,下面请大家为筑梦家——陶渊明颁奖!

在污浊世界里,你的桃源梦,是漆黑天空中,一颗启明星,照亮那些黑暗的日子。你穿越了时空,激励无数追梦人,向那心中的桃源奔去。

师:下面请大家为坚守内心的践行家——柳宗元颁奖!(屏幕显示,学生齐读。)

在人生受挫时,你探山访水,你的快乐,如潭底的鱼,俶尔远逝,往来翕忽。你的悲伤,动摇不了你的坚守。你著书立说,为百姓发声。人格的高洁,是你的忧国忧民。

师:看完了老师写的颁奖词,请同学们再修改自己的颁奖词,待会再展示。

师:两位不同时代的文人遇到了人生的困难,他们各自用自己的方式给出了人生精彩的答案。深入了文本,可以感受作者的内心,感受他们坚守的力量。

师:同学们,这节课,我们一起探寻了古代文人的坚守,希望从古人身上汲取伟大的坚守的精神力量。在困难的时候,要汲取古人的人生智慧,胸怀天下,不计个人得失。希望我们的同学像陶渊明一样铸造自己的梦想,像柳宗元一样坚定自己的内心,坚守责任,不负韶华,勇当国之栋梁,希望你的坚守也同样能够打动你的自己。

《中考名著复习方法指导》课堂实录

黄林建

1.导入。

师:今天我们上一节名著复习课,先请同学们简要说说你们用什么方法来复习名著的。

生:我将各本名著的文学常识进行梳理分类。

生:我重点复习和掌握重点篇章,用画思维导图的方法建立知识网络。

师:思维导图是一种非常棒的复习方法.

生.多阅读,多积累,多留心,多思考,学会探究,对作家作品就能有一个较深入的理解和认识。

师:大家的方法都有值得肯定的地方。大家用自己的方法复习的效果如何呢? 有什么困惑的地方?

生:复习的效果一般。主要是名著内容较多,比较费时间。

师:针对同学们复习中的难题,老师给大家推荐一种比较高效实用的中考名著复习方法——对比法。同学们请看投影PPT。(投影PPT)

2.依据方法,梳理名著。

师:这节课我们以《骆驼祥子》《钢铁是怎样炼成的》《简·爱》这三本名著为例,运用对比法来复习梳理。首先,我们来完成活动一:"知人论世,绘人物轨迹图"。请同学们先自主学习:根据人物的人生经历,为祥子、保尔、简·爱分别绘制人生轨迹图,说明每一次转折点及理由。(投影PPT)(学生自主完成。教师巡视。)

生:图一是保尔的人生轨迹图。保尔的人生轨迹是一步步呈阶梯向上前进的。保尔出身贫穷人家,受尽凌辱。他在朱赫来的引领下毅然踏上了革命的道路,参加了红军。这是人生第一次转折点;在战场上保尔敢于冲锋陷阵.战斗中不幸头部中弹,但是他用坚强的毅力战胜了死神,也因此不能再上战场.保尔并没有放弃,而是扎入建设国家的工

235

作,在此期间,保尔受了两次伤,并且成为了党员。这是人生的第二次升华;保尔多次受伤病情不断恶化,最终全身瘫痪,保尔一度想要自杀,但是坚强的他很快就走出了阴影,并用生命写出了小说《暴风雨所诞生的》。由此,保尔拿起了新的武器,开始了新的生活。

生:图二是祥子的人生轨迹图。一起一落:被宪兵抓去当壮丁,车被抢,希望第一次破灭;二起二落:曹家遇险,祥子辛苦攒的钱被孙侦探敲诈。希望第二次破灭。三起三落:虎妞难产而死,为了置办丧事卖车,希望第三次破灭,小福子的死让祥子彻底堕落。

生:图三是简·爱的人生轨迹图。首先,在盖茨海德和洛伍德学校。简·爱寄住在舅妈家,受尽欺凌。之后被送至慈善学校学习,并工作。接着,是在桑菲尔德庄园。应聘到庄园做家庭教师,并爱上了罗切斯特,当得知真相后,毅然离开。于是,简·爱被沼泽山庄收留,并得到了叔叔的遗产。因心中爱着罗切斯特,她拒绝了表哥圣约翰的求婚。最后,在芬丁庄园,简找到已残疾的罗切斯特,两人结婚。

师:对比三人的人生轨迹图的异同,你们发现了什么?请同学们小组讨论,交流一下。(学生小组讨论,交流。教师巡视。)

生:通过绘制轨迹图、对比分析,发现三个人物在人生中都经历了许多挫折,但每个人的人生走向截然不同。究其原因:第一,社会背景不同。时代或能造就英雄,让懵懂少年淬炼成革命战士;时代能促人觉醒,让自卑少女成长为独立女性;时代也能推人入深渊,让努力拼搏的奋斗者颓废绝望。第二,个体性格不同。自强、独立如简·爱,能在耻辱中成长,在平凡中蓄势,乐观;积极进取如保尔,能在逆境中进取,在逆流中搏浪,在荣耀中发声;而虽有理想但却不坚定如祥子,面对一次次打击日渐堕落,最终沦为行尸走肉。

师:你总结得真全面。我们从小说的这三个人物身上既看到了他们的相同之处,又发现了他们不同的地方。接下来我们聚焦人物角度,来理解形象内涵。老师给大家准备了一张小贴士:读名著时,我们会发现,人物成长的"范式"恰好是以下图表中体现的一个成长"模型",成长的起点大多是"困惑""磨难""打击",每个人都面对人生中接二连三的挫折和打击,因为不同的抗争,到达了不同的终点。保尔·柯察金、简·爱、祥子的经历也能印证这个"模型"。通过人物形象"抗争与成长"的对比,你们有哪些收获和启示?请小组讨论一下。(投影PPT)(学生小组讨论,交流。教师巡视。)

生:通过祥子和保尔的对比,我得到的启示是:在旧社会里,要改变贫穷、受压迫的处境,需要集体的力量。

生:祥子和保尔的对比告诉我:信念在人生走向成功的旅途中有重要作用。

生:我对比了祥子和简·爱两人,我发现:自身性格、思想上的弱点和局限是人物悲剧命运的主要原因。

师:同学们的收获可真多呀!通过对比,大家对名著的人物形象有了更深入的理解。我想把视野和范围再拓展一下。在我们读过的名著中,你还能梳理出哪些可以对比探究的人物形象?请选定2~3个人物形象,先确定一个对比角度,再运用对比阅读方法对人物进行分析探究,总结出你的发现和收获。完成下列表格后组内分享交流。(学生小组讨论,交流。教师巡视。)

对比阅读分析示例

对比角度	名著篇目	相同点（相关内容）	不同点（相关内容）	成因探究/收获、发现

生：对比角度是人物形象，是《骆驼祥子》的祥子与《钢铁是怎样炼成的》的保尔。相同点是：二人都面对人生中接二连三的挫折和打击，进行了抗争。(祥子的三起三落；保尔的少年的反抗、战场的搏杀、工地上的磨炼、病榻上的斗争)；不同点是：祥子最终希望破灭，成为自甘堕落的行尸走肉。保尔面对伤痛折磨乐观面对，砸碎铁环重启新的生活。我的收获和发现是：一个人心中拥有了的崇高的理想信念、顽强的意志，就会战胜一切！

生：我比对的人物形象是《西游记》的孙悟空和《水浒传》的鲁智深。他们的相同点是：嫉恶如仇，正直勇敢。孙悟空在"车迟国斗法""计盗紫金铃""乌鸡国除妖"，"鲁提辖拳打镇关西""鲁智深大闹野猪林"，都体现了这一点。不同点是：早期孙悟空身上的秩序破坏属性是占主要地位的，他的反抗主要是为自己"挣前程"而非是为更具普遍性的群体"谋福利"。鲁智深身上则有很强烈的路见不平、打抱不平的反抗精神。

师：通过对比，同学们对人物形象有了不一样的认识和理解。

3.拓展应用，梳理名著。

师：对比法是一种非常实用的学习方法。尤其是在名著复习中，对比法的勾连比较能够串联起多本名著的知识点，通过对比我们会得出新的收获。希望大家运用对比法来复习名著，一定会事半功倍。课后请大家完成这一项作业。(投影PPT)

请以课堂讨论内容为基础，进一步梳理完善，结合名著具体内容，以《＿＿＿与＿＿＿的对比分析》为题，写一篇名著读书小论文，记录你的发现，写下你从人物身上得到的启示，不少于600字。

《怎样选材》课堂实录

徐静

师：在正式学习这一节课的内容之前，让我们回顾一下之前的一段学习经历，上星期三老师让同学们采访家里的一位长辈，用短篇报道的形式写出你的采访结果。内容包括这位长辈的童年、青年、壮年三个时期，在他生命的每个时期，要典型描写一天的生活，及受访者印象深刻的事。上周五，和同学们一起分享交流了各自的采访报道。前天，让同学们以《逝去的生活》为题，完成一次交际语境的写作。昨天，老师看了同学们的作业，发现了一些共性的问题，确定了我们这一节课的学习内容——《交际语境写作——如何选材》。我们这一次写作的话题是《逝去的生活》，读者可以是谁？

生：读者可以是家中的弟弟妹妹。

生：朋友圈的小伙伴。

生：闺蜜。

生：同学。

生：读者可以是我，是爷爷奶奶写给我的。

生：老师。

生：读者还可以是父母。

师：那么，当读者是妈妈的时候，我们交际的话题是逝去的生活，你的交际的目的可以是什么，或者说你为什么要跟你的妈妈讲逝去的生活。

生：我写给妈妈，想让她改变对我的教育方式。

师：能不能说得详细一点？

生：就是她小时候的那种生活，无忧无虑，然后想到她对我现在学习的高要求，就是希望不要给我那么多压力。

师：妈妈小时候的生活是那么的无忧无虑，充满童趣，我现在很小就进了补习班，能不能改变一下你的教育方式，是吧？

假设跟你的闺蜜讲前辈逝去的生活的时候,你的目的可以是什么?

生:可能是炫耀之类的。

师:炫耀什么?

生:讲她自己的,父母辈当年那个事迹是挺伟大的。

师:哦,也就是说要在闺蜜面前晒一下我的前辈。那如果作者是爷爷身分,跟孙子或者孙女,也就是跟现在的你讲逝去的事,目的可以是什么?

生:可以是让他们珍惜现在的幸福生活。

师:你打算怎么交流?

生:比如以前粮食少,人们有什么就吃什么,大家不挑食;现在有的小孩子很挑剔。让他们不要浪费粮食。

师:以前物资比较匮乏,今天生活比较富足,所以爷爷跟自己的孙子交流的目的是希望后辈爱惜粮食。

生:也可以让晚辈了解过去,让他们吸收前人的经验和哲理。

生:读者也可以是弟弟妹妹。

师:作者?

生:作者是我,转述前辈的事迹,让他们多理解自己的爷爷奶奶。

师:理解老人。

师:由此可见,读者不同,目的就不一样。下面请小健同学分享《写给妈妈的一封信》。

师:在小健进行分享的同时,请同学们思考以下问题:交际的话题是逝去的生活,这封信的读者是谁? 目的是什么? 作者是谁? 围绕着这个交际目的,选择了哪些材料?

师:谢谢小健同学的分享,读者是谁?

生:他的妈妈。

师:作者就是我,小健同学为什么给妈妈写信?

生:想让妈妈多理解爷爷吃剩菜的原因。

师:为了达成这一交流目的,小健同学选择了哪些材料写进这封信中?

生:走了很远的路,坐火车去卖甘蔗。

生:爷爷只吃两餐,然后还是喝白粥,白粥里面的米很少。

师:还有没有其他选材?

生:爷爷小时候生活艰苦,天没亮就要砍柴,喂鸡做饭。

师:那我想问一下,当小健的妈妈读了这封信以后,会不会更加理解他爷爷?

生:还是不让他爷爷吃剩饭,妈妈会让爷爷享清福。

师:那么这个理解的目的,有没有达到?

生:有。

师:他妈妈为什么就理解了呢?

生:因为爷爷以前的生活比较艰苦,造就了他今天的性格。

师:因为爷爷一直生活艰苦惯了,所以他现在这么省,也是有原因的。

生:小健的妈妈会有所改变。正如小健同学在信里写的:"就像以前经历过饥荒的人,即使他们现在富裕了,但他们的冰箱总是塞得满满的。也许正是因为爷爷小时候体验过极度的饥饿,所以在他心里永远有一种饥饿感和饱受饥饿的恐惧。他现在格外珍惜粮食。"

师:从同学们的发言当中来看,都认为妈妈会有所改变。那么,要完成一个好的交流,应该怎么选材?

生:围绕交流的目的进行选材。

师:请同学们阅读材料二,思考一下,这篇习作的读者是谁?交际目的实现了吗?

生:读者是家里的弟弟妹妹。

师:目的是什么?

生:目的好像有好多个。

师:具体有哪些?

生:他想告诉他弟弟妹妹,奶奶以前年轻时很辛苦,然后想让弟弟妹妹勤奋学习。

师:你刚才说他的目的有很多,还有什么?

生:还有一个,说现在的一种社会的现象,人与人之间少了信任,人性变了。

师:他交际的目的,至少有两个,第一个是劝诫他的弟弟妹妹;第二个是现在社会风气变了。为此有哪些选材进入了他的写作呢?

生:现在社会上的不良风气,例如碰瓷,假摔。

生:还有就是奶奶早早地承担起了割猪草的家庭重担,放弃了自己的学习机会。

生:小时候奶奶贫苦的生活及那个年代社会上的一些事情。

师:要完成一个好的交际写作,目的应该比较明确,选材要紧紧地围绕着这个交际的目的。现在请同学们小组内讨论一下,这是不是一次成功的交际,如果没有,怎么修改?

生:交际的目的不明确。

师:可以怎么修改?

生:如果他的目的是弟弟妹妹好好学习的话,选材上可以去掉一个。

师:去掉哪一个更好?

生:奶奶那个年代互相救济的事与现在社会的不良风气(碰瓷、诈骗、装乞丐……)

师:为什么去掉社会不良风气这个更好?

生:因为选材要围绕交际目的。

生:如果这是一篇演讲,需要讲给弟弟妹妹听,目的是让他们理解明白现在人性的变化,去掉奶奶为了她的弟弟妹妹放弃了自己学习的机会,早早承担起割猪草的家庭重担的这个选材更好。

师:是的,选材要紧紧围绕交流的目的,这样改一下的确更好。你们现在多大年纪?

生:13岁。

师:弟弟妹妹应该多大? 对一个小朋友,也就是弟弟妹妹说现在人性的变化,这个交际的目的选得好不好?

生:不好。

师:为什么?

生:这个目的稍显深奥了。

师:是的,要依据不同的读者选择合适的目的,交流的目的要清晰,然后再紧扣目的进行选材。

师:接下来分享一下晓冰同学的作品。晓冰同学,你选定的读者是?

生:社会上低头族。

师:很时尚的一个读者,跟他们交流的目的是什么?

生:提醒人们不要停留在虚拟的空间,而要回归现实的生活,找回人与人之间的那份真诚。

师:为了达到交流的目的,选了哪些材料?

生:第一个选材,地铁上的人都在看手机,坐在同一桌的人也在看手机。第二个选材,讲奶奶过去的生活,那时没有高新科技,只有面对面的交流,人与人之间充满着温情的生活。第三个选材,我自己做低头族和不做低头族时的生活和心情的感受很不一样。

师:请问,为了达成交流的目的,哪一个选材需要花更多的笔墨?

生:一二都可以详写。

师:为什么?

生:因为第一个是写现在的生活,然后第二个是写逝去的生活,可以形成对比。

师:这是一种意见。还有没有不同的意见?

生:第一个略写好一点,是一种现象。

师:那第二个和第三个材料,哪个更应该详写?

生:材料二。

师:详写奶奶那时候温情的生活?

生:是,因为它的话题主要是逝去的生活。

师:本文交际的目的是什么?

生:不要停留在虚拟空间,而要回归现实生活。

师:是奶奶过去的经历还是我自己的体会更有力量?

生:自己的说法,要详写材料三。

师:我自己的亲身经历,告诉这些读者,更有现身说法的力量。请同学们思考,如何安排选材的详略。

生:要依据交流目的安排选材的详略。

师:这一节课我们讲了"交际语境写作——如何选材"。第一,在我们确定了读者之后,要选择合适而清晰的交际目的;第二,选材要紧扣目的;第三,文章的详略是由交际目的来决定的。接下来时间请同学们依据"交际语境写作——怎样选材评价量表"修改自己的习作。下课!

生:谢谢老师,老师再见!

第四编

养育语文个案研究

运用自能作文提高学生语文写作能力

付艳平

2022年初,我加入金老师的"养育初中生语文学习力的实践研究"课题组,负责"养育"初中生语文建构力探究。在研究中我发现要养育学生的语文学习力,自能教育是很关键的一环。于是从2022年1月开始至2023年6月,我在我班进行了运用自能教育提高学生语文写作能力的个案研究,取得了明显的效果。希望以点带面,引发更深入的探究。

一、理论分析

养育语文的五大特征之一就是自能教育。"养育语文"不仅重视学生课堂学习,更注重学生课下的自学能力、自我教育和自我管理能力的培养。自能教育融合了叶圣陶先生的"教是为了达到不需要教"的教育思想。"自能"强调独立,但并非要求学生脱离课堂和老师的教学独立学习,它提倡的是在老师指导下,有步骤、有系统、有目的地学习,在学习的过程中让学生学会自主学习,自主探究。而在语文的学习中,自能教育主要体现为"自能读书""自能作文",这恰如双峰骆驼中的两峰,必不可少。"自能作文",简而言之就是让学生具有独立的作文能力,养成写作习惯。自能作文教学包括激趣、积累、升格、展示四个环节。

二、现状分析

2021年9月我新接手八年级两个班的语文教学,同时兼任一个班的班主任。

我班刘某某同学从小偏好理科,有点懒散,学习自觉性不够强,平常文科作业不喜动笔。我刚接手的时候,他语文成绩85分,在班级属于中等水平。教学后经过深入的了解与观察,我发现这个孩子古诗文背诵默写、文言文理解、作文是他的弱项,但他喜欢看漫画,有一定的阅读习惯,这为运用自能作文提高他的语文写作能力提供了可能性。

三、养育过程

刘某某同学平常作文要么懒于动笔,要么随意应付,考试作文他一般在32分到36分的区间(作文满分45分),文章结构松散,语言表达词不达意,作文素材匮乏,针对上述问题,我采用以下几步来提高他的作文写作能力,让他爱上写作,爱上语文。

(一)巧借真实发生的生活事件,创设写作情境,激发兴趣

孔子说:"知之者不如好之者,好之者不如乐之者",兴趣是最好的老师。如果学生爱上了写作,喜欢用笔、用文字来记录生活,书写真性情,那一切作文的难题都能迎刃而解。

于是解决刘某某同学懒于动笔、随意应付的写作态度就成了首要任务。每一次集体活动后,我都会及时布置他写参与活动的见闻和心得,同时特意安排分享活动。作文即生活,真实的生活事件对他的写作无疑会起到引导与启发作用。他在写与分享的过程中润饰文字,抒发情感,表达好恶,获得成长。长此以往,就有了写作的兴趣,

(二)善于阅读,设计作业,巧做积累

"巧妇难为无米之炊",积累材料是作文的第一步。积累虽说是一件简单的事情,而且得由学生自己解决,但对于学习自觉性不高的学生,老师还得帮他们解决如何积累的问题。

我以双管齐下的方式帮刘某某同学积累作文素材。一是以读书笔记、读书摘录、读后感、读书批注等多样的作业形式帮他积累名言名篇名家素材。二是不定期举办班级、小组等小型读书沙龙活动,让他参与组织与主持,以此拓宽他的视野,锻炼他的口头表达能力。

积累厚实了,作文也就不畏难了!

(三)重视方法,落实升格,追求品质

方法是拐杖。"授人以鱼,不如授人以渔"。在强调个性化写作,淡化文体的今天,很多人都认为写无定法,教了似乎就扼杀了学生的创新能力,于是作文课便成了老师最轻松的课,学生咬笔头的最苦恼的课。其实,我们都知道:没有灯的指引,船会迷失方向;没有翅膀的鼓动,鸟不能翱翔于蓝天;没有方法的指导,学生也只能在写作的海洋中莽撞。

教学中最重要的一点就是强调"落实",而"知识的落实"是教学中最关键的环节。作文教学也不例外。要想写作知识落实,老师落实是第一位的,其次才能谈到学生的落实。

在指导刘某某写作的过程中我尝试着备作文专题,做好老师落实的工作,传给他系统的写作方法与知识。先从文体着手备课,开始主要是写好记叙文,而记叙文又分为三大类型:记事的记叙文,记人的记叙文,写景状物的记叙文,不同的类型有不同的侧重点,不同的写法,于是我采用理论与范文相比较的方法让他明白这些,试图使他写作时做到胸有成竹。如在上"如何写好记人的记叙文"的指导时,我便结合他熟悉的课本内容《列夫托尔斯泰》《藤野先生》来讲刻画人物形象的方法,并尝试让他模仿着来写,降低写作的难度,消除他的畏惧心理。

其次借助作文量化评价表进行自评、他评、师评,内化修改策略,升格作文。叶圣陶

曾说:语文教师应积极引导学生修改作文,具体应该怎么改？那是学生的事,让学生自己去考虑并实施。叶老先生说的"考虑",就是学生自己内化修改策略并审思升格作文的过程。好文不厌千回改,在指导刘某某同学升格自己的作文时,我采用了自评、他评、师评,内化修改四步作文法,同时运用《写作提纲清单》《作文互评自评记录清单》《作文评改升格清单》,针对他的认知水平和自学能力,形成一个较为全面的作文写作升格流程,引领和推动他进行自能作文。

(四)依托展示,收获快乐,助力作文

作文讲评,将升格作文装订成个人专册是我指导刘某某作文教学的最后一个环节。以前作文讲评时,我会唱独角戏,现在,我试着将他推向前台,让他来充当讲评的主角。先是我简单点评此次作文中存在的优点与不足,之后请他自己讲自己的作文,可以讲写得好的地方,也可以将写得不满意的或对评语有不同看法的地方拿出来与大家共同探讨;最后将修改升格的作文打印出来,组成他的个人优秀作品集,放在班上供学生浏览,封面由他自己设计,让他体验收获的快乐。

我将每一次指导他作文的过程演变为一次播种,耕耘与收获的过程,让他觉得每一次作文就是一次生活的体验,让他从收获中体验作文的快乐！而我要做的就是给予他作文过程中所需要的播种的种子,耕耘的工具,教给他使用的方法,然后悄悄退下,让他自己去体会写作的困难,自己收获写作的快乐,自己激活自己的创造欲望。这也是"自能教育""自能写作"给我作文教学的启示。

四、养育效果

刘某某同学在2023年集团初三三模联考中语文100.5分,班级第二,他的作文《在裂缝中成长》被选入"万唯中考作文满分库"。令我高兴的是,他成绩在提升,他写作热情在高涨,进入初三后刘某某同学基本上能做到每周一次作文,每篇至少修改2到3次,不厌其烦。这都得益于"自我教育""自能作文"的运用。

五、总结展望

刘某某同学的个案研究表明,即使是偏好理科,学习不自觉,不喜欢写作的学生,只要我们科学引导,运用自能作文四环节,助力作文教学,让他们喜欢上写作,提升作文水平也是有可能的。

偏科生在养育语文中得到发展

郭紫宁

2022年9月至2023年7月,我们迎来了一批活泼可爱的七年级学生。为有效提高学生的语文学习兴趣,本人进行了一些探索。

一、理论依据

事物矛盾中具有内外因辩证关系。在学生的发展中,学生的兴趣、习惯、学习方式是内因,而教师教学方式的探索是外因。养育语文希望通过养成学生语文兴趣、习惯,最终提升学生的核心素养。同时,本人也相信虽然教师是外因,但也具有很大的可为空间。同时,根据马克思的社会交往理论和米德、布鲁纳等人的符号互动理论,"养育语文"明确学生是社会人,学生要在自主学习中完成自我构建、自我成长,在合作中完善自己的社会化过程,最终塑造自己的完美人格。

二、个案现状与分析

崔某某同学入学测试属于班级后列,语、数、英三门成绩均属后列,该生对数学兴趣更大点。经过一个月学习后,语文、英语严重后退,该生的综合水平低。

三、跟踪情况

(一)选任班长,培养责任感

该生在网课期间表现积极,曾经争取数学课代表,在同学们的沟通平台上表现活跃。在开学后的几天内,由于他课堂表现较为活跃,和老师们的配合度较高,和同学们关系较好,再加上对班委有一定的兴趣,所以被定为班长。老师期待他在人格、品行、能力等各方面都能有所提高。因为他本人没有当班长的经验,所以在管班方面有些许欠缺,比如害怕影响老师上课,所以不敢制止同学的违纪行为;不知道自己要干什么,所以主动性较差;担心影响自己的人际关系,不和老师交流情况。针对这些问题,我清楚,一切都需要时间,能力需要培养,经验也需要积累。他需要不断锻炼,慢慢成长。我试着从班级整体的方面和他交流,一个良好的课堂纪律对于教师上课、学生学习有多么重要,所以良好的课堂需要班长的协助。班长就是和老师一样对班级具有管理资格、决定权利的人,所以他可以做任何他觉得可以去做的事情。明确老师并不是同学们的对立面,我们的目标一致,且有老师的协助,事情解决会容易得多。

(二)试卷分析,明确努力方向

在第一次诊断当中,该生的语文、英语都属于B等级,语、数、英三大主科没有优势学科,而且语文、英语还属于劣势学科,我对他的语文试卷进行分析,发现最明显的问题是书写差、阅读答题不能切点。因此,对他的书写提出以下几点建议:第一,注意字与字之间的间隔,不能挤在一起。第二,每个字尽量写得清晰。第三,大段文字以整齐干净为首要目标,一定要注意布局排版。在阅读方面,第一,要注意研究母题,掌握一定答题方向。第二阅读过程中要注意圈画,把握主旨句和特殊含义词。第三,语言文字的学习需要耐心、细心。此外,明确语文的学习是一个循序渐进、戒骄戒躁的过程;语文就是生活,生活就是语文,学语文,悟人生,观世界,察自身。

(三)积极表扬,激发学习动力

该生在七年级下学期开始,不论在学习态度还是管班能力上有了很大的改进,对于他的表现,我感觉非常的欣慰。该生在语文学习上,有了很大的进步,从B到B+,其中阅读和写作部分,最有进步的是写作,就平常的表现而言,该生的周记写得非常认真,满足教师提出的几点要求:第一,设置亮点;第二,注重叙事;第三,分主题练习。在一次又一次的练笔过程中,该生的作文水平、最终分数,都得到了较大的进步。不论是在课堂上还是在私下里,我都对他进行具体到点的赞赏,希望他能始终保持学习的动力。在班里,他负责帮同学们进行作业登记,七年级上学期没有坚持下来的事情,七年级下学期,他兢兢业业,每天负责在家长群里按时按点、保质保量地完成任务,得到同学们、家长们的一致好评,"能坚持下来,实属不易!""有崔班长是我们班的福气!"

(四)不时反馈,重新调整目标

七年级下学期的期中诊断,该生进步巨大,在试卷分析后,我发现语文已不再是他全部学科的短板,因此,为培养他的综合能力,鼓励他语文可以学好,那么其他学科一定也可以。那么,在语文学科上的目标就应该是冲刺A,在整体的目标上也是冲刺A,并且对他表示凡事都有可能!以小进步、高标准进一步激发他的学习动力,后期由于该生学习上的时间安排,我发现该生作业质量有所下降,对于语文的学习有所松懈,于是,重新对他的试卷进行分析,与其交流,告知他在非连阅读上材料整合能力的缺乏,文学性阅读上多角度理解的丢失,以面批面改的形式,让其重视语文。同时,该生在人际关系上也产生了较大的困惑,以至于想要重新考虑自己的选择,针对这一项,我表示理解,同时对他进行劝慰,欣赏他的处事方法,点赞他的巨大进步,鼓励他再接再厉,希望他能明白坚持的意义!

四、养育效果

经过一年的沉淀,崔某某同学成了班级公认的有责任、有担当的"大班长"。在六一联欢晚会上展现出超强的组织能力,在课堂上展现出一定的管理能力,在人际交往中展现出谦虚好学、包容耐心的良好品质。同时,各学科成绩有了较大的提高,练就一手好字,语文素养也在逐步提高。靡不有初,鲜克有终,相信只要他始终进步,持有一颗向善、向上的心,未来的他一定会越来越好!期待这个少年不负韶华,成就更好的自己!

运用"缘点质疑清单"提升学生批判性思维

黄林建

2022年1月以来,我在我班进行养育语文学习力课题实验研究,利用缘点质疑任务清单来提升学生的语文学习批判性思维,收到了明显的效果。在此想通过个案研究的形式,和语文同仁分享,希望能引起深入研究。

一、理论依据

当前,新课标已经落地实施,"落实学生语文核心素养"成了初中语文教师课堂教学的核心任务。而"学习清单"恰是提升学生语文素养和思维能力的有力抓手。学习清单也可以称为学习任务探究单。其基本结构包括学习清单名称、基本信息、单元主题、单元内容、单元学习目标、学习任务等内容。它借助清单,引导、推动学生自学,将方法融入清单项目之中,让学生在思考中质疑,在质疑中提升思维。建构以"任务"为核心的学习过程,助力教师提升学生思维能力。学习清单是一种提升学生的思维能力的有效方法。

二、个案现状及分析

在过去一个学年中,我参与了深圳市级课题"'养育'初中生学习力的实践研究"。我班的罗某同学,父母都是工薪阶层,家境一般。孩子从小学习比较自觉用心。在家长、老师的帮助下,她以优异的学习成绩顺利地进入中学,她初一语文学年期末检测得了96分,在班里属于中上。初二时,她的语文成绩一直保持这一水平。一年前她转入我校九(2)班就读初三。接触之后,我发现罗某的语文水平有较大的滑坡。究其原因,我发现她一直沿用死记硬背的方法学习语文。在平时的语文学习过程中,面对新的课文,她没有自己的思考,不知道怎么提问。心理学研究表明,意识到问题的存在是思维的起点,没有问题意识的思维是肤浅、被动的思维。她在语文学习过程中缺少的是批判质疑能力。

批判性思维能力对学生的发展具有关键的作用。笔者为罗某量身定制了一系列的从易到难、从粗到精的提问能力培养方案,做了"提升学生批判性思维能力"的探究。

251

三、实施任务清单教学的情况

罗某同学的语文学习出现停滞,尤其是她没有语文学习的问题意识和质疑能力,她的批判性思维亟待提升。鉴于她的这种语文思维能力的欠缺,我采用质疑任务清单提升她的批判性思维。

(一)课前预习发现问题

课前预习在整个学习过程中,占据着绝对重要的位置。课前预习可以培养学生自学的能力和独立思考的能力。课前预习是培养学生学习能力、体现学生主体地位的重要途径,为提高学生的学习效率,培养学生的综合能力,也为学生的终身学习和发展打下坚实的基础。罗某的课前预习缺少了提出自己的疑惑点这一重要环节。因此给她提供"缘点质疑清单",帮她反思质疑,就成了提升她批判性思维的首要环节。

"养育语文"缘点质疑清单

_____年级_____册 第_____单元 班级:_____ 姓名:_____ 日期:_____

篇目	强调点	照应点	无关点	突出点	矛盾点	变换点	留白点	奇怪点	写作意图	我的看法
单元整合发现										

(二)传授质疑策略

在平时的教学过程中,我常常运用"整体了解文本,深抓质疑点"的阅读策略,教学生去提出自己的疑惑点,从而提升学生的批判性思维。

"从标题入手质疑"。标题是文章的"窗户",具有提示文章主要内容、写作意图和主旨的作用。于是我引导学生就标题质疑,对标题进行解析,从而切入教学。

"从导读处入手质疑"。导读文字是对课文的某一方面作简要介绍,它是协助和指导学生有效阅读的支架。但同时也一定程度上限制了学生个性化的阅读体验。我引导学生不应被导读文字所束缚,可先读文本再看导读文字。

"抓矛盾点质疑"。我引导学生阅读文本,透过看似平淡的语句发现文章情节或形象的矛盾之处。抓住矛盾,也就抓住了质疑文本和作者情感主旨的钥匙。有了矛盾,学生的思考质疑就会更加深入。

"根据文本类型质疑"。文学作品和实用类文章差异较大。学生质疑时,我引导学生根据不同的文本类型质疑方向应有所不同。文学作品则重在对语言、内容、形象、情感、艺术形式等的质疑探究。实用文章类质疑方向则侧重于内容探究。

有了策略后,我让罗某大胆地实践练习。根据策略,每堂课寻找出不少于3个质疑点。在实践中去操练,才能把知识转化为能力。初三议论文学习是重点,针对课本中的经典范文,我要求罗某提出与作者不同的观点,并且在课堂上以辩论会的形式分组辨析讨论。通过辩论,罗某的发言的积极性极高,她的批判性思维能力得到了锻炼和提高。在初三的一次语文辩论赛中,罗某赢得了最佳辩手的称号。

(三)鼓励评价,呵护质疑行为

尽管我可以教给学生质疑的方法,但是思维能力的提升光靠课堂老师的讲授是不行的。需要学生养成勤于思考,善于质疑的好习惯。学期初,我就选她担任班级语文课代表,专职负责语文活动的策划和组织。课堂上,我经常有意识地要罗某展示出自己的质疑点,并及时予以鼓励和肯定。渐渐地,她的疑问越来越多,即使下课了,她也会拿着课本追着我问。

四、结果及反思

罗某在2023年6月的深圳市初中学业水平测试中,语文得了110分的高分,名列全年级第11名,并如愿升入了深圳"十大"高中之一。她语文能取得这样的成绩,得益于缘点质疑清单教学的作用。在小学阶段,罗某在学习上的认真自觉,为她的语文学习打下了坚实基础。在近一年的探索式教学实践,又给了她方法上的引导。

五、结论

罗某在语文学习上的成功个案表明,即使是中途插班就读的学生,只要你运用正确的方法指导他们,努力调动他们的学习积极性,鼓励他们多多进行反思质疑,提升他们的批判性思维也是能够实现的。

运用"自学清单",提高学生语文素养

张明

金星闪名师工作室关于"'养育'初中生语文学习力的实践研究"的课题立项已经有一年多了。我在我班进行实验,利用养育语文"自学清单"提高学生语文成绩,收到了明显效果。在此想通过个案研究的形式,把我的实践过程抛出来,希望能引起更深入地研究。

一、理论依据

"养育语文"的教学追求中阐释:"养育语文"特别注重学生的语文学法研究,它借助清单,引导、推动学生自学,将方法融入清单项目之中,让学生"学而有据,学而有法,学而有得",这十二个字是"养育语文"的自学追求。"有据"是有依据,有可供自学课题选择的物化操作工具清单,即任务清单;"有法"是有好的自学方法,其优越性是可操作性强,简洁、明了、灵活,注重自学过程,是学生自学的重要载体,也是教师掌握学情的重要资料依据。

二、个案现状及分析

2020年9月,我担任七(6)班班主任兼语文老师,期中调研考试后,从小题得分情况看,我班的现代文阅读题目的小题平均分数据都低于同类型班级,整体感知类题目得分率略高于赏析类题目,主旨类题目及开放性题目得分率尤其低。班上一个女生叫庞某某,她的阅读理解得分偏低,5个小题得分都是1分,16分的阅读理解题目才得5分。我百思不得其解,庞某某喜欢阅读,按理说阅读理解能力应该不差,为什么现代文阅读这么差呢? 值得庆幸的是,她的基础得分领先大部分学生,这给了我一些信心。分析后我发现,"'养育'初中生语文学习力的实践研究"的课题里面,"养育语文"自学清单似乎是为提高学生的阅读能力量身定做的。于是,我下决心运用"养育语文"自学清单,以期提高班级学生语文成绩,更想提高庞某某的语文成绩。

三、实施"养育语文"自学清单的情况

在语文教学中,我们常常遇到这样尴尬的场面:当初中毕业生或高中毕业生回校看老师,如果问他们学习语文的方法,大部分学生往往支吾半天说不出一二。语文老师有没有教给学生一些学习语文的方法呢? 这确实是值得深思的问题。

"授人以鱼不如授人以渔",即教给学生知识不如教给学生学习知识的方法。初看课题组的现代文预习清单,我就被里面的内容所吸引。

先从现代文自学清单说起吧,这个学习清单每一个环节都是紧紧围绕提高语文学习力来设计的。于是,我马上印刷了自主学习任务清单,让班级学生课外时间完成自主学习清单,特别叮嘱庞某某认真完成预习清单。而且,我先给学生一个范例清单,好让他们有法可循。

现代文预习清单的总的方法是:5211 法。

5 看:1 看标题,2 看作者,3 看预习导读和课文,4 看注释,5 看课后练习和方框知识或语法补白;

2 抄:1 抄写生字词,2 抄写课后《读读写写》和成语;

1 问:提出 1 个问题(围绕文中的矛盾点、强调点、照应点、反常点、细写点、变换点、无关点、留白点等来质疑);

1 结:自我总结。

借助工具书,阅读文本至少三遍,圈点批注后,具体做四方面笔记。

第一个方面,解决生字词。具体就是注音、解词、解释成语(含造句)

生字词看起来好像微不足道,但万丈高楼平地起,不打好地基,房屋就不牢固。

第二个方面,解决文学常识。文学常识与中高考其他知识点紧密相连、相辅相成,它便于我们进行现代文阅读,领会文章的时代特色,了解文章所表现的风俗人情,领悟作者的思想感情,从而更好地读懂作者所要表达的意图,理解文章的思想内容情感,辅助我们形象地来鉴赏课文,理解文章表达的情感或哲理等。

第三个方面,走进文本,先给出范例。具体包括如下几点:

(一)写了什么

就是对学习力中阐释力的探究。着重从这三方面"养育":一是对文章或作者目的的阐释。二是文章主要思想或情节的概括阐释。三是对文章隐晦句子的阐释。比如《背影》中,在"明确写什么"这一环节,用上课前学习单听写的"狼藉、踌躇、蹒跚、橘子、颓唐、惦记"6 个词语概括课文内容,从而得出阅读叙事散文方法中关于"写什么"时要"紧扣关键词,明确何人、何事、何情"的方法,在这一过程中,'养育'初中生语文学习力中的"阐释力"就得到体现。

(二)怎么写的

就是对学习力中品鉴力的探究。着重从这三方面"养育":一是感受语言之美。二是感受艺术之美。三是感受形象之美。在《背影》中,在任务二"探究怎么写"中,我设置了

探究文章构思方法和探究人物描写方法和语言特点的实践活动,引导学生自主学习,试图提高'养育'初中生语文学习力中的"品鉴力"。

比如:"蹒跚"是走路迟缓、摇荡的样子,很有表现力,连平地走路都是蹒跚而行,不问可知父亲上下月台更难了,这里描绘出了父亲的老态和他的内心情愿,也表现了父亲对"我"爱的深切。

比如"攀""缩""倾""爬"等,这里连用了一系列动词,形象地形容了一位仁慈的父亲对儿子的关怀和体贴。

"戴着黑布小帽,穿着黑布大马褂,深青布棉袍",这里的衣着描写,"黑"和"布"反复出现,表现了父亲家境衰败、生活穷苦的状况。

"抱了朱红的橘子,将橘子散放在地上,再抱起橘子走"的动作描写,写出了父亲的小心谨慎,表现了高山般的父爱。

"扑扑衣上的泥土,心里很轻松似的",其实不仅不轻松,还很吃力。只是因为爱儿子,吃苦也心甘情愿,所以心里感到"很轻松"。"……似的"表示"看似……,其实不是"。也许是故意装出轻松的样子,以免儿子心里难受。这也表现了父亲深挚的爱。

"我买几个橘子去,你就在此地,不要走动。"语言描写,父亲还觉得没有尽够心意,看见站上有卖橘子的,便要去给儿子买橘子。表现了无微不至的父爱。

"我走了,到那边来信!"语言描写,惦记儿子的安全,要等到儿子回到北京来信报平安,才能放心。

它们有一个共同点,就是这所有的一切的背后都指向一个字,那就是对儿子的"爱"。

(三)为什么这么写

就是对学习力中批判力的探究。着重从这三级"养育":初级,对作品语言表达质疑;中级,对构思、逻辑演绎质疑;高级,对文章思想、文化质疑。还是以《背影》为例,在任务三"理解为何写"中,我设置了"缘点质疑"这一环节中,对四次背影、四次流泪的质疑,对父亲写信的质疑,对前后呼应的质疑等,学生们还质疑,既然《藤野先生》和《背影》都是写人记事的散文,为什么没有放到一个单元讲而分散在几个单元讲,学生在质疑中学会批判性思维,以此实现语文核心素养"思维能力"的提高,培养'养育'初中生语文学习力中的"批判力"。

(四)感悟及自我总结

就是对学习力中建构力的探究着重从三方面"养育":一是体现迁移的灵活力,构建自己的话语形式。二是形成自己的知识网络,形成属于自己的思想或概念。三是形成阅读思想力。仍然以《背影》为例,在任务四"实践运用"中,我试图创设真实情境,让学生在完成一篇题为"如何阅读写人记事散文"小论文中,学会阅读叙事散文的方法,回扣本课核心任务"探究阅读叙事散文的方法",从而提高'养育'初中生语文学习力中的"建构力"。

(五)自学总结

画(列)出已掌握的自学内容导图或图表。

四、结果与讨论

学生们在落实我布置的任务时，不知不觉地形成了自主学习的能力，久而久之，一说预习哪一课，学生们尤其是庞某某就不约而同地用这张清单进行学习，学会了自主预习课文的方法，提高了阅读能力，培养了思维习惯。有了这个拐杖，庞某某就很有信心。单纯做题，学生们头脑中没有清晰的步骤，没有清晰的模块，很容易走向为做题而做题的漩涡。

在实施“养育语文”自学清单中，我不但用这个任务清单预习现代文，还运用了文言文预习清单、缘点质疑清单、复习清单、整本书阅读粗读卡、整本书阅读精读卡、整本书阅读分享卡等任务清单。

五、结论

班级语文学习成绩的提高以及庞某某语文成绩跃居年级第二的成功个案表明，只要遵循学生身心发展特点，运用符合学生实际学情的“养育语文”自学清单，久久为功，学生们在正确的道路上越走越欢，越走越远，提高班级语文学习成绩也是能够实现的。

"养育"初中生语文学习力

王雪兰

一、理论依据

依据新课标相关内容和石修银老师的《基于能力观的语文学习力:阐释与发展策略》文章中提出的语文学习活动中的四种学习能力,为培育初中生语文学习力和母语情怀,进行如下探究:"养育"阐释力探究、"养育"品鉴力探究、"养育"批判力探究、"养育"建构力探究。

初中生语文学习力的"养育",就是通过语言文字的浸润培养学生自我教育的本领,从而实现个体生命的"人心、人性、人格"的养育。引导学生成为有道德、有思想、有修养的文化人。"养"和"育"相互依存,融为一体的。这里的"养育"就是养成和培育,这里的"养成",实际上侧重于培养学生学习语文的兴趣、学习语文的习惯,更多的是侧重于学生的一种自我的培养、自我的教育;这里的培育,更多地侧重于老师的引导、教化、讲解、训练,最终达到自我成长的目标,为其终身发展服务。"养"是让他成长,而"育"是让他"健康"成长。养成是基础,是放养,培育是提升,是升华。"养"和"育"是把学生语文的学习能力和人格情操的熏陶结合在一起,既培育学生的语文关键能力,又培育他们的适应未来社会发展的必备品格,而这种品格的培育是通过学生语文学习力的提升,通过祖国语言文字的浸润、熏陶、悟化和语文实践活动来完成的。

二、现状分析

我班的黄某某同学,在升入初中时语文能力出现两个极端:网课期间表现突出,呈现出一个良好的走势;回归校园后表现欠缺,呈现出逐步下滑的趋势。

受疫情的影响,网课期间教师难以管控所有学生的听课情况,但从平时的作业反馈来看,她的完成度还不错,字迹工整,经常出现在我的表扬名单上。后来得知疫情期间,家长每天在家陪读,节节语文课必定跟着孩子一起听课,课后作业在疫情期间相对较少,家长每天严格检查,故而效果不错。

当疫情结束、回归常规课堂时,我明显感受到她的不一样。当学业压力增大,内容加深时,她逐渐学得很吃力:上课经常走神,跟不上老师的节奏,作业完成度不高,质量也欠佳。期中测试成绩位于班级末位,简单的作文题只能写到300字,写字和做题速度太慢,基础掌握较差,这一切的恶性循环导致了她语文学习力的减弱。

另外,开学后通过与她的家长交流,我发现家长对她的语文学习期望值很高,给予孩子很大的学习压力,这可能也是导致她成绩下滑、状态不佳的原因之一。

不过,值得肯定的是她品性单纯、沉静内敛,能耐得住学习的寂寞,从不叫苦。而且信任并喜爱老师,在劳动课上学会了编手绳,还专门为我编了一条漂亮的绳子,是一个可爱乖巧的女生。

三、跟踪情况

黄某某同学的语文基础知识薄弱,特别是写字速度非常慢,影响了她整个的语文学习。她的语文理解能力也较弱,经常出现读不懂阅读的情况,因为慢,所以各项任务只能减半完成。鉴于黄同学的这种语文能力,我采用以下几步来"养育"她的语文学习力。

(一)因材施教,有针对性地为她制定语文学习目标

初一打基础,"不拖后腿"是为她制定的最基本的目标。"训练速度"目标融入每天的课堂任务和课后作业中,课上采用倒计时督促她努力提高速度,多让其回答关于文章内容、人物形象这样的简单概括的问题,让她能在略有压力的同时提高阅读速度和文章理解能力,提升其语文阐释力。课后的作业则按其时间和能力可灵活处理,要求她尽量先在自习时间完成语文作业,为其他科目腾出更多的时间,均衡发展。在这样不断的训练过程中,她找到了自信,语文学习的热情和动力不断增长。

(二)一对一帮扶,点对点地为其夯实语文基础

扎实的语文基础是提升语文学习力不可缺少的源泉。她的语文文言文、诗词背诵默写经常不过关,我采取一对一学习小组成员帮扶来解决,学习小组由2—4人组成,各小组成员的语文表现捆绑在一起算积分,学有余力的成员要负责帮扶有困难的同学,大家互帮互助,形成一个良好的语文学习氛围。当她的基础知识检测不过关时,先由学习小组成员负责监督,再次检测,课代表进行全班监督,负责督促完成任务。最后,利用语文午辅时间到我这里再过关。这样,三轮的检测下来,基础知识也掌握得相对牢固了。

(三)在积极的阅读和作文实践中,培育其语文学习力

阅读是黄同学最大的难点,在阅读方面,我经常采用三步走的策略,"整体把握—重点研读—难点突破"。先在规定的时间内限速阅读全文,整体把握文章的内容和中心思想,再深入研读精彩的段落,采用批注的方式深入理解,最后再从题目出发,进行难点突破。通过这样的方式,经过一段时间的训练,黄同学的阅读能力明显提升,对文章主旨的把握、各种题型的答题策略都能较为熟练地运用。阅读方法掌握了,学习语文的信心也倍增,课下黄同学还能积极主动地做阅读题来巩固知识。阅读课上也能自信大胆地分享

自己的阅读答案和阅读心得,她的蜕变也让我非常欣慰。

作文方面,黄同学经常写不完,同样,我采取三步走的策略,"摘抄积累—片段训练—当堂作文"。语文摘抄本每日积累好的句子和片段,每周检查,同时训练不同类型的200—300字的片段作文,尽量学会仿写运用积累的美词美句,有了一定的积累基础,再加上平时的作文知识,当堂写一篇600字的作文现在对她来说已经不难了。

(四)家校联合促发展,同心协力育成长

黄某某同学的家长对孩子的期望值很高,经常通过微信或者钉钉电话询问孩子的语文学习情况,时刻密切关注孩子的学习动态。但明显这种高压方式不适合黄同学,她的心态逐渐崩塌,学习也不在状态,语文成绩下滑厉害。鉴于此,我积极跟孩子家长沟通,缓解双方的矛盾,鼓励孩子理解家长的心情,转变思想,迎头赶上。

四、养育效果

一学年过去了,黄某某同学的语文学习兴趣高涨,自信满满,期末语文调研测试达到了A的水平,整个人的学习状态非常好。她的成绩的取得,得益于"养育"语文学习力的作用。我在这样先进的理念下,教会了她语文学习的方法,培养了她语文学习的核心素养。

五、总结展望

黄某某同学在语文学习上成功的个案表明,初中生语文学习力的研究非常有意义,我们要充分"养育"他们语文的学习兴趣和习惯,努力培养他们的语文学习能力,让他们掌握语文学习的关键能力,能适应新时代的发展。期待能继续推广研究"养育"初中生语文学习力的项目,真正扎实地做好语文教育。

养育学生的"读写"素养

党晓霞

养育语文课题组成员通过《初中生语文学习力问卷调查》对所授的31个班级全体初中学生语文学习力进行了定量分析。在此定量分析基础上,笔者依据新课标相关内容和石修银老师《基于能力观的语文学习力:阐释与发展策略》文章中提出的语文学习活动中的四种学习能力,对所带班级学生进行个案研究。

一、理论依据

石修银在《基于能力观的语文学习力:释解与发展策略》中对当下的语文学习力现状做了很好的概述,并在文章中提到在语文学习活动中,学习力包含四种学习能力:阐释力、品鉴力、批判力、建构力。

"养育"阐释力探究着重从三方面着手:一是对文章或作者目的的阐释;二是文章主要思想或情节的概括阐释;三是对文章隐晦句子的阐释。"养育"品鉴力探究着重从五方面"养育":一是感受语言之美;二是感受艺术之美;三是感受形象之美;四是感受情感之美;五是感受思想、文化之美。"养育"批判力探究着重从三级"养育":初级,对作品语言表达、内容、情感质疑;中级,对构思、逻辑演绎质疑;高级,对文章思想、文化质疑。"养育"建构力探究着重从三方面"养育":一是体现迁移的灵活力,构建自己的话语形式;二是形成自己的知识网络,形成属于自己的思想或概念;三是形成阅读思想力。

二、个案现状分析

笔者所带班级学生刚升入初中,通过调查,发现班级部分学生对语文作文充满了"畏难"情绪,其中小A尤为突出。

小A总体成绩并不差,考试总分位居班级前列,但相比其他成绩,他的语文成绩属实拖了后腿。笔者通过几次考试的答题卡失分情况分析,发现小A作文失分严重,存在写作题材陈旧老套的情况,如题材为"送伞君"(作文里总是在下雨,伞总是刚好不见,总是突然出现一个送伞的人让他感到温暖),"吵架娃"(脾气十分不好,酷爱与父母长辈争吵,吵了必定甩手而去,而后必定后悔,深深谴责自己,明白做人应遵循中国传统美德)……

之后,笔者与小A进行了面对面交谈,在交谈中,小A提到自己在考试时,总不知道作文要写什么,最后由于时间紧张,只能随意编造一些。他表示自己平时读了很多课外书(多为小说),但觉得读书似乎对写作没有明显帮助,自己生活中也没有可以写的素材。

三、养育实践情况

从小A的现状分析中,能明显发现,在"读"方面,小A多为消遣式阅读,而并非鉴赏式阅读,或者对于鉴赏式阅读"有心无力",无法获得"以读促写"的能力。在养育语文学习力中,他的品鉴力和建构力都较为薄弱,有待提升。针对此问题,笔者也对自己的"教与学"进行了反思改进,下面以宗璞的《紫藤萝瀑布》教学为例阐释如何实现"以读促写",以提高类似小A情况学生的语文学习力。

整体教学思路:先阅读鉴赏(师示范鉴赏,生实践),后模仿写作。

(一)感受文章运思架构之美

《紫藤萝瀑布》一文是从哪些角度描绘紫藤萝花的? 形态—花色—花香。

师示范鉴赏:选段一(形态)。

只见一片辉煌的淡紫色,像一条瀑布,从空中垂下,不见其发端,也不见其终极。(第2段)

每一穗花都是上面的盛开、下面的待放。(第6段)

每一朵盛开的花就像是一个小小的张满了的帆,帆下带着尖底的舱,船舱鼓鼓的;又像一个忍俊不禁的笑容,就要绽开似的。(第6段)

"像一条瀑布""每一穗花""每一朵"从形态的角度,按照从整体到局部的顺序写出紫藤萝繁密、茂盛的特点,运用比喻,将大片紫藤萝比作瀑布,将一朵藤萝比作船帆、船舱和笑容;写出紫藤萝的生机与活力,展现作者的惊喜之情。

生实践鉴赏:选段二(花色)。

只是深深浅浅的紫,仿佛在流动,在欢笑,在不停地生长。紫色的大条幅上,泛着点点银光,就像迸溅的水花。仔细看时,才知道那是每一朵紫花中的最浅淡的部分,在和阳光互相挑逗。(第2段)

生实践鉴赏:选段三(花香)。

这里除了光彩,还有淡淡的芳香,香气似乎也是浅紫色的,梦幻一般轻轻地笼罩着我。(第8段)

(二)运用真实情景迁移写作

宗璞同时运用了多种写作方法,从形态、色彩、气味把紫藤萝彻底写"活"了。同学们经常抱怨读书无法促进写作,自己没有素材可写,真的是这样吗?

我们今天就来玩一玩写作,下面请同学们仔细观察老师从教室后面拿过来放在讲桌上的绿萝,然后拿起你手中的笔,仿照宗璞描写紫藤萝的写法来写绿萝!

四、养育效果

小 A 在本节课中的仿写情况如下：

a.形态，从整体到局部：放眼望去，一大团绿色映入眼帘，它宛如一个翠绿色的头套，罩住花盆，层层叠叠，严丝合缝。它们相互缠绕着、拥挤着，探着头为自己争得一束阳光的照射。除了这群勇者，还有其他勇士，它们显然放弃了这场名利追逐，微微下垂，不与名利相争，只是舔食着细隙中的阳光，苟延残喘地过着自己的生活。

b.颜色：绿萝的绿，不是翠绿，不是墨绿，不是深绿，而是独特的、深浅不一的绿。犹如一瓶绿墨水被打翻了，绿色由上而下逐渐加深……

虽然以上片段的语言还要做进一步修改，但相比小 A 之前的写作片段，他已经不再停步于"空想"状态，而能根据实物生成自己的文字。这之后，班级还利用相关名家范文，从"外、语、动、心、神"人物描写角度对上课睡觉的同学、上课玩尺子的同学等进行了趣味描写。

慢慢地，小 A 和班上其他同学的作文素材开始关注各自的生活，作文越来越富有活力。

五、总结展望

小 A 在"读写"素养方面取得进步的个案表明，在初中语文作文开端期，学习大多是从模仿和积累开始，而利用真实情景以读促写是培养学生读写能力的有效手段。

通过阅读活动养育初中生语文学习力

姜真真

2021年至2023年,笔者在"养育语文"这一教学主张的引领下,通过实施一系列阅读活动,培养了学生学习语文的兴趣和习惯,提升了学生的语文学习力。在此想通过个案研究的形式,分享自己的一点心得体会。

一、理论依据

金星闪老师提出的"养育语文"的教学主张,揭示了培养学生语文核心素养的途径。养育语文,就是通过养成培育来提高学生的语文核心素养。"养"是养成,侧重于培养学生学习语文的兴趣、学习语文的习惯,更多的是侧重于学生的一种自我的培养、自我的教育;"育"是侧重于培育,更多地侧重于老师的引导、教化、讲解、训练,最终达到学生自我成长的目标。

"养育语文"不仅重视学生课堂学习,更注重学生课下自学能力、自我教育和自我管理能力的培养。注重学生课内外学习和语文实践活动,侧重学生语文学习兴趣和习惯的培养。努力培养学生想学习、爱学习、能学习、会学习的能力,使他们能够在学习中不断完成"人心、人性、人格"的自我修炼。

二、个案现状分析

我班的王某某同学,语文成绩中等,初一上学期期中、期末语文考试年级排名都在140名左右(年级310人),其他科目成绩更弱。他学习的自信心不足,有畏难情绪,阅读兴趣也不够浓厚,写作水平不太高,还比较害怕考试。好在他比较有上进心,有追求进步的良好愿望。

三、实施阅读活动的情况

阅读对于语文学习是至关重要的,大量的阅读不仅可以帮助学生积累词汇,提高写作水平,拓宽视野,还可以提高综合素质,塑造健全人格。有教育专家研究发现,酷爱阅读的孩子,学习更有爆发力。

在教学过程中,我发现培养良好的阅读习惯可以极大地激发学生学习语文的兴趣。很多学生不爱学语文的原因主要是对语文学习有畏难情绪,缺乏信心,缺乏兴趣,所以缺乏动力。在平常的教学中,我尝试通过举办各种阅读活动激发学生学习语文的兴趣,让学生在参与活动的过程中培养能力并收获成就感,进而增强学习的兴趣和信心。为提高王某某同学的语文学习力,我从培养他的阅读兴趣入手,通过开展多样的阅读活动,帮助他建立良好的阅读习惯,最终实现核心素养的提升。

我主要采用以下几种方式来"养育"他的语文学习力:

(一)通过丰富的阅读活动培养学习兴趣和良好的阅读习惯

为促进学生阅读,我开展了海量阅读和亲子共读等活动。初一刚入学,我就把推荐书单印发给学生,还给每位同学发放了"阅读存折",要求学生把自己读的每一本书都登记在存折上,标明日期,家长签字,我定期检查并盖章确认,然后把每位学生的阅读量公布在教室墙上的"海量阅读进阶榜"上,据此评选出每学期的"阅读之星"。有了竞争,王某某的阅读积极性提高了,他追求上进,不甘人后,每次看到他的"阅读存折"上不断增加的书目,我都大力地表扬他,他在不断的肯定中逐渐获得自信。我认为提高学生学习内驱力的关键在于师长给予的持续的关爱和鼓励。

班级还会在开学初举办"晒书会",让学生上台分享自己假期读过的好书,并向大家推荐自己最喜爱的书。这个活动很好地调动了学生读书的积极性,在班级中形成了良好的阅读氛围。王某某也在"晒书会"上分享了自己的阅读收获,既锻炼了表达能力,也促使自己广泛地涉猎,拓宽知识面。

除此之外,年级还举办了"三高朗读者"系列活动。比如"亲子共聚一诗会","亲子共读一本书"等活动。有时一个小小的活动不经意间就能激发一个孩子学习语文的热情。王某某在我的鼓励下参加了"亲子诗词大赛"。他在准备的时候很担心自己表现不好,我告诉他,只要认真准备,就会发掘出自己的潜能。我指导他如何分门别类记古诗,如何根据意象猜古诗,之后他在不到一个月的时间内背完了初中教材上的所有古诗。后来在诗词大赛上他不仅表现出色,更重要的是变得更自信,学习也更积极了。之后不管是辩论赛、演讲比赛,还是其他活动他都积极参与,不再怯场。在丰富多彩的活动中他由害怕语文到爱上阅读,爱上语文,不断地超越自我。后来,他也成了我办公室的常客,经常主动找我探讨各种问题。所谓"亲其师,信其道",在学习活动中,师生也增进了交流,良好的师生关系形成。

在"亲子共读一本书"活动中,家长和孩子们精心录制阅读分享视频;在家庭分享会上,我们精心挑选了几组家庭代表,围绕"三春晖""在路上""家国情"等主题,在舞台上演绎经典,分享感悟。他们动情地演绎路遥的《平凡的世界》,激情洋溢地分享《京华烟云》,入情、入境、入心,用亲情的力量、榜样的力量,激励孩子们成长,同时传递了博大精深的传统文化和感人至深的家国情怀。同学们演绎得引人入胜,令人动容。台下师生也沉浸其中。阅读活动不仅提高了学生的能力,还促进了亲子交流。王某某虽没有参与表演,但这个活动深深地感染了他,让他领略到经典文学作品的魅力,提升了阅读品位,培养了阅读兴趣。从初一下学期开始他每学期的读书量能有10—20本。

读书是美好的,我们举行的一系列活动都是为了让读书成为学生的一种习惯,一种修养,一种品格,让书香洒满校园,让人生璀璨生光。

(二)教会阅读方法,"养育"语文学习力

"养育语文"特别讲究学法指导,在语文预习、课堂、复习,课外阅读与写作等环节中,分别教给学生读书学习的方法,努力让学生做到会读书学习、能读书学习、爱读书学习,从而在语文学习活动中感受母语的情趣,培育终身的母语情怀。

在课堂阅读教学活动中,我借助预习任务清单作为学习支架,在课前引导学生自学,将方法融入清单之中,让学生"学而有据,学而有法,学而有得",这也是"养育语文"的自觉追求。我还要求学生在预习时对课文进行圈点勾画,并指导他们做批注。王某某同学能认真地按要求完成这些任务,逐渐养成了圈点批注的好习惯。平时做阅读题,他也喜欢在文章上进行圈点批注,久而久之,逐渐提高了自学能力,也提升了品鉴力。有了良好的阅读习惯,再加以一定的练习,他的阅读题答题正确率显著提升,语文成绩也从初一时的年级一百多名,提高到年级前50名。

对于初中必读名著,我也利用"整本书阅读任务卡",督促学生自主阅读,养育学生的语文核心素养。其中对章节内容的概括,训练了学生的语言表达能力,"养育"了他们的阐释力;"精彩摘抄"丰富了学生的语言积累;"整本书思维导图"训练了思维能力;"语段品读"提升了学生的审美能力。最后通过故事会、读后感、手抄报等形式进行阅读成果展示。每次活动,王某某都能积极参与,在各种交流活动中他表现了自己,收获了肯定,变得更自信,语文关键能力也得到了提升。

(三)拓展阅读的广度和深度,读写结合,以读促写

为增加学生的阅读量,我经常在日常教学中以教材为中心开展群文阅读。比如学习了汪曾祺先生的《昆明的雨》,我选择了汪老的《我的家乡》《故乡的食物》《端午的鸭蛋》《胡同文化》等一系列散文来进行群文阅读,使学生全面深入地了解汪曾祺散文的特点,感受汪曾祺散文的魅力,并引导学生学习汪氏"小叙事",从平凡生活中体会人生滋味,发现生活的诗意,写出富有文化底蕴的文章,读写结合,以读促写。

此外,我会选择不同风格的作家的散文,全班共读,然后交流阅读心得,并指导学生仿写。比如学习丁立梅散文借景抒情、借物喻人的写作手法,提供写作支架,指导学生进行仿写,然后通过自评、同学互评、老师评价的方式帮助学生修改升格自己的习作。语文学习是一个厚积薄发的过程,我鼓励学生阅读的同时还督促他们养成摘抄的习惯,并进行"每日金句"分享,丰富语言的积累。

四、养育效果

经过初一一个学期的学习,王某某同学渐渐爱上了阅读,爱上了语文,学习积极性不断提高,成绩也取得了较大的进步。初一上学期期末语文成绩年级排名132名,到了初

二排名稳定在年级60名左右,初三稳定在40名左右,初三下学期成绩最好的一次是年级第6名,而他已经成为一个爱学习,会学习的尖子生。

五、总结展望

王某某同学的进步又一次表明,阅读教学是语文教学的基础环节,对学生阅读兴趣和习惯的培养至关重要。培养学生的阅读兴趣更有助于激发学生学习语文的积极性,更有助于提升语文学习力。教师只有多提供机会让学生展示自己,发现自我,抓住令学生成长改变的契机,让他们亮出自己的色彩,找到成就感和价值,才能提高学生学习的积极性,从而培养素养,形成能力。教师的职责就是用爱养育,用心引导,唤醒学生的内驱力。因为只有在被关爱和被欣赏中,学生才会发自内心地努力学习。

提高初中生语文学习力的个案研究

李燕妮

2022年1月至2023年7月,我的班上一位语文学习困难的学生发生了质的转变:从无法参与语文学习活动到能承担重要任务,从无法完成作文或默写到作文或默写达到合格水平,从课堂上无法回答问题到可以积极分享经验,他的进步给我的教学带来很多启发。在此,我想通过个案研究的形式,分享我的收获。

一、理论依据

语文即生活,生活即语文。养育语文主张通过生活实践,引导学生产生对语文学习的热情、发现、探究、实践,养育学生的语文学习能力,进而培育学生的人格。学生的学习不仅需要在课堂里发生,还需要在课堂外与生活连接,并且得到老师的认可和支持,在小组合作探究中提升语文的学习能力。生活实践中的情境下的学习无处不在,语文能力的养育也是无处不在。

二、现状分析

肖某某同学是班上各科成绩都表现不理想的学生。七年级的默写测试,《观沧海》48个字,可他提交的默写只有6个字,其他都是圆圈。这引起我的好奇,与孩子的家长联系才得知他一直上私立学校,小学老师只是要求他不停抄写来解决他的识字困难,直到七年级仍然是书写困难,认字勉强达到小学水平。他的语文成绩在七年级的检测中属于40分以下的学困生水平。

三、养育过程

(一)根据学习兴趣,推荐阅读书

对于肖同学还不能实现与班级其他同学合作交流的现象,我推荐给他的书以童诗、短诗为主。泰戈尔的《飞鸟集》、图文并茂的《邻家诗话》,而布置给他的阅读任务就是让他使用喜欢的诗句来表达自己的心情。

他的确很专心地阅读了,尽管吸收到的并没有想象中多,但是他的语言习惯在逐渐改变,他愿意使用自己觉得有深意的句子来表现自己的心情。愿意使用景物及动词来表达心境。

(二)尊重个体特点,在情境中设立适合个体发展的任务

尊重学生的个体发展的特点,还要抓住语文能力提升的最近发展区,作为老师可以在情境下给学生设立简单却可以实现的任务,增强学习的自信力。有了学习上的自信才能推动这个孩子向更高层级思维能力提升。

我发现这个孩子喜欢拍照,但是因为不能写字,就只能发照片没文字。我觉得写长的文章是难为孩子,那就先从短句子开始吧。八年级开始分层作业,他的作业就是图片加文字创意表达。疫情期间他也发了朋友圈,看得出他在这样的作业里找到了表达的乐趣。

作业不仅需要分层,还需要个性化设置,让每个孩子在作业中能得到所学的展现和反馈,是学习力提升的重要方法。

(三)借助现代化教学手段,快速提升学生的批判思维

批判思维的形成是不断自我怀疑、自我否定、自我认可的循环过程,如果能借助教育手段来辅助学生实现这个学习过程,是事半功倍的。

365学堂是一个应用技术平台辅助批改作文的App。自从这个平台走进学校课堂,走进作业之后,孩子们受益颇多。肖某某同学听说这个平台可以辅助修改作文,非常开心。回家立刻注册登录,并完成自己的第一篇作文。因为平台的语音输入可以帮助不会写字的他完成作文。

以肖某某同学提交的习作为例来说明这个平台对肖某某同学的帮助。

中华传统文化

正如文中所说"中华传统文化",这是一个关于我在活字印刷馆中所看到的一句话。(文章开头直接点题,引出了下文)

哪一天(那一天,)我心血来潮,(很想知道)古代的文字是如何印刷的,刚好在我那附近,(这个"那"地点不清楚,应为"活字印刷馆")我(便)走了进去,(。)因为(我是)初次来到并不认识(了解)这里的流程(,因此)请了一位小姐姐去替我们讲关于活字印刷术的历史。

小姐姐讲道:"活字印刷术是北宋庆历(年)间中国的毕昇所发明的泥活字(,)也是世界上最早能创造出可以拆解的活字印刷术(。)毕竟早期的活字印刷术非常落后,如果在之前错了一个字,那就得重新改(。)这样既不省时也费力,所以才发明了活字印刷术。"(这里如能写出作者和其他人此时脸上的表情,以及惊讶的语言就更好了)

"如果说的(听得)还不明白,你们可以自己上去做一做。"小姐姐微笑的(着)说道,(。)于是乎(,)我们就开始是(学习)用活字印刷术(印)东西,刚开始还好,但是印刷完两本过后,有些人就开始出现毛病了,有的印刷得不均匀,有些(墨痕)太厚了,还有些根本就没有印刷上,(。)

然后就有人开始(小声)说(:")这就用(是)以前的印刷(啊)根本就不累呀,是不是在作假呀?(")(后面可以加上"什么? 你怎么能这样说?")小姐姐,开始(立即)用一种很严肃的态度和我们说:"这不是在作假,因为活字印刷术(是)那个时代最方便的印刷方法,因为你印刷出一两本根本就看不出来(它的不平凡),这会不会就(而)当你印刷错了很多很多本的时候(,)你才能看出来这玩意儿(它)根本就不需要后那么多人力和物力不需要,(。只要)你有一双能识别繁体字的眼睛(,)还有优秀体力就能很好地胜任这门工作。(把"优秀"改为"超强"更好)

听了小姐姐的话,我们(又)开始认真的(地)去使用活字印刷,刷水、刷墨、铺纸、拓印、检查、揭起。没有人不是认真的再去体验,去体验古人的智慧,(。)当时间已经过去很久之后,(我们才从体验中清醒过来。)

(一时间,)我们完全)被古人的智慧是无可估量的(感染了),墨香染颊,任羌笛飞声自咽,以墨为主,以板为笔,创造出一个属于中国人的(文化)奇迹(。)(结尾语言精练,呼应了文题)

365导师点评:文章主题明确,材料选择切合主题需要。事情叙述具体而翔实,语言通顺,情感动人。段落分明,中心突出。整篇文章用富有情感的语言,运用了反问等修辞手法,采用了因事缘情等写作方法,按照事情发展的顺序,通过人物的神态、动作和语言,描述了作者在活字印刷馆听介绍和亲身体验活字印刷术的神奇之处,突出了古代劳动人民无穷的智慧,表达了作者对中国传统文化的热爱之情。建议,文中可对人物激动的表情和语言描写得较少,以便能突出青少年的民族自豪感。

365学堂对于肖同学的写作能力提高从以下几个方面实现:

(1)365学堂的任务不是考场上的限时完成,这让水平不高的孩子心理放松,

(2)任务可以使用语音输入,输入后做文字识别后修改,避免自己写错字、不会写字的痛苦,

(3)批改老师珍惜每个段落甚至每个字的是否恰当,

(4)批改老师可针对一篇文章而不是一个孩子能力的整体考察做出评价和指导,

(5)具有评价体系能让习作者获得及时反馈,奖励机制激励写作者保持写作的热情,

(6)平台批改具有一定的私密性,评改过程只有提交者及任课教师可见,这也保护了学力不足的学生进步中的隐私。

因此,我们发现这个365学堂的写作平台对于肖同学有非常大的帮助,对于作文批改任务繁忙的语文老师而言,是不能做到365学堂的字、词、句、段、篇全方位快速批改,快速反馈写作中的问题。

(四)在小组合作中,积极评价反馈推动他自我成长

三年的学习时光中,学生对于某一篇文章的印象都是基于相关的小组活动的回忆。合作学习中,每个人对自己的目标的设定以及最终在合作的前提下得到提升,是每个孩子自我成长实现的重要途径。肖某某同学在七年级的小组合作中,全班37人,按六人一组分组,正好余出一人。他黯然神伤,我私下里问他,他说能接受。第二次的活动中,我

提出如果哪个组吸纳肖某某同学入组，我将给出课堂小惊喜。这使得肖某某同学得到了吸纳他的小组，这个小组一直接纳他三年。不管是读书分享还是诗歌创编，或是诗歌朗诵、话剧表演，还是名著分享、"未来教室"的创意写作，每一次小组活动，肖某某同学都努力找到了自己的价值，努力为组里添砖加瓦。

一次次合作使得他在小组成员的眼中成了极富潜力的那一个。他比同组更擅长使用电脑，更擅长查找相关的资料，制作美图。记得在九年级话剧展演的比赛中，他在组里担当了剧务和舞美的工作。导演一次次修改意见并没有让他逃避责任，他一次次调整，追求完美，给小组的展现锦上添花。组员互评中，在每日的察省日记中，都数次记录了肖某某同学耐心修改、一次次与大家配合而让其他组员深深感动，小组同学之间的包容和鼓励让他要求自己向更好的自己转变。语文学习力的提升就是在一次次的小组合作中逐渐实现。

（五）课余时间拉近距离，让学生明白老师的良苦用心

肖某某同学也是我的独特小助理，每次下课后他第一个来询问作业，并且转告课代表、督促课代表做好登记。放学后总能见到肖某某同学在公交车站默默等着我。在与他同行几站的时间里，我尽可能询问一下他的兴趣、爱好、未来打算、最近的困惑。有时遇到他考试心情不好，我也会开导他几句、叮嘱上几句。

这样的交流使得肖某某同学给了我很多信任，渐渐地他认真看我推荐给他的书，认真写他可以完成的作业。在课堂上需要电脑技术支持，肖某某同学也会是第一个主动帮助我的孩子。彼此的信任让艰辛的学习生活变得有趣、有情。

四、养育效果

在九年级5月份的第三次模考前，肖同学的作文水平已经达到中考作文备考中的同龄人均分水平。文章有层次，有逻辑，有详略，可具体展现细节。

营造出一个和谐的学习氛围、共同进步的氛围是老师提升学生语文学习力的必要的办法。与此同时，其他的同学也看到了肖某某同学的进步，很受鼓舞，懂得了老师是真心想帮助每一个孩子实现更高目标。在这样的氛围之下，学生的学习热情转化成了自己研究好的文章、自我寻求资源的自我提升学习能力的过程。

五、总结展望

肖某某在语文学习能力上的成功个案表明，学困生语文的学习能力需要老师正确认识，正确引导，巧设个性化任务，激发学习主动性，鼓励其合作探究中成长自己独特的个性和力量，在未来的学习之路上，让语文学习能力助力他们未来的成长。

一生一案式教学提高偏科生语文成绩

王璐

2022年9月,我中途接任九年级两个班级的语文教学工作,两个班综合成绩都居前,唯一不足的是班内有个别偏科生,利用一生一案式教学方式来提高偏科学生的语文成绩,收到了明显效果。在此想通过个案研究的形式,把这块"砖"抛出来,希望能引起深入研究。

一、理论依据

"一生一案"评定是新的评价方法,属于质性评价范围,是学校、教师、学生和家长共同参与的交互活动,促进每一个学生的自主发展。"一生一案"给每个学生提供创造、表现、欣赏成功的机会。它立足于面向全体,因材施教,每个学生都可以通过观察、审视自己的成果,促使学生自身发展,张扬个性。促进学生的全面发展。"一生一案"不仅关注学业成绩,更关注创新精神和实践能力。它采用过程性评价、阐述性评价、发展性评价以及自我评价等方式,可以全面了解学生的学习、生活动态,激励学生的学习热情,促进学生多方面潜能,促进学生全面持续发展。

二、个案现状及分析

我班的文某某同学是一位学习认真努力的男孩子,他勤思考爱学习,总成绩在班级前五,但是语文科目是他的短板。九年级初期,刚接触这位同学的时候,发现他的书写潦草、不规范。他的汉语拼音学得也很差。以拼音为主的写汉字题,几乎次次零分,词语辨析题更是错得离谱。此外,他的作文,语言贫乏、空洞无物。但值得庆幸的是堂烨同学上课很努力听讲,他的学习态度并不逊色于好学生。

三、实施一生一案式教学

文某某同学的语文基础知识薄弱,但他有很强的主观愿望。鉴于文某某的这种积极的学习态度,我采用以下几步来帮助他学习语文。

（一）找"病根"

我对文某某同学的语文科目问题进行诊断,从基础知识薄弱、阅读写作能力欠缺、学科学习方法缺失、心理原因四个方面进行诊断,即学习基础、能力原因、心理原因三个角度,优先列出主要问题进行攻克。

（二）立"目标"

初三语文学习强度加大,进度加快,文某某开始有些不适应,成绩出现了明显下滑。因此,我为他制定了十分简单的目标:不掉队。即在语文基础知识方面不落后于同学,同学们背到哪首诗,他也要在周末追上。在阅读、写作方面每天一个小积累,周末一个大积累,凡积累要有自己的批注与见解,努力赶超同学,语文总体水平保持在全班中等。

（三）做"记录"

做好跟踪记录,每天一查,每周一测,每月一分析,尤其每月模考要做好失分考点及对应失分原因还有本月改进措施。每天一查主要查写作积累与批注,每周一测主要测基础,每月一分析做好跟踪记录,及时调整薄弱的知识点。我及时监督与指导,找到他的"最佳发展区",让他跟踪记录他的努力,我制定一个努力评定标准,用评估激发动力。

（四）教"方法"

教会提升基础的方法,跟着老师的一轮、二轮复习,踏踏实实在理解的基础上背诵,在背诵的基础上迁移运用。

教会阅读方法,让其在每日素材积累中学会阅读、学会批注。在平时的阅读教学中,我常常运用"solo分层理论"的思维,教学生全面而深刻地思考问题。在跟踪记录中,精准诊断学生所在思维层级,并给出相应学习策略。文某某的思维层级最初是单点结构,通过每日积累与批注,他从中学会了全面梳理故事情节,会用思维导图的方式总结,并且能将关键信息与要解答的题目相关联作答。在后期的区模考中文某某同学,也已从多点结构向关联结构发展。

教会写作方法,每次的写作面批面改,从审题、立意、选材、结构、语言方面专门指导,助其提分。

（五）细"评价"

每日的素材积累一定要坚持。我时常鼓励他多读多写。运用精细化评价,例如写作中的评价量表,帮助孩子进入全面深度学习。激励性评价要及时有效,帮助孩子形成好的书写习惯、听课习惯、阅读习惯。初三一年来,他养成了积累并批注的好习惯。每周作文面批面改中鼓励他大胆抒发感想、描绘人生。他的作文《重拾希望》《外婆的厨房》《青春岁月我与希望相遇》曾受到过许多语文老师的好评:在不断地阅读与写作中,他对语文兴趣越来越浓,语文成绩也稳步上升。

四、结果与讨论

文某某在2023年5月的中考考前模拟考试中,语文考了101分的高分,名列全班第十名。他语文能取得这样好的成绩,得益于一生一案式教学的作用。

帮孩子一起找到"病根儿",精准施策,确立切实可行的目标,通过过程性的激励,"打着灯笼找优点"树立学生学习语文的信心,做好跟踪记录,巧妙运用方法,通过精细化评价,落实好细节,让学生体验成功的机会,从而变压力为动力,直至帮学生一起攻破"堡垒"。用心接纳每一个孩子,不管他是聪明、驽钝、整洁、邋遢、乖巧或淘气,他都是一个真真实实的个体,需要被接纳,也唯有老师用心接纳,孩子才能把上课当成一种享受,而乐意学习。

五、结论

文某某在语文学习上的成功个案表明,即使是毕业班的偏科学生,只要我们用爱心接纳他们,积极正确引导他们,善于发现他们的优点,帮他们树立起信心,提升解决问题的能力,努力地发挥他们学习的主体性,善于发现他们的进步,鼓励其独立探索学习,默默关注,等到确实需要帮助时,及时伸出援手,给予相应的方法指导,分享他们成功的喜悦,那么提高毕业班偏科生的语文学习成绩也是能够实现的。

运用情境创设法提升初中生语文学习力

吴雯玉

一、理论依据

情境创设法,也叫创设情境教学法。所谓情境创设法,即在教学实践中充分运用形象思维,创设具体生动的场景,以激发学生的学习兴趣,引导学生从整体上理解和运用语言的一种方式。

二、个案现状及分析

深圳市福永中学八年级2班王某某同学在小学时语文成绩尚可,学习能力较强。但进入初中后,由于初中的阅读、作文难度增加,导致其语文学习兴趣减退,对阅读尤其是名著阅读的把握较差,产生了不愿意接触名著、不能完整阅读名著等问题。因此,在七年级下学期期末考试中表现不佳,仅获得79分。八年级由我接任2班语文教学工作以后,我发现该生表达能力强,思维活跃。因此决定使用情境创设法提升其语文兴趣,以达到提升其语文学习力的目的。

三、实施情况

(一)创设表演情境,提升兴趣与阐释力

初中阶段名著篇幅变长、思想更深刻,有一大部分学生容易产生畏难情绪,王某某同学即是其中的代表,如何提升学生的阅读兴趣是关键问题。因此,我借助活动,让学生在表演中体会情境,领悟名著的趣味。

我鼓励学生将名著改编成话剧,在班级演出。王某某同学即在我的推举下,成为《简·爱》中"盖茨海德府"一幕的导演,兼任表哥约翰的扮演者。为了能够演好该剧目,王某某同学开始钻研《简·爱》,并在我的要求下完成"约翰"的人物分析。而后,在学校读书节活动中,我又推举王某某同学担任"沼泽居"一幕的导演,并饰演更为重要、更为复杂的角色——"圣约翰"。在此过程中,王某某已经将整本《简·爱》阅读完毕,并在不断地排练过程中,深刻理解了圣约翰与简·爱的冲突及冲突的缘由。

通过创设表演情境,该生的阅读兴趣已经得到了激发,在读完整本《简·爱》之后,王某某同学已经可以克服名著阅读的畏难情绪,不再对篇幅长且内容深刻的作品感到恐惧。而改编与表演也是对文本进行再解读的过程,在反复揣摩人物的基础上加深对人物形象的理解,并以人物为出发点,实现对文本内容的阐释。

(二)创设比赛情境,提高品鉴力

初中阶段名著内涵更为丰富、深刻,不易读懂,需要借助一定的技巧提升学生的品鉴力。我以深圳市宝安区初中生读书小论文比赛作为抓手,鼓励学生积极参赛,完成小论文创作。

王某某同学是参赛者之一,在课堂头脑风暴之后,王某某决定将《简·爱》的环境描写作为自己的研究品鉴对象。借此机会,我向其推荐了一部分有关环境描写的论文。在阅读了相关论文之后,他将简·爱的环境描写分成自然环境描写与社会环境描写两个部分,从环境的烘托中看简·爱的形象,并将小论文命名为《乌烟中生长的铿锵玫瑰——论〈简·爱〉中的环境描写》。经过由校到区的角逐,最终获得宝安区八年级组三等奖。

在这次比赛情境中,该生以语言作为抓手,探究人物形象以及作品的思想内涵,其品鉴力得到了有效提升。

(三)创设辩论情境,提高批判力

通过以上两个阶段的努力,学生已经对文本内容有了基本的掌握,也对文本有了自己的品读品鉴。我们需要一个情境来提升学生的批判能力,以辩证批判的视角看待文本所体现出的内涵,不仅要看到作品的闪光点,还要明晰其时代的局限性。

因此,我在课堂创设了辩论情境,让学生就"简·爱应不应该嫁给罗切斯特成为家庭主妇"这个辩题开展辩论。王某某同学作为正方的一辩负责立论陈词,他提出三个论点:第一,简·爱嫁给罗切斯特是嫁给了爱情;第二,简·爱与罗切斯特双方是平等的关系,而非传统理解中家庭主妇依附于丈夫生存的关系;第三,不应该脱离时代来批判简·爱的选择,在当时社会简·爱已经超越了大部分女性,是女性作品画廊里独树一帜的存在。

在辩论情境之下,学生对作品的认知不再是非黑即白的单一化理解,而是能够结合时代背景,以辩证的眼光去看待作者寄寓在作品中的思想,而且能够带着批判性的眼光选择与汲取。

四、结果与讨论

经过一系列的情境创设之后,王某某同学对名著阅读的把控有了很大的进步,由最初的不愿意读到后来能够独立阐释、品鉴、批判名著。此外,王某某还将其在名著阅读上习得的经验迁移到其他的阅读中去,在语文测验中的现代文阅读板块的得分率也有了很大幅度的上升。在八年级下册期中测验中,王某某的成绩已经提升到了95.5分,而这一成绩大大受益于情境创设法。

比成绩的提升更引人注目的应当是学生个人的能力的成长,直观来看,学生已经从不愿意接触名著，到能够改编作品、完成读书小论文、准备辩论赛，在这一过程中，王某某同学的阐释力、品鉴力、批判力都得到了提升，并且其从口到手的表达能力也有了一定的进步。

五、结论

在实际教学中，我们应当有针对地利用情境创设教学法提升学生语文学习积极性与学习力，通过情境创设的方式，丰富教学的内容与形式，激发学生的学习兴趣，拓宽其认知视野，并最终提升其学习力。情境的设置应当具有真实性，贴合现实，符合初中生的认知水平，可以以现实的各种活动为依托，方能更好地提升学生的各项能力。

运用支架式教学提升学生建构力

徐静

2022年1月至2023年7月,我在海旺学校七年级3班进行了"运用支架式教学法提升学生语文学习力"的实践研究,收到了一定的成果。按照石修银教授《基于能力观的语文学习力:释解与发展策略》一文中的观点,语文学习力主要包括阐释力、批判力、品鉴力、建构力,在此分享的是建构力的个案研究,把经验分享出来,希望能引起更深入的研究。

一、理论依据

支架式教学指的是教师在教学时应该为学生提供一种有利于有效理解知识的"支架",并借助于"支架"进一步使学生深层次理解教学内容的教学模式。这种教学法强调以学生为主体,以学生自身的知识水平为基础,以提升学生的可迁移的学习力为目标。

二、个案现状及分析

研究个案的语文成绩分析:我班的赵同学,七年级入学成绩是84分(满分为120分),语文成绩居于中等偏下,文言文主旨理解题丢分严重。

研究个案的语文建构力分析:按照石修银教授《基于能力观的语文学习力:释解与发展策略》的观点,建构力主要体现在以下两个方面:一是体现迁移的灵活力,构建自己的话语形式;二是形成自己的知识网络,形成属于自己的思想或概念。赵同学建构力的现状是:(1)读完一本书或一篇文章后,不能领悟出阅读方法,更不具备通过学习一篇文章后能读懂这一类书或这一类文章的能力;(2)不会对所学知识进行梳理,并形成自己的知识网络。学习的建构力,诠释了关键能力的内涵,"不仅包括学生已经获得的能力,还包括在未来获取新知识、构建新的知识体系的学习能力",是学习中最主要、最能体现学习力的一环。

三、跟踪情况

赵同学的语文建构力比较薄弱,但自身有一定的阅读及写作能力。下面结合具体的教学实例,谈谈如何运用支架式教学,提升赵同学的语文建构力。

(一)了解学生现有的知识水平及能力薄弱点

以《爱莲说》的学习为例,在正式教学前,我设计了一份"学前诊断学习单",通过这份学习单,诊断出赵同学的现有知识水平及能力薄弱点。通过诊断,发现赵同学已有一定的文言知识积累,能借助工具书和注释初步读懂课文大意。赵同学学习的困难点是她不知道作者对莲的外在的描写和赞美其实就是对君子品性的赞美,即使感觉到莲的外在对应着君子品性,也不知道应怎样准确地理解君子的品性。赵同学因为没有掌握"托物言志"文章的阅读方法,造成了阅读上的障碍。

(二)依据文本内容和学生疑难处设计促进学生理解文本的学习支架

《爱莲说》一文,作者借"莲"表达自己的人生志趣,是篇托物言志美文。依据这篇文章的"篇性"和该生的困难点,确定了赵同学需要学习的内容——学习托物言志散文的阅读方法,为此设计了以下学习支架:

为解决赵同学的学习难点,必须借助支架构建起该生学习托物言志文言的一般阅读图式,具体的学习支架是这样设计的:

托物言志文言的阅读方法:认识事物特征(即关注:所托之物的外形特征、生存环境);理解物的外形特征与人的精神特征相似、相关、相通的地方;读出作者寄托的志向、情趣、思想。

学生先学习托物言志文言的阅读方法,然后依据所学,研读课文,完成下列表格。

《爱莲说》之"莲"分析示例

莲	莲的特点	君子品格
出淤泥而不染	不会被污浊环境浸染	
濯清涟而不妖		
中通外直,不蔓不枝		
香远益清		
亭亭净植		
可远观而不可亵玩焉		

通过这个环节的学习,赵同学学会了托物言志文言的一般阅读方法,建构了托物言志文言的一般阅读图式。接着,我又出示了周敦颐的助读资料,在知人论世中,教会赵同学体悟作者情志。

(三)通过对所学内容的归纳总结,形成可迁移的阅读能力

只学习,不归纳总结,不会对所学知识进行梳理,就不能形成自己的知识网络,也很难形成可迁移的阅读能力。在学习了上述内容后,我又让赵同学,回顾阅读经验,梳理阅读思维。这样做的目的是对所学知识进行梳理,形成自己的知识网络。学习了本文,又

布置了相应的课后作业:结合《爱莲说》一文,为学校公众号写一篇"托物言志"文言阅读方法的指导文章。赵同学在实践运用后,建构起了托物言志散文的阅读方法,同时在迁移运用中加深了对知识的理解。

四、养育效果

读完一篇文章后,学生如果能够自主阅读同类作品,这就叫有学习力。在教学中,我们要追求这种"变个为类"的能力。显然,经过学习,赵同学掌握了"托物言志"类文章的阅读方法,并能运用这种方法读懂同类的文章;同时还对所学知识进行梳理,形成了自己的知识网络,获得了可迁移的阅读能力。

五、总结展望

这样的教学真正做到了"教而有法,学而得法",赵同学在建构力方面的提升和收获,表明运用支架式教学能较好地提升学生的建构力。运用支架式教学法,要注意以下几点:支架的设计要基于学生的学情,能力的建构要基于学生已有的知识和能力为起点;支架的设计要注意对学生思维的引导;要通过知识建构的方式学习新的知识和方法;学生是学习的主体。只要正确地运用支架式教学,学生一定可以建构新知识,提升学习力。

整合阅读养育语文学困生阅读建构力

杨天宇

阅读能力是学生在中学阶段一个重要的语文学习能力,占据了老师教学大量时间和学生考试的大部分比例。然而学生在接受了那么多训练,听老师讲了那么多阅读的"答题套路"后,当阅读题型发生变化时,或者遇到不熟悉的题材的文章,回答效果很不理想,并不能对文章的含义真正读懂。其中的原因就是,学生只掌握了静态的文体、语言知识,还有老师提供的"答题套路",但欠缺的是阅读的策略、方法以及流程,本质上是一种"建构性知识"。学生语文阅读建构力的形成,需要教师系统地培育,从而来提高学生的语文核心素养。笔者在教学七年级学生时,以养育学生为方式,通过整合阅读来帮助学生形成阅读建构力。

本文以福田区外国语学校(香蜜校区)七年级两个班级的语文学困生为研究跟踪对象,在2022—2023学年的阶段性检测和考试中检测学生"建构力"的"养育"情况。

一、理论依据

石修银在《基于能力观的语文学习力:释解与发展策略》中提到学习力包含四种,即阐释力、品鉴力、批判力、建构力。此外,他还提到,语文学习的建构力,一是体现迁移的灵活力,构建自己的话语形式;二是形成自己的知识网络,形成属于自己的思想或概念;三是形成阅读思想力。

黄伟教授在《略论语文建构性课程知识》提到,从阅读主体的角度说,阅读教学就是要通过阅读来提升学生的阅读素养,进而培养学生的语文素养并丰富其精神世界;从阅读对象来说,阅读教学就是要利用好课文这一资源并拓展其他阅读课程资源,让学生具有开阔的阅读视野;从阅读情境来说,阅读教学就是要创设适于阅读、有效阅读的课堂环境,包括构建愉悦的师生阅读共同体,营造良好的阅读文化与氛围,等等。

关注阅读的主体,就是真正认识到是学生在阅读,是学生需要阅读,那就意味着不能以教师的解读代替学生的阅读,教师只是将结论告诉学生,这不是阅读教学。关于阅读的对象,就是要真正认识到文本的重要地位,而不是将文本肢解为各种知识点、答题点。关于阅读的情境,就是要有良好的阅读导向,发挥同伴协作的功能,营造良好的阅读氛围。

二、个案现状及分析

笔者在2022—2023学年度执教的两个班级语文水平不一。A班在年级排名第二位,学生整体基础较好,平均分在86—89分,有两位语文学困生,语文成绩考试每次都在50分左右(满分120分)。B班级在年级排名倒数一二名,学生整体基础一般,平均分在82—87分,语文学困生在5名左右(低于60分)。在研究学生入学考试的小题分时发现,学生在阅读和写作方面丢分较多。在教学时,就侧重给学生的读写方面提供培养训练方案。通过拓展主题阅读,训练学生批注阅读方法、坚持小练笔与主题作文训练等方式,增强学生读写能力。

在监测学生的进退情况上,笔者主要依据学生平时作业表现和考试情况反馈两方面。阅读作业主要有阅读批注练习本、教辅材料《阅读真题训练》(历年各地中考阅读真题和名家文章)。课代表帮助登记作业完成情况和等级。语文作业上交情况来看,A班从上学期平均上交作业量为90%提高到下学期100%(连续两个月以上)。B班从上学期平均上交作业量为82%提高到88%左右。从语文作业的质量来看,学生在阅读练习中答题越来越规范,所写内容和认真程度均有提高,学生的批注式阅读也有了显著提升。从考试情况来看,笔者两个班级在七年级下学期期末全区(福田区)统考中,均取得进步。A班平均分为92.5分,B班平均分为88分。A班两名学困生的成绩为61分和72分,其中一名同学比之前进步了整整20分。B班几名学困生成绩也进步显著,其中一名同学由之前的40分左右进步到72分。只有一名同学考试分数低于50分(42分)。

自笔者实施整合阅读以来,从课堂效果来看,学生语文学习兴趣增加,阅读兴趣和习惯都有所提高,语文课堂明显主动发言、认真听讲的人数变多。可以从师生的互动中,发现很多学生具有建构力的见解和观点。

三、实施整合阅读教学的情况

语文能力的提高离不开读写能力的提升,在这里笔者仅就实施语文整合阅读的情况做详细的汇报,虽然作文教学方面也有一些具体措施,但本篇研究对作文方面不作赘述。

(一)教读引领课"1+X"文本整合

笔者所在的初一年级给学生统一订了丛书,以教材内的教读篇目为依托,进行"1+X"文本整合("1"即教材中的教读课文,"X"即丛书中的若干篇文章),发挥经典文本的"定篇""例文"作用,教师主导,重在教方法,引导学生把在"1"中学到的阅读策略迁移到丛书文章中的学习。让学生能够举一反三。

例如,在七年级上学期学完《秋天的怀念》之后,学生对写亲情主题的回忆性散文有了初步概念,在读这类散文时,我教会学生关注回忆性散文中的"两个我",抓住回忆情景中的细节描写,在把握"我"的情感变化的基础上理解文章主旨。学生在读类似的回忆性散文中,也可以从把握今昔之"我"的情感变化中解读文本,如《合欢树》,甚至在读七年级上册必读名著《朝花夕拾》中,也可以采用这种方法,解读"大鲁迅"和"小鲁迅"的情感变化。学生的阅读面在扩充,同时阅读能力也在训练中提高。

(二)组文阅读提高自主阅读能力

组文阅读是选取与教读课文内容相近、主题相关的一组文本(可以是教材中的自读课文和丛书中的文章组文,也可以将丛书中的若干篇文章组文)。

例如,在七年级下学期第五单元"托物言志"大单元,学生在课内学习完《紫藤萝瀑布》之后,有了初步感知,但仅凭教材上的这一篇是远远不够的,托物言志作为七年级下册的重要知识点,有必要做组文阅读提高学生的读写能力。笔者选取了《丁香结》《好一朵木槿花》《牡丹的拒绝》等几篇文章,让学生利用阅读课和下课时间进行自读,让学生把在课堂上学习的分析托物言志散文的能力迁移到其他文章中,并写下分享自己的收获。再在小练笔中运用托物言志的手法写出自己心目中的花草树木。这样的训练使学生建构能力提升,学以致用。

(三)用好批注提升建构力

阅读批注如果仅仅是传统地抄抄写写,没有学生的思考和再加工,即便是做再多的读书笔记或者批注,对阅读能力的提高都是存有疑问的。笔者在开学之初就教给学生一些批注方法,每周布置一次阅读批注的作业。

阅读批注的第一步,是教会学生"观结构,知文义"。文章的题目、开头、结尾、中间起承转合等重要作用的段落都需要在阅读之初有初步认知,观察完后对文章内容做一个大致推测、总结,久而久之学生的概括提炼能力就会提升,对文章脉络的把握就会清晰,这也有助于建构学生读写能力。其次,在关键处批注,字词句段,不限制内容,但要求学生从这几个维度对文章的亮点仔细琢磨。最后,在结尾处进行"联想式尾批"。要求学生能从文章内容的任何一个角度展开联想,结合自己的生活实际,写下自己能想到的事件。

阅读批注不是机械化无意义的体力劳动,更应该是学生这一读者与文本作者建立联系,学生与学生的作品互评碰撞出思维火花的有意义的事情。阅读不在多而在精,批注不贪多而求法。笔者在坚持一段时间后,发现学生体现在考试中的阅读习惯会规范很多,而且在读书的过程中也更乐于思考提出自己的见解,这也是学生建构力养育的体验。

(四)创设情境,学以致用

任何语文活动离不开有意义的情境,让学生能够学以致用,学到的东西才有意义。王荣生教授说阅读教学要"唤醒、补充学生的阅读经验",主要也是这些方面的经验。例如阅读《一滴水经过丽江》,有过丽江旅游经历的学生,或者丽江本地的学生,肯定对这篇文章会有更深的理解;没有过这方面经验的学生,教师就要善于去补充这方面的间接经验。

此外,笔者也会不定期在班级召开阅读分享会,在报告厅召开年级学生读书展示会,包括朗诵会、演讲比赛等。

四、结果与讨论

语文学习力的培养和提升,不仅表现在成绩方面,在学生阅读写作方面,在表达交际方面,都会有提高。运用上述方面养育初中生语文建构力方面,除了有学生成绩方面的进步,尤其是学困生初始分数低,进步潜力大,收到了较为明显的效果之外。学生学习语文的兴趣增加,语文作业上交情况和完成情况都有显著进步。

值得一提的是,语文学习力的提升对于学生口头表达与交流的自信程度的帮助也是显而易见的。学生阅读量比以前增加,阅读的深度和广度有提升,加上参与了各种各样的语文活动,他们在他人面前的交流表达自信心增加。其中那个成绩由原来50分进步到70多分的学生,更是自信大方地在全班面前分享自己进步的心路历程,还被同学们一致推举,当选为"进步学生"荣誉。

语文学习力的养成,是当下提倡语文核心素养的要求,也是我们语文教学中需要提供给学生的重要内容。在今后的语文教学中,我会结合具体学情,真正把培养学生良好的语文学习习惯和提升语文素养作为教学工作的重中之重。

"养育"古诗词学习兴趣，培养诗歌鉴赏力

张伟东

2022年3月，我走进了九年级6班，接触到了毛同学，也和他一起带动着全班同学开启了一段古诗词学习的快乐之旅。

一、理论依据

"养育语文"特别重视学生语文学习兴趣、习惯的养成和探索实效的学习方式，最终达成核心素养的提升。既重视教师的"教法"，又重视学生的"学法"。中华民族古诗词文化博大精深，养育初中生古诗词学习兴趣，培养诗歌鉴赏能力，是我们每一位语文教师的责任。金星闪老师说："培养学生语文自学的兴趣、习惯和能力，进行情操的自我陶冶，人格的培育，是语文教师努力的方向。"

二、个案现状分析

九年级6班领军人物就是班长毛同学。他的数学思维能力很强，数学解题能力也是年级佼佼者，加之原班主任是数学老师，班级出现了严重的"重理轻文"现象。学生们课间最大的乐趣就是聚在一起解数学题，并以此为荣耀。我主动找毛同学交流，他对于语文的认知就是"写写背背"即可获得高分，尤其是古诗词的学习。他说："初中阶段的古诗词文言文，我都能精准背诵，没什么好学的了……"我要打开这扇门，让他在语文的世界里找到同样的快乐，并以他为点带动全班寻找学习语文的快乐，养育学生们的语文兴趣。我决定从毛某所说的古诗词学习入手，让他认识到古诗词学习不止于"背背写写"。

三、教与学的引导，养育过程

毛某的学习能力很强，基础知识也很扎实，但仅表现于考场语文试卷的答题。鉴于此我从巧抓意象把握情感、品析意境体悟美感角度开始和他一起的学习。

(一)巧抓意象，把握情感

古诗词中作者通常借助意象来抒发情感。诗文中一般不止一个意象，将多个意象连

接在一起就形成了意境。引导学生找出诗文中的意象,感悟意境便可以进一步明晰作者写作意图,明确所要表达的情感。

我约毛同学一起品析马致远的《天净沙•秋思》。以意象为切入点,文中提到了"枯藤""老树""昏鸦""小桥""流水""古道""西风""瘦马""夕阳"等意象。这些意象中悲意象为主,喜意象为辅。全篇则是勾勒孤寂悲凉的意境,处于悲寂氛围之中,呈现出漂泊天涯的游子他乡思家之情。他还号召同学们举办了一场《天净沙•秋思》意象画展,更激发了学生们学习古诗词的兴趣。

激发兴趣后,请他带领同学们归纳所学古诗词意象,把意象分类。班级六个小组都有展示成果。第二小组整理"月亮"意象,共整理出16首诗词中22句运用"月亮"意象的诗句。还归纳出:表达对亲友的思念类,苏轼笔下的"但愿人长久,千里共婵娟";对友人劝勉之意类,李白的"我寄愁心与明月,随风直到夜郎西"……还有一些意象,如笛、笙、箫等,这些意象的运用使情感显得更加哀怨,更能突出离别之难、思乡之苦。

(二)品析意境,体悟美感

在激发起毛同学对古诗词的学习兴趣后,继续引导他通过对古诗词的反复诵读,体会古诗词所特有的意境之美。

1.对诗歌中的经典词句进行耐心揣摩。

九年级下册语文教材中唐代诗人岑参的《白雪歌送武判官归京》,诗中对边塞特有风光的描写,诗人送别友人时的难舍之情,都让毛某特别感兴趣。

晨读时,毛某抓住诗中经典词句带领同学们赏析:"忽如一夜春风来,千树万树梨花开"。以梨花比喻雪花,构思巧妙,独特新颖。"忽如"用得精妙,既写出"胡天"多变雪急,又形象地写出了诗人惊奇之意。第五组同学展示"瀚海阑干百丈冰,愁云惨淡万里凝"这两句用了夸张的修辞手法,将边塞雪景展示得大气恢宏,也为友人回京设置了艰难的环境,前行路上必定充满艰难险阻。对友人离别的难舍之情,对友人的不舍之意,展现得淋漓尽致。学生们已经从"引领学古诗"进入"自主学古诗"阶段,每个人洋溢着学习古诗词的快乐。

2.创设古诗词学习的特定情境。

毛某在诗词赏析课上,由"滚滚长江东逝水"引入,给同学们营造一种历史沧桑之感,对张养浩的《山坡羊•潼关怀古》怀古情感进行解析,深得师生们好评。他搜集了大量的"古潼关地形图"图片,以导游解说方式向我们介绍潼关的地形地貌;播放了历史上多次争夺"潼关战事"的典型视频,让我们身临其境认识到潼关的战略重要地位;他还运用地理、历史学科所学知识,制作了潼关战略地图,作者的情感、诗词主题,在特定的情境下更清晰。在他的带领下,每一次的诗词赏析课都形式多样,为诗词创设的情境也新颖各异,学生们自主学习古诗词的方法也在不断升格。

四、养育效果

毛同学带动班级同学开展各种各样的古诗词学习:晨读设定为"多种多样,训练朗读"，有诗意型朗读、咀嚼型品读、艺术型演读；每周古诗词社团课开展"知人论世"多元化理解诗词的发展史；每月开展一次古诗词主题活动"飞花令""诗词大赛"……

九(6)班的孩子们从心底爱上了古诗词。自主学习诗词、鉴赏诗词、学写诗词，养得快乐，育得成长。

毛同学虽为个例，但学生们对古诗词的认知并非个案。中华经典诗词是我们民族的瑰宝，"传承与发扬"是吾辈之责任。"养育"学生古诗词学习兴趣，培养诗歌鉴赏能力，更是我们长久之使命。

"养育"初中生语文学习力再探

肖友琴

2021年以来,我有幸参与金星闪教授主持的"'养育'初中生语文学习力的实践研究"课题组。利用"养育"语文的理念,来提升学生的语文学习力,从而提升学生的语文成绩,收到了明显的效果。在此,抛砖引玉,希望能引起更深入的研究。

一、理论依据

养育语文,就是通过养成培育来提高学生的语文核心素养。"养"是养成,实际上侧重于培养学生学习语文的兴趣、学习语文的习惯,更多地是侧重于学生的一种自我的培养、自我的教育;"育"是侧重于培育,更多地侧重于老师的引导、教化、讲解、训练,最终达到自我成长的目标,为其终身发展服务。

"养育语文"特别重视学生语文学习兴趣、习惯的养成和探索实效的学习方式,最终达成核心素养的提升。既重视教师的"教法",又重视学生的"学法"。这符合事物矛盾中内外因辩证关系原理以及事物发展的主要矛盾和次要矛盾的原理。学生的兴趣、习惯的养成,实效学习方式是内因,对学生语文核心素养提升起决定作用。而教师教学方式的探索等是外因,通过养成学生语文兴趣、习惯,最终对提升学生核心素养发挥作用。

二、现状分析

我班的刘某某同学原本语文学习成绩一般,平时其实还比较认真,但是学习方法不得要领,没有养成良好的语文学习习惯。所以尽管比较努力,成绩却难以提升,常受到一些同学的嘲讽:"那么努力,成绩还不是这样,不要那么卷了……"

就这样,孩子学得吃力,内心痛苦,家长也很焦虑。但庆幸的是孩子内心还是比较强大,没有放弃,在老师和家长的共同鼓励之下,坚持努力。

三、"养育"跟踪情况

(一)问卷调查,了解学情

孩子读书比较少,除了课本知识,课外阅读很少。进入我校初中后,各学科抓得紧,大部分时间都在忙于完成各科作业。周末有时候还要刷刷视频,只是手机上偶尔的零碎阅读。据了解,孩子不是没有兴趣,而是觉得没有时间阅读。

(二)树立语文学习目标

开学初,了解学情后,和孩子一起制定学习目标。孩子以往一般是 B,有时候能到 B+,他制定了 A+的目标,大考获得 A+有额外的书本奖励。

(三)利用"养育"语文学习清单

"养育语文"特别注重学生语文的学法研究,它借助清单,引导、推动学生自学,将方法融入清单项目之中,让学生"学而有据,学而有法,学而有得"。具体包括现代文预习清单、文言文预习清单、缘点质疑清单、复习清单、平行读写勾连清单、整本书阅读粗读卡、整本书阅读精读卡、整本书阅读分享卡、"听说"能力等级评价清单、写作提纲清单、作文互评自评记录清单、作文评改升格清单。

因此我也特别重视预习,即用5211法。这样的清单,让学生在自学时明确该看什么,该学什么,该思考什么,该记录什么,自学文本有了可操作的依靠。经常使用,便养成良好的预习习惯,不知不觉地提高了预习能力,也就提高了自学能力。一年下来,孩子的自学能力明显提升,不需要老师督促,很自觉地完成语文任务。

(四)师生共读品评

孩子明白了要获得好成绩,阅读写作是关键。针对没有时间阅读这个问题,我特批中午时间,这个孩子改成午读。但需要做批注和摘抄,定期交给我检查。

本学期阅读主推张亚凌老师的书。主要是下面6本书:《努力,只为不辜负自己》《味道》《草也有自己喜欢的模样》《有多深爱就有多美好》《为你摇响一串风铃》《张亚凌散文精选》。张亚凌老师是陕西渭南作家,也是一位初中语文教师。偶然机遇了解了她及她的作品,我觉得特别适合孩子们阅读。我一下子买了她的全套书,并且有她的亲笔签名,感觉像追星似的。孩子们也被我的热情感染,纷纷购买阅读,或者借阅。刘某某同学还托我购买亲笔签名书作为生日礼物送给朋友和家人。一时间,班上掀起一股"亚凌热"。我平时也有意识地分享张亚凌老师的一些文章和一些写作感言。

阅读课上,我有意识地引导大家品读文章,给出例子示范。如张亚凌解读自己的文章,例如《记忆的温度》《爱到无力》。

张亚凌老师曾说:"好的叙事不是单纯地叙事,好的叙事里面有很多东西,它值得你去品,你不断地解读它,就能不断地解读出新的内容,只要你有耐心,慢慢地品,慢慢地读,就总能读出新的东西,这就是好的叙事。"我们就这样慢慢地读,慢慢地品。

(五)师生共写"简书"

寒假期间,刘某某同学知道我在"简书"上写一些小随笔,小感悟。他竟然主动要求跟我一起,挑战日更,每天不少于200字。有时候我们互相提醒鼓励。就这样竟然坚持了一个寒假40多天。

我鼓励他多观察生活,写一些小品文,主要训练思维。留心观察并用心体味,成为生活的美学家。一开始孩子还是有点痛苦,觉得不可思议,生活中哪有那么多美好呢,不好的也要写成好的吗? 这就不真实了啊。

我耐心地讲解,生活的真实与写作的真实是不同的。更多的时候,是用生活中的例子引导,发现美,感受美。张亚凌老师说:"生活与文学的关系:多想那一点,它就是文学,不想就是生活。"生活就是简单地看见,表述出来就可以写作,看见了,还要融入思想,有饱满的感情,甚至对未来的想法。

生活和人生的态度:不管发生任何事情,不管大小,都要学会以最好的姿态去面对,把一地鸡毛做成很精致的鸡毛掸子,这是在生活中打磨出来的一种能力。写作,最重要不是在于技巧,而是在于写作者的心声。

在阅读熏染下,在观察生活,融入思考中,渐渐地他的写作有了变化。当很多同学还是听到要写作就叫苦连天的时候,刘某某同学却主动要求老师布置一些作文给他练笔。

四、养育效果

经过一学年的坚持和努力,孩子在八年级第二学期全区统考中语文获得A+。他表示希望老师下学期还能继续教他,并计划这个暑假得继续挑战日更。

五、总结展望

刘某某在语文学习上的成功个案表明,方法得当,培养学生学习力很重要。像刘某某这样的孩子肯定还有不少,需要老师的引领和帮助,需要"养育"。语文急不来,踏踏实实落实才是正道。

第五编

养育语文"一周一交流"实录精选

2022.10.14"一周一交流"实录

主讲人:张明

主持人:徐静

主题:以《背影》和《藤野先生》为例,探讨记叙性散文中的选点阅读

深圳市宝安区海旺学校徐静 19:59:55 8点了,我们开始吧,欢迎今晚主讲人张明老师。

金星闪 20:00:24 签到。欢迎张主任登场。

宝安区为明双语学校王璐 20:00:59 欢迎张主任!

深圳宝安海旺学校张明 20:01:09 大家好。

宝安区福永中学吴雯玉 20:01:14 签到。欢迎张明老师!

深圳宝安海旺学校张明 20:01:29 班主任登场!

深圳宝安海旺学校张明 20:02:17 近年来,在各种培训中了解了群文阅读,项目式学习,学习单教学,任务群,大单元设计,大概念教学,但遗憾的是,我到现在还没有吃透一个教学方式,熟练运用更谈不上。昨天观看了深圳市教科院的培训视频,觉得大单元设计有难处,干脆从落脚点小一点的群文对比阅读试试吧。于是,我想到了《背影》和《藤野先生》。

宝安区福永中学王雪兰 20:03:00 签到。欢迎张明老师。

深圳宝安海旺学校张明 20:03:14 这两篇经典课文都是记叙性散文,两文或主要写一件事,表现人物的一种品质;或写几件事,表现人物的几种品质。这两种写法是中学生常用的写作方法,因此对学生写作也有很好的示范作用。此外,《背影》和《藤野先生》都有鲜明的写作手法,两文都有的简洁厚实的铺垫,以及对比和精美的语言,掌握了这经典

的文章写法,对学生大有益处。

深圳宝安海旺学校张明 20:04:29 选点有很多,我一下子想不出哪些选点最合适,拿出几个大家看看。

深圳宝安海旺学校张明 20:06:20 第一种就是以叙事线索为选点,进行两篇课文的比较,在比较中感知文本。

深圳宝安海旺学校张明 20:08:18 目的也是让学生在写作中能够借助线索,合理连接,安排人、事、物等素材进行表情达意。

深圳宝安海旺学校张明 20:09:10 这是我设计的第二个选点

深圳市宝安区海旺学校徐静 20:09:33 从写的角度切入阅读教学,这样的角度可以有。

深圳宝安海旺学校张明 20:09:54 大家各抒己见,看看如何完善。

宝安区为明双语学校王璐 20:10:00 以叙事线索为选点清晰明了,有利于学生形成对文章认知的整体感。

深圳宝安海旺学校张明 20:11:25 但是,《藤野先生》的线索一明一暗,感觉不好对比。

深圳宝安海旺学校黄林建 20:12:35 语文阅读最终还是落到写作表达上。张老师以写的角度来教经典课文,很好!

宝安区为明双语学校王璐 20:13:20 设计也包含了材料选择的角度这个点。

福田区外国语学校(香蜜校区)杨天宇 20:16:02 记叙性的文章在初中都占有很大篇幅,每一册书中也都涉及了一些叙事散文,我们在教学时选点有什么具体的依据吗?兼顾单元人文主题,或许能打破单元间的壁垒。

福田区外国语学校(香蜜校区)杨天宇 20:17:18 感觉现在教文章也有时候抓不住重点了,目前的导向就是单元主题、写作目标等不知道怎样去发掘新的教学点去服务学生的读写。

深圳宝安海旺学校张明 20:19:03 在贴近核心素养、核心价值的地方选,具体到这两篇文章还需要挖掘。

深圳市宝安区海旺学校徐静 20:21:48 新的教学点其实不难发掘,难的是考学评一体的教学点的发掘。

深圳宝安海旺学校张明 20:23:02 比如,专门选写作手法进行对比如何,因为这两篇经典课文都有明显的可示范性。

深圳宝安海旺学校张明 20:25:34 @徐静 各方认识和谐一致,无缝链接也好难。

深圳宝安海旺学校张明 20:26:29 比如《背影》第一段,开篇点题,直抒胸臆。轻点一笔,开门见山。

深圳宝安海旺学校张明 20:27:26 第二段,顺势切入,描述家境。交代一笔,补充解释。第三段,再写家境,铺设基调。穿插一笔,酝酿情感。

深圳宝安海旺学校张明 20:27:51 第四段,同行南京,一写关爱。第五段,交代场景,二写关爱。简叙一笔,略写关爱。第六段,特写镜头,浓写关爱。巧折一笔,浓写关爱。第七段,别后思念,理解关爱。深化一笔,画龙点睛。

深圳宝安海旺学校张明 20:28:33《藤野先生》对比点如何设计为好呢?

深圳宝安海旺学校张明 20:35:44 就像刘小华教研员所说,从写什么,怎么写,为何写,结论等方面进行比较选点。

宝安区为明双语学校王璐 20:35:58 回忆对象,回忆者自身(叙事者)

深圳市宝安区海旺学校徐静 20:36:46 余映潮老师在教学《背影》一课时,提到本文的结构艺术:反复抒情,层层铺垫,段段勾连,着力详写,线索贯串,每段都在抒发情感。

深圳宝安海旺学校张明 20:38:06 @宝安区为明双语学校王璐 选这个点挺好。回忆对象,回忆者自身(叙事者)。

宝安区福永中学郭紫宁 20:38:35 我觉得线索教学就挺好的,藤野的双线以及背影的单线加深同学们对于线索的了解。

深圳宝安海旺学校张明 20:41:06 @深圳市宝安区海旺学校徐静 这个感觉高大上一点。

宝安区福永中学郭紫宁 20:41:16 我觉得线索教学就挺好的～藤野的双线以及背影的单线加深同学们对于线索的了解。

深圳宝安海旺学校张明 20:43:51 @宝安区福永中学郭紫宁 学习了。好想看到大家不假思考的语言。

深圳宝安海旺学校张明 20:46:47 最终,选点比较后得出,记叙性散文都是个体情怀的体现,都表现了自我的真实情感,大都通过赏析散文中所写的人、事、景,触摸作者的情思。

宝安区福永中学郭紫宁 20:47:18 语文所有的阅读课都可以是写作课。教学生仿写《背影》的时候,这个表格可以作为写作框架,很有指导性呀。

深圳宝安海旺学校张明 20:48:40 @宝安区福永中学郭紫宁 确实如此

金星闪 20:51:23《藤野先生》是一人多事的范本,《背影》是一人一事的范本。写人记事,这两篇是最好的范例。

宝安区为明双语学校王璐 20:51:47 提供了很好的写作支架。

深圳宝安海旺学校张明 20:53:13 有人这样促写:记忆中的_____(线索),所写的人:_____,所表达的情:_____。

深圳宝安海旺学校张明 20:54:54《藤野先生》是一人多事的范本,《背影》是一人一事的范本。写人记事,这两篇是最好的范例。感觉《背影》好模仿一点。

宝安区福永中学郭紫宁 20:55:38 新思路,让同学们写的情感性语言原来也可以形成线索。

深圳宝安海旺学校张明　20:58:05　看来大家倾向于"线索"这个选点。

金星闪　20:58:11　其实两篇都是写被感动、写难忘的人和事,都是写他人又是写自我。

深圳宝安海旺学校张明　20:58:46　谢谢大家鲜活的发言,我得到很大的启发!

金星闪　20:59:04　人物真实,事件典型。

深圳市宝安区海旺学校徐静　21:01:19　忙碌的教学之余,大家还能有这样的教研热情,真好。小步走,不停步。下周五见。

2022.12.30"一周一交流"实录

主讲人:党晓霞
主持人:张明
主题:艾青的"叛逆"

深圳宝安海旺学校张明 19:21:19 各位老师好! 今晚8:00在本群进行第12次线上交流,欢迎全国各地的专家、名师、一线教师多指导,多参与交流,请金星闪名师工作室全体成员积极参加研讨。

深圳宝安海旺学校张明 19:21:55 主讲人:党晓霞,2021年9月入职罗湖外语初中学校,担任语文老师兼班主任。虽是职场新人,但热情洋溢,充满活力。

深圳宝安海旺学校张明 19:58:31 欢迎党晓霞老师登台主讲。

罗外初中党晓霞 20:00:04 各位老师,大家晚上好! 今天非常荣幸能够在交流群里作分享发言,今晚分享的主题是"艾青的'叛逆'"。

深圳三高姜真真 20:00:21 签到,欢迎党老师。

罗外初中党晓霞 20:00:22 相比在线的各位老师,我还是一枚教学新兵蛋子,如有说得不正确的地方,还请大家多多批评指正,在这里先提前谢谢大家了!

金星闪 20:00:36 签到,欢迎党老师。

宝安区为明双语学校王璐 20:00:39 签到。欢迎党老师。

罗外初中党晓霞 20:00:54 首先,我想向各位前辈老师们分享一下"艾青的'叛逆'"这个主题的来源。这个主题和一本书相关,大家猜一下我会把这个主题和哪本书联系起来?

宝安区福永中学王雪兰 20:01:00 签到,欢迎党老师。

罗外初中党晓霞 20:01:35 《艾青诗选》这本书。

罗外初中党晓霞 20:02:50 《艾青诗选》是初中十二本必读名著之一,在刚刚教学时,我总有一种无从下手的感觉,不知道怎么引导学生才能让他们带着兴趣"走"到诗歌里面!

宝安区福永中学吴雯玉 20:03:08 签到,欢迎党老师。

罗外初中党晓霞 20:03:29 有一天,在教师相关培训课程中,专家老师讲到了鉴赏诗歌作品时,我们一线教师可以尝试用"知人论世"这个方法,我突然就想到了困扰我的《艾青诗选》名著导读教学设计。

罗外初中党晓霞 20:04:12 假设我从当时外在的社会历史文化环境的角度出发,联系《艾青诗选》中诗歌产生的背景和根源,再结合诗人艾青生平,按照这种思维来引导学生,他们是不是就更有兴趣读这本书了呢?

罗外初中党晓霞 20:05:18 在阅读了相关文献之后,我确定了第一个导读主题:"艾青的'叛逆'"。这里想请教各位老师,假设您围绕这个主题去解读,会从哪些角度入手呢?

罗外初中党晓霞 20:07:16 我主要从三个角度进行了思考:父母眼中的"叛逆"、政客眼中的"叛逆"、读者眼中的"叛逆"。

罗外初中党晓霞 20:08:41 一、父母眼中的"叛逆"。

罗外初中党晓霞 20:09:05 "为什么我的眼里常含泪水,因为我对这土地爱的深沉",每每读起这句诗的时候,我们总会为艾青这种对国家、对民族、对人民倾注的深情所感动。

罗外初中党晓霞 20:09:34 然而,这位情感丰沛的诗人,却对自己的亲生父母不管不顾,甚至在他们去世前最想见他的时候,也不如他们的愿。

深圳宝安海旺学校张明 20:10:04 可以说,叛逆和忧郁是艾青诗歌创作的动力。

罗外初中党晓霞 20:10:17 为什么一个热情似火的诗人却对自己的亲生父母如此绝情?

深圳宝安海旺学校张明 20:10:57 悬念,学生很想听,我也想听。

罗外初中党晓霞 20:11:37 这里我们来看看艾青的身世。

罗外初中党晓霞 20:11:47 @深圳宝安海旺学校张明 哈哈。

罗外初中党晓霞 20:11:57 艾青,原名蒋正涵,字养源,号海澄,1910年出生在浙江金华一个富裕的地主家庭。

罗外初中党晓霞 20:12:18 然而小艾青的到来,并没有给这个家庭带来欢乐。

罗外初中党晓霞 20:12:40 母亲生他时难产,差点儿丢掉性命。

罗外初中党晓霞 20:13:19 艾青父母将刚刚出生的艾青寄养到了乡下农妇家中,直至5岁时才把艾青接回来。

罗外初中党晓霞 20:13:48 回家之后,他的父母也只让艾青称呼他们为"叔叔""婶婶",而不是爹娘。

深圳宝安海旺学校张明 20:13:58 哦,为艾青的叛逆埋下了种子。

罗外初中党晓霞 20:14:19 在艾青的成名作《大堰河——我的保姆》中,有这样一句话:"我做了生我父母家里的新客了"

罗外初中党晓霞 20:14:54 王维诗云"独在异乡为异客",而艾青成为"父母家中的客",且为"新客",其中的酸楚不言而喻。

深圳宝安海旺学校张明 20:15:47 目前来说,叛逆多来自家里。

罗外初中党晓霞 20:16:30 @深圳宝安海旺学校张明 目前来说,叛逆多来自家里。是的,个人觉得家庭教育对他的影响很大。

罗外初中党晓霞 20:16:44 养母大堰河死去的时候,艾青并不在身边,后来艾青曾先后四次回到乡下,去大堰河的墓前祭奠,而他自己的亲生父母,艾青却一次也没有去过。

罗外初中党晓霞 20:17:19 在那个"孝道大于天"的时代,艾青做了父母眼中的"叛逆者"。亲生父母在做出将艾青送往乡下的决定后,大概也没有想到,他们今后会和孩子产生如此巨大的隔阂吧。

罗外初中党晓霞 20:17:53 这是第一个角度的解析。

罗外初中党晓霞 20:18:11 二、政客眼中的"叛逆"

深圳宝安海旺学校张明 20:18:14 艾青父母后来是不是很后悔呢?

罗外初中党晓霞 20:21:20 大概是有些遗憾吧,但觉得应该是隐隐约约的那种,那时候艾青的父母感觉不会研究教育学,没有明确指出来,可能就认识不到,或许发现不了,哈哈。

罗外初中党晓霞 20:21:40 在政客眼中,艾青是"叛逆者"。

罗外初中党晓霞 20:22:12 1932年,艾青从巴黎学成归国,在上海加入了中国左翼美术家联盟,开始从事革命文艺活动。

罗外初中党晓霞 20:22:28 后来艾青被以"共产党扰乱社会治安"的罪名拘捕,随后引渡给国民党政府。

罗外初中党晓霞 20:22:55 1932年8月,江苏省高等法院第三分院判处艾青有期徒刑六年。

罗外初中党晓霞 20:23:13 1933年,在狱中,他用"艾青"的笔名写下了长诗《大堰河——我的保姆》,自此职业画家的他变成了诗人。

罗外初中党晓霞 20:23:54 关于"艾青"笔名的由来,说法不一,但不论哪种,都指向"耻于与蒋介石同姓"这个说法,可以看出艾青对国民党政府消极抗战的不满和愤恨了。

深圳市罗湖区翠园实验学校张伟东 20:24:05 很详尽。

罗外初中党晓霞 20:24:59 所以,个人觉得,从这个角度,艾青是政客眼中的叛逆者。

罗外初中党晓霞 20:25:09 @深圳市罗湖区翠园实验学校张伟东 是的,对国民党反动派政府的叛逆。

罗外初中党晓霞 20:25:32 三、读者眼中的"叛逆"

罗外初中党晓霞 20:25:52 大家都是读者。

罗外初中党晓霞 20:26:20 你们眼中艾青有叛逆的地方吗?

深圳宝安海旺学校张明 20:26:39 期待。

罗外初中党晓霞 20:27:31 这里不能说得太绝对了,哈哈,在读者眼中,艾青也可能是个"叛逆者"。

深圳宝安海旺学校张明 20:27:37 从下层社会的民众中,艾青汲取反叛的精神资源,并坚定地走一条与旧世界、专制制度势不两立,为弱势群体伸张正义的道路。所以,才有了最著名的………

罗外初中党晓霞 20:28:16 从下层社会的民众中,艾青汲取反叛的精神资源,并坚定地走一条与旧世界、专制制度势不两立,为弱势群体伸张正义的道路。所以,才有了最著名的………

罗外初中党晓霞 20:28:58 艾青诗歌中有一种"挣扎"和"骚动"在里面。

深圳宝安海旺学校张明 20:29:14 想听党老师继续讲。

罗外初中党晓霞 20:29:57 而传统的中国诗感觉在寻找平衡和静穆。

罗外初中党晓霞 20:30:34 感觉他的诗歌打破了这个。

深圳宝安海旺学校张明 20:30:41 读得深刻。

罗外初中党晓霞 20:30:57 他诗歌里的一些情感甚至被称"异类"。

罗外初中党晓霞 20:31:14 如《北方》中的黄河"倾泻着灾难与不幸"。

罗外初中党晓霞 20:31:32 驴子"悲哀的眼睛"和"厌倦的脚步"。

罗外初中党晓霞 20:31:51 《乞丐》中的"饥饿是可怕的,它使年老的失去仁慈,年幼的学会憎恨"。

深圳宝安海旺学校张明 20:32:56 是不是从小的经历给予艾青很多的忧郁呀。

罗外初中党晓霞 20:33:03 所以,他的作品在发表之初就遭到了很多读者的质疑与批评。

罗外初中党晓霞 20:33:33 @深圳宝安海旺学校张明 是不是从小的经历给予艾青很多的忧郁呀 可能吧。

深圳宝安海旺学校张明 20:33:36 哦。

罗外初中党晓霞 20:34:43 其实觉得他的这些意象还是凸显了时代特质的。

罗外初中党晓霞 20:35:09 所表达的内容虽然有些道理。

罗外初中党晓霞 20:36:05 但诗中流露出的这种"不健康的肃杀气"和"落寞",读来总让人觉得压抑、惨淡。

宝安区福永中学王雪兰 20:37:04 这种情感学生能读懂吗?

深圳宝安海旺学校张明 20:37:14 也许出国留学受到西方某种思想的影响,俺不懂。

罗外初中党晓霞 20:37:28 所以,从这个角度来看,在读者眼中,艾青也可能是个"叛逆者"。

罗外初中党晓霞 20:37:59 @宝安区福永中学王雪兰 这种情感学生能读懂吗？ 我觉得大概是有点难度的。

宝安区福永中学王雪兰 20:38:31 党老师这个课是导读课？课前学生有读诗吗？怎么带领他们理解这样叛逆的情感呢？

罗外初中党晓霞 20:38:34 但我们可以给他们再补充一些例子，比如黄河不是中华民族的摇篮吗？

罗外初中党晓霞 20:38:52 是母亲河吗？

罗外初中党晓霞 20:39:10 但《北方》中的黄河"倾泻着灾难与不幸"。

罗外初中党晓霞 20:40:50 @宝安区福永中学王雪兰 党老师这个课是导读课？课前学生有读诗吗？怎么带领他们理解这样叛逆的情感呢？ 目前的设想是老师先分享自己的感受,然后让学生去阅读发现。

宝安区福永中学吴雯玉 20:41:57 我觉得艾青的诗歌虽然很平实,不会有太多隐晦的表达,但是情感非常深沉。党老师今天分享的内容更多是艾青为什么深沉,我也非常希望听到党老师讲如何让学生理解这种深沉,怎么样去构建一堂这样的导读课。

罗外初中党晓霞 20:42:12 以上为几点不成熟的思考,请大家批评指正。

深圳宝安海旺学校张明 20:42:28 党老师的几个视点很新颖,很值得探索,我觉得抓住艾青的爱国思想读这本书是不是学生更容易接受。

罗外初中党晓霞 20:43:06 宝安区福永中学 吴雯玉 我觉得艾青的诗歌虽然很平实,不会有太多隐晦的表达,但是情感非常深沉。党老师今天分享的内容更多是艾青为什么深沉,我也非常希望听到党老师讲如何让学生理解这种深沉,怎么样去构建一堂这样的导读课。

宝安区福永中学王雪兰 20:43:51 是的,赞成,艾青的诗歌更让人记忆深刻的是他诗中的强烈的深沉的浓烈的爱国情感,这个我也觉得应该是重点。

深圳宝安海旺学校张明 20:44:06 "为什么我的眼里常含泪水,因为我对这土地爱的深沉",抓住这话展开。

罗外初中党晓霞 20:44:06 @深圳宝安海旺学校张明 还需要继续深入学习,解读。

罗外初中党晓霞 20:44:45 @深圳宝安海旺学校张明 "为什么我的眼里常含泪水,因为我对这土地爱的深沉",抓住这话展开。嗯嗯,期待张老师的建议。

福田区外国语学校(香蜜校区)杨天宇 20:47:07 在教《艾青诗选》这样的名著时,学生兴趣也不浓,就是在学现代诗时跟着举办个诗歌朗诵会之类,但好像学生在课下读的兴趣也不是特别浓厚,想听听党老师在执教时的教学设计。

罗外初中党晓霞 20:49:44 @福田区外国语学校(香蜜校区)杨天宇 感觉自己目前只是从背景去抓学生兴趣,但前面老师提到教学的重点,艾青诗歌中的爱国情感,感觉还需要进一步设计课程。期待前辈老师们的经验建议。

福田区外国语学校(香蜜校区)杨天宇 20:51:25 从作者本身去讲,老师也需要花功夫去备课,就像讲《朝花夕拾》,但学生对于鲁迅的了解还很浅显。

罗外初中党晓霞 20:52:50 是的。

深圳宝安海旺学校张明 20:53:25 我记得前年深圳市初三一模统考中有关于《艾青诗选》的读法指导题目，大概是主体思想，写法探究，意象等的探究。

罗外初中党晓霞 20:53:47 目前觉得"归类"思想我自己还需要提高。

罗外初中党晓霞 20:54:43 @深圳宝安海旺学校张明 我记得前年深圳市初三一模统考中有关于《艾青诗选》的读法指导题目，大概是主体思想，写法探究，意象等的探究。好的，谢谢张老师的建议。

罗外初中党晓霞 20:55:22 我今天的分享到此结束，再次感谢大家，祝各位老师们元旦快乐！

深圳三高姜真真 20:59:42 谢谢党老师的分享！

宝安区为明双语学校王璐 21:00:48 谢谢党老师的分享！

深圳宝安海旺学校张明 21:00:54 时间一晃，一个小时过去了。感谢党老师主讲，学习了，感谢大家积极发言，献计献策。愿我们齐众心、汇众力、聚众智，形成同心共圆的强大合力！本次交流到此结束，下期，再见！

2023.2.24"一周一交流"实录

主讲人:郭紫宁

主持人:徐静

主题:具身认知理论下的初中文言文教学

深圳市宝安区海旺学校徐静 20:00:53 春暖花开,在这美好的春光中,我们的"一周一交流"再次起航。

宝安区福永中学郭紫宁 20:01:31 各位老师们好,首先跟大家介绍下具身认知。

宝安区福永中学吴雯玉 20:02:03 签到,欢迎郭老师!

广东深圳南外集团桃源中学付艳平 20:02:11 签到,欢迎郭老师!

宝安区福永中学郭紫宁 20:02:15 "具身认知"内涵概括如下:人的认知通过身体与世界的互动而形成,人的身体在固定情境中的体验与感知对认知直接产生影响,认知、身体与环境三者是相互作用、密切联系的结合体。

深圳市罗湖区翠园实验学校张伟东 20:02:47 签到! 欢迎郭老师!

宝安区福永中学郭紫宁 20:03:07 目前教学的问题:一、教学理念缺乏"具身"意识;二、活动设计忽视身体参与;三、教学未能联系生活实际。

宝安区福永中学郭紫宁 20:03:29 该理论有三个特点。首先,具身认知理论强调认知的涉身性。

宝安区福永中学郭紫宁 20:04:52 身,即身体,让身体参与到学习当中。需要调动学生的身体,让学生充分投入学习当中。

宝安区福永中学王雪兰 20:05:56 这个具身和我们平常的语文活动有什么区别呀?

宝安区福永中学郭紫宁 20:06:10 比如说实物演示或者角色扮演,那角色扮演不加赘述,就实物演示就行。

深圳海旺学校黄林建 20:06:42 现在语文新课标非常注重联系生活实际了。

宝安区福永中学郭紫宁 20:06:55 其实也没有什么区别，就是通过理论来拓展一下思维。

宝安区福永中学郭紫宁 20:07:15《核舟记》第一环节：教师展示船的模型和核桃的实物，学生分享自己坐船的经历，描绘船只的大小、形状等。将两者进行对比，突出其体积的差异。

深圳市宝安区海旺学校徐静 20:07:25 校园戏剧算不算其中一种？

宝安区福永中学郭紫宁 20:07:32 第二环节：教师陈列"核舟"的实物模型，让学生根据实物，并结合文言文描述的顺序，对文言文分段概括大意。明确文中是按照船的中部、船头、船尾、船背的顺序对核舟上的具体内容展开描述。

宝安区福永中学郭紫宁 20:07:53 算，这个属于角色扮演。

宝安区福永中学郭紫宁 20:02:09 第三环节：按照文言文描述的顺序，在讲解文中描绘的具体景物的同时，展示核舟对应的部分，通过实物展示的方式让学生感受到我国古代艺人高超的雕刻技艺，从而引导学生对祖国博大精深、源远流长的传统文化产生强烈的认同感和自豪感。

宝安区福永中学郭紫宁 20:02:32 第四环节：让学生结合实物以及文本的描述，借助画画的形式"再现核舟"，从而加深对文本知识的理解和吸收。

宝安区福永中学吴雯玉 20:02:44 这个"具身"我理解的是能够让学生的身心亲自体验到的一种语文学习方式，对不对呢？

宝安区福永中学郭紫宁 20:09:03 对呢。

宝安区为明双语学校王璐 20:09:05 真实情境。

南山第二实验学校李燕妮 20:09:44 训练了口语交际的部分。

宝安区福永中学郭紫宁 20:10:05 这个是第一个特点，涉身性。

宝安区福永中学郭紫宁 20:10:35 接着，介绍一下该理论的第二个特点。

宝安区福永中学郭紫宁 20:11:01 二、认知的情景性。因此，需要创设恰当的情境，让学生全身心融入教学情境当中。

宝安区福永中学郭紫宁 20:11:47 趣味性活动不说了，大家都懂（如角色扮演、分角色朗读、情景对话等）。

宝安区福永中学郭紫宁 20:12:13 现介绍实境具身策略。

宝安区福永中学郭紫宁 20:12:56 以《记承天寺夜游》为例。

宝安区福永中学郭紫宁 20:13:10 活动一：PPT播放月景，让学生亲自观看静谧、皎洁的月光，结合文言文的描绘体验、感受月景的美。

宝安区福永中学郭紫宁 20:13:26 活动二：引导学生回顾自己赏月的经历，分享自己眼中的月景。

福田区外国语学校（香蜜校区）杨天宇 20:13:52 情景化教学。

宝安区福永中学郭紫宁 20:14:02 活动三：PPT播放苏轼被贬的经历，黄州的山水风貌,结合苏轼的生平进行讲解。苏轼满腔抱负、一身才学却无处施展,只能在凄凉偏僻之地哀叹,引导学生体会苏轼壮志难酬的愤懑之情。

宝安区福永中学郭紫宁 20:14:49 活动四:继续引导学生进行想象,结合作者自身不平的境遇,幻想与友人的闲谈、月下漫步的场景,进而体会作者与友人月下漫步的闲适、贬谪失意的落寞与悲凉以及身处困境却依旧阔达乐观的人生态度,从而达成教学目标。

宝安区福永中学郭紫宁 20:16:32 除实境具身策略之外,还有离线具身策略,大家可以猜一下这两个的区别。

深圳海旺学校黄林建 20:17:02 这是不是第二课时的教学活动?

深圳市宝安区海旺学校徐静 20:17:40 大家可以充分发表自己的见解。

宝安区福永中学郭紫宁 20:12:04 对,我们文言的基础部分,还是得稳扎稳打。

深圳宝安海旺学校 张明 20:12:42 离线具身是不是利用音频视频创设情境呀?

宝安区福永中学郭紫宁 20:19:00 基础部分个人觉得重在落实,要有趣的话,可以考虑"积分"。

深圳市宝安区海旺学校徐静 20:19:14 真诚地发表自己的意见更有利于专业成长。

宝安区福永中学郭紫宁 20:19:24 哈哈,音频可以。

宝安区福永中学郭紫宁 20:20:02 主要是借助于联想与想象,达到具身的效果,最重要的方式是老师的言语。

宝安区福永中学郭紫宁 20:20:26 通过教师的言语描绘,引导学生通过想象感受文本内容的一种方式,不依赖具体的情境。

宝安区福永中学郭紫宁 20:21:19 可以试着和驱动型问题结合在一起。

宝安区福永中学郭紫宁 20:21:22 以九年级上册第三单元第12课《湖心亭看雪》为例。

宝安区福永中学吴雯玉 20:21:33 加上一个"离线具身"的名字,一下子就高大上了起来。

南山第二实验学校李燕妮 20:22:39 文言文这样学的过程是从薄到厚的过程,可能还需要一个再从厚读薄的过程吧?

宝安区福永中学郭紫宁 20:22:46 理论还是高深的,还得靠各位同仁来落实,我们才是最重要的。

深圳市宝安区海旺学校徐静 20:23:22 请问"具身认知"是否需要适度?

宝安区福永中学郭紫宁 20:23:55 文言文在教科书的分布中呈现出了由浅至深的特点,低学段教科书中的文言文篇幅短小,内容也相对简单,随着学段增长,文言文的难度有显著的提升。

宝安区福永中学郭紫宁 20:24:16 当然,慢慢来。

宝安区福永中学郭紫宁 20:24:50 基础打好了,储备够多了,就可以进行知识的整合了。

福田区外国语学校(香蜜校区)杨天宇 20:25:31 文言文基础还是要落实,学生读课文文言文能力一般,还是课内不够扎实,更不会迁移。

宝安区福永中学郭紫宁 20:26:47 对,先把学习经验给他们补足啦。

宝安区福永中学郭紫宁 20:27:43 以《湖心亭看雪》为例,和大家分享一下离线具身策略。

宝安区福永中学郭紫宁 20:27:52 第一环节:教师介绍作者生平及写作背景,并引导学生思考其明末清初的生活背景有何特点,尝试概括作者张岱是一个什么样的人,为后续的情感分析打好基础。

宝安区福永中学郭紫宁 20:28:20 第二环节:通读全文,找出能够表达作者情感的字——"痴",并启发学生思考,作者"痴"在哪里?

宝安区福永中学郭紫宁 20:29:27 第三环节:让学生闭眼仔细聆听,教师轻声朗诵"雾凇沆砀,天与云与山与水,上下一白。湖上影子,惟长堤一痕、湖心亭一点、与余舟一芥,舟中人两三粒而已",听后说说自己看到了什么景象,有什么感受?

深圳海旺学校黄林建 20:29:36 学习了。

宝安区福永中学郭紫宁 20:30:32 第四环节:从教师朗诵的句子中选出自己印象最深刻的一句,描绘自己脑海中呈现的场景,并分享自己的感受。

宝安区福永中学郭紫宁 20:33:55 第五环节:通过之前环节对作者的了解,以及学习文言文内容对作者的认识,再次引导学生思考张岱是一个什么样的人,他想表达什么样的思想感情,明确作者孤独寂寞的心境,以及自身不随波逐流、孤芳自赏的高尚情怀。

深圳宝安海旺学校 张明 20:34:16 借助于联想与想象,达到具身的效果,离线具身的典型运用😊

宝安区福永中学郭紫宁 20:39:26 第三个特点,生成性。

宝安区福永中学郭紫宁 20:40:20 基于此,教师需要根据学生的需求和课堂表现不断调整教学活动,做到师生良性互动、生生合作,从而促进学生实现更加高效的学习。

宝安区福永中学郭紫宁 20:42:21 以《陈太丘与友期行》为例。

宝安区福永中学郭紫宁 20:42:33 第一环节:通读全文,教师引导学生回顾事情的六要素,并从文言文课文中找出对应的内容。

宝安区福永中学郭紫宁 20:42:50 时间,地点,人物,起因,经过,结果。

宝安区福永中学郭紫宁 20:43:06 第二环节:分析元方与友人的语言,通过故事情节引导学生体会文章为人处世讲理守信的道理。

深圳市宝安区海旺学校徐静 20:44:12 第三环节,第四环节的设计可以有。想问问设计这两个环节的目的是什么?

宝安区福永中学郭紫宁 20:45:43 训练口语表达能力,审美鉴赏能力。

宝安区福永中学郭紫宁 20:47:36 第三环节:在学习文章的基础上,引导学生思考以下两个问题,并展开讨论,鼓励学生畅所欲言,并结合学生的讨论及时提问和引导,不设置固定答案,教师根据学生的讨论内容作出总结。

宝安区福永中学郭紫宁 20:47:45 1.友人不守信的行为在其知错欲改的心态衬托下是否值得原谅? 2.元方弃友人不顾的行为是否无礼?

宝安区福永中学郭紫宁 20:47:52 师生互动的形式更易调动学生的积极性,学生身处畅所欲言的课堂环境中,身体更加放松,思维更加开阔,也更容易产生更多不一样的见解和看法。

宝安区福永中学郭紫宁 20:50:43 好了,我今天根据具身理论的三个特性,进行了简短的文言文教学分享,欢迎大家进一步交流以及教学上探寻。

深圳宝安海旺学校 张明 20:51:26 内容好丰富。

宝安区福永中学吴雯玉 20:52:32 感觉从中收获了很多,应接不暇。

宝安区福永中学郭紫宁 20:53:23 下次慢点分享,大家一起交流。

宝安区海旺学校金星闪 20:55:04 对初中生而言,尤其是深圳普通班的初中生而言,文言文教学,更要重言,郭老师在处理"言"这块是怎么做的?

深圳海旺学校黄林建 20:56:31 理论与实践相结合,内容很多,自己还需慢慢消化。

宝安区福永中学郭紫宁 20:56:51 "言"者,意为表述、记载、写等。

宝安区福永中学郭紫宁 20:57:29 可能需要从这些方面着手。

宝安区福永中学郭紫宁 20:52:44 比如说前段时间学了孙权劝学,让同学们试着写一下方仲永巧遇孙权的故事。

深圳市宝安区海旺学校徐静 20:59:02 或许可以关注文言文的形式,经由言走进文,走进人。

宝安区福永中学郭紫宁 20:59:22 受教。

深圳市罗湖区翠园实验学校张伟东 9:00:26 内容丰富。

深圳市宝安区海旺学校徐静 21:02:52 郭老师今晚的交流,内容丰富,可见背后下足了功夫! 向郭老师学习! 这是好的开始,我们再接再厉,下周五见。

(本部分交流内容摘自中央民族大学2020级学科语文韩燕硕士的毕业论文《基于具身认知理论的初中文言文教学研究》,有删改)

2023.3.17"一周一交流"实录

主讲人:徐静

主持人:吴雯玉

主题:阅读教学的重心

宝安区福永中学吴雯玉 19:10:20 @所有人 各位老师,今晚8:00在本群进行线上交流,请大家做好准备,积极签到发言,谢谢配合!

深圳宝安海旺学校张明 19:51:20 签到!

金星闪 19:58:42 签到!

宝安区福永中学吴雯玉 19:58:56 大家晚上好,又到了我们一周一交流的时间了。今天的主讲人是我们金星闪名师工作室的徐静老师,让我们掌声欢迎徐静老师!

深圳海旺学校黄林建 19:58:58 签到,欢迎徐老师!

宝安区福永中学吴雯玉 20:00:30 徐静,女,金星闪名师工作室成员。曾获深圳市初中文言文教学大赛一等奖,广东省"共读一本好书"大赛三等奖,宝安初中教师教学技能大赛一等奖,曾获深圳市宝安区"教坛新秀"称号。多篇论文发表在语文核心期刊。

宝安区福永中学吴雯玉 20:00:49 徐静老师可谓是我们工作室的中流砥柱,她的教学经验和所获荣誉都非常丰富。

南山第二实验学校李燕妮 20:00:51 欢迎徐老师!

深圳市宝安区海旺学校徐静 20:01:24 大家好!

宝安区为明双语学校王璐 20:01:46 欢迎徐老师!

深圳市宝安区海旺学校徐静 20:01:51 今晚的主题是:阅读教学的重心。

深圳市罗湖区翠园实验学校张伟东 20:01:53 欢迎徐老师!

深圳三高姜真真 20:01:55 欢迎徐老师!

宝安区福永中学吴雯玉 20:02:04 今天就由徐静老师为我们主讲,主题是"阅读教学的重心",让我们跟着徐静老师的脚步来学习阅读教学如何有侧重地开展。

深圳宝安海旺学校张明 20:02:55 欢迎徐老师!

深圳市宝安区海旺学校徐静 20:03:12 之所以探讨这样一个主题,源自王荣生教授的《国民语文能力构成研究》中的这样一句话:"课文教学的重心,应该是文学和文章主要语篇类型的阅读方法"。

宝安区为明双语学校王璐 20:04:28 赞!

深圳市宝安区海旺学校徐静 20:04:34 大家如何理解这句话?

宝安区福永中学吴雯玉 20:05:06 欢迎大家积极发言,各抒己见。

深圳海旺学校黄林建 20:06:26 重心在教学生"阅读的方法"。

深圳市宝安区海旺学校徐静 20:07:47 阅读方法是否也是阅读教学的重心?

南山第二实验学校李燕妮 20:09:12 应该是重心。

深圳市宝安区海旺学校徐静 20:09:57 阅读方法是否等同于阅读策略?

深圳宝安海旺学校张明 20:09:58 是重心之一。

南山第二实验学校李燕妮 20:10:11 尤其是说明文、议论文,得教学生如何去读。

广东深圳南外集团桃源中学付艳平 20:10:59 方法和策略是有区别的。

深圳宝安海旺学校张明 20:11:02 散文也需要阅读方法。

南山第二实验学校李燕妮 20:11:37 策略是为如何使用方法而产生的一系列措施吧?

深圳市宝安区海旺学校徐静 20:14:34 对,阅读方法和阅读策略是有区别的。

宝安区福永中学吴雯玉 20:15:09 请徐静老师为我们解答。

深圳宝安海旺学校张明 20:20:12 我的理解是,策略就像战略,方法就像战术。

深圳市宝安区海旺学校徐静 20:20:18 比如预测,即在阅读起始阶段,基于标题和关键词等来预测将要阅读的内容,这是阅读策略。

深圳市宝安区海旺学校徐静 20:21:28 联结,即在阅读过程中调取已有的背景知识和个人经验,从而更好地理解文本的意义。

深圳海旺学校黄林建 20:21:56学习了!

深圳市宝安区海旺学校徐静 20:22:13 推断,即能够利用文本提供的线索,合理进行补充假设和合乎常理的推断。

深圳市宝安区海旺学校徐静 20:22:50 这些都属于阅读策略而不是阅读方法。

深圳市宝安区海旺学校徐静 20:23:28 那什么是阅读方法?

深圳市宝安区海旺学校徐静 20:24:03 阅读方法是程序性知识,程序性知识"反映了具体学科的知识或具体学科的思维方式"。

宝安区福永中学吴雯玉 20:26:15 什么是程序性知识呢?大家可以结合教学经验稍作探讨。

宝安区福永中学吴雯玉 20:28:02 我对于程序性知识的理解就是"怎么做"。

深圳三高姜真真 20:28:13 比如诗歌阅读方法,散文阅读方法。

宝安区福永中学吴雯玉 20:29:39 其他老师怎么理解"程序性知识"呢?

深圳市宝安区海旺学校徐静 20:30:24 @深圳三高姜真真 有效的阅读方法是紧扣语篇类型特征、特点的阅读方法。

深圳市宝安区海旺学校徐静 20:31:34 "有效的阅读方法是紧扣语篇类型特征、特点的阅读方法"大家如何理解这句话?

深圳市宝安区海旺学校徐静 20:31:49 这句话是否正确?

宝安区福永中学吴雯玉 20:32:25 我的理解是,不同的语篇类型、不同特点的文章应当有不同的阅读方法。

南山第二实验学校李燕妮 20:32:30 就是要教会各类读物的阅读方式吗?

宝安区福永中学吴雯玉 20:33:35 正如文言文和现代文、非连续性文本的阅读方法不同,但各种语篇类型阅读方法之间应当有共通性。

宝安区福永中学吴雯玉 20:34:24 其他老师有没有更好的看法呢?

深圳海旺学校黄林建 20:34:50 有的方法不同类型的语篇类型也可通用。

深圳市宝安区海旺学校徐静 20:37:25 @深圳海旺学校黄林建 @深圳海旺学校黄林建 可否举个例子?

深圳市宝安区海旺学校徐静 20:39:39 请教各位老师:议论性文章的阅读要关注什么?

深圳海旺学校黄林建 20:40:58 @深圳市宝安区海旺学校徐静 比如批注式阅读,诗歌、散文等都可用。

广东深圳南外集团桃源中学付艳平 20:41:12 阅读方法受制于语篇类型,如:新闻的阅读方法是从新闻特点转化的阅读方法;绘本的阅读方法依据的是绘本的特点;中国古代近体格律诗的阅读方法体现着文言诗的句法和近体诗的格律;神话、寓言、民间故事、童话等阅读方法同中有异。有效的阅读方法,是紧扣典型的语篇类型特点的阅读方法。

宝安区福永中学郭紫宁 20:42:17 关注逻辑。

深圳市宝安区海旺学校徐静 20:42:59 @宝安区福永中学郭紫宁 可否表述得更具体?

深圳宝安海旺学校张明 20:43:06 比如写人记事的散文的阅读方法就归纳出了一些方法:1.写什么。紧扣关键词,交代六要素。2.怎么写。构思方法、描写方法等。3.为何写。缘点质疑。

宝安区福永中学吴雯玉 20:43:44 @深圳市宝安区海旺学校徐静 @深圳市宝安区海旺学校徐静 我认为需要关注作者的观点和论证的过程。

宝安区福永中学郭紫宁 20:46:12 顺着观点得出的过程,即论证过程。

广东深圳南外集团桃源中学付艳平 20:46:59 议论性文章,在阅读策略上侧重关注"推断""提问""综合"等,并与"批判性阅读"相联系。

宝安区福永中学吴雯玉 20:48:14 付老师每次发言都具体而有深度。

深圳市宝安区海旺学校徐静 20:48:38 付老师是高手。

深圳市宝安区海旺学校徐静 20:48:52 议论性文章的阅读:议论性文章的核心在于提出的观点能被持有不同观点的人认可。之所以被人认可,其关键是证据和由证据支持观点的论证过程。总的来说,议论性文章要关注论证过程中的逻辑推理,比如演绎推理、归纳推理和辩证推理。议论性文章的语篇类型多样而丰富,又要具体划分。

深圳市宝安区海旺学校徐静 20:51:15 那么再请教各位,哲理性散文阅读教学的重点呢?

宝安区福永中学吴雯玉 20:54:13 我认为应当是这篇散文中所蕴含的情与理,以及表达情与理的方式。

宝安区福永中学吴雯玉 20:54:22 其他老师有没有不同意见呢?

宝安区福永中学吴雯玉 20:56:09 看来大家都陷入了思考,那么就让徐静老师来为我们解答吧。

深圳市宝安区海旺学校徐静 20:59:08 哲理散文:哲理性散文阅读教学的重点在于理解而不是批判性阅读。哲理散文往往不太正式不太系统,往往是从个人有限的,个人经验的角度来讨论一个观点,往往是个人的自我沉思,及个人的表达,并无说服别人的强烈愿望。这类散文往往议论、抒情相交融。这类散文的教学要防止按正式的议论文的讨论去分析,阅读教学的重点在于理解文中所表达的哲思。要关注语句和语脉,联系具体的文本语境,做符合文本本意的理解。

深圳市宝安区海旺学校徐静 21:00:23 这是王荣生教授在《国民语文能力构成研究》中的观点,仅供参考。

宝安区福永中学吴雯玉 21:00:33 好的,感谢徐老师的解答!

宝安区福永中学吴雯玉 21:01:06 遗憾的是,我们今晚的交流已经到了要说再见的时间了。

深圳宝安海旺学校张明 21:03:01 感谢徐静老师的精彩分享,学习了!

宝安区福永中学吴雯玉 21:04:47 今天徐静老师分享的内容是阅读教学的重心,徐静老师先是讲解了阅读方法和阅读策略的区别,然后启发我们"不同语篇类型的阅读方法是否一致",并向我们分享了议论性文本、哲理性散文两种语篇类型的阅读侧重点。整场分享让大家受益匪浅,让我们再次感谢徐静老师!

宝安区福永中学吴雯玉 21:05:35 请大家期待,下周五同一时间本群的交流活动。

2023.3.24"一周一交流"实录

主讲人:吴雯玉

主持人:黄林建

主题:关于名著阅读教学的思路

深圳海旺学校黄林建 19:44:11 @所有人 各位小伙伴们,今晚8:00在本群进行线上交流,请大家做好准备,积极签到发言,谢谢配合! 吴雯玉,女,现就职于深圳市福永中学,硕士研究生毕业,兼有高中语文、初中语文教学经验,在名著阅读教学、文言文教学上略有心得,曾指导学生获宝安区初中生读书小论文一等奖。教育理念:"玉汝于成。"

深圳海旺学校黄林建 19:55:13 大家晚上好,又到了我们一周一交流的时间了。今天的主讲人是我们金星闪名师工作室的吴雯玉老师,让我们掌声欢迎吴老师!

金星闪 19:55:38 签到。欢迎吴老师!

宝安区为明双语学校王璐 19:55:51 签到。欢迎吴老师!

广东深圳南外集团桃源中学付艳平 19:56:35 签到。欢迎吴老师!

宝安区福永中学吴雯玉 19:58:12 大家晚上好,我是今晚的主讲人吴雯玉,今天我想以《简·爱》为例分享一下我对名著阅读教学的一些思考和探索。

深圳三高姜真真 19:58:28 签到。欢迎吴老师!

宝安区福永中学吴雯玉 19:59:22 之所以想到要讲名著阅读这个话题,一方面是因为前段时间我在进行《简·爱》名著教学的探索与尝试,另一方面也是因为最近看了一些相关方面的论文、听了一些这方面的讲座。

宝安区福永中学吴雯玉 20:01:10 在开始之前我想先听听老师们分享一下自己在名著阅读教学上遇到的麻烦与困惑,因为我自己也曾经遇到过很多棘手的问题,所以想听听大家是不是和我有相同的感受。

深圳海旺学校黄林建 20:02:46 1.阅读时间的无法保障。2.学生的阅读无法落实。

宝安区福永中学吴雯玉 20:04:44 @深圳海旺学校黄林建 是的,这也是我非常头疼的问题。

福田区外国语学校(香蜜校区)杨天宇 20:04:59 学生现在阅读习惯都比较差且兴趣一般,老师监督起来还是比较困难,做学习单等方式,还是需要老师多督促,基本上老师肯多花时间多跟踪才可以收到效果,但不知有没有更好的激励方法。

深圳宝安海旺学校张明 20:06:01 老师没有好的指导学生阅读的方法策略?

南山第二实验学校李燕妮 20:07:12 有没有省时又有效的指导办法呢?

深圳市宝安区海旺学校徐静 20:08:21 如何培养学生的阅读兴趣?

金星闪 20:08:33 你是怎么引导学生真读整本书的?

深圳海旺学校黄林建 20:09:11 如何让阅读时间不被作业挤占?

宝安区福永中学吴雯玉 20:09:13 看到大家的在名著阅读教学推进上的种种问题,其实一方面就是我们对学生的阅读不自信——学生会不会读呢?能不能读懂呢?第二方面就是我们对自己的阅读方法不自信——我们的方法是否有效呢?能不能真正促进学生的阅读呢?这些都非常地困扰我。

宝安区福永中学吴雯玉 20:09:56 我目前感到比较有启发的一个理论就是——混合式学习。

宝安区福永中学吴雯玉 20:10:43 不知道大家对这个理论是否熟悉?

宝安区福永中学吴雯玉 20:14:39 运用混合式学习模式的整本书阅读不只在课堂上进行阅读和讨论,而是将阅读延展到家庭、社区等任意空间,且灵活采用线上、线下的学习方式,至少一部分是在线讨论、探究,至少一部分是在实体课堂上由教师介入指导的阅读学习,还有至少一部分是学生的自由自主阅读。

广东深圳南外集团桃源中学付艳平 20:15:29 面对面教学和线上教学相混合的一种模式。

广东深圳南外集团桃源中学付艳平 20:16:56 学生自由阅读,我发现我们班的孩子还是比较喜欢的。

深圳海旺学校黄林建 20:17:33 可以让家长也参与进来。

深圳市宝安区海旺学校徐静 20:18:13 具体怎么操作?

深圳宝安海旺学校张明 20:18:55 如何让老师、家长、学生卷起来?

广东深圳南外集团桃源中学付艳平 20:18:58 家长参与进来难度比较大,对于生源不太好的学校、喜欢阅读的家长少而又少。

金星闪 20:19:43 不怕家长投诉,加重负担,内卷?

宝安区福永中学吴雯玉 20:20:23 首先是课堂学习,课堂学习主要开展方法研习、问题研讨、章节赏析、汇报展示等活动。

深圳市宝安区海旺学校徐静 20:22:03 "方法研习"探讨哪些方法?

广东深圳南外集团桃源中学付艳平 20:22:23 金老师说的确实是个需要考虑的问

313

题,已有家长投诉过。

宝安区福永中学吴雯玉 20:24:47 @深圳市宝安区海旺学校徐静 根据《简·爱》,作为小说的特性、学生的阅读需求,研习出本书阅读的方法、策略。

宝安区福永中学吴雯玉 20:25:47 其次是在线学习,在线学习活动主要包括异步讨论、任务认定、资源分享、成果交流与评价等。

宝安区福永中学吴雯玉 20:26:29 比如说本群的交流活动,其实就是一种在线学习。

宝安区福永中学吴雯玉 20:27:42 教师可以通过各种媒介发布讨论,学生可自主参与讨论。

宝安区福永中学吴雯玉 20:29:36 这种方式下学生的阅读方式不由教师决定,而是由学生自主安排。

宝安区福永中学吴雯玉 20:30:33 教师的任务之一就是合理切分网上学习空间,或按照书本内容先后及逻辑关系切分若干模块,或按照探究专题细分阅读空间等,教师还要与学生共读,参与异步讨论。

深圳海旺学校黄林建 20:31:56 异步讨论与同步讨论区别是什么?

宝安区福永中学吴雯玉 20:34:37 同步讨论中教师的指导和学生的感受是同步进行的,而异步讨论是学生根据自己的步调选择讨论的进度。

宝安区福永中学吴雯玉 20:36:09 以《简·爱》为例,我们可以按照简·爱的四次离开,将其划分为五个板块,每个板块设置相应的问题或活动,学生可根据自己的兴趣选择他想要参与的板块并发表讨论或学习成果。

宝安区福永中学王雪兰 20:39:08 这个讨论是建立在学生全部读完的基础上,还是边读边讨论?

宝安区福永中学吴雯玉 20:39:58 边读边讨论,学生可以根据自己的进度选择参与任意讨论。

宝安区福永中学吴雯玉 20:40:58 讨论可以提前发布,讨论过程中,教师可以提供优质的资源、支架性材料帮助学生理解。

宝安区福永中学吴雯玉 20:48:43 比如《简·爱》五个板块的线上学习设计:第一板块:盖茨海德府人物思维导图。第二板块:洛伍德学校大事记。第三板块:①讨论:罗切斯特是否能够胜任简·爱的丈夫? ②活动:桑菲尔德最具"悲剧"色彩的人物评比大赛。第四板块:《简·爱》女性形象对比表。第五板块:简·爱放弃教师工作选择成为家庭主妇,你认为可惜吗?

宝安区福永中学吴雯玉 20:48:51 在学习的过程中,学生与学生之间、学生与教师之间的交流与互动是可持续的。

宝安区福永中学吴雯玉 20:50:14 那么这种可持续性交流可以帮助参与交流的学生深入思考,也会激发其他学生的阅读兴趣。

深圳宝安海旺学校张明 20:51:51 用心了!

宝安区福永中学王雪兰 20:52:38 能一定程度上激发学生的兴趣,鼓励学生读书!

深圳宝安海旺学校张明 20:52:51 可否用问题驱动学生阅读经典呢?就是备课组教师先进行分工,每个老师负责独立的几章内容,然后根据本章内容进行出题,让学生在问题驱动下阅读并进行答题,就这样一章一章推动阅读。

宝安区福永中学吴雯玉 20:55:27 辅以激励机制效果更佳

深圳海旺学校黄林建 21:00:27 今天吴老师分享的名著阅读教学的新思路,启发我们名著阅读教学应线下、线上相结合的混合式推进,并向我们分享了《简·爱》名著阅读教学的案例。让我们受益匪浅,再次感谢吴老师!今天的分享到此结束,期待下次讨论的到来!

宝安区福永中学吴雯玉 21:02:47 谢谢大家!

深圳宝安海旺学校张明 21:05:44 感谢吴老师分享!

宝安区为明双语学校王璐 21:05:58 感谢吴老师分享!

2023.6.9"一周一交流"实录

主讲人:吴雯玉

主持人:黄林建

主题:"养育"初中生语文批判力的思考——以部编版八年级下册第六单元为例

深圳海旺学校黄林建 19:55:49 各位老师,晚上好!今晚8:00例行在本群进行线上交流,欢迎全国各地的专家、名师、一线教师多指导,多参与交流,请全体成员积极参加研讨。吴雯玉,现就职于深圳市福永中学,硕士研究生毕业,兼有高中语文、初中语文教学经验,在名著阅读教学、文言文教学上有一定心得,曾多次指导学生获宝安区初中生读书小论文各奖项。教育理念:"玉汝于成。"

深圳海旺学校黄林建 19:57:29 各位老师晚上好,今晚的交流即将开始,期待吴老师的精彩分享。

深圳南外集团桃源中学付艳平 19:57:52 签到,欢迎吴老师!

南山第二实验学校李燕妮 19:58:08 签到,欢迎吴老师!

宝安区为明双语学校王璐 19:58:55 签到,欢迎吴老师!

金星闪 19:58:59 签到,欢迎吴老师!

深圳海旺学校黄林建 19:59:19 签到,欢迎吴老师!

深圳三高姜真真 19:59:20 签到,欢迎吴老师!

宝安区福永中学吴雯玉 20:00:18 各位老师大家晚上好,今天我所分享的主题是"'养育'初中生语文批判力的思考——以部编版八年级下册第六单元为例",之所以会以这个作为分享的主题,一方面是因为批判力是我在本课题的研究方向,另一方面也是因为本学期的教学实践让我产生了诸多思考。

深圳宝安海旺学校张明 20:00:59 签到,欢迎吴老师!

宝安区福永中学吴雯玉 20:01:54 希望今天的讨论大家可以畅所欲言,用"批判精神"帮助我更好地改进我的研究与教学。

宝安区福永中学吴雯玉 20:02:37 首先,我们来看看何为"养育初中生语文批判力",在本课题组《"养育"初中生语文学习力的实践研究》的开题报告中这样界定的——"养育"批判力探究,着重从以下三级进行"养育":初级,对作品语言表达、内容、情感质疑;中级,对构思、逻辑演绎质疑;高级,对文章思想质疑。

宝安区福永中学吴雯玉 20:04:25 也就是说,我们将批判力分成三个等级,由文本内容到构思,再到思想,多维度评判学生的批判力。

宝安区福永中学吴雯玉 20:05:16 那么为何要"养育"学生的批判力呢?我们来看新课标里对于核心素养之一"思维能力"的说明:"思维能力是指学生在语文学习过程中的联想想象、分析比较、归纳判断等认知表现……思维具有一定的敏捷性、灵活性、深刻性、独创性、批判性。"

宝安区福永中学吴雯玉 20:05:36 可见,批判力是初中生语文核心素养的标准之一。

宝安区福永中学吴雯玉 20:06:41 在《中国学生发展核心素养》中也有这样一条——"批判质疑素养",要求学生具有问题意识,能够多角度、辩证地分析问题,做出选择和决定等。

宝安区福永中学王雪兰 20:07:43 签到,欢迎吴老师!

宝安区福永中学吴雯玉 20:08:23 也就是说,批判性思维,也即批判力,要求学生对已获得知识积极辨析和判断,能够有根据地对习得知识做出肯定或质疑的判断,在批判中形成全面、辩证、自主的思维。这种能力对于初中生思维的成长乃至个性的塑造都是至关重要的。

深圳宝安富源学校肖友琴 20:09:22 签到,欢迎吴老师!

深圳市宝安区海旺学校徐静 20:09:28 是的,期待吴老师的进一步分享!

宝安区福永中学吴雯玉 20:09:30 好了,说了这么多,下面言归正传,我将以部编版八年级下册第六单元为例展开我今天的分享,谈谈我们可以如何"养育"初中生语文批判力。

深圳市宝安区海旺学校徐静 20:11:14 为何选择八年级下册第六单元?

宝安区福永中学吴雯玉 20:12:31 之所以要以部编版八年级下册第六单元展开,是因为这是一个文言古诗单元。不知道大家是否和我有一样的感受,学生在学习文言文时,光是理解和琢磨文本大意就已经耗费掉了大量"脑容量",因此,在对文章内容、构思、思想的学习时,往往不愿意思考,下意识地被老师带着走。

宝安区福永中学吴雯玉 20:14:47 所以在文言文的教学中,有意识地调动学生的批判性思维,我认为是非常重要的。而部编版八年级下册第六单元是论事说理类古文古诗单元,包括《北冥有鱼》《庄子与惠子游于濠梁之上》《虽有嘉肴》《大道之行也》《马说》五篇文言文和《石壕吏》《茅屋为秋风所破歌》《卖炭翁》三首叙事诗。总之,都是作者借某物、某事表达观点的作品,因此,在这个单元的学习过程中,可以利用其论事说理的特点培养学生的批判思维。

宝安区福永中学吴雯玉 20:15:21 我想先听听大家在本单元教学或文言文教学中有没有更好的教法。

深圳海旺学校黄林建 20:16:18 现在大家都是大单元设计教学。

宝安区福永中学吴雯玉 20:17:05 @深圳海旺学校黄林建 是的。

南山第二实验学校李燕妮 20:17:22 从相似点入手,再到不同处探疑。

深圳海旺学校黄林建 20:17:40 大家可以说说自己的做法。

宝安区福永中学吴雯玉 20:18:09 @南山第二实验学校李燕妮 很好的做法,谢谢燕妮老师。

宝安区福永中学吴雯玉 20:19:30 下面我来谈谈我的做法。

宝安区福永中学吴雯玉 20:20:03 第一,巧设提问。

宝安区福永中学吴雯玉 20:21:15 大家在课堂上常常会有这种感受,一些乏味的、没有创意的提问会挫伤学生的学习积极性,让学生陷入枯燥的文本分析之中,相反,有效的提问不仅可以调动学生的学习兴趣,而且可以有效培育学生的批判思维。

宝安区福永中学吴雯玉 20:21:24 因此,在本单元的教学中,我尤其注意问题的设置。

宝安区福永中学吴雯玉 20:22:10 例如,在《北冥有鱼》这篇课文的教学中,设置这样的提问:深圳被称为"鹏城",你认为深圳和课文中的"大鹏"有何相似之处?学生就能以现实的眼光来感悟庄子笔下的大鹏形象。

宝安区福永中学吴雯玉 20:22:34 又如,在《石壕吏》的教学中,提问学生,为什么老翁要逾墙而走,老翁是否没有担当?为什么杜甫不出来阻止这场征兵,杜甫是否没有爱心?学生就跳出了传统的思维路径,以逆向思维来感悟杜甫对下层民众的深切同情。

宝安区福永中学吴雯玉 20:23:04 再如,在《大道之行也》的授课中,提问学生"课文中描述的大同社会在今天实现了吗",学生一方面能通过这个问题进一步思考课文内容,另一方面也会认识到大同社会作为理想社会的局限性。

宝安区福永中学吴雯玉 20:23:28 在《马说》教学时,启发学生"策之不以其道,食之不能尽其材,鸣之而不能通其意","策""食"主语皆为"食马者","鸣"的主语却是"千里马",何不将"鸣之"改成"闻之",使得主语一致?学生各抒己见,对文本深入思考。

宝安区福永中学吴雯玉 20:25:54 第二,巧妙拓展。

深圳宝安海旺学校张明 20:25:55 有点悬念教学法的味道,用设疑的驱动性任务驱动学生思维走向批判。

宝安区福永中学吴雯玉 20:26:16 在本单元的教学中,我们所学到的课文篇幅大多比较短,思想内容也比较单一,那么如何促使学生产生对作品内容与情感的批判呢?我使用的是拓展延伸法,在教材原本的基础上适当拓展相关内容,促使学生深深思考课文本身。

宝安区福永中学吴雯玉 20:26:47 比如,在《北冥有鱼》的教学时,补充《逍遥游》"斥鴳"的故事,让学生把大鹏与斥鴳对比着来看,就能更好地领悟庄子的自由精神。

宝安区福永中学吴雯玉 20:27:09 在教学《庄子与惠子游于濠梁之上》时,补充《运斤成风》的故事,让学生在感受二人精彩辩论的同时,体悟二人的高山流水之情。

宝安区福永中学吴雯玉 20:27:34 在讲《大道之行也》的时候,我补充了孔子"大道之行也,与三代之英,丘之未逮也"的感慨,同时补充了《礼记》中"苛政猛于虎"的故事,让学生能够更好地理解为什么儒家要倡导大同社会,为什么大同社会难以实现。

宝安区福永中学吴雯玉 20:27:45 在《茅屋为秋风所破歌》这篇课文授课时,我补充了白居易的《新制布裘》,让学生思考,究竟是杜甫由己之寒怜人之寒更值得歌颂,还是白居易由己之暖怜人之寒更为难得。

宝安区福永中学吴雯玉 20:29:11 基于精心设问启发学生对文本内容自主探究,延伸拓展则可以让学生对文章思想有更多自主性、辨析式的思考。

宝安区福永中学吴雯玉 20:31:11 第三,巧拟标题。

宝安区福永中学吴雯玉 20:31:26 本单元的五首文言文都有一个共同特点,那就是这五篇文言文的标题都不是作者所加,《〈庄子〉二则》《〈礼记〉二则》都是取首句若干字为标题,《马说》则是后人所加。

宝安区福永中学吴雯玉 20:32:57 因此,我以标题为切入口,让学生为这些课文重拟标题,在对标题的质疑中对整个文本产生思考,从而对文本内容与思想形成全面、自主的结论。

宝安区福永中学吴雯玉 20:35:18 这里我想插入一个互动环节,请问各位老师,如果让你来重拟标题,你会怎么拟呢?

深圳海旺学校黄林建 20:39:36 拟题大PK。

宝安区福永中学吴雯玉 20:40:53 不如请黄老师先来示范吧。

深圳海旺学校黄林建 20:41:29 本单元你有没有确立一个语文大概念之类的?

宝安区福永中学吴雯玉 20:43:06 @深圳海旺学校黄林建 感谢黄老师的提问,这个问题我等分享完我在批判力上的思考之后再回答。

宝安区福永中学吴雯玉 20:43:15 第四,巧舌善辩。

宝安区福永中学吴雯玉 20:43:38 在日常教学中,辩论往往是我们最常用以培养学生批判力的活动,辩论可以让学生从多维度对文本内容、思想产生批判质疑。

宝安区福永中学吴雯玉 20:44:23 那么,在本单元教学过程中,我就设置了课堂小辩论让学生对课文内容、思想进行深入探究。

宝安区福永中学吴雯玉 20:45:21 例如,在《庄惠》这篇课文教学中,让学生化身"道家""名家"两派,作为二人的支持者展开辩论,针对"庄子与惠子谁是濠梁之辩的胜利者"展开辩论,学生就能跳出传统教学赞美庄子自由精神的囹圄,有自己的见解和领悟。

宝安区福永中学吴雯玉 20:47:36 再如,在教学《马说》时,让学生以"千里马与伯乐何者更能促进社会的发展"为辩题展开辩论,不再局限于韩愈个人的观点,而是从更广泛、更现实、更具批判性的视角发表自己的见解。

　　宝安区福永中学吴雯玉 20:49:09 以上就是我对养育学生语文批判力的一些思考，希望大家可以多多指教。

　　宝安区福永中学吴雯玉 20:50:12 @深圳海旺学校黄林建 那么现在我来回答一下黄老师的这个问题，在本单元的教学中，我确立的大概念是——学习和应用古人论事说理的技巧。

　　宝安区福永中学王雪兰 20:50:39 角度很新颖，能促进学生深度学习。

　　深圳海旺学校黄林建 20:51:25 学生就需要这样的思维训练。

　　宝安区为明双语学校王璐 20:52:01 学习了！

　　深圳宝安富源学校肖友琴 2023/6/9 20:52:31 学习了！

　　深圳三高姜真真 20:54:32 很好的思维训练！

　　宝安区福永中学吴雯玉 20:56:45 谢谢大家，那么我今天的分享就到此结束了。

　　深圳海旺学校黄林建 20:56:59 感谢吴老师精彩的分享。今天吴老师以养育初中生"批判精神"为话题，向我们阐述了培养初中生"批判力"的重要性，并分享了自己如何"养育"初中生语文批判力的实践做法，令人受益匪浅。那么我们今晚的交流到此结束，祝大家周末愉快！

工作室"一周一交流"主讲人活动安排计划

工作室"一周一交流"主讲人活动安排计划表

主讲日期	主讲话题	主讲人	主讲人单位	主持人
2022.9.30 （星期五）	一次语文跨学科教学活动的设计尝试和困惑	黄林建	宝安区海旺学校	张明
10.7(星期五)	让名著阅读真实发生	徐红霞	河北省沧州市第九中学	王雪兰
10.14(星期五)	以《背影》和《藤野先生》为例，探讨记叙性散文中的选点阅读	张明	宝安区海旺学校	徐静
10.28(星期五)	语文情境化命题	徐静	宝安区海旺学校	黄林建
11.11(星期五)	从绰号看水浒英雄	肖友琴	宝安区富源学校	吴雯玉
11.18(星期五)	初中文言文的趣味教学——以《愚公移山》为例	吴雯玉	宝安区福永中学	郭紫宁
11.25(星期五)	在大单元学习中构建写作支架提升学生写作能力	李燕妮	南山区第二实验学校	王璐
12.2(星期五)	大单元视角下单篇教学设计——以七年级上册《狼》为例	王雪兰	宝安区福永中学	黄林建

主讲日期	主讲话题	主讲人	主讲人单位	主持人
12.9(星期五)	作文教学之"我是班刊小编辑"	杨天宇	福田外国语学校香蜜校区	王雪兰
12.16(星期五)	中考名著复习研讨	王璐	宝安区为明双语实验学校	吴雯玉
12.23(星期五)	"演讲"活动探究单元教学实践与思考	付艳平	南山外国语教育集团学校桃源中学	郭紫宁
12.30(星期五)	艾青的"叛逆"	党晓霞	深圳市罗湖外语初中学校	张明
2023.1.6（星期五）	任务驱动促读《简爱》	杨可盈	深圳盐田实验学校	徐静
1.13(星期五)	读名家散文,学写作技巧	姜真真	深圳市第三高级中学	杨天宇
1.17(星期二)	初中记叙文（散文）教学策略	张伟东	罗湖翠园实验学校	王雪兰
2.24(星期五)	具身认知理论下的初中文言文教学	郭紫宁	宝安区福永中学	徐静
3.3(星期五)	立足课堂,在磨练与反思中成长	程小鹏	合肥市五十中学天鹅湖教育集团望岳校区	杨天宇
3.10(星期五)	利用"写作实践"资源,设计作文教学活动	黄林建	宝安区海旺学校	张明
3.17(星期五)	阅读教学的重心	徐静	宝安区海旺学校	吴雯玉
3.24(星期五)	关于名著阅读教学的思路	吴雯玉	宝安区福永中学	黄林建
3.31(星期五)	以深圳春节习俗为例谈谈项目式学习的实践探索	张明	宝安区海旺学校	徐静
4.7(星期五)	如何落实多文体写作训练	胡军	安徽舒城二中	张明
4.14(星期五)	大单元教学设计初探——以七年级下册第三单元的"小人物"为例	王雪兰	宝安区福永中学	郭紫宁

主讲日期	主讲话题	主讲人	主讲人单位	主持人
4.21（星期五）	学习九年级下册第五单元，提升学生的品鉴力	李燕妮	南外集团南山二实	王雪兰
4.28（星期五）	学生语文学习活动的尝试与探讨	杨天宇	福田外国语学校香蜜校区	李燕妮
5.12（星期五）	深圳中考文学类阅读复习备考策略	杨可盈	深圳市盐田实验学校	肖友琴
5.19（星期五）	关于培养初中生语文学习力的本土文化项目化教学研究	王雪兰	宝安区福永中学	郭紫宁
5.26（星期五）	项目化学习下的议论文写作初探	郭紫宁	宝安区福永中学	王雪兰
6.2（星期五）	"养育"语文课堂追求之精读训练	黄林建	宝安区海旺学校	吴雯玉
6.9（星期五）	"养育"初中生语文批判力的思考——以部编版八年级下册第六单元为例	吴雯玉	宝安区福永中学	黄林建
6.16（星期五）	文言文专题复习初探	付艳平	南山区南外集团桃源中学	张明
6.23（星期五）	"养育"初中生语文学习力在教学中的案例采撷	张明	宝安区海旺学校	王璐
6.30（星期五）	"养育"初中生语文学习力之品鉴力的教学研讨	王璐	宝安区为明双语学校	张伟东
7.7（星期五）	初中生古诗词学习法探究	张伟东	深圳市翠园实验学校	王璐
7.11（星期二）	初中生如何高效积累作文素材	肖友琴	宝安区富源学校	杨可盈
7.18（星期二）	运用范文支架培育初中生语文学习力的尝试	姜真真	深圳市第三高级中学	徐静
7.25（星期二）	《孙权劝学》教学设计	党晓霞	深圳市罗湖外语初中学校	姜真真

第六编

养育语文活动报道精选

仰望星空，贴地而行

——金星闪名师工作室"初中语文任务群教学"线上研讨会（2022.11.4）

王雪兰

根据工作室成员的学习需求，为提高工作室成员任务群教学水平和课题研究能力。2022年11月4日晚7点到10点，金星闪名师工作室召开了"初中语文任务群教学"线上研讨会。金星闪工作室全体成员和"'养育'初中生语文学习力的实践研究"课题组成员参加了这次线上研讨会。

本次研讨会，邀请了在初中语文任务群颇有研究的全国著名特级教师、厦门市新教育学校校长王益民老师进行线上指导和答疑，王老师为我们带来题为"基于大单元的初中语文任务群教学例说"的精彩讲座。

王老师的讲座从四个方面开展：为什么要以任务群来组织学习内容；"语言文字积累与梳理"设计例说；"实用性阅读与交流"设计例说；任务群设计要注意哪些。从理论到实践，为我们提供了切实的指导，收获颇丰。

王老师首先从"义务教育课程方案及16科课程标准"的立意出发，高屋建瓴地指出了课程标准的意义，这也是课程观的新变革。接着王校长还用温儒敏和黄厚江两位教授的话语解决了我们对于任务群教学的忧虑与担心。这些都从思想上让我们坚定地学习尝试变革我们的教学方式。

王老师指出：构建学习任务群，注重课程的阶段性与发展性。以2022年版新课标为例，任务群分为三种类型：基础型学习任务群；发展型学习任务群；拓展型学习任务群。设计学习任务群或者大单元教学的核心是大单元、大观念、大任务和大情境。

为了让大家更好地理解和运用任务群教学，王老师分别以八年级下册第四单元的演讲任务群设计、九年级下册第六单元"语言文字积累与梳理"任务群设计和七年级下册第六单元"实用性阅读与交流"任务群设计为例，深刻剖析了学习任务群的实施模式，大的框架结构之内还有任务群的内部结构。一套流程清晰而明确，从结构框架上给予我们学习任务群的实际操作模板,很有启发。

王老师还指出,任务群的设计要注意以下四点:任务要与多方对接,寻找到最佳结合点;要设计一个大任务,具有驱动性;任务群照应大任务,体现结构化;任务群要有情景性、实践性、综合性等特征。

讲座结束后,在互动交流环节中,王老师和工作室成员徐静、张明、王雪兰、黄林建以及课题组的老师进行了一对一的答疑解惑,王老师结合课例,从理论到实践进行了热情细致的解答,让工作室成员深受启发。参加讲座的小伙伴们忘记了一天的忙碌和倦怠,精神焕发,激情四溢。大家纷纷表示,今天的讲座收获满满,受益匪浅。

最后,工作室主持人金星闪老师作了总结发言,他高度评价王老师的讲座对当下初中语文任务群教学精准把脉,王老师的报告理论指导实践,既有理论高度,又有实践高度,将任务群教学设计理念与具体的单元课文结合,教学内容结合,与学情结合,与生活结合,与实践结合,结合具体课例讲解,聚焦学生语文学习力,落地培育学生语文核心素养,操作性强,实践性强。这样的指导,接地气,好懂,好用。期许工作室每一位成员能多领悟多应用,内化吸收到具体的教学实践中,紧跟时代步伐,促进专业成长。

看得见的作文教学指导

——金星闪名师工作室召开"初中作文教学"专题研讨会(2022.11.5)

杨天宇

11月5日下午,金星闪名师工作室的成员和课题组成员,召开线上教学研讨会,探讨写作教学规律,培育学生写作表达力,特邀特级教师、正高级教师丁卫军老师做了《打开会写作的大脑——我的微写作教学实践》专题讲座和线上答疑。

丁老师从五个方面分享了自己的初中微写作的教学实践,既结合当前写作教学中老师们面对的困惑和难题,又列举了自己在写作教学中充分的例子进行说明。

首先,丁老师提出了他的写作教学主张:构建真实而完整的过程性写作教学体系,让写作教学看得见。教师应指导学生基本的写作方法和技巧,训练其修改积累能力,让学生能逐步建立起自己的"作文库",为中考写作做好充分准备,同时也在过程中激发学生兴趣,让学生保持对写作的热情。

丁老师提出了他的写作教学主张"构建真实而完整的过程性指导,让写作教学看得见"。他在实践中依据学情制订写作评价量表并依照不同年级、不同写作任务,指导学生自己修改评价量表并评价自己的作文。丁老师为我们展示了不同评价维度的写作评价量表,并以自己一次面向七年级学生题为"有你在身边,真好"的作文公开课为例,说明评价量表可以量身定制,灵活变化。

接着,丁老师又指出,他在写作教学中用的"两个坚持"——坚持日记写作、坚持随文写作。丁老师展示了学生的作品,从学生的日记、随笔中,可以看到学生的写作水平在一点点提高,而学生从老师一句句真情感人的评语中又获得写作热情,师生关系也更融洽。

"读写结合,在阅读中学会写作",这是丁老师推崇的理念。写作教学从来就不应该被孤立在阅读之外,而写作课堂不限于写作知识的讲解。学生在日常生活中进行读写结合,写思并进,一次次小随笔小片段既是作文水平的提升,更是对生活点滴体悟的幸福,这便是丁老师所讲的:"我们老师教学生写作,不仅仅是着眼于中考,更是着眼于学生的

养育语文新实践

未来——培养一个对写作有兴趣的人。"

在交流互动环节中,丁老师对工作室成员徐静老师等在作文教学中的困惑一一作了解答,让工作室和课题组成员受益匪浅。

最后,工作室主持人金星闪老师高度评价丁老师的讲座,简约、丰厚、接地气,特别是丁老师在微作文教学上做出了可贵的探索并取得了可供借鉴的宝贵经验。他让写作教学的过程性指导落到实处。希望工作室和课题组全体成员在今后的作文教学中,向丁老师学习,形成自己的作文教学思路和体系。

让每一位学生绽放生命色彩

——金星闪名师工作室"大单元教学"研讨会（2022.11.5）

黄林建

11月5日上午，阳光明媚。根据工作室成员的需求，金星闪名师工作室全体成员和课题组成员利用周末开展线上"大单元教学"研讨会。本次研讨会特邀领军人才、特级教师、正高级教师，江苏泰兴市洋思中学刘金玉副校长指导。工作室主持人金星闪老师主持了本次会议。

刘金玉老师做了"新课标、新设计、新教学"主题报告，他从三个方面阐述了语文大单元教学。就老师们当前大单元教学中面对的困惑和难题，结合洋思中学在语文大单元教学中实践例子进行解惑。

刘老师结合新课标提出的背景、导向、形成过程、变化、重点方向、核心关键词六个方面进行解读。他认为新课标是以学生的学习为主线，以任务引领学习。在真实的生活情境中来培育学生的核心素养。

关于新课标的背景下的大单元教学设计，刘老师指出，关键要弄明白大单元教学的三个问题："为什么"，"是什么"，"怎么为"。刘老师认为原先的教学存在着课堂学习内容割裂、碎片、浅表、虚假四大问题。因此，准确把握学科教学的新方向与趋势，改变目前课堂教学现状，实现课堂转型与突破，不断改造旧的与创造新的富有成效的课堂教学，从而抵达高质量的育人目标，势在必行。

怎样才能解决原先教学存在的四大问题？刘老师认为大单元教学就是解决问题的有效途径。他指出现行教材单元编排体系为大单元教学的有效实施提供了无限的可能性。刘老师从大单元教学的起源谈起，认为大单元教学是从知识本位走向素养本位的教学，使得素养的培养系统、全面，是一种大观念、大情境、大思路的新型课堂教学。

接着，刘老师以八年级下册第五单元为例来说明语文大单元教学"怎么为"。他强调语文大单元教学首先要剖析教材设计意图，在此基础上来设定恰当教学目标，明确学习任务。同时规划单元整体安排并创建丰富的学习资源和安排合适的学习活动。最后的单元整体评价也是必要的。

最后,刘老师语重心长地说道:"作为教育工作者,对于义务教育新课程标准的正式发布,不应观望、怀疑、说三道四,更不应该否定、打击。"

"对于义务教育新课程标准这样的新事物,我们应有的态度是紧跟时代的步伐,欢迎、接受、学习、消化、研究、实践、建设,从而使新课标的新思想落地、生根、开花、结果,建设出属于我们的新时代新课堂,出色地完成'立德树人'的育人重任。"

刘老师的报告风趣幽默,振聋发聩,让工作室和课题组全体成员受益匪浅! 赞不绝口!

报告结束后,在互动交流环节,工作室和课题组成员吴雯玉、张明、王璐、黄林建、李燕妮等老师就目前语文教学中的困惑,向刘老师提出疑问,李老师逐一解答,深得老师们的称道。3个多小时过去了,老师意犹未尽、依依不舍。

最后,工作室主持人金星闪老师做了总结。他高度评价刘老师的报告。他说,刘老师的报告,站在时代的前列,目标直指大单元教学,让我们更加明晰大单元教学的特点和形式,开阔了我们的视野,为我们今后的教学指明了探索的方向。

心有征途向上去，吾辈岂是蓬蒿人

——金星闪名师工作室"养育语文"九年级作文课例研讨（2022.11.8）

郭紫宁

错过浪花裂开心花，荷盖展开青霞的美好；遗失稻禾沾满金露，树木寄走枯叶的片刻；在枫叶铺满小径，微风送来凉爽的初冬，我们终于相遇。

11月8日，金星闪名师工作室成员齐聚海旺学校二楼阅览室，召开"养育语文"九年级作文教学研讨会。会议邀请著名的特级教师、正高级教师陈继英老师全程指导。

首先，金星闪工作室成员、课题组成员黄林建执教九年级上册第二单元作文指导课《观点要明确》。

黄老师设计了四个活动。活动一：补写句子，提出概念。议论文论点一般是陈述句、肯定句。活动二：课文验证，确认观点。用本单元学过的课文《敬业与乐业》《就英法联军远征中国致巴特勒上尉的信》《论教养》等文章验证与补充观点。活动三：学以致用，情景演练。为学校的即将到来的诊断测试，征求以诚信考试为主题的演讲稿，为演讲稿拟合适的观点。活动四：创作实践，积极表达。根据关键词为文章拟出合适的观点，列写提纲。本次课堂教学融合大单元教学的情境、主题、问题等元素，得到了专家和教师同仁们的好评。

活动第二环节，陈继英老师对黄老师的课进行了高度评价，他说："很高兴今天听了这样一节好课，思路清晰，给学生充分的活动时间和写的时间，每走一步都很扎实。"陈老师还提出宝贵意见，即本节课整合大单元教学应注意的问题，让黄老师和工作室成员大受裨益。

接着，陈老师做了《学习力培养策略与新思维写作》的主题报告。报告的内容有：学习力的基本内涵；学习力与核心素养的关系；学习力培养的基本方法；新思维写作教学，新在何处；新思维写作教学的有效实施。其中，在新思维写作的实施上，陈老师提出要从思维智能、表现技能、习惯养成、技能训练四个系统进行训练。陈老师的讲座，紧扣教材，干货满满,给工作室成员提供了新的教学思路。

讲座结束,全体成员与陈老师进行了一个多小时的面对面的互动交流,成员向陈老师提出自己在教学中的种种困惑,主要集中在以下几个问题:大单元教学与单篇教学是否冲突;大单元教学中大概念该如何确定;情境如何创设才能有助于学生学习;作文前指导与作文后提升的具体操作。陈老师一一做了详细解答,时间一分分过去,但老师们意犹未尽,久久不愿离去。

最后,工作室主持人金星闪老师对今天黄老师执教的这节作文课进行了点评并对今天的活动进行了总结。他说"黄老师这节课,扣生活,扣教材,扣单元,扣实践,环环相扣,学生活动充分,落实到位。大情境,大知识,大整体,大实践,大综合,大生活,大活动的教学就是大单元教学,真正的大单元教学无不体现对学生语文学习力的养育。"他还就本节课过程中的细节处理和课内外结合提出了建议。他赞扬了参加本次活动的老师们积极态度和上进精神,也指出今天的活动来之不易,对陈老师的莅临指导表示热烈欢迎。他高度评价陈老师的报告,说来得及时,高屋建瓴,又脚踏实地,打开了作文教学新思维,新思路,而陈老师对课例的点评,是对工作室成员的极大鼓励,为我们今后大单元作文教学指明了前进的方向。

心有翼,自飞云宇天际;梦无垠,当征星辰大海。本次线下研讨活动圆满落幕,让我们期待下一次相遇!

教以潜心，研以致远

——金星闪名师工作室承担宝安区"万名教师晒好课"活动(2022.11.30)

王雪兰

　　为探讨单篇课文教学中承载语文大单元教学的内容和育人功能，优化课堂教学，促进教师的专业化成长和发展，海旺学校和金星闪名师工作室积极承担宝安区"万名教师晒好课"的活动，于11月30日下午在线上主办了"'养育'初中生语文学习力的实践研究课例研讨"活动。金星闪名师工作室和课题组全体成员参加了这次会议。来自全国各地245名教师也参与了本次活动。此次活动由工作室主持人金星闪老师主持。

　　首先，金老师向大家介绍了本次活动的流程。本次研讨会共分为三个阶段：第一阶段，课例展示和说课环节；第二阶段，课例点评；第三阶段，微型讲座。

　　接下来，金老师先为我们展示了工作室成员海旺学校的张明老师执教的八年级上册教学课例《背影》。张老师确定核心任务是：探究阅读叙事散文的方法，核心任务又分解成了四个清晰明确的子任务：任务一，明确写什么；任务二，探究怎么写；任务三，理解为何写；任务四，实践运用。整堂课，一项任务完成后进行方法总结，以方法开始，以方法终止，一以贯之，真正的是教会学生学会迁移和应用，培育核心素养。

　　张明老师的课堂轻松活跃、层层推进、环环相扣。如探究怎么写的任务中又细分为探究文章构思方法和探究人物描写方法和语言特点，既有高度又有深度；再如缘点质疑中引导学生就文中反复强调点、照应点来质疑，引发学生进行深度思考，让学习真正发生。

　　精彩继续，接下来，工作室成员海旺学校的黄林建老师执教了九上写作课例《观点要明确》。黄老师确立核心任务为学写一篇观点明确的小论文。黄老师善于从学生生活中提炼问题，从"疫情对我们学习的影响"导入，让学生就此事发表自己的观点，积极调动学生的生活体验和思考探究。

　　接着设计了三个活动，让学生思考起来、动起来，完成自主学习，真正理解议论文观点要明确的知识点，并学会从不同角度明确自己的观点。活动一，补写句子。按照提示，用一个立场清楚的判断句，写出观点。给出支架，让学生在黑板上板书总结自己的观点，再进行修改对照，学生基本能做到立场清楚、语言简洁精练。活动二，课文典型范文验证，加深学生对知识点的理解。活动三，学以致用，设置一个大的情境，以"诚信考试"主题演讲活动为驱动任务,激发学生的兴趣,以小组的形式完成演讲稿的观点。最亮眼的是使用评价量表,让学生有据可依,有理可循。

驱动小问题"观点放在文章哪个位置好"以及观点还可能会设问、反问以及关键词提示,让学生不仅会找出议论文的观点,更能自主拟出合适的观点。由以上活动来总结观点明确的要点就轻而易举了:立场清楚,态度鲜明;表述具体,避免空泛;语言简洁,凝练精准;位置凸显,关键点示。

最后进行写作练笔,以"学习压力大,有的学生内卷,有的学生躺平"来让学生选其一拟出一个明确的观点,并谈谈如何运用材料印证观点。就学生感兴趣的话题,由课内到课外。整节课体现了大单元教学的特点。时刻以学生为主,让学生真正由理论到实践,学会明确观点,调动了学生学习的积极性、主动性,完美展现了高效课堂教学的特质。

两堂高质量的课例展示完之后,张明老师从教学理念、教材、教学目标、教法、教学过程和教学反思六个方面进行了说课,研究深入,力求多方面养育学生的学习力。黄林建老师也从教学理念、教材、目标和流程四个方面进行了说课。

工作室成员徐静老师立足于"如何'养育'学生的语文学习力",对这两堂公开课进行了点评。她提出了三点启示:第一,教而有法,学而得法。养育学生的学习力,就是基于学习者的角度,给予阶梯路径,进行学法引领。第二,真实情境,学科实践。在教学中,我们可以扣生活、扣教材、扣单元、扣实践,将知识迁移到真实情境中去,养育学生的高阶思维能力。第三,深度阅读,思维引导。养育学生的学习力,其实就是要引导学生掌握思维的深度。徐老师的点评细致深刻,将研讨会推向了高潮。

最后,工作室主持人金星闪老师进行了题为"大单元教学背景下,'养育'初中生语文学习力的实践研究"微讲座。金老师从四个方面深入浅出地解释了大单元教学和与研究课题之间的关系:一是大单元教学的概念,重要的三个点是具有情景性、实践性和综合性;二是课题核心概念的界定,"养"是让学生成长,而"育"是让学生"健康"成长;三是研究的内容包括阐释力、品鉴力、批判力和建构力的探究;四是从具体的课例出发解释大单元教学的特征,确立核心任务和子任务是关键。今天展示的两节课例是典型的单篇教学承载大单元教学的典型课例。他指出,养育学生的语文学习力重要一条就是培养学生的语文自学能力,为我们课题组成员的研究提供了一个明确清晰的方向。

一起奔跑,携手追梦

——金星闪名师工作室承担宝安区"万名教师晒好课"活动(2022.11.30)

张明

11月30日下午,金星闪工作室教研展示活动落下帷幕。

回眸这一个多月艰苦的磨课过程,看着工作室有的成员由一开始稚嫩的备课到最后的精彩展示,也看到有的评课人一开始评课浮于表面,到后来由表及里,抽丝剥茧,理论与实践双双跃升,看着他们不断成长,实在令人欣慰。

犹记得,那天下午,群里发了区教研展示活动的通知,工作室成员张明兴冲冲地跟我说:"金老师,您又有用武之地了,我们工作室成员主动上报区教研展示活动,有您这个大咖指导,我们有信心参加。"金老师微笑着说,"这是你们一个很好的展示平台,大家都积极准备。"

10月中旬,张明老师和黄林建老师选定上课内容。张明老师选定阅读教学课文《背影》,黄林建老师选定了写作教学《观点要明确》。起初,黄林建老师对议论文写作教学没有信心,金老师打气说:"议论文写作很棘手,很多人不敢上,潜心探索的人不多,我们就是要吃这只'螃蟹',别担心,有我呢。"并打电话提出构思框架建议,黄老师再三考虑后,决定上这一课。金老师说,作文教学,最容易呈现任务群教学理念,进行大单元教学。张明老师确定《背影》这篇经典课文后,金老师建议,扣住一个关键词,结合单元教学提示,本篇叙事散文特点,任务群教学的特点进行大单元教学。于是,如何通过单篇教学落实大单元教学的任务育人功能的想法,深深地印在两位老师的心里。那个周末,金老师在他们的初稿基础上做了修订,准备在下周进行试课。具体磨课过程如下:

1.开展线上磨课:10月14日晚上八点整,工作室一周一交流活动。

交流在QQ线上正式开始,张明老师主讲,主要内容就是围绕大单元教学设计《背影》,张明老师把《背影》和《藤野先生》放在一块进行设计,群里的工作室成员和课题组成员都积极献计献策,提出了很多"金点子",群里的来自全国各地的老师也在线上提出了自己的观点,金老师觉得这种磨课方式很好地弥补了线下的不足。

2.第一次试课《背影》:10月19日下午,张明老师第一次试课《背影》。

工作室成员黄林建和徐静到场听课并做了活动记录,课下,我们在小会议室开会研讨,黄林建和徐静谈了自己的看法。金星闪老师指出,《背影》是名家名篇,上这课的名师很多,如何突破?金老师提出如下建议:

确定以"探究阅读叙事散文的方法"为核心任务,建立子任务群:(1)明确写什么;(2)探究怎么写;(3)理解为何写。围绕这三个任务去设计。

3.第一次试课《观点要明确》:10月20日下午,黄林建老师试课写作教学《观点要明确》。

张明和徐静到场听课并作了活动记录。课下,我们在小会议室进行磨课,金星闪老师肯定了黄老师的讲课思路及大单元理念执教,也提出了修改建议:

确立核心任务后,从句式整合,单元课文观点整合,学以致用,当堂写作小练笔几方面建立任务群。金老师进一步明确,只要符合任务群"三性"特点的教学都是大单元教学,它扣教材单元要求,扣本课阅读提示,扣该篇特点,扣任务群"三性"特点。

4.专家指导《观点要明确》试课:11月8日下午,工作室召开"养育语文"九年级作文教学研讨会。

工作室成员(海旺学校、福永中学、为明实验学校三校老师)齐聚海旺学校二楼学生阅览室,黄林建老师第二次试课《观点要明确》。

会议邀请著名的特级教师、正高级教师陈继英老师全程指导。陈继英老师对黄老师的课进行了高度评价,在随后的讲座中结合本节课进行细致点评。陈老师还提出宝贵意见,即本节课整合大单元教学应注意的问题,让黄老师和工作室成员大受裨益。

接着,陈老师做了《学习力培养策略与新思维写作》的主题报告。陈老师的讲座紧扣教材,结合当天的课例,干货满满,给工作室成员提供了新的教学思路。

最后,工作室主持人金星闪老师对黄老师执教的这节作文课进行了点评并对当天的活动进行了总结。我工作室公众号以"心有征途向上去,吾辈岂是蓬蒿人"为题进行了宣传报道。

5.金星闪老师上示范课指导:11月11日上午,金老师上示范课《背影》。

为了深入磨课,金老师就如何围绕关键词提升品鉴力,专门上了一堂《背影》示范课,手把手地示范给张明老师看,课下,张明老师说感触很深,收获很大。

6.专家亲临指导《背影》试课:11月17日,金星闪名师工作室召开"养育语文"八年级阅读教学研讨会。张明老师第二次试课《背影》。

工作室成员再次来到我校二楼学生阅览室,会议邀请教育部国培专家库入库专家,正高级教师,著名的特级教师,广东省首批教师工作室、深圳市首批教育科研专家工作室双料主持人,广东省劳动模范胡立根老师全程指导。

课下,胡立根老师对张明老师的课进行了高度评价。他说,很高兴今天听了这样一节扎实、精彩的好课,这是他至今听过的大单元教学的课中很少有这样实效的一节课。

胡老师用了十个亮点来进行细致点评,还说,本节课层层推进、环环相扣,确实为一堂不多得的好课。胡老师还提出宝贵意见,即本节课整合大单元教学应注意慎用概念和内容适度取舍两个问题,让张老师和工作室成员大受裨益。

会后,工作室公众号以"安静行走,微笑前行"为题进行了宣传报道。

7.诚邀专家点拨。

11月,工作室利用双休日邀请了全国知名专家进行线上培训及指导。

11月1日晚,福建教育学院基础教育课程教材研究中心主任石修银教授作题为《初中生学习力的概念与培育策略》的培训。

11月4日晚,全国著名特级教师、厦门市新教育学校校长特级教师王益民老师为我们带来题为《基于大单元的初中语文任务群教学例说》的精彩讲座。

11月5日上午,领军人才、特级教师、正高级教师,江苏泰兴市洋思中学刘金玉副校长作"大单元教学"的培训。

11月5日下午,特级教师、正高级教师丁卫军老师作了《打开会写作的大脑——我的微写作教学实践》专题讲座和线上答疑。

11月20日下午,我国课程与教学论专业"语文教育"方向第一位博士、上海师范大学教育学院课程与教学论专业博士研究生导师、二级教授王荣生老师为我们作《阅读研究·教师阅读·阅读教学》的培训。其中,很多前瞻的理论对本次讲课很有帮助。

8.提前筹划,调校设备网络。

此次活动宝安区教科院提供平台,初中语文教研员倪岗老师大力支持,为小伙伴们坚定了信心。为了活动顺利开展,11月30日上午,工作室联系海旺学校教科研室落实地点、网络、设备等,海旺学校科研处、信息科组大力支持。教研活动主持人和展示人金星闪、张明、徐静等老师下午1点50分准时到场,按活动流程进行活动演绎,来自全国各地245位老师参与活动,直播间签到人数148人,填写信息申请学时的有106人。

工作室将继续探究大单元教学背景下"养育"初中生语文学习力的实践课例和途径,和深圳市五区十一校的课题组成员一道,在新课标实施的路上"小步走,不停歇"。

在"养育语文"的大道上,我们一起奔跑,携手追梦。

专家引领有方向，课例研讨促成长

——金星闪课题组、名师工作室"中考名著复习指导"教学研讨活动纪实(2022.4.20)

张明

4月20日下午，美丽的海旺校园，清风徐来，花香四溢。在主持人金星闪老师铿锵有力的开场白中，金星闪名师工作室"中考名著复习指导"课例研讨活动正式开始。本次活动邀请了全国著名特级教师、正高级教师、广东省劳动模范胡立根先生进行指导，来自深圳市五区十一校课题组成员、金星闪工作室成员和海旺学校语文组20多名老师参加了本次活动。海旺学校刘智强书记、李海榕副校长高度重视本次活动，也亲临了本次研讨会现场观课。

第一环节：黄林建老师课例展示。

黄林建老师执教的课例是"抗争与成长——中考名著主题联读复习"。黄老师先以近两年的中考名著阅读考题为例，让同学们自主发现名著考查特点，在同学们你一言我一语讨论之后，黄老师有的放矢，引出了中考名著复习策略——对照阅读策略。在对比的基础上深入思考探究，在阅读中自觉地将具有一定关联的人物、事物对比参照，区分细微差别，探究差别产生的本质原因。对照阅读有三个逐渐深入的层次：立足一点展开，形成完整认识；选择对比角度，理解形象内涵；对照同类形象，探究文化背景。

黄老师以《骆驼祥子》《钢铁是怎样炼成的》《简·爱》这三本名著为例，以学生为主体，分别开展了"绘人物轨迹图，知人论世""聚焦角度，理解形象内涵""对照同类形象，拓展思辨"的活动，课终进行小结，赢得了专家胡立根老师的高度评价。

第二环节：专家点评。

胡立根老师认为，黄老师的课有以下八大特点：一是基于学习；二是内外连通；三是梳理探究；四是学生干活；五是巧设支架；六是建立图式；七是学生思维发展；八是设置情境恰切。胡老师还提出建议：名著复习除了要基于学情外，课堂上还要有检查评价环节。

胡立根老师切中肯綮的点评、睿智深刻的创见、深刻的理论解读赢得台下老师们的啧啧赞叹，老师们沉浸在探寻教学之道的兴奋之中，也生出发自肺腑的敬意。

第三环节：专家报告。

东方风来满眼春，海旺开怀迎嘉宾。胡老师围绕"语文新课标·课程新思维·教学新策略"的大背景，以"王，不好当啊"为题，从"语文教育走向深水区""语文教育的课程策略""语文教育的教学策略"三个方面展开阐述。

讲座以"语文教育走向深水区"开篇，胡老师以"这是一个怎样的时代"为引，人类文明的发展趋势，旁征博引地指出，这是一个文化势差逐渐缩小的时代，这是一个大众文化、审美、教育觉醒的时代，这是一个信息化、智慧化、智能化的时代，这是一个变化的时代，这是一个变革的时代，这是一个超越的时代，这是一个创新的时代，这是一个迷茫的时代，这是一个世俗自主、自主选择的时代。胡老师认为当今孩子具有多元化特点，并指出核心素养的核心是"真实性"，是解决真实问题，继而提出"语文课程要走向深度学习"。

胡老师登高望远，创见地阐述了"语文学习的十大特点""语文之教的八大困境""语文之教的八个误区"，胡老师一针见血地认为，学习力是核心的、终身的能力，表达力是文科人才的核心能力、所有人才的通识能力。

鉴于此，胡老师有的放矢，提出了三个课程策略：系统性——目标梳理；大阅读——任务整合；跨学科——全科视野。随后，胡老师还详细阐述了语文教育的教学策略，即精心设计程序，认为教学设计是为学生设计学习活动、学习程序，提供学习支架；适当整合材料；情境任务驱动；建设读写场域，智能情境场，愤悱心理场，群体交流场；注意分层夯实；学生自己干活，认为课堂是学生在工作，而非老师在讲课。

胡老师讲座既深入浅出又通俗易懂，既提纲挈领又细致入微，用成功的案例直击大家探寻知识的大门，在场的老师听后茅塞顿开，大呼过瘾。

最后，胡老师说，只要我们认真学习新课标，扎实转变观念，研究学生、研究学习，改造教学，也一定能够为语文教育的进步，培养有理想、有本领、有担当的时代新人。

第四环节：互动交流。

海旺学校语文组科组长张瑞芬老师代表语文老师向胡老师请教。（插图）

胡立根老师幽默风趣的语言、严谨的钻研精神、娴熟的教学艺术又一次打动着在座的老师，老师们认真地记录着，深深地思考着。

第五环节：主持人总结。

课题组和名师工作室主持人金星闪老师点评说，课例还可围绕"抗争与成长"设计教学任务，将任务分解；每走一步都要有具体的方法总结并板书，这样效果可能会好一些。最后，他希望课题组和工作室成员不断锤炼自己的课堂语言，他说，教师首先要站稳自己的课堂。课堂是阵地、是舞台，是平台，是实验室，是厅堂。希望每位成员每学期努力打造一节属于自己的精品课，作为自己的代表课。有了这样的代表课，教师的教学就有底气。我们的课题研究已进入关键期，要紧扣养育"四力"与"人心、人性、人格"的结合进行探索，出最新成果。

本次活动的成功举办提升了工作室老师的专业素养和教育教学水平，为我课题组和工作室深入开展教育教学改革，打造高效课堂奠定了坚实的基础。

有的放矢，高效务实

——金星闪课题组、名师工作室召开"构建高效语文课堂"专题培训会(2023.4.29)

黄林建

2023年4月29日上午，正值五一假期，春末夏初，万物欣欣向荣，金星闪课题组和工作室成员齐聚线上云端，倾听了特级教师、正高级教师胡家曙老师的《高效语文课教学的一般逻辑和新课程实施》专题报告。课题组和工作室主持人金星闪老师主持了本次会议。

高效语文课堂是所有语文教师极其关注的问题。那么什么是"高效语文课堂"？"新课标"视角下如何重新定义"高效"、重设语文大单元教学设计思路？ 胡老师给我们带来他的研究和思考。胡老师的专题讲座从高效语文教学的一般逻辑和新课程实施两方面进行了分享。

首先，胡老师向我们阐释高效语文教学的内涵。他说："高效语文教学是立德树人教育环境下，指向语文核心素养的价值观和方法论。"

胡老师认为，建构高效语文课堂的根基是学科课程观。他还介绍了古德莱德关于五种不同的"课程"形态。胡老师高屋建瓴、以图文并茂的方式生动形象地展现了高效课堂建构的根基、途径及样式。

报告中，胡老师对语文新课标、新课程的实施进行了详细的解读。尤其是对语文新课标中"大概念"的解读，见解独到，发人深省。他从新课标的变化谈起，指出了传统教学存在的一些误区，运用建构主义教学理论来阐述语文学科核心素养的建构逻辑。他认为："要以学科大概念为核心，使语文课程内容结构化；要遴选重要观念、主题内容和基础知识，设计课程内容。"他以八年级上册第三单元为例深入浅出、细致生动地讲解了语文大单元教学设计思路，并构思了单元结构化的图式，从底层知识技能到本单元指向的核心素养，层层递进。他认为教师需要逆向教学设计——先想学习结果，然后教师以"导游式"让学生自主地学习与内化，以实现学生核心素养的落实。

在交流互动环节中，课题组和工作室成员徐静、张明、李燕妮等几位老师针对教学实际，围绕语文课堂效率、大概念、大单元实施过程中出现的问题，提出自己的困惑，胡老师耐心地为老师们一一作了解答，让课题组和工作室的老师们获益匪浅。

接着，主持人金老师做总结发言。

他高度评价胡老师的讲座既有理论的高度，又有具体的操作办法和措施。特别是胡老师的"高效语文教学追求"和在语文教学的"大概念"设定上做出了可贵的探索，站在大概念核心内涵高位理解"大概念"之"概念"。

最后，金老师进一步明确市级成果培育课题"'养育'初中生语文学习力的实践研究"当下研究的任务和要求。他指出课题研究到了关键期，"四力"（即阐释力、品鉴力、批判力、建构力）养育一定要结合"人心、人性、人格"，课题组和工作室成员要牢记课题研究内容。他还结合自己的课例"学写传记"指出如何在教学设计、实践活动、教与学的活动中扣住"四力"与"三人"的养育。各研究小组侧重自己的"一力"兼顾其他"三力"与养育"三人"。

金老师告诫我们说，每一次成长都是煎熬，每一次煎熬都是历练，每一次历练都是飞翔。让我们一起奔跑、一起飞翔！

专家引领，探骊得珠

——金星闪课题组、名师工作室进行"初中语文单元教学设计"线上培训(2023.4.30)

王雪兰

4月30日上午，金星闪课题组、名师工作室邀请郑桂华教授作《初中语文单元教学的难点突破》的专题报告。郑教授系上海师范大学中文系教授，博士生导师，上海师范大学教学指导委员会主任，教育部普通高中与义务教育语文课程标准修订组成员，教育部义务教育语文教科书审查委员。课题组和工作室主持人金星闪老师主持了本次培训研讨会。

"如何设计任务群下的教学"，"如何基于核心素养开展大单元教学"，"大单元教学"，"单元教学"，这些近期火热的教学研究让老师们有些无所适从。郑教授的讲座直击单元教学设计的难点，从素养导向下的单元学习目标入手，既高屋建瓴，又极接地气，带给课题组和工作室教师"拨开云雾见月明"的豁然开朗之感，明确了前行的方向。

讲座中，郑教授首先提出了本次培训会的背景是基于核心素养的单元教学，这是讨论的基本指向。郑老师从90年代上海的单元教学说起，她关切地说道："我们的教学改革不能漠视以往既有经验，要在已有的基础上往前走。"

接着，郑教授指出当前教学中存在的问题：浅表化、碎片化、虚浮化和抽象化，并以朗读的层次、《背影》的析词语、悟情感、名词的讲解和《安塞腰鼓》的文化认同感举例，深入浅出地剖析了这些问题，令人警醒、引人深思。郑教授语重心长地说，文学是人学，读不出作者和我们自己这个人，都没有抵达到文学的殿堂，要真正深入人的精神世界层面，这才是读文学作品最终的要义，也就是语文素养。

郑教授认为初中语文单元教学的难点在于单元学习目标的确定，"高迁移、概括性、结构化"是其关键表达。

接下来，郑教授从以下六个方面生动地讲解了如何突破素养导向的单元学习目标这一难点：

1.区分语文学习目标的层级，并以冯旭洋的《统编初中语文教材单元目标设计——基于单元整体教学的视角》这一论文为例，结合七年级上册第一单元和第二单元的单元教学目标，让老师们清晰地明白了微观、中观和宏观的教学目标。

2.区分学习目标的维度：理念与现实，真正理解学—教—评一体化。在这一层面上，郑教授链接了古德莱德的课程的五个层次理论，指出教—学—评一致要立足于体验的课程，立足于学生学到的程度，更新了老师们的理念、拓宽了我们的视野。

3.确定单元学习目标的原则。单元学习目标的特点是：正确、具体、集中、弹性、连续，这些特点要明确指向语言文字运用的关键能力(概括性、结构化、高迁移)。郑教授指出首要关注学习目标确定的正确性这一特点，并以《老王》教学目标设计为例，高中和初中同一篇文章不同的教学目标，明确了素养下的教学目标一定是概括性、结构化和高迁移的，这是要突破的难点所在。

4.聚焦单元学习目标的要素。郑教授指出语文教学改革的重点是要加强梳理探究，形成结构化的知识；运用中建构，建构中运用。言语品质和思维品质实质上就是核心素养。单元学习目标和语文生活需要也是相辅相成的关系，因而阅读目的也是非常重要的关注点。郑教授以《应有格物致知精神》为例，结合自己的教学实际，明确阅读目的的重要性。同时，还可以依据阅读活动类型和阅读活动设计的内容确定单元学习目标。郑教授以《祖国啊，我亲爱的祖国》为例，指出单一篇章也可以关注其本身之间的关联，也要聚焦深入探究，切忌多篇间的碎片化和浅表化的关联。郑教授又以关于排比学习的单元目标为例，继续深入解释如何设计确定单元目标。

5.单元学习目标的来源，以分析－聚焦－具体化－结构化为系列方法。郑教授以小说单元的教学目标为例，步步推进，讲解了方式和做法。

6.课时学习目标和单元学习目标相互促进，一定具有具体、明确、集中、连续、弹性的特点，也一定是概括性、结构化和高迁移的。

在互动交流环节中，课题组和工作室成员张明、徐静、付艳平和黄林建等老师针对实际教学和理论研究中的困惑向郑教授请教，郑教授耐心地一一解答，让课题组和工作室老师们感到醍醐灌顶、受益匪浅。

最后，主持人金星闪老师做总结发言。金老师高度评价郑教授的精彩讲座。他说，郑教授以生动的语言，结合具体文本和自己高质量的课堂教学实践案例，深入浅出地为我们解读单元教学设计的难点，让我们领略顶尖专家的风采。她智慧的语言，形象的表述，深刻的思考，如四月的春风，如甘露般渗入我们的心田，给我们带来美的享受。金老师殷切希望课题组和工作室老师们锤炼自己的文本解读能力，单元教学设计中要特别关注作者的立场、我们的立场、读者的立场，关注文本与生活，揣摩文字背后所蕴含的情感，作者的情感是如何通过文字呈现出来的，引导学生走向深度学习。金老师还说，郑教授的讲座为我们今后的课堂教学变革及课题的研究指明了方向，提供了方法，我们将以此为起点，不断探索大单元教学，把课题研究做得更扎实。

语文教学之路漫漫，老师们深耕细磨，用一个上午的时间，利用线上进行深入研究与交流,不仅是专家引领下的探骊得珠,也是老师们扎根教学,投入钻研的印记。

听课回声:

张明(深圳市宝安区海旺学校):金老师能请到郑教授这样的学界大咖,不但是工作室的福气,更是我们这些学员的福气。在新课标背景下,大概念,大单元,任务群等热门词汇都涌入我们眼中,而郑教授关于这些新词的独到见解更是被我们很多一线老师奉为圭臬。四月中旬,我区教研员倪岗老师放映了郑教授关于《邓稼轩》《闻一多先生的说和做》群文阅读教学设计,并说这是他迄今为止看到了关于大概念教学的最好的设计,把握了大单元的精髓。用不断创设贴近学生的真实情境,培养学生核心素养,实现语文生活的需要。今天听郑教授讲单元整体教学,特别是用具体案例深入浅出,切中肯綮。比如,八年级下册第三单元的群文编排,郑教授用上帝般的视角给我答疑解惑,从容耐心输出高质量的理论和方法,让我醍醐灌顶。再次感谢郑教授!

黄林建(深圳市宝安区海旺学校):郑教授的《初中语文单元教学的难点突破》讲座内容丰富,很接地气。她用自己教学中翔实的案例诠释了语文大单元教学中的单元目标和课时目标确定的原则和要求,让身处语文教学一线的我们深受启发。我明白了语文教学目标的确定要以培养学生核心素养(指向语言文字运用的关键能力)为导向,进而设计具有挑战性的课堂学习任务。同时语文教学要坚持教、学、评一体化。

王雪兰(深圳市福永中学):郑教授的讲座真的是很接地气,很多疑惑不解之处也豁然开朗。郑教授能很好地将学术理论和课堂实践相结合,用自己的课堂示例讲解了单元目标的确定,针对教学的浅表化、碎片化、虚浮化和抽象化的问题,提出了让教学走向结构化、概括化和高迁移。特别是对《背影》《老王》和《应有格物致知精神》这几篇文章的解读,角度独特,学习目标明确,每堂课最终都指向学生的语文素养。真正从学生实际出发来让学生进行深度学习是今后我努力的方向和目标。

徐静(深圳市宝安区海旺学校):曾有学者对单元教学提出过这样的疑问:"对多个文本"整合的单元教学会不会抽去文本的特殊生命? 听了郑教授的讲座有拨云见雾之感。确定单元学习目标的原则是:概括性,结构化、高迁移性,但这并不意味着牺牲单篇的个性,并不意味着要将单篇的个性生命抽离。单篇的精读很重要,但单篇是单元视野下的单篇。不管是单篇还是单元都要按照概括性、结构化、高迁移三个原则进行设计。

吴雯玉(深圳市福永中学):上个月听了郑教授关于命题的讲座,今天又有幸听到郑教授关于单元教学的讲座,我觉得郑教授是一个非常注重人文、关注学生的老师。郑老师对于单元教学的见解虽然不同于我们以往了解与探索的大单元教学,但同样都关注到真实的情境,关注学生的生成,注重语文知识在现实生活中的运用。郑教授的理论无疑是具有启发性的,在讲座过程中,郑教授旁征博引,谈到自己的成长经历,这些经历让我深切认识到自己目前的不足,同时也为我指引了方向。

郭紫宁(深圳市福永中学):郑教授的初中语文的单元教学的难点突破以目标设计为例,为我们解析了初中语文教学如何才能结构化、整体化,让我对之前的碎片化、浅层化的教学进行了深刻的反思,目标设计以可操作化的点为方向,如抓住比喻的形似、神似,让我对语文教学有了更深刻的理解，语文教学的艺术性、专业性值得探寻的还有很多。

王璐（深圳市宝安区为明双语实验学校）：感谢郑教授的《初中语文单元教学的难点突破》讲座，有醍醐灌顶的感觉。郑教授提出的教学中存在的浅表化、碎片化、虚浮化、抽象化的问题让我们更深刻认识到单元整体深入学的必要性，要聚焦单元学习目标要素，注重积累梳理探究、从而学会运用建构，最终形成言语品质、思维品质、价值观念。这就需要我们教师在教学设计中形成清晰的教学系统，凸显其学科核心价值。

杨天宇（深圳市福田区外国语学校（香蜜校区））：听了郑教授的讲座感觉获益匪浅，同时郑教授对语文学科的热爱和结合生活赋予语文课生命力的做法令我十分敬佩。近几年语文教学新概念和新观点频出，教学中也会有些迷茫，但教学中一些普遍性问题，如"浅表化、碎片化、虚浮化、抽象化"等"通病"，在当前变革背景下无疑是我要反思改进的。多联系生活实际，多从学生角度去思考，多去想想教学某个具体的知识点到底能让学生收获什么，这个对我来讲是必须要思考解决的问题，也是成为一名语文老师的初衷。从文本中学，结合生活学，从课堂从学生中学，这也是我今后努力的方向。

李燕妮（深圳市南山区第二实验学校）：感谢郑教授贴心实在的讲座。讲座的出发点是初中语文单元教学的难点突破，给我的启发最大的提示就是教师在做单元目标设定时要从真实阅读目的和需要出发，要让语文学习回到生活世界中来。设计时要有灵魂三问：如果你是普通读者的阅读你如何读？如果你是语文老师你会如何读？如果你是教此班的语文老师你会怎么读？以具体、集中、弹性、连续的目标来实现单元教学，单元教学目标应以概括化、结构化、高迁移为标准。这也将成为我未来教学中认真去体验和实践、研究的目标。

肖友琴（深圳市富源学校）：郑教授的讲座，内容翔实，很接地气，我深受启发。特别有感触的是关于教学目标的原则首先是正确，教什么比怎样教更重要。在"双减"工作正不断深入开展与推进情况下，"上有质量的课"是"双减"的有力保障。制定正确适切的教学目标，是上好一节有质量的课的前提。再次感谢郑教授！

付艳平（深圳市南山区南山外国语学校集团桃源中学）："不管是单元整体教学还是单元视野下的单篇教学，学习目标都是灵魂"，这次郑桂华教授的《初中语文单元教学的难点突破》讲座，从教学中存在的浅表化、碎片化、虚浮化、抽象化问题入手，结合自身一线教学经典课例，主抓学习目标，从单元教学目标确立的原则、单元学习目标的要素、依据阅读活动类型确定单元学习目标的方法及单元学习目标的来源等角度，深入浅出，层层剥笋式地教我们老师如何撰写科学、合理的单元学习目标，对于我个人而言，真的是获益匪浅。不仅解决了课改以来困扰我心中的如何进行单元教学目标的确立，如何单元整合的问题，更重要的是从郑教授对初中语文教材课文如数家珍般的深刻而独特的解说中，我读到了一个语文人的高尚情怀，手中有文本、眼中有作者、心中有学生、有自我，只有对生命饱含理解、尊重与敬畏之心，才能在语文课堂游刃有余，实现语文品鉴力、批判力、建构力的培养，进而实现对学生"人心、人性、人格"的养育。

姜真真（深圳市第三高级中学）：今天有幸听了郑教授的讲座，让我受益匪浅。郑教授结合自己的教学实践,对单元教学的学习目标设定这一难点问题进行了详细的指导,让我们了解了单元学习目标的特点是指向语言文字运用的关键能力,具有概括性、高迁移、结构化的特点,这让我反思自己的教学中存在的浅表化、碎片化的问题,以后要努力以具体、集中、弹性、连续的目标来进行单元教学,学会在运用中建构,加强梳理与探究,形成结构化言语经验,培养学生终身受用的关键能力。郑教授善于从不同的视角解读文本,她对教学文本的深入理解和自独特解读也让我很受启发。

杨可盈(深圳市盐田实验学校):听完讲座,我明白了教学设计要聚焦阅读目的,勾连单元学习目标和语文生活需要,力求让学生能够学以致用,对语文充满兴趣,同时能为生活做服务。

初夏风光无限好,教研活动绽芬芳

——金星闪名师工作室开展初中文言文教学课例研讨纪实(2023.5.10)

张明　徐静

缤纷五月,阳光明媚,海旺校园四处飘香。为提升初中文言文教学水平,交流教学经验,发挥课题组、名师工作室的示范、引领、辐射作用,深圳市"'养育'初中生语文学习力的实践研究"课题组暨金星闪名师工作室开展了"养育语文"文言文教学课例研讨暨专家报告活动。本次活动邀请深圳市基础教育系统首届教育名家,中小学正高级教师,著名语文特级教师,教育部"国培计划"主讲专家陈继英老师全程指导。工作室主持人金星闪老师主持了本次会议。

第一环节:课例展示。

工作室成员展示了两节课,张明老师执教的课例是:《探寻古代文人的坚守,汲取古人的人生智慧——〈桃花源记〉〈小石潭记〉》群文阅读。教学流程如下:

核心任务:探寻古代文人的坚守,汲取古人的人生智慧。任务一:求同比异述内容——联读;任务二:美点赏析学方法——赏读;任务三:颁奖词里论坚守——比读;任务四:寄语声中汲智慧——运用。

徐老师执教的课例是《爱莲说》,教学流程如下:

核心任务:掌握托物言志文言文的阅读方法。任务一:初读课文,疏通文义;任务二:研读课文,建构形象;任务三:知人论世,体悟情志;任务四:回顾阅读经验,建构阅读方法。

第二环节:专家点评。

两位老师的课赢得了专家的连连肯定,同时也指出了要设计出具有总领性的有意义的核心任务。陈老师认为,张明老师的课整体设计有创意,课题的选择非常有意义,它不仅仅是知识,更重要的是学习古人的智慧,学习古人面对困难时对理想的坚守;任务群的设置围绕核心任务,层层推进,比较合理;支架具体,学生易操作;思路非常清晰,教学目标、教学任务非常明确。同时,陈老师也提出了中肯的建议,子任务分解成三个子课题较为适宜,四个子任务偏多,完成难度较大。实施子任务的过程中,顺序再适当调整更好,比如写颁奖词可以先让学生先写,然后在展示中发现问题并现场指导,接着展示老师写的颁奖词,让学生在比对中学习借鉴,最后再给时间让学生在修改中升格,这样的过程会更扎实一些。

陈老师说,徐静老师授受的虽然是单篇教学,但实际上里面隐含着大单元的内容,容易达成学一篇知一类的效果;方法具体有效,最后学以致用,进行实践训练,让学生进行积极的语言活动,直指语文核心素养。教授也建议,徐静老师可以让学生多朗读课文,在反复朗读中解决问题。

第三环节:专家报告。

课后,陈老师还为工作室成员做了《核心素养培育与提升的教学策略——教学评一体化实施的有效方法》的讲座。讲座从反思与追问中开始,从理论到实践,给课题组、工作室的伙伴们带来了满满的干货。报告主要内容有:

第一,提升学生语文学习效率的关键因素。1.学习兴趣;2.学习动力;3.学习力;4.学习习惯(观察习惯、思考习惯、阅读习惯、写作习惯、上课习惯、作业习惯、复盘习惯);5.学习毅力品格;6.思维品质:想象力、创新思维、探究品质;7.理想与情怀。

第二,破解语文教学难题的有效方法。1.读懂学生,细研文本,设计好核心问题,有效实施教、学、评一体化策略;2.用好过程性评价:明确标准、数据记录、及时反馈、有效激励;3.用好表现性评价:建立学习共同体、安排展示、有效复盘;4.用好奖励性评价:根据作业、实践成果、完成作品等情况,予以加分。

第三,备课时如何才能设计好总领性问题与系列子问题? 1.读懂学生;2.细研文本;3.研读新课标。

第四,如何设计出具有总领性的有意义的核心问题任务? 1.读懂学生;2.细研文本;3.研究语文课标;4.设计总领性问题。

第五,表现性评价的具体方法。1.制定评价标准,教师在开展教学前应向学生阐明学习目标,师生共建基于可观察的表现性评价标准,帮助学生做好自我监控和自我激励;2.学生可以参与评价信息的收集和评价结果的交流,在师生间他评与自评的结合中实现自身学习成果、学习力与学习态度的反思;3.课堂教学中,要适当安排学生学习汇报或作品展示环节,既提高语言组织表达能力,又增强其自信心、成就感,还能提升学习动力;4.建立学习共同体,小组团队合作评价,互相激励与督促,提升持久专注度;5.要有效实施复盘与反思,明确学习渠道与进退原因,提升学习效果;6.研制评价量表,让学生知道如何具体表现。陈老师特别强调将写观察体验日记或读书随笔纳入表现性评价中,把坚持书写练字与听写训练纳入表现性评价中。

第六,教学评一体化的具体设计方法。新教学评一体化重视问题化系统构建,重视搭建学习支架、学习策略多元分层设计,即关注知识在情境中的意义化——将知识放还到情境中,在情境中引发多样化的学习实践,将情境中的知识抽象为学科中心的关键概念和能力,在新情境中去检验,去学习。教学评一体化要求从常态教学方案设计走向突出大概念深度理解的翻转逆向教学设计。传统的是先确定目标、再确定学习内容、最后设置达标检测的正向设计;教学评一体化:以终为始提出大概念大问题,再分解成系列子问题、再分项确定检测目标评价指数——依据欲达成的这些指标,选择学习内容与学习方式,提供学习课程资源,根据完成的作品、项目、成品加以评价。教学过程,进行以终为始的逆向设计,以任务驱动学习过程的开展。陈老师还结合语文教学中的具体实例,比如:如何将写观察体验日记或读书随笔纳入表现性评价中;如何将书法练习与听写纳入表现性评价中等内容。

陈老师的讲座,既有理论高度,又有实践行动,还有经验分享,整个讲座具有很强的针对性、指导性和可操作性。

第四环节:主持人总结。

不知不觉,天色渐晚。老师们还沉浸在陈老师的讲座中意犹未尽。课题组、工作室主持人金星闪老师总结说,陈老师不辞辛劳,整整一个下午听课、评课、讲座,给授课老师和所有课题组工作室老师带来了宝贵的建议和满满的收获,并致以感谢。陈老师今天的报告是我们工作室和课题组"教学评一体化"培训内容最丰富的一次讲座。两位授课老师在陈老师建议的基础上进一步打磨自己的课,为区级晒课做准备。金老师还鼓励老师们在每一次活动中提高自己。

五月风光无限好,教研活动绽芬芳。在这个充满希望的季节,我们坚持着,探索着,思维碰撞着,所以我们收获着,成长着。"道阻且长,行则将至",让我们乘着语文的东风,越研越美,行稳致远!

听课回声:

张明(深圳市宝安区海旺学校):徐静老师这节课虽然是单篇教学,但实际上里面蕴含着大单元的内容,容易达成学一篇知一类的效果;方法具体有效,最后学以致用,进行实践训练,让学生进行积极的语言活动,直指语文核心素养,听后受益匪浅。

陈老师点评眼光犀利,思想睿智,关于教学评一体化的讲座既有理论高度,又有实践指导,方法具体,可操作性强,从翔实的课件中看得出,陈老师把多年孜孜以求的精华都毫无保留地分享给我们,而且陈老师整整一下午听课、评课、做讲座都严谨务实,我深感钦佩。感谢陈老师!

黄林建(深圳市宝安区海旺学校):如何培育与提升学生的语文核心素养?陈继英教授认为关键在于构建教学评一体化的教学体系。听完讲座后,我深刻地认识到教学评价的重要性之所在。我们的教学活动中评价无处不在,包括作业点评、师生课堂互动、生生互动、考试等。我们的教学评价应避免单一化,恰当运用如嵌入式评价、过程性评价、任务式评价。评价要贯穿教学活动、任务始终。我们要以核心素养为导向明确评什么怎么评,要充分运用教学评价指挥棒,发挥评价的引领与导向功能。

王雪兰(深圳市福永中学):张明老师的文言文群文阅读让我印象深刻,比较异同、美点探寻、创意颁奖和创作书寄,由课内迁移到课外,学生的思维由浅入深,并从古人的智慧中汲取了新的人生力量。徐静老师的《爱莲说》，关注文言文托物言志的阅读方法，深入品析文言句式和反复用词之处，可谓非常巧妙。陈老师的讲座更是让我钦佩，了解了教学评一体化的重要性，始终以生为本，关注学生，充分发挥评价的作用，让学生在评价中找到学习语文的乐趣，受益匪浅，希望能在以后的教学中摸索尝试。

徐静（深圳市宝安区海旺学校）：众所周知，培养"核心素养"就是要培养学生运用知识技能，解决实际问题的深度思维力及表达力及关键个性品格。一般人，都是从教学内容的选择上去探讨这个问题，但陈老师却给我们开了另一扇窗，从"评"的角度来建构学生的这一能力，从"评"的角度构建学生的"结构化"知识，并形成可迁移能力。听完讲座，获益良多。

王璐（深圳市宝安区为明双语实验学校）：张明老师执教的《探寻古代文人的坚守，汲取古人人生智慧——〈桃花源记〉〈小石潭记〉》群文阅读一课，分别从求同比异述内容、美点赏析学方法、创意颁奖论坚守、诗意创作书寄语四个子任务展开，既加强了知识间的内在关联，促进知识结构化，也由浅入深，向深度学习、思维课堂迈进，更落实了"养育"语文学习力中阐释力、品鉴力、批判力、建构力的培育。徐静老师以《爱莲说》一课为例，学习掌握托物言志文言的阅读方法，从疏通文义、建构形象、体悟情志、建构阅读方法四个方面细致而生动的讲解，对于我们探索如何提升四力中养育学生的人心、人性、人格，提供了很好的经验与借鉴。陈老师的讲座给我很深的思考，如何设计出具有总领性的有意义的核心问题任务，我们需要读懂学生、细研文本、研究语文课标、设计总领性问题。我们的教学应将知识放还到情境中，在情境中引发多样化的学习实践，将情境中的知识抽象为学科中心的关键概念和能力，在新情境中去检验，去学习。教学过程中，应进行以终为始的逆向设计，以任务驱动学习过程的开展，才能更好地落实学生四力的培育。

李燕妮（深圳市南山区第二实验学校）：张明老师的课给我很深的印象。他带领学生在四个活动任务里实现了对两篇经典古文的异同梳理，课堂完成了阐释力、品鉴力批判力及建构力的培养。在难点部分创意颁奖论坚守中给出了颁奖词的支架及评价量表，使学生在联读、赏读、比读之后能形成自己对古人面对人生痛苦选择坚守给予理解且能汲取古人的智慧。徐静老师的课能看出她的学养深厚，思考深入。她将爱莲说这篇托物言志的文章以梳理句式及语言用词的方式作为主要探究的方法并能结合作家的史料知人论世，带领学生探究周敦颐的托物言志文言阅读的方式方法。相信她会在此次研究课后继续将研究向深处挖掘，我非常期待她下一次的展示课。陈老师的讲座非常及时且让我深受启发。听了陈老师的讲座我对语文教学评一体化的理解更系统、更具体。在构建教学评一体化中，评的核心是评价什么，如何评价，怎样实施，如何应用，是否有效，这一点启发我在日常教学中继续考虑将"评"的作用如何凸显出来。陈老师给了我更大的信心将教学评一体化作为培育学生学习力的重要策略。

肖友琴（深圳市富源学校）：张明老师的文言文群文阅读课《探寻古代文人的坚守，汲取古人人生智慧——〈桃花源记〉〈小石潭记〉》，抓住文本的共同点，打通学法。分别从内容概括、美点赏析、创意表达和诗意创作展开，很好地实践了"养育"语文学习力中阐释力、品鉴力、批判力、建构力的培养，让我深受启发，原来文言文可以这样上。徐静老师的《爱莲说》一课，核心任务是学习掌握托物言志类文言的阅读方法，学生课前预习充分，课堂上有针对性地讲解重难点字词解释和句子翻译，特别让我印象深刻的是抓住言语形式的反复之处理解文义和分析形象，让学生在反复朗读中体悟形象和情感，语文味儿十足，值得学习和借鉴。陈老师的讲座给我很深的启发。陈老师结合新课标和当前语文教学现状，以八年级下册第三单元的课文为例，生动细致地讲解了教学过程中如何设置情境，将抽象的知识通过真实情境转化为学科核心素养，有效地实现教学评一体化。

名师坐镇助成长，且行且思共芬芳

——金星闪名师工作室开展七年级现代文阅读教学课例研讨会（2023.5.24）

黄林建

5月24日，夏雨飘然而至，带来丝丝清爽，海旺校园更显清新靓丽。为提升初中大单元背景下现代文阅读教学水平，交流教学经验，提升语文学习力，发挥名师的示范、引领、辐射作用，金星闪名师工作室暨深圳市"'养育'初中生语文学习力的实践研究"课题组开展了"'养育语文'七年级现代文阅读教学"课例研讨暨专家报告活动。本次活动邀请深圳市教师专业发展委员会常务理事、语文特级教师、正高级教师、"悬念语文教学法体系"的创建者何泗忠老师全程指导。工作室主持人金星闪老师主持了本次会议。金星闪工作室和课题组成员参加了本次活动。

第一环节：课例展示。

工作室成员王雪兰老师执教课例：《巧设悬念，妙笔生花——《驿路梨花》单篇大单元教学》。王老师先以纪晓岚的一首打油诗，引出了课题"巧设悬念，妙笔生花"，并明确本课核心任务：探究及运用巧设悬念的技巧，列写悬念故事提纲。

王雪兰老师在本课中安排了三个学习任务：任务一：寻梨花，探悬念之巧；任务二：绘导图，悟悬念之法；任务三：写故事，尝试悬念之法。教学内容丰富，教学环节环环相扣。课堂最后引导学生小结归纳出巧设悬念技巧，课堂效果突出，赢得了在座专家何泗忠老师的高度评价。

第二环节：专家点评。

何泗忠老师首先对王雪兰老师勇于上公开课的精神给予了高度赞赏。何老师认为，这堂课用"悬念"来整合教学内容，巧妙设计教学活动，并寻找语文与生活的联系，整合教材能力很好，重点突出；课堂整体教学环节流畅，环环相扣，教学线索比较明晰；利用表格填写等教学手段推动学生学习；整堂课教师都很有激情，老师肢体语言丰富，亲近学生、融入学生，王老师用很有语文味的话语及时评价和反馈；在王老师的带动下，学生积极动笔、回答问题，最后达成教学目标。何老师也给出了中肯的建议：课堂容量适当减少，课堂节奏放慢一点，集中力量突破语言运用这个核心素养等。

主持人金老师赞扬王老师的好学、上进、求实、谦虚的精神，这是他非常欣赏的。他说，这节课情境设计非常好，大单元意识强，各环节环环相扣，是设计得较好的课例。她的情境和任务的设置，均为指向核心素养发展的评价设计，这就是以评促学。初次来陌生的学校讲课，面对陌生的学生，她很快拉近和学生的距离，应变能力，教学魅力和功力都很了不起。希望王老师精益求精，在何老师意见基础上进一步修改完善，抓住"语言"这个牛鼻子，推进教学，发展学生思维，还可以在上课节奏上稍慢一点，留给学生更多的思考和动手时间。

第三环节：专家报告。

评课后，何泗忠老师还为工作室成员做了《课堂教学任务驱动设计——悬念教学法，实现任务驱动最佳途径》的讲座。何老师从要做学生喜爱的语文老师谈起，理论与实践相结合，结构清晰、实例丰富，给课题组、工作室的伙伴们带来了满满干货。报告主要内容有：

1.一个理念：核心素养。

（1）为什么构建核心素养？中学课堂教学普遍存在的问题：在教学内容上，太过浅表化；在教学形式上，太过程式化。在教学文化上，太过专制化。忽视了学生核心素养的构建。

（2）核心素养的主要内容。中国学生发展核心素养是培育全面发展的人，包含三个方面：①文化基础：人文底蕴、科学精神；②自主发展：学会学习、健康生活；③社会参与：责任担当、实践创新。

2.任务驱动：悬念设计。

（1）任务驱动设计背景：国家重视。

（2）任务驱动设计模式：三悟模式。在教学中，教师应该引导学生主动、积极地参与过程。教师教学的主要任务是创设任务驱动情境，使学生处于兴奋状态，使师生处于沟通状态，实现深度教学，让学习真正发生。

3.悬念课堂：《桃花源记》。

何老师展示"悬念教学法"在语文教学中的经典课例《桃花源记》，他用一体四面来设计他的驱动性任务：

初读课文，采用倒叙追问法设置悬念，从语言角度探究文本语义之丰。

再读课文，采用补叙内容法设置悬念，从文章角度体会文本构思之妙。

三读课文，采用添加虚词法设置悬念，从文学角度品味文本意境之美。

四读课文，采用花样朗读法设置悬念，从文化角度享受文本文化之精。

这堂课，教师讲的话语不多，教师的心思主要是花在学生身上。教师只是紧紧抓住学生"好奇"的心理特点，给学生抛出一个接一个的"神秘"事件，制造一个又一个的悬念，千方百计让学生在课堂上阅读、讨论、质疑、答疑，使学生产生浓厚的兴趣，自觉地加入学习中来,让学习真正发生,成功实现课堂教学中的师生沟通、师生互动。

何老师的讲座,既高瞻远瞩,又脚踏实地。他的"悬念教学法"教学实践成果丰硕,《桃花源记》课例的分享让我们获益匪浅,整个讲座具有很强的针对性、指导性和可操作性。

最后,何老师说:"从内心喜欢当教师,希望做一个特立独行的个性化教师,做一个知识渊博的学者型教师,做一个能让学生永远记住的优秀教师。"老师们被何老师的教育情怀深深打动,掌声久久不息!

第四环节:主持人总结。

课题组、工作室主持人金星闪老师总结说,何老师的报告,幽默风趣,内容丰富,结合自己的精品教例,深入浅出,告诉我们,什么是有趣有味有效的课堂,怎样做一个让学生喜欢的老师,他的讲座给课题组工作室所有成员带来了一场非常接地气的精彩的讲座,让我们收获满满。

在这个充满希望的季节,让语文课堂悦研悦美,让教学之花竞绽芳菲。我们相信,在"养育"语文理念的指导下,在名师大咖的引领下,我们定会在新课标的星空上绽放出属于自己的精彩。

听课回声:

张明(深圳市宝安区海旺学校):王雪兰老师的教学设计很符合目前的大概念、任务群教学,提出了"制造悬念"的大概念,设置贴近学生真实生活的情境,用了三个子任务,层层深入,串联成任务群,较好地达成了学习目标。王老师教学素养高,有激情,体态语言丰富,容易走进学生内心。何泗忠教授荣誉多、头衔多、研究多、成果多,是名副其实的"四多"专家。何教授点评切中肯綮,多维考查,可谓一绝。何教授从语文教学之现状谈起,眼光独到地剖析了目前盛行于世的语文教学之乱象,并给出了自己潜心多年研制的一剂良药——悬念教学法。何教授在《桃花源记》教学中运用的悬念教学法让我大开眼界,他像一个魔法师牵引着学生在神秘世界里酣畅淋漓地遨游,没有直接告诉学生结论,而是制造一个又一个悬念诱导学生干活,激活思维,品味语言之美,文章之美,文学之美,文化之美乃至人生之美。可以想象,何老师精湛的教学艺术背后是对语文教学的热爱,对学生身心发展特点的精准把握,对语文教学高质量发展的孜孜以求。再次感谢何教授!

黄林建(深圳市宝安区海旺学校):王雪兰老师的课是一堂阅读写作课。王老师从课文中提炼了一个非常好的写作教学点——悬念。巧妙设计教学活动,带领学生探讨归纳写作技巧。同时,联系生活实际去实践运用所学知识。何泗忠老师说:"从内心喜欢当教师,希望做一个特立独行的个性化教师,做一个知识渊博的学者型教师,做一个能让学生永远记住的优秀教师。"何老师的这句话让我敬佩不已、感动不已。我想自己离优秀教师还有很长的路要走。虽"路漫漫其修远兮",但"吾将上下而求索"!

王雪兰(深圳市福永中学):何泗忠教授的人格魅力真的让我敬佩不已,特别是他的人生格言,生命不息,激情不止,让我感受到了一位语文人的教育情怀。何老师分享的

《桃花源记》和《红楼梦》的悬念式教学法让我也大开眼界,第一次知道原来语文还可以这样教,真正地做到了任务小内涵大,学生有兴趣学,老师教得轻松。

李燕妮(深圳市南山区第二实验学校):王雪兰老师的课容量非常大,核心任务具有挑战性:探究及运用巧设悬念的技巧,完成悬念故事。课堂内容是在一个情境任务的设置下展开。这节课王老师力求带领学生从《驿路梨花》悬念设置的梳理讲解收获后将学到的思维方法再在《带上她的眼睛》及课外拓展《麦琪的礼物》中得到理解和认知的内化,进而将这种理解再使用在创作中。课堂上的王老师激情满满,抑扬顿挫,并设计了填写悬念知识梳理表格及三篇文章的对比表格、各小组悬念故事提纲的评价量表,学生活动设计了小组探究的学习任务。可惜的是容量太大使得细节展现和讨论没能深入展开。感谢王老师分享她在百忙之中的钻研探索!何泗忠教授的讲座很让人感动,在教学一线耕耘的他将自己解决教学中的最难之法分享给大家。何老师的确将课堂教学演绎成了艺术,抓住教学中的核心目标,创造调动学生思维之法,能在课堂上生成学生的批判性思维、创造性思维。我相信何老师的课堂里学生都很享受语文课堂的思维趣味。何老师强调课堂里必须抓住语言运用,这是语文课堂之基,这个提醒对目前我们这些在大单元教学尝试中的老师尤为重要。感谢何老师醍醐灌顶的讲座!感谢金老师及课题组给予的资源和指导!

付艳平(深圳市南山区南山外国语学校集团桃源中学):王雪兰老师这节以"巧设悬念,妙笔生花"为主题的课有四大优点:一是设计巧,用悬念为线索串珠,将《驿路梨花》《带上她的眼睛》《麦琪的礼物》三篇文章整合在一块进行教学,体现了王老师极强的统整能力;二是思路清,用三个学习任务"寻梨花,探悬念之巧;绘导图,悟悬念之法;写故事,尝试悬念之法"步步推进,实现由读到写的过渡;三是指向明,核心任务明确,探究及运用巧设悬念的技巧,完成600字的悬念故事,同时教学中问题指向明确,能帮助引导学生较好地达成目标;四是容量大,通过三篇文章的对比阅读,探究了设置悬念的四种不同技巧——疑问法、误会法、矛盾法、巧合法。于我而言获益匪浅!何泗忠教授的悬念课堂,他的一体四位,他的悬念教学法设计的驱动性任务,他的经典课例《桃花源记》的精彩复盘,为我推开了一扇语文教学的窗。何老师说"与其灌输一万次,不如真正唤醒学生一次",这是教育的真谛,教育不就是一个生命对另一个生命的唤醒吗?这也是我一直追寻与仰慕的教育的美好时刻,感谢何老师,带我领略了这样的美好!

徐静(深圳市宝安区海旺学校):王雪兰老师这节课的主要任务是学习悬念设置的几种方法,并用所学完成学科实践任务。教学设计以《驿路梨花》为核心文本,以这篇文章"悬念"笔法的透彻阅读,支撑起了单元教学。王老师的课,让我受深受启发:不管什么样的语文教学和语文学习活动,都离不开一定的语文知识做支撑。单元教学不能采取篇篇用力,逐篇讲解的方法,要用核心文本的透彻阅读支撑单元学习资源的整合。这节课的精彩呈现背后,可见王老师语文对教学的用心用情之深!何教授的讲座相当精彩,对一线教师相当有借鉴意义。当下语文界很热闹,语文教师在不同领域为语文教学开了很多窗。有时感觉越学习越迷茫。听何老师的讲座之后,有拨云见雾之感。语文教学要用悬念教学法点燃学生发现言语形成之美的热情。谢谢何老师！

郭紫宁(深圳市福永中学)：王雪兰老师的课堂活力满满、干货十足，以悬念的设计为切入点，进行群文阅读，归纳悬念设计的方法，抓住言语形式，以课文为例子，进行知识的整合，真正实现了用教材教，让我重新思考什么是一课一得，以及如何做到一课一得，语文教学之路值得探究的还有很多。何泗忠教授的"与其灌输一万次，不如真正唤醒学生思维一次"已深深刻在我的脑海里，语文教学悬念法也为我的教学工作重新打开了一扇窗，窗外风景甚美，值得探寻。另外，何教授的人格魅力与教育情怀更为打动人心，吾辈钦佩不已。

正读"四大名著",站稳课堂教学

——开展"中华经典文化教育与教学"暨"养育语文课堂教学实践"线上培训(2023.6.10)

张明

6月10日的深圳,天蓝水清,树绿花红,空气清新,环境宜人,不禁让人心旷神怡,幸福感油然而生。在这个美好的日子里,金星闪名师工作室、课题组关于"中华经典文化教育与教学"暨"养育语文课堂教学实践"线上培训如约而至。本次活动包括上午和下午两场活动,上午由中华书局编审祝安顺老师作题为"正读'四大名著'"的报告,下午由合肥市五十中学天鹅湖教育集团程小鹏老师做题为"站稳课堂,做专业的语文老师"的讲座。课题组和工作室主持人正高级老师金星闪主持了本次培训会,金星闪工作室和课题组成员参加了本次活动。

1.正读"四大名著",呵护传统文化。

"兴趣是最好的老师,那国学经典的兴趣点在哪里?"祝教授开门直问,引人沉思。

"娶妻当如湘云,生子当如仲谋,交友如鲁达,信心如唐僧",祝教授话锋一转,诙谐幽默,皆成文章,瞬间引爆老师们的思维。

从"四大奇书"到"四大名著"的最终定论,祝教授胸有广博知识,口中娓娓道来,让老师们大开眼界。

谁命名"四大名著"? 这个话题还真让老师们困惑呢。祝教授从"大范围出版、不成文的习惯、非文学成就大、读者增多、约定俗成"等方面一一说开,老师们恍然大悟,眼中满是钦佩之意。

"四大名著"有毒? 有人说,《三国演义》阴谋诡计;《红楼梦》男女情爱;《水浒传》打打杀杀;《西游记》太过虚幻。针对这个问题,祝教授用拨云拨雾之手为我们正本清源,指出"四大名著"的诸多奇特之处:"浅显的文言,优美的文字,或明快流畅,言简意赅:或瑰丽奇幻,想象丰富;或波澜壮阔,奇峰突出;或缠绵悱恻,摇曳多姿;塑造了众多家喻户晓的人物,构成了传统文化的不可分割的重要部分,雅俗共赏,老少咸宜。""四大名著"还是中小学新课标指定读物。

"四大名著"怎么读？祝教授纵横捭阖，从和尚道士秀才的传统解读到胡适提倡的科学实证解读，并亮出自己的鲜明的观点：以"爱国主义精神"为核心，重点是家国情怀教育、社会关爱教育、人格修养教育等；比照四大正书（《大学章句》《论语集注》《孟子集注》《中庸章句》）正读四大名著；顺着文化生成的脉络读。

祝教授说，这样一来，读国学经典就会有以下奇效：通过读《西游记》，我们可以不再被迷茫所困，因为脚踏实地地探索往往比一步取得"真经"更加受用；通过读《红楼梦》，我们不再相信命运，这部看似带着"宿命论"色彩的小说，其实是在告诫人们，命运其实就是一点一滴积累起来的行为，行善行德必会幸福圆满，而不劳而获、信神信鬼终将走向衰败；

通过读《水浒传》，我们知道了让老百姓"宽心"，遏制腐败才能实现国家的长治久安；通过读《三国演义》，我们可以了解"天下为公"的思想理论，明白无论何时都不要因一己私利而抛弃天下公义。

接着，祝教授"博学笃志"，从独特的视角告诉我们，《西游记》讲述一个人的修身之道，《红楼梦》讲述一个家的齐家之道，《水浒传》讲述一个国的治国之道，《三国演义》讲述天下的和平之道。

祝教授讲座既深入浅出，又细致入微，时常举一些事例，使道理通俗易懂，渗透人心，相信老师们久困心头的疑惑会逐一消融。

2.站稳课堂，养育专业。

风起，正好扬帆；乘势，才能快上。

下午，工作室及课题组成员聆听了程小鹏老师题为"站稳课堂，做专业的语文老师"的讲座。程老师高质量、接地气的讲座再次赢得老师们连连赞叹。

讲座伊始，程老师以"鸭妈妈带小鸭"的视频切入话题，告诉我们，任何时候，作为引领者，责任都是无比重大的。要敬畏教师这个职业，并让它具有专业性，在平凡的教学岗位上，"养育"我们语文老师的专业性。

程老师的讲座包括以下六个方面。一、聊聊"教师职业的定位"；二、"站在讲台"与"站稳课堂"；三、我的课堂成长往事；四、什么样的语文课才算一节好课；五、上好"平实的"语文课；六、做一个"专业的"语文老师。

在聊"教师职业的定位"中，程老师以"民师、名师、明师"阐述了教师职业的自我定位。提醒老师们在互联网时代，要始终保持旺盛的学习力，时时刻刻更新自己的知识体系，这样才能更好地完成教育教学工作任务。

关于"站在讲台"与"站稳课堂"的话题，程老师认为，站讲台不易，站课堂更难，站稳课堂难上加难，站稳课堂是教师永远的追求。程老师还从心态稳、技能稳、专业稳三个方面指导我们怎么站"稳"课堂。

在"我的课堂成长往事"这个环节，程老师如数家珍地复盘了自己多年的教学经历，看到他从一个青涩的年轻人成长为远近闻名的名师，也看到他众多成功的或不成功的参赛经历,我们感受到程老师对教育事业的无限情怀。

程老师从"课堂线索要明晰,环节要紧凑""内容要充实,要点要突出""课堂活动要丰富,能力训练要落实"等方面阐述了"什么样的语文课才算一节好课"。

程老师从真实的课、充实的课、扎实的课、丰实的课四个方面诠释了如何上好"平实的"语文课;

而后,程老师还阐述了语文老师的专业成长路径,即学习—实践—反思—成长。

程老师朴实富于哲理的话语让我们格外亲切,丰富高质的内容让我们受益匪浅。

最后,工作室主持人金星闪老师叮嘱我们要像程老师那样养育专业,站稳课堂,唯如此,才能无愧于壮丽的教育事业。

在今后的教育教学工作中,我们要在工作室主持人金老师的引领下,马不扬鞭自奋蹄,行则将至,做则必成。

听课回声:

张明(深圳市宝安区海旺学校):祝教授关于"四大名著"的讲座登高望远,视角独特,用深厚的理论娓娓讲述着中华优秀传统文化的精髓,还语重心长地告诫老师要把厚重的中华优秀传统文化传递给学生,用优秀的中国元素滋养学生,话语中饱含深情,凸显一个优秀知识分子的使命感。感谢祝教授!程老师的讲座非常接地气,非常务实有价值。作为一线老师,程老师的很多内容让我听起来很亲切,很感动,特别是程老师的"奋斗史"深深打动了我,靠着对教育事业的热情、对朴实目标的坚定执着、对学生的无私之爱,他从一个乡村教师蜕变成城市的骨干教师,从"藏在深山无人识"的初生牛犊到远近闻名的名师,真可谓"一路芬芳一路歌"。向程老师致敬!

黄林建(深圳市宝安区海旺学校):作为一个中国人,中国的传统文化让我们倍感自豪和骄傲!作为一个新时代的语文老师,继承和弘扬传统文化,我们义不容辞!祝教授对"四大名著"的正读让我们感受到传统文化的魅力,对优秀的传统文化有了更进一步的认识。感谢祝教授!程老师的精彩讲座给了我很多启发,促使我不断地反思与沉淀。无论做什么事情,一定要打好坚实的基础。语文老师要想站稳课堂,就要有意识地进行教学基本功训练,夯实基础,提高自己的业务水平。程老师的亲身经历和工作感受让我们明白:渺小的量变可以积累惊人的质变,平凡的脚步可以丈量遥远的旅途。我要"找准方向,突破自我"。

王雪兰(深圳市福永中学):读经典,读中华优秀传统经典书,以兴趣为出发点,正读经典,很有意义。从书中读出经典书籍的文化生成的脉络,读出主题,读出经典的厚重感。特别是《水浒传》的解读让我有了不一样的认识。感谢祝教授。程老师的讲座非常实用接地气,既然选择了老师这个职业,就应一直保持热爱,向专业的语文老师迈进。上好每一堂课,上好有语文味的语文课,在日常教学中养育学生的语文素养。程老师比赛经历和经验的分享让我有豁然开朗的感觉。常态课、比赛展示课和复习课该从何入手,重心突出,这是一位语文人的人生宝典,也是一位语文人的拼搏奋斗史,真的无比佩服!

李燕妮(深圳市南山区第二实验学校):祝教授的讲座从教育部2014年发布的《完善

中华优秀传统文化教育指导纲要》说起,以初中生如何读经典的具体做法做结,层次清晰地讲述了关于四大名著的文化传承部分内容的理解,其中我受益于"四大名著"的文化解读部分,不仅让我有了新的探索好奇,还启发我可以带领学生一起做个这个方向的小课题研究。感谢祝教授!程老师的讲座扎实而落地,对于一线教师的我有很大启发和帮助。尤其是他对上一节好课的经验分享,令我茅塞顿开。我之前的研究课所遇到的问题都在程老师的分析里并做了指点,因此这次讲座的内容对我这个蹒跚学步的探索者而言是非常受益的。他在讲座中对于学生的语文素养的养育过程也给了很好的建议。感谢程老师,也感谢金老师,让我在"做专业的语文老师"的方向上前行!

付艳平(深圳市南山区南山外国语学校集团桃源中学):浓荫初成,夏蝉始鸣的美好夏日,听祝教授讲解正读"四大名著",如沐夏日之清风,一扫长久以来郁困于心的烦绪。祝教授首先告诉我们,作为一线母语教师,在国学经典课堂,我们得找准兴趣点,将经典与学生的生活产生联系,给学生带去文化的指导,读活经典,读成自己的经典。其次重点告诫我们要顺着文化生成的脉络正读"四大名著",将经典变成我们生命营养的一部分,活化经典,培养学生的"浩然之气"。祝教授用独特的视角消解了经典与生活的距离,经典与学生的距离,建构了一座从"要我读"走向"我要读"的桥梁,于我有醍醐灌顶之效。听程小鹏主任的讲座,一种亲切、质朴、实效的感觉扑面而来,作为扎根一线、从一线成长起来的名师,他用自己的成长之路为我们生动地诠释了如何站稳课堂,上好语文课,成为一个优秀的母语老师。程主任用形象的语言,鲜活的事例娓娓讲述了一堂好的语文课需要具备的要素,从形式上来说一节好的语文课要线索简单,要化繁为简,学做减法,要以问题为核心展开教学,要安排丰富的课堂教学活动,要落实能力训练;从内涵上来说一节好的语文课要以文本为中心,以思维为主线,以有味为旨归,将课堂还给学生,在日常教学中养育学生的语文素养,培养学生的阅读习惯,不管是学生的成长之路还是老师的成长之路,读书都是必不可少的捷径!感谢程主任无所保留地倾囊相授,感谢金老师精心组织了这次学习活动!

徐静(深圳市宝安区海旺学校):祝老师在讲座中强调,兴趣是最好的老师,阅读经典要把书与生活打通,让经典像水,像空气一样融入生命。如何正读经典?要顺着文化生成的脉络读。这样的理论,我还是第一次听到,感觉很新鲜,很受益。是的,读经,要见前人,见时空,见来者。置于历史文化的时空中读经典,唯此,才可以将经典读得更深厚。程老师是位有情怀的语文人。作为语文人,我们要做学生的心灵之师。作为一个专业的语文老师,我们应领着学生在语言文字里遨游,要避免用非语文的方式教语文。语文老师,最需要的是培养"新时代的读书人",这些有情怀的话语,让我再次找回了教学的初心,并坚定了前行的方向。

郭紫宁(深圳市福永中学):祝教授带领我们探究四大名著的现实意义,以爱国主义精神为重点,探究家国情怀教育、社会关爱教育、人格魅力修养教育的实施,启发语文教育的高度与深度。程老师以自身的经历展示一位语文教师发展的终身性与专业性,一个好的语文教师是怎么样的?一节好的语文课堂是怎么样的?如何上好一节语文课?在程老师的讲座中收获颇丰。

吴雯玉(深圳市福永中学):祝教授的讲座从四大名著的源流讲起,展开四大名著的解读与教学,展现了一个古文从业者的严谨。此外,祝教授赋予名著阅读解读以新的角度,要求我们引导学生从中读出"爱国主义精神"及其具体内涵,是新时代下四大名著的新意义。程老师则是从语文教师职业发展的角度,从"前辈"的角度,分享自身成长经验,手把手教我们如何成长为时代需要的语文教师。程老师的成长历程令我感动,而他的分享也是我们成长路上的明灯。

肖友琴(深圳市富源学校):祝教授的《正读"四大名著"》提出要从传统文化的角度让四大名著与家国情怀产生联系。他认为要在新文化和旧文化间架起桥梁,不能仅仅以现代人的理性思维或科学思维来理解传统文化。这种创意阅读给我不少启发。祝教授的讲座由浅入深,精讲细研,使我对四大名著有了新的理解,特别是《西游记》和《水浒传》两部中考必读必考名著,使我在今后名著教学工作中更有底气,真的受益匪浅。程老师的讲座《站稳课堂,做专业的语文老师》用自己的现身说法,从一个普通的教师,一步步成长起来,成为专家型教师。真的很佩服!对于程老师说的心态稳特别有感触,在这个浮躁的时代要静下心来搞教学实属不易。感谢程老师的倾囊相授,在今后教学工作中我也要潜心钻研,逐步实现教师成长"三部曲":民师、名师、明师!

王璐(深圳市宝安区为明双语实验学校):祝教授的讲座高屋建瓴,从独特的视角解读《西游记》《红楼梦》《水浒传》《三国演义》四大名著,我们深刻领悟顺着文化生成的脉络读的重要性。程老师的讲座全面而深刻,我们一线教师作为引领者,责任都是无比重大的。要敬畏教师这个职业,并让它具有专业性,在平凡的教学岗位上,"养育"我们语文老师的专业性。

姜真真(深圳市第三高级中学):祝教授在讲座中从一个独特的视角解读经典名著,告诉我们如何正读经典——要顺着文化生成的脉络读,四大名著发扬传承了儒家的修身齐家治国平天下思想。祝教授的解读启发我,在带领学生阅读名著的过程中,要联系生活加深学生对作品的理解,培养学生对传统文化的热爱。程老师的讲座让我看到一个有情怀的语文人如何在平凡的岗位上深耕细耘,一步步成长起来,成为专家型教师的心路历程。告诉我们教师的专业化成长之路需要有经验,有方法,有成绩。平时要精心准备好每一堂课,要上真实、充实、扎实、丰实的课。我特别欣赏程老师在推动学生阅读方面所做的努力,我们也在努力推进海量阅读,程老师在如何培养学生读书方面也有很多好方法,感谢程老师的引领!

党晓霞(深圳市罗湖外语初中学校):名著怎么读?这不仅让我的学生困惑,也让我这个青年教师困惑。而祝信安教授在讲座中给我们指明了方向:"正读,顺着文化生成的脉络读。"个人觉得这一方法路径很好地克服了知识碎片化的问题,让我们"知其然",也让我们"知其所以然"。除此之外,从祝教授对名著的解读视角中,我还意识到了教师文本解读能力的重要性。如祝教授提到的"《西游记》教我们修身,《红楼梦》教我们齐家,《水浒传》教我们治国,《三国演义》教我们平天下"观点,让我们耳目一新。

　　张伟东(深圳市翠园实验学校):从学生的身心发育角度、从教师自身成长层面,我们都要特别重视教师的专业性,尤其语文教师的责任重大。我们要敬畏教师这个职业,"养育"我们语文教师的专业性。程老师从"民师、名师、明师"三个层级以自身成长经历为例子,深入浅出地剖析,年轻教师要树立目标、方向明确、逐层提升。活生生的案例,告诉我们:要精心准备每一节课,上好平常课,磨炼自己的素养,并不断反思与尝试改进。立足日常课堂教学,做好四个"实":真实的课、充实的课、扎实的课、丰实的课。做一名"专业的"语文老师。

智者之风，行养育之道

——记金星闪名师工作室两次线上培训(2023.6.17)

王雪兰

南国的梅雨季节，"语"你线上共研促成长，雨声、风声、远方之声交织，带来了一场别样的学习之旅。2023年6月17日，金星闪"养育语文"课题组和工作室成员相约线上云端，聆听了关于"提升语文学习力的课堂教学"和"大单元下文言文教学"的两项培训会。本次活动分上午和下午两场，上午由浙江省特级教师范维胜老师作题为《从"学习任务群"到"微专题"探究活动》的讲座，下午由吉林省教科院二级教授、全国著名特级教师张玉新先生作题为《文言文偏态教学行为矫正》的讲座。课题组和工作室主持人正高级教师金星闪老师主持了本次培训研讨会。

1.探究实践"微专题"，提升语文学习力。

范老师的讲座从热门话题"语文学习任务群"谈起，理论有深度、实践有力度、情感有温度，给课题组和工作室的伙伴们带来了一场高质量、指导性强、干货满满的讲座。

讲座分为三个部分：对语文学习任务群的认知；从"学习任务群"到"微专题"探究活动的实践；基于新课标背景下的语文学习的思考。

范老师首先系统地讲解了"什么是学习任务群""设计学习任务群的意义"以及"实施学习任务群的标准"，指出从"学习任务群"到"微专题"的探究活动就是通过教与学的转化让学生掌握"带得走"的知识，这是语文课堂提升学生学习力的一种路径，能有效地促进学生的深度学习，培养学生的核心素养。

范老师还详细介绍了20世纪90年代的单元教学，指出我们的教育改革应在前人的基础上守正创新。结合七年级上册第六单元的想象与联想主题、八年级上册的新闻和八年级下册的演讲探究活动，范老师明晰了单元设计的主题来源以及设计模板，为我们提供了很好的方向。

同时，范老师还从四个方面指出"大单元"中的"大"的内涵：单篇也可以学出大格局、让深度学习发生在学生身上、重组实施"微专题"探究活动和单元叠加探究一类文本，"大"是强调一种学理逻辑，理解深刻透彻在理。而且学习活动的评价——语文作业的设计也应培养学生走向深度的语文学习。

最后，范老师还从四个角度对新课标背景下的语文学习提出了建议：不要轻视单篇课文的学习，课堂多从事言语实践活动，注重培育学生的文化思维，活动·探究课、综合性学习课要转变学习方式，解决了我们教学中的很多困惑，细致实用。

2.矫正偏态教学行为，回归"原生态"教学。

下午，课题组及工作室成员聆听了吉林省教科院张玉新教授的《文言文偏态教学行为矫正》专题讲座。张教授的讲座角度新颖，直击当前一线教师的众多偏态教学行为，惊人之语折射教育现实，有如当头棒喝，警醒着我们，引发大家对教育的深思。

张教授从三个方面展开：教学行为；教学行为的维度；偏态教学行为与矫正。

首先，张教授详细地讲解了教学行为的定义和教学行为研究的意义。他认为教师行为，是教师素质的一种外化形式，有着广义和狭义之分。狭义的教师行为包括教师在教学中的行为举止和与教育相关的行为、活动。教师的教学行为对学生的影响深远，具有巨大的现实意义。

接着，张教授从教学流程分解研究、专家教授与新手教师的比较研究、教学行为功能的分解研究、特殊教学内容或特殊行为的分解研究、教师偏态性或有效性的教学行为研究五个角度来深入剖析教师教学行为的维度。

张教授还指出了当前文言文教学出现几种偏差行为：教学目标定位失准；背景资料呈现失当；合作学习虚假；教学媒体使用异化；传统板书处境尴尬；课堂提问逻辑混乱；作业布置难以完成或价值有限；试题化倾向严重。问题指向明晰，令人深思。

张教授倡导的"原生态"教学观立足学生，让学习在课堂真实发生。他说，语文人要"精于技，不止于技"，要追求语文之道。他的文言文教学范式"一指禅"，让人耳目一新。他以《小石潭记》的教学案例来深入解读何为"一指禅"，让学生在课堂中思考提升总结出统摄全篇的一个"清"字，以生为本，引导学生向高阶思维发展，着实为我们提供了一个明确的提升方向。

在互动交流环节中，课题组和工作室成员徐静、张明、付艳平等几位老师针对实际教学和理论研究中的困惑向张教授请教，张教授充分地、有理有据地一一解答，让老师们受益匪浅。

最后，工作室主持人金星闪老师高度评价了两位专家的讲座，认为这些讲座既有理论高度，又有实践深度。希望我们能沐智者之风，做智慧之师，行师者之道。

听课回声：

张明（深圳市宝安区海旺学校）：范老师40年的教学生涯锻造了他对自我的高要求，也锻造出他丰硕的教育教学成果。范老师以"八年级下册第四单元演讲词"为例，详细论述了单元任务群设置核心任务以及子任务的方法，尤其是"学生学习了新闻单元不会写新闻，学习了演讲单元不会写演讲词是说不过去的"阐述对我触动很大，自觉收获很多。

感谢范老师！张教授的讲座朴实无华而又蕴含教育规律的精髓。听了张教授的讲座，我脑海里又浮现出教育学心理学专著里的关于教育教学的"金科玉律"，曾几何时，我们也把张教授的教学主张奉为圭臬。但是，现在的互联网时代，我也迎合着大众的做法，比如，花时间制作课件设计，上课呈现课件的内容多而快，没有适当的板书做示范，学生好像不会做笔记了。教学目标也经常在课堂上让学生们齐读，有时也会一上课就集中介绍作者，用词条的方式，以说明的语言为主，也会要求学生能死记硬背这些东西。有时为了节省时间，让学生讨论时间较少，不是真正的合作学习。也会布置价值有限或难以完成的作业。张教授的教学主张及教学范式非常真实，基于学生的学习方便，基于学生的实际学情，真正体现了"以生为本"，实乃不可多得的学习范本。感谢张教授！

黄林建（深圳市宝安区海旺学校）：范老师的语文教学"微专题"讲座让我们思考：如何让语文学习走向深度化，从"教"转向"学"，从教授课文到构建学生语文学习的素养框架？"微专题"学习就是很好的实践路径。"微专题"有助于突破单篇式学习的碎片化，从而走向综合性学习，有效地对学生进行语文能力的训练，进而培养学生语文核心素养。张教授讲座总结出的"偏态教学行为"让我深深触动。因为这些问题都会出现在自己的语文教学过程中。我们禁不住要反思：什么才是真正的语文课堂？怎样让自己的语文课堂走向"正轨"？针对这一点张教授提出"真实的语文课"标准，为我们今后的语文教学指明了方向。感谢张教授！

王雪兰（深圳市福永中学）：指明了提升语文学习力的最好的方法，特别是范老师所说的：通过教与学的转化让学生掌握"带得走"的知识，使我深受启发。范老师还从四个方面指出"大单元"中的"大"的内涵，单篇也可以学出大格局、让深度学习发生在学生身上、越元重组实施"微专题"探究活动、单元叠加探究一类文本，"大"是强调一种学理逻辑，理解深刻透彻在理。另外，范老师的单元作业设计也让我耳目一新。所有的语文实践操作在专家的引领下，有理有据有实践，来实现学生的核心素养，确实受益匪浅。张教授的讲座让我不断反思自己的教学行为，也让我有方向去纠正自己的教学行为。特别是"背景资料的引入"该何时何地如何使用让我非常认同，真正的语文课堂不流于形式，重视学生主体。特别是文言文教学的"一指禅"，《小石潭记》的教学案例让我醍醐灌顶，尽量向专家教师优秀教师一步步迈进。

李燕妮（深圳市南山区第二实验学校）：范老师的讲座围绕"学习任务群"到"微专题"的探究活动展开，这给了我们在教学实践中提升学生语文学习力的路径指引。以八年级上册的演讲单元与九上的新闻单元为例示范了活动研究单元的具体操作过程，这些实践性很强的案例引起我对范老师研究团队的好奇。在问答环节中范老师解答了我的疑惑，原来是老师们以备课组为单位，在专家团队的指导下进行单元微专题的设计，范老师提出专题的切口要小，少搞大项目，多搞小活动。这的确是非常宝贵的实践经验。范老师也明确指出语文教学设计中的层级管理，并不是所有的孩子都能完成高阶思维活动的任务，这真诚的建议我非常认同，因为这的确符合真实的语文学习生态的观点，非常感谢范老师的倾情分享。吉林省教科院的张教授将他带领学生做研究过程中发现的语文教学中的偏态教学行为做了梳理和分享。讲座中提到了合作学习活动的虚假问题,这一点我也感同身受,经常在听课的过程中发现小组活动的形同虚设,小组活动的任务分工不明确,学习方式不清晰,交流浮于表面、流于形式的现象,这不利于学生的学习力提升。另外关于教学目标的定位失准问题,也是我们在平时听课时会遇到的问题,不论是表述的行文格式还是目标的不典型、不具体,这都会导致学生主体地位在语文学习的过程中被忽略、被低估。

付艳平(深圳市南山区南山外国语学校集团桃源中学):范老师讲座中的微专题探究活动设计,如何让深度学习发生在学生身上及作业教学化的内容讲解,也如"月色入户"般,激发了我"欣然起行"的探究欲。而范老师强调的"单篇亦可以学出大格局",提醒我们老师在教学中要重视学生知识迁移与运用能力的培养,在日常教学中养育学生的语文素养,也给新课改背景下,单篇教学处理困惑的我指明了方向。张教授结合近年来他自己的听课评课经历及吉林省高中语文教师和部分初中语文教师的调查问卷,归纳总结出"八种偏态教学行为"如一记警钟,不仅警示了我,同时也为我的教学反思指明了一条系统的路径。张教授的"原生态教学观"立足学生,让学习在课堂真实发生更是我"心之所向,行之所往"的。感谢张教授的精彩讲授,感谢金老师的精心组织!

徐静(深圳市宝安区海旺学校):范老师学养深厚,讲座很见功底。范老师为语文课堂如何提升学生学习力开了一剂良方,同时对何为语文学科的独担之任有着深刻而清晰的认识。尤其难能可贵的是,范老师对当下的大单元教学有着自己富有成效的实践研究,讲座旁征博引,举例颇丰,整个讲座听下来,收获颇丰!张教授在讲座中提到,语文人要"精于技,不止于技",要追求语文之道。语文老师的成长要由技至术至道。何为语文之道,首要的是学生学习之道,学生的学习之道离不开经典的涵养。张教授的讲座,给了我这样的启悟:会当凌绝顶,一览众山小,一个语文人只有站在道的至高位,才能不迷失于一时的热闹。

郭紫宁(深圳市福永中学):范老师的微专题探究,让我知道了如何以小见大,走出了大单元教学的理解误区,情境教学、文体探究、高阶思维提升都是范老师讲座中的关键词也是我以后的研究点。微专题与核心素养、新课标的融入关系也让我思考语文教学的语文味、专业性从何而来。张教授的讲座提出了当前语文教学的一些误区,从理论到实际真正地说服了我,如何让语文教学、语文改革不流于形式,让学生真正成为学习的主体,教师需要更多地思考、更精心地教学设计、更大胆地放手、更有效地指导。

杨天宇(深圳市福田区外国语学校(香蜜校区)):6月17日上午,听浙江名师范老师讲座,受益匪浅。印象最深的是观点:从"语文学习任务群"到"微专题"探究活动就是通过教与学的转化让学生掌握"带得走"的知识。这启发我要将目标设立为:在教学中能创设真实的情境,能让学生在学习过程中充分发挥自主性,能通过一个个探究活动让学生真正实现能力的提升。虽然现在提倡"大单元"教学,但依然需要教师钻研定篇的教授,将经典的单篇教出"大"格局,能够学一篇而知晓文体阅读规律、懂一个作家的语言风格、文本解读空间、高阶思维的锻炼等能力的提升。此外,范老师还结合教材中的大量实例,比如我从未料想到《论语》十二章这一课可以抛开教授的陈旧套路，而将自主权交给学生，让他们在问题情境中厘清字词障碍、疏通文义并学以致用。下午，张玉新教授提到了新老师的三个发展阶段，老师要在模仿学习优秀前辈的基础上，形成自己的个性特点，教学的"技"要去追求，但要"精于技而不止于技"。课程目标一定要具体，要精准。不能在教学设计中出现一堆目标，而且把宏观目标当成微观目标。目标整体要形成网状结构。大单元的目标，一定要关注单篇文章的特别之处，几篇共同组成网状结构来实现单元目标。而紧紧围绕单元目标设立的，就要有教学评价。教学目标一定要清晰可测量。原生态教学是张教授提出的，针对纠正偏态教学的模式。

吴雯玉（深圳市福永中学）：范老师的讲座从"学习任务群"讲起，由核心素养引入学习任务群，明晰具体，而后又讲到微专题，以自己的教学实践为例，说明微专题的具体做法，微专题中实际包含的就是大概念和项目式，具有很强的借鉴性和启发性。尤其范老师讲到的"守正创新"让我印象深刻，一切的创新都离不开文本本身。张玉新教授的"文言文偏态教学行为矫正"对我而言是一个很新的概念，由于我本身也是古典文献学出身，所以格外关注这堂讲座。张老师将语文教师在文言文教学中容易出现偏差的一些教学行为进行了分析，并相应提出了一些改进的办法和建议。张老师说我们要"走出舒适区"，让我也对自己的文言文教学有了新的反思。

肖友琴（深圳市富源学校）：范老师的讲座从"学习任务群"到"微专题"探究活动，让我对学习任务群、大单元教学有了新的认知。特别是范老师所说的：通过教与学的转化让学生掌握"带得走"的知识，使我深受启发。老师推荐的书《良好教学效果的12试金石》已经下单，暑假一定去看。张教授的讲座思路清晰，很接地气。特别是"研究文言文教学的偏态性，而不是有效性。因为克服的偏态就达成了有效。教学目标要可测量。"等等让我醍醐灌顶。印象特别深刻的是两位专家都提到了板书的重要性。张教授还以《小石潭记》为例讲述课堂生成的课题板书的巧妙。这些都促使我在今后的教育教学中不断反思自己的教学行为，努力向优秀教师一步步迈进。当然也特别感谢金老师的引领！

王璐（深圳市宝安区为明双语实验学校）：范老师的讲座给我很多思考，思考自己所设计的任务群是否以语文课程核心素养为纲，以学习任务、专题项目为载体，以真实情境为导向，以学生充分的语文实践活动为主线，以自主、合作、探究为主要学习方式？我们作为一线教师要明确学习任务群的本质是学生自主学习，在任务驱动下，把阅读与鉴赏、表达与交流、梳理与探究这三个语文活动综合起来，实现语文的实践性、综合性，从而让学生收获带得走的知识。听张教授的讲座反思自己的课堂，感谢张教授的温馨提醒，使我们不迷失方向，思考自己的教学行为是否明确、恰当、有效。我们要在自己的语文课堂中及时掌握学生的学习情况和学生在课堂上出现的问题，据此调整自己的教学节奏。

姜真真（深圳市第三高级中学）：范老师的讲座系统地讲解了什么是"学习任务群"，如何设计学习任务群以及实施学习任务群的标准，给我的教学指明了方向。范老师讲座中丰富的大单元教学案例，尤其是微专题探究活动，让我看到了什么是大格局，启发我在今后的教学中要注意创设真实的学习情境，充分发挥学生的自主性，让深度学习真实发生。张教授讲座中指出的"偏态教学行为"促使我反思自己教学中的不足,特别是在分析"背景资料呈现失当"的问题时,张教授的文言文背景引入技巧给了我很多启发。张教授还提醒我们为避免合作学习活动流于形式,应加强对学生自主合作探究等学习方法的培训,让学生形成相应的习惯。

党晓霞(深圳市罗湖外语初中学校):今天上午讲座的最大感受是"有趣"。一是语言幽默风趣,如提到"天丧予"时,范维胜老师风趣说:"哦,老天要了我的命了"。自己当时本是很疲惫的,但听完后会心一笑,感觉精神多了。给我的启示是课堂上也需要有意识地设计一些"幽默",以调整课堂氛围。二是讲授内容富含理趣。如所举教学设计案例中的问题:"《论语》中的君子和《诗经》中的君子含义一样吗?""如果你是古代君主,你更愿意接受谁的劝谏?"(课文:《曹刿论战》《邹忌讽齐王纳谏》《出师表》)问题不仅有深度还富有趣味,能引起学生的兴趣。从中获得的启示是:教学设计直接决定了课堂中是否有"深度学习"的发生,今后自己要多读相关书籍,以勾连起相关知识,使其成体系。

张伟东(深圳市翠园实验学校):范教授的讲座,帮我打开了新的认知,关于"学习任务群"我一度有认识也有疑惑,一直都是自己在实践中摸索,有时会感到迷惘。今天的学习,让我的许多困惑都得到解决,有一种特别畅快之感。"学习任务群"抑或说是"大单元教学",并非困惑中的教师的疑忌,而是"语文课堂提升学生学习力的一种路径"。语文学习任务群由相互关联的系列学习任务组成,共同指向学生的核心素养发展,具有情景性、实践性、综合性的特点。这里有明确的学习主题。主题之下的学习活动互相关联。主题之下的主要学习任务具有情景性、实践性、综合性。六个学习任务群覆盖历来语文课程所包含的古今实用类、文学类、论述类等语篇类型。关注语言文字运用的新现象和跨媒介运用的新特点,融合问题导向、自主合作、个性化与创造性等学习因素。

杨可盈(深圳市盐田实验学校):范老师的讲座从"学习任务群"到"微专题"探究活动,是基于学习任务群通过教与学的转化让学生掌握"带得走"的知识,让深度学习发生在学生身上。可以围绕一个作家,可以越元重组,将文言文整合,可以单元叠加,研究一类文体,也可以从人文主题出发,研究生活的诗意和哲理。总之,我们需要认识到语文课堂,应该基于单元整体的视角,语文思维的培育,文化思维的培养,转变学习方式,让深度学习发生。我还对老师推荐的书很感兴趣,暑假一定抽时间去看。张玉新教授的讲座指出了当前文言文教学出现几种偏差行为。最后我对张教授在文言文、诗歌、作文、现代文的四种范式印象深刻,一定好好研读实践。

方向凝聚力量,知行共同成长

（2023.7.10）

王璐

　　七月鹏城,骄阳似火,夏花绚烂,荔香盈碧。7月10日上午,金星闪工作室成员和来自深圳市五区十一校的"养育语文"课题组成员召开了养育作文成果转化推广会暨圆桌读书分享会。会议在宝安区海旺学校6楼会议室举行,本次会议由工作室助理张明老师主持。

　　首先,工作室郭紫宁老师为我们分享了郑桂华教授的《写作教学研究》一书,郭老师分别从写作与思维、写作教学基本问题、写作教学历史经验、新时期写作教学的趋向、基于表达方式的写作教学内容探索、基于文本类型的写作教学内容开发、写作过程教学探讨、写作课程建设略谈等八个方面进行了分享。郭紫宁老师数家珍,让我们收获满满。

　　接着,课题组李燕妮老师为我们分享了《良好教学效果的12试金石》一书。分享了教师每日专注的12件事:1.我用标准指导学生每次的学习。2.我确保学生每节课都有个人的学习目标。3.我能让学生直接了解我的期待。4.比起高要求我更注重学生的理解。5.每堂课我都能抓住学生的兴趣。6.我注意与每个学生互动。7.我用反馈激励学生努力。8.学生在我的课堂上安全且受到尊重。9.我充分利用了每一分钟。10.我帮助学生深刻掌握知识。11.我培训学生成为大师。12.学而时习之,不亦说乎。

　　李老师还就如何构建培育语文学习力的高效课堂这个目标来阅读这本书,并思考以下关键问题。1.我如何用标准指导学生每次的学习？2.我如何确保学生每节课都有个人的学习目标？3.我如何能让学生直接了解我的期待？4.我如何与每个学生互动？5.我如何用反馈激励学生努力？6.我如何帮助学生深刻掌握知识？李老师深入浅出,细致入微,使道理通俗易懂,高效教学法妙招迭出。

　　参会的老师们就读书各自交流了自己的看法。

　　最后,工作室主持人正高级教师金星闪老师作了题为"养育作文实践成果"的微讲座,金老师登高望远,切中肯綮,从实践模型、如何实践、实践效果三个方面总结了他多年以来的宝贵经验,看到他展示的累累硕果,台下的学员都连声惊叹。金老师还勉励课题组和工作室成员,再接再厉,再创辉煌。

他对工作室和课题组成员表达了殷殷期望:

1.假期爬坡,占领成长主阵地。不仅要站稳课堂,更要站优课堂。沿着目标台阶走,最终自成风格。站稳是根本,站优是追求,风格是目标。没有踏实的作风,任何投机取巧的行为,都是站不住脚的。

2.坚持读写,手握成长加速器。把脉学情,拓展阅读面,总结反思,多想对策,不断提炼,在写作中提升。且行且思且写且听。

3.互递温度,拓宽现有成果面。积极转化,应用成果,广泛宣传,丰富完善。

在金老师引领下,"养育"语文人携手追梦,我们将继续精耕细作,为养育"四力"和"人心、人性、人格"的学生追光、逐梦。

第七编

养育语文成果展示

教师获区级及以上奖励情况

教师获区级及以上奖励情况统计表

序号	姓名	学校	获奖名称	获奖类别	级别等级	获奖时间
1	金星闪	海旺学校	宝安区初中语文名师工作室主持人 市2021成果培育课题主持人	主持人	区级 市级	2022.4 2021.12
2	金星闪	海旺学校	宝安区读书小论文大赛一等奖指导教师	优秀指导教师	区级	2022.6
3	金星闪	海旺学校	宝安区读书小论文大赛二等奖指导教师	优秀指导教师	区级	2022.6
4	金星闪	海旺学校	宝安区读书小论文大赛一等奖指导教师	优秀指导教师	区级	2023.6
5	金星闪	海旺学校	宝安区读书小论文大赛二等奖指导教师	优秀指导教师	区级	2023.6
6	金星闪	海旺学校	广东省"喜迎二十大，筑梦新时代"大赛指导教师	优秀指导教师	省级	2023.5
7	王雪兰	福永中学	宝安区读书小论文大赛三等奖指导教师	优秀指导教师	区级	2023.6
8	郭紫宁	福永中学	宝安区读书小论文大赛二等奖指导教师	优秀指导教师	区级	2022.6

序号	姓名	学校	获奖名称	获奖类别	级别等级	获奖时间
9	郭紫宁	福永中学	宝安区读书小论文大赛三等奖指导教师	优秀指导教师	区级	2022.6
10	郭紫宁	福永中学	宝安区读书小论文大赛一等奖指导教师	优秀指导教师	区级	2023.6
11	郭紫宁	福永中学	第38届全国青少年科技创新大赛深圳市宝安区优秀科技辅导教师	优秀指导教师	区级	2022.12
12	吴雯玉	福永中学	宝安区读书小论文大赛一等奖指导教师	优秀指导教师	区级	2022.6
13	吴雯玉	福永中学	宝安区读书小论文大赛二等奖指导教师	优秀指导教师	区级	2023.6
14	吴雯玉	福永中学	宝安区读书小论文大赛三等奖指导教师	优秀指导教师	区级	2023.6
15	徐静	海旺学校	宝安区小论文大赛三等奖	优秀指导教师	区级	2023.6
16	徐静	海旺学校	初中语文学科单元作业设计	三等奖	区级	2022.12
17	徐静	海旺学校	广东省中小学"暑假读一本好书活动"	三等奖	省级	2022.9
18	张明	海旺学校	宝安区读书小论文大赛一等奖指导教师	优秀指导教师	区级	2022.6
19	张明	海旺学校	宝安区读书小论文大赛二等奖指导教师	优秀指导教师	区级	2022.6
20	张明	海旺学校	宝安区读书小论文大赛三等奖指导教师	优秀指导教师	区级	2022.6
21	黄林建	海旺学校	"万唯中考 满分作文"征稿	优秀指导老师	国家级	2023.5
22	王璐	为明双语实验学校	"万唯中考 满分作文"征稿	优秀指导老师	国家级	2023.5

教师课题研究、期刊论文发表和著作出版情况

教师课题研究、期刊论文发表和著作出版情况统计表

序号	姓名	学校	课题或论文或著作名称	类别	刊物名称	发表时间
1	金星闪	海旺学校	主持深圳市2021成果培育课题""'养育'初中生语文学习力的实践研究""（cgpy21025）	成果培育课题	/	2021.12
2	金星闪	海旺学校	"期待的眼神"写作升格教学突破	论文	中学语文教学参考	2022.1
3	金星闪	海旺学校	生活：初中生作文基点突破	论文	中学语文	2022.2
4	金星闪	海旺学校	借助清单提升阅读思维品质	论文	中学语文	2023.1
5	金星闪	海旺学校	借助清单提升写作思维	论文	中学语文教学参考	2023.2
6	金星闪	海旺学校	单篇阅读课如何落实大单元任务群教学	论文	中学语文	2023.5

序号	姓名	学校	课题或论文或著作名称	类别	刊物名称	发表时间
7	王雪兰	福永中学	借助 AI 对话提升学生的文言文学习力——以《狼》的学习活动设计为例	论文	学语文	2023.5
8	徐静	海旺学校	小说阅读的姿态	论文	中学语文	2023.1
9	张明	海旺学校	大单元学习任务群教学的实践探索——以《背影》教学为例	论文	学语文	2023.5
10	黄林建	海旺学校	"养育"语文课堂精读训练的要求和原则	论文	学语文（第 5 期）	2023.9

教师在区级及以上公开课、讲座情况

教师在区级及以上公开课、讲座情况统计表

序号	姓名	学校	公开课/讲座题目	效果	级别	时间
1	金星闪	海旺学校	主讲:大单元教学背景下"养育"初中生语文学习力的实践研究	好评	区级	2022.11.30
2	金星闪	海旺学校	指向核心素养的任务群教学设计——以大单元教学和项目式教学为例	好评	区级	2023.5.11
3	金星闪	海旺学校	主讲:深圳市中小学教师继续教育课程"养育作文的教学实践"	好评	市级	2022.4.10
4	金星闪	海旺学校	主讲:深圳市中小学教师继续教育课程"养育作文的教学实践"	好评	市级	2022.4.17
5	金星闪	海旺学校	主讲:深圳市中小学教师继续教育课程"养育作文的教学实践"	好评	市级	2022.11.12
6	金星闪	海旺学校	主讲:深圳市中小学教师继续教育课程"养育作文的教学实践"	好评	市级	2022.11.19
7	金星闪	海旺学校	主讲:深圳市中小学教师继续教育课程"养育作文的教学实践"	好评	市级	2023.4.1
8	金星闪	海旺学校	主讲:深圳市中小学教师继续教育课程"养育作文的教学实践"	好评	市级	2023.4.8

序号	姓名	学校	公开课/讲座题目	效果	级别	时间
9	王雪兰	福永中学	《醒狮觉醒，舞动传承》项目式活动展示课	好评	区级	2023.5.11
10	王雪兰	福永中学	《麒狮献吉祥，传承暖人心》公开课	好评	区级	2023.5.18
11	徐静	海旺学校	主讲:《聚焦核心素养——"养育"初中生语文学习力》课例点评	好评	区级	2023.1
12	张明	海旺学校	《你好，青春》被评为2022-2023学年第一学期宝安区"阳光生活·快乐成长"开学第一课示范班会	好评	区级	2022.9.1
13	张明	海旺学校	主题班会《你好，青春》说课	好评	区级	2022.12
14	张明	海旺学校	在2022年秋季宝安区"万名教师晒好课"活动中，展示了公开课《背影》	好评	区级	2022.11.30
15	黄林建	海旺学校	在2022年秋季宝安区"万名教师晒好课"活动中，展示了公开课《观点要明确》	好评	区级	2022.11.30

教师获区级及以上综合荣誉和表彰

教师获区级及以上综合荣誉和表彰统计表

序号	姓名	学校	获得称号名称	审批单位	级别	时间
1	金星闪	海旺学校	2018—2022 开发深圳市继续教育优质课程,出色完成教学任务	深圳大学教育学部	市级	2023.3
2	王璐	为明双语实验学校	被评为优秀教师	宝安区教育局	区级	2022.9
3	王璐	为明双语实验学校	被评为"初中教学工作先进个人"	宝安区教育局	区级	2022.12
4	黄林建	海旺学校	被评为"初中教学工作先进个人"	宝安区教育局	区级	2022.12

学生作文在刊物发表和著作收录

学生作文在刊物发表和著作收录统计表

序号	姓名	学校	作品名称	类别	刊物名称	级别等级	时间	指导教师
1	万子扬	海旺学校	多元派课间	作文	创新作文（初中）	国家级	2022.9	金星闪
2	刘紫淇	海旺学校	变化的课表	作文	广东第二课堂	省级	2023.2	金星闪
3	麦泳诗	福永中学	人间烟火气	作文	宝安日报	省级	2022.1	王雪兰
4	罗嘉	海旺学校	灵感带给我机遇	作文	万唯中考满分作文	省级	2023.6	黄林建
5	唐君玮	宝安区为明双语实验学校	汗水带给我灵感	作文	万唯中考满分作文	省级	2023.6	王璐
6	沈玥阁	南山外国语学校南山第二实验小学	知识带给我灵感	作文	万唯中考满分作文	省级	2023.6	李燕妮

学生在区级及以上获奖情况

学生在区级及以上获奖情况统计表

序号	姓名	学校	获奖名称	等级	教师	时间
1	向泽庭	海旺学校	广东省"喜迎二十大，筑梦新时代"征文大赛	省三等奖	金星闪	2023.5
2	万子扬	海旺学校	宝安区读书小论文大赛	区一等奖	金星闪	2022.6
3	周涵	海旺学校	宝安区读书小论文大赛	区二等奖	金星闪	2022.6
4	刘紫淇	海旺学校	宝安区读书小论文大赛	区一等奖	金星闪	2023.6
5	周晓雅	海旺学校	宝安区读书小论文大赛	区二等奖	金星闪	2023.6
6	梁柏滔	福永中学	宝安区读书小论文大赛	区三等奖	王雪兰	2023.6
7	赵元昊	福永中学	宝安区第九届学校艺术节学生二等奖	区二等奖	王雪兰	2023.2
8	李嘉智	福永中学	宝安区读书小论文大赛	区三等奖	郭紫宁	2022.6
9	徐紫艺	福永中学	宝安区读书小论文大赛	区三等奖	郭紫宁	2022.6
10	易裕宸	福永中学	宝安区读书小论文大赛	区二等奖	郭紫宁	2022.6
11	吕卓炜	福永中学	宝安区读书小论文大赛	区一等奖	郭紫宁	2023.6
12	文子瑶	福永中学	宝安区读书小论文大赛	区一等奖	郭紫宁	2023.6
13	夏梓瑞	福永中学	第38届全国青少年科技创新大赛	区一等奖	郭紫宁	2022.12
14	颜逸伦	福永中学	第38届全国青少年科技创新大赛	区一等奖	郭紫宁	2022.12

续 表

序号	姓名	学校	获奖名称	等级	教师	时间
15	董羽珊	福永中学	第38届全国青少年科技创新大赛	区一等奖	郭紫宁	2022.12
16	章想	福永中学	宝安区读书小论文大赛	区一等奖	吴雯玉	2022.6
17	刘雪婷	福永中学	宝安区读书小论文大赛	区二等奖	吴雯玉	2023.6
18	汪婧琪	福永中学	宝安区读书小论文大赛	区二等奖	吴雯玉	2023.6
19	张涵淑	福永中学	宝安区读书小论文大赛	区三等奖	吴雯玉	2023.6
20	王某某	福永中学	宝安区读书小论文大赛	区三等奖	吴雯玉	2023.6
21	冯丽慈	福永中学	宝安区读书小论文大赛	区三等奖	吴雯玉	2023.6
22	李亦涵	海旺学校	宝安区读书小论文大赛	区三等奖	徐静	2023.6
23	朱阅悦	海旺学校	宝安区读书小论文大赛	区一等奖	张明	2022.6
24	王韵涵	海旺学校	宝安区读书小论文大赛	区二等奖	张明	2022.6
25	王玥薷	海旺学校	宝安区读书小论文大赛	区三等奖	张明	2022.6

获奖证书精选

荣誉证书
CERTIFICATE OF HONOR

金星闪 2018-2022年期间为深圳市中小学教师继续教育开发优质继续教育课程，并出色完成教学任务。

特发此证，以资鼓励。

深圳大学教育学部

2023 年 3 月 20 日

荣誉证书

深圳市宝安区海旺学校金星闪老师：

在"喜迎二十大，筑梦新时代"中小学征文展示活动中，荣
获优秀指导教师奖。

特发此证，以资鼓励。

广东省教育厅

二〇二三年五月十六日

奖 状

海旺学校周涵同学：

你在2022年6月举行的宝安区初中生读书小论文比赛中，
荣获七年级组二等奖。

特发此状，以兹鼓励。

深圳市宝安区教育科学研究院

二〇二二年七月

奖 状

海旺学校 金星闪老师：

　　在2022年6月举行的宝安区初中生读书小论文比赛中，您辅导的学生万子扬同学荣获七年级组一等奖。

　　特发此状，以兹鼓励。

深圳市宝安区教育科学研究院
二〇二二年十二月

荣 誉 证 书

宝安区实验学校（集团）海旺学校 金星闪老师：

　　在2023年6月举行的宝安区初中生读书小论文比赛中您辅导的学生荣获八年级组一等奖。

　　特发此状，以兹鼓励。

获奖学生：刘紫淇

深圳市宝安区教育科学研究院
二〇二三年六月

荣誉证书

海旺学校 张明老师：

在2022年秋季宝安区"万名教师晒好课"活动中，您展示的公开课《背影》获得好评。

特此证明！

深圳市宝安区教育科学研究院
二〇二二年十二月

奖 状

海旺学校 张明老师：

在2022年6月举行的宝安区初中生读书小论文比赛中，您辅导的学生朱阅悦同学荣获七年级组一等奖。

特发此状，以兹鼓励。

深圳市宝安区教育科学研究院
二〇二二年七月

荣誉证书

海旺学校 徐静 老师：

　　在宝安区2022年初中文化学科教师课程能力比赛中，您荣获初中语文学科单元作业设计三等奖。

　　特此证明！

深圳市宝安区教育科学研究院
二〇二二年十二月

荣誉证书

海旺学校 徐静 老师：

　　在2022年秋季宝安区"万名教师晒好课"活动中，您的课例点评《聚焦核心素养——"养育"初中生语文学习力》，获得好评。

　　特此证明！

深圳市宝安区教育科学研究院
二〇二二年十二月

荣誉证书

宝安区实验学校（集团）海旺学校 徐静老师：

在2023年6月举行的宝安区初中生读书小论文比赛中您辅导的学生荣获**七年级组三等奖**。

特发此状，以兹鼓励。

获奖学生：李亦涵

深圳市宝安区教育科学研究院

二〇二三年六月

荣誉证书

HONORARY CREDENTIAL

黄林建同志：

您在2021-2022学年度初中教学工作中，业绩突出，被评为"初中教学工作先进个人"。

特发此证，以资鼓励。

深圳市宝安区教育局

二〇二二年十一月

荣誉证书

海旺学校 黄林建老师：

在2022年秋季宝安区"万名教师晒好课"活动中，您展示的公开课《观点要明确》获得好评。

特此证明！

深圳市宝安区教育科学研究院
二〇二二年十二月

荣誉证书
HONORARY CREDENTIAL

王　璐同志：

在2021—2022学年度中工作突出，成绩显著，被评为优秀教师。

特发此证，以资鼓励。

中共深圳市宝安区委教育工作委员会　深圳市宝安区教育局
二〇二二年九月

荣誉证书

福永中学 吴雯玉老师：

　　在2023年6月举行的宝安区初中生读书小论文比赛中您辅导的学生荣获**八年级组三等奖**。

　　特发此状，以兹鼓励。

　　获奖学生：张涵淑

深圳市宝安区教育科学研究院
二〇二三年六月

荣誉证书

福永中学 吴雯玉老师：

　　在2023年6月举行的宝安区初中生读书小论文比赛中您辅导的学生荣获**八年级组三等奖**。

　　特发此状，以兹鼓励。

　　获奖学生：张涵淑

深圳市宝安区教育科学研究院
二〇二三年六月

荣 誉 证 书

福永中学 郭紫宁老师：

在2023年6月举行的宝安区初中生读书小论文比赛中

您辅导的学生荣获**七年级组一等奖**。

特发此状，以兹鼓励。

获奖学生：**吕卓炜**

深圳市宝安区教育科学研究院

二〇二三年六月

荣 誉 证 书

福永中学 郭紫宁老师：

在2023年6月举行的宝安区初中生读书小论文比赛中

您辅导的学生荣获**七年级组一等奖**。

特发此状，以兹鼓励。

获奖学生：**文子瑶**

深圳市宝安区教育科学研究院

二〇二三年六月

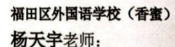

福田区外国语学校（香蜜）

杨天宇老师：

　　你在2023年福田区中学青年教师教学能力大赛中表现优异，荣获初中语文组一等奖。

　　特颁此证，以资鼓励。

深圳市福田区教育科学研究院
2023年05月31日

证书编号：SZFT202306080287

荣 誉 证 书

HONORARY ~~RE~~ENTIAL

杨玉宇 老师：

在 2023 年第二届南方六省"新课标"背景下"语文主题学习"课堂教学竞赛活动中荣获"特等奖"。

特发此证，以资鼓励！

岳阳市岳阳楼区教育科学研究中心

2023 年 5 月 19 日

主要参考文献

[1]保罗·弗莱雷.被压迫者教育学[M].顾建新,张屹,译.上海:华东师范大学出版社,2020.

[2]毕景刚,董玉琦,韩颖.促进初中生批判性思维发展的教学实证研究:基于学习活动设计视角[J].电化教育研究,2018(7):83—90.

[3]韩琴,卫晓萍.任务情境教学对发展初中生批判性思维能力的实验研究[J].教育理论与实践,2014(10):62—64.

[4]黄伟.基于教、学、评一致性的语文课堂实践:要义与操作[J].中学语文教学,2021(6):10—14.

[5]黄燕平.基于语文综合性学习的初中作文教学设计研究[J].现代阅读(教育版),2013(5):139.

[6]金星闪,金春山."养育语文"的教学追求[J].中学语文,2021(14):58—61.

[7]金星闪,张曙.养育语文的实践探索[M].海口:南方出版社,2018.

[8]金星闪.单篇阅读课如何落实大单元任务群教学:以《背影》教学设计为例[J].中学语文,2023(16):13—16.

[9]金星闪.借助清单提升写作思维[J].中学语文教学参考,2023(6):35—37.

[10]金星闪.任务清单:整本书阅读教学的突破方式[J].中学语文教学参考,2020(35):63—65.

[11]金星闪.缘点质疑:学生高阶阅读思维的支点[J].学语文,2021(6):79—81.

[12]李卫东.整体设计:单元视域下的教、学、评一致[J].中学语文教学,2021(6):4—9.

[13]李文辉.基于核心素养的深度学习[M].重庆:西南大学出版社,2022.

[14]林甜甜.初中生批判性思维及其培养策略研究[D].上海:上海师范大学,2018.

[15]刘建琼.三位一体:确保教、学、评一致性达成[J].中学语文教学,2021(6):115—18.

[16]闵慧.素养导向下的真实任务情境设计[J].语文建设,2020(8):32—35.

[17]沈华.回归言语形式的文言文教学[M].杭州:浙江工商大学出版社,2021.

[18]石修银.基于能力观的语文学习力:释解与发展策略[J].语文教学通讯,2021(1):25—28.

[19]宋少波.如何开展语文综合活动,提高学生学习能力[J].新课程,2012(33):148.

[20]王力.王力论语文教育[M].郑州:河南教育出版社,1996.

[21]王荣生. 文言文教学教什么〔M〕. 上海:华东师范大学出版社,2014.

[22]王荣生.语文科课程论基础[M].北京:教育科学出版社,2014.

[23]王尚文. 语文品质谈[M].上海:华东师范大学出版社,2018.

[24]韦海棠.对单元教学的再思考:兼谈单篇课文教学目标的确定[J].中学语文教学参考,2020(4):17—19.

[25]吴媛媛.用创意教学推进语文综合性学习:以统编初中语文教材为例[J].新课程(中),2018(1):106—108.

[26]武真真.试论韩愈的说体文[J].宜春学院学报.2014(1):97—101

[27]余映潮.谈阅读教学设计[M].北京:中国人民大学出版社,2019.

[28]张增光.统编教材观照下的"自读课"教学[J].中学语文教学参考,2020(4):70—72.

[29]中华人民共和国教育部.义务教育语文课程标准(2022年版)[M].北京:北京师范大学出版社.

[30]钟启泉.课堂研究[D].上海:华东师范大学出版社,2016.

后　记

　　《养育语文新实践》一书收录的内容，是深圳市教育科学"十四五"规划课题'养育'初中生语文学习力的实践研究"的成果（项目号：cgpy21025），也是金星闪名师工作室研究对象"养育语文"在深圳的实践成果。全书共59万字，由工作室和课题组全体成员撰写。

　　作者分工写作，撰写字数统计如下：

　　金星闪老师主要撰写第一编中的11个篇，计11.6万字；

　　张明老师主要撰写第一编中2篇，第二编中3个教学设计，第三编中2个课堂实录，第四编中1个个案研究，第六编中5个活动心得，计6.6万字；

　　黄林建老师主要撰写第一编中1篇，第二编中2个教学设计，第三编中2个课堂实录，第四编中1个个案研究，第六编中3个课堂实录，计5.6万字；

　　王雪兰老师主要撰写第一编中1篇，第二编中2个教学设计，第三编中2个教学实录，第四编中1个个案研究，第六编中4个活动心得，计5.5万字；

　　徐静老师主要撰写第一编中5篇，第二编中2个教学设计，第四编中1个个案研究，计5.3万字；

　　李燕妮老师主要撰写第一编中1篇，第四编中1个案研究，第六编中1个活动心得，计4.1万字；

　　杨天宇老师主要撰写第二编中1个整体教学设计，第三编中1个教学实录，第四编中1个个案研究，计4.1万字；

　　郭紫宁老师主要撰写第一编中1篇，第二编中1个教学设计，第四编中1个个案研究，第六编中1个活动心得，计4万字；

付艳平老师主要撰写第一编中1篇,第四编中1个个案研究,计3.2万字;

吴雯玉老师主要撰写第二编中1个教学设计,第四编中1个个案研究,第五编中2个交流实录,计3.2万字;

王璐老师主要撰写第二编中1个教学设计,第四编中1个个案研究,第六编中1个活动心得,计2.5万字;

姜真真老师主要撰写第四编中1个个案研究,计1万字;

张伟东老师主要撰写第四编中1个个案研究,计1万字;

肖友琴老师主要撰写第四编中1个个案研究,计0.5万字;

党晓霞老师主要撰写第四编中1个个案研究,计0.5万字;

杨可盈老师主要撰写第六章中1个活动心得,计0.3万字。

这一阶段的研究成果得以成书,感谢工作室全体成员的大力协作,感谢各位领导、各位专家的热情指导,感谢出版社编校人员的无私奉献!

养育语文,养育孩子一生。我们继续前行!

金星闪

二〇二三年九月